T0358323

القيـــاس والتقويـــم
فــي
التربيــة والتعليــم

تأليف
د. هادي مشعان ربيع
رئيس قسم العلوم السلوكية
كلية إعداد المعلمين ودّان/ جامعة التحدي
الجماهيرية الليبية

١

الطبعة الأولى

1431هـ-2010م

المملكة الأردنية الهاشمية
رقم الإيداع لدى دائرة
المكتبة الوطنية
(2010/2/446)

370.15

ربيع. هادي .

القياس والتقويم في التربية والتعليم: =هادي مشعان ربيع / .-

عمان: دار زهران، 2010.

( ) ص.

ر.أ : (2010/2/446)

الواصفات: / علم النفس التربوي //التوجيه التربوي / علم الاجتماع

❖ أعدت دائرة المكتبة الوطنية بيانات الفهرسة والتصنيف الأولية.
❖ يتحمل المؤلف كامل المسؤولية القانونية عن محتوى مصنفه ولا يعبر هذا المصنف عن
رأي دائرة المكتبة الوطنية أو أي جهة حكومية أخرى.

المتخصصون في الكتاب الجامعي الأكاديمي العربي والأجنبي

دار زهران للنشر والتوزيع

تلفاكس : 5331289 - 6 - 962+، ص.ب 1170 عمان 11941 الأردن
E-mail : Zahran.publishers@gmail.com
www.darzahran.net

المقدمة

للقياس والتقويم دور كبير في التربية والتعليم ، ويعد من أهم فروع علم النفس التي لقيت عناية خاصة من القائمين بالعلمية التربوية حيث اصبح لا غنى عنه للمربي الذي يقوم بعمله من أن يعرف إلى أي مدى وصل فيه .

ولكي يحقق أي برنامج تعليمي أهدافه التي يسعى لها لابد أن تصاحبه عملية تقويم من بدايته حتى نهايته ليتبين صاحبه عناصر القوة فيه فيعمل على تثمينها وعناصر الضعف فيعمل على التغلب عليها وعلاجها . كما أن التقويم يمثل حجر الزاوية لأجراء أي تطوير أو تجديد تربوي يهدف إلى تحسين عملية التعليم والتعلم في أي مجتمع . كذلك ينظر أليه من قبل جميع متخذي القرارات التربوية على أنه الدافع الرئيسي الذي يقود العاملين في المؤسسة التربوية على اختلاف مواقعهم في السلم الإداري إلى العمل على تحسين أدائهم وممارساتهم وبالتالي مخرجاتهم. ويساعد التقويم التربوي على التخطيط للأنشطة التدريسية وأساليبها وهو الذي يطلع الأفراد على اختلاف علاقتهم بالمؤسسة التربوية بجهود هذه المؤسسة ودورها في تحقيق الأهداف التربوية العامة للدولة فالتقويم التربوي يسهم في معرفة درجة تحقق الأهداف الخاصة بعملية التعليم والتعلم ، ويسهم في الحكم على سوية الإجراءات والممارسات المتبعة في عملية التعليم والتعلم ، ويوفر قاعدة من المعلومات التي تلزم متخذي القرارات التربوية حول مدخلات وعمليات ومخرجات المسيرة التعليمية التعلمية.

ويهدف هذا الكتاب إلى إبراز مكانة القياس والتقويم الموضوعي والهادف في مجال التربية والتعليم ، ودوره في تحسين ورفع فاعليتها إلى الحدود القصوى ، كما ويهدف إلى إمداد المعنيين بالقياس والتقويم التربوي من معلمين ومشرفين تربويين ومختصين, بالمفاهيم والمبادئ والطرائق والنظريات التي يرتكز عليها القياس والتقويم التربوي الحديث ، وتمكينهم من توظيفها مباشرة في نشاطهم التقويمي وتحقيق

الفائدة القصوى من خلال اعتمادها أساسا في اتخاذ القرارات التربوية السليمة .

وقد برزت الحاجة إلى هذا الكتاب بعد ملاحظة الواقع التعليمي غير المشجع في أقطارنا العربية عموما والنقص المشاهد في مهارات التقويم التربوي وكفايات أعداد الاختبارات واستخدامها لدى غالبية المعلمين والمشرفين التربويين وغيرهم ممن لهم علاقة مباشرة بتقويم أي جانب من جوانب العملية التعليمية .

فمن جهة يلاحظ أن مستويات إعداد المعلمين وغيرهم من العاملين في التعليم لا توفر قاعدة كافية العمق في مجال بناء مهارات التقويم وأساليب استخداماته لزيادة فاعلية عملية التعلم والتأثير فيها وقيادتها نحو أهدافها ، كما يلاحظ من جهة أخرى محدودية الدور الفعلي للتقويم التربوي واقتصاره في كثير من الأحيان على تقويم التحصيل الدراسي للتلاميذ من خلال الاختبارات التي يعدها المعلمون أو تعد على المستوى المركزي في وزارات التربية والتعليم .

ومع أن التقويم التحصيلي يعد من اكثر أنواع التقويم التربوي شيوعاً وانتشارا إلا أن هناك مجالات أخرى مثل تقويم المعلم وتقويم المنهج وغيرها لم تحضى بالقدر المناسب من الاهتمام .

إضافة إلى ذلك فأن التركيز على تقويم التحصيل الدراسي دون مراعاة جوانب النمو والتعلم الأخرى عند التلميذ وخاصة الجوانب الوجدانية المتعلقة بالميول والاستعدادات والقدرات والاتجاهات التي يعتبر التأثير الإيجابي فيها من أهم أهداف المدرسة الحديثة في أي مجتمع يجعل ممارسات التقويم الحالية قاصرة عن تحقيق أهدافها .

ومن هذا الواقع نأمل أن يساهم هذا الكتاب في توفير الخلفية الضرورية لتطوير مهارات العاملين في مجال القياس والتقويم التربوي وتدريبهم ، بل وإلقاء الضوء على الجوانب المهمة التي ينبغي العمل على تطويرها في أنظمة التعليم لضمان تفعيل دور التقويم التربوي وجعله متكاملاً مع العملية التعليمية ومساعداً في تحقيق أهدافها في افضل صورة ممكنة .

وقد تم تقسيم الكتاب إلى ثمانية فصول يقف الأول منها عند أساسيات القياس والتقويم التربوي ، ويتعرض الفصل الثاني للأهداف التعليمية باعتبارها تشكل حلقة الوصل ما بين عملية التقويم وعملية التعليم والتعلم . والفصل الثالث لمجالات التقويم التربوي وهي التلميذ والمعلم والمنهج ، أما الفصل الرابع فأنه يقدم عرضاً شاملاً لأهم الاختبارات التحصيلية وهي الاختبارات الشفوية والعملية والمقالية والموضوعية مع التركيز بشكل خاص على النوعين الأخيرين . ويتصدى الفصل الخامس لتحليل الإحصائي لأسئلة الاختبار التحصيلي ،أما الفصل السادس فأنه يتناول أهم اختبارات ومقاييس الذكاء . ويأتي الفصل السابع ليتناول القياس والتقويم في المجال الوجداني والاجتماعي ، ثم يختتم الكتاب بالفصل الثامن الذي يقدم دراسة حول بعض التطورات الحاصلة في المجال القياس والتقويم التربوي .

ومن الأمور التي تمت مراعاتها في هذا الكتاب هي السهولة والتبسيط والاختصار في عرض المادة ، على أن ذلك لم يكن على حساب العمق والدقة والشمول والموضوعية انطلاقاً من أن الكتاب يجب أن يكون في خدمة المعلم أولاً باعتباره الركن الأساسي في العملية التعليمية وصاحب الدور الأهم في عملية التقويم ، كما نأمل أن يتم الاستفادة منه من قبل جميع المعنيين بشؤون التربية والتعليم من مدراء ومشرفين وباحثين ودارسين لهذا المجال الحيوي والمهم .

و الله من وراء القصد .

المؤلف

الفصل الأول
أساسيات القياس والتقويم التربوي

مفهوم القياس.

أنواع القياس.

مستويات القياس.

أهداف القياس في التربية والتعليم.

التطور التاريخي للقياس.

مفهوم التقويم.

أنواع التقويم.

مستويات التقويم.

أهمية التقويم.

أهداف التقويم.

مجالات التقويم.

أسس ومبادئ التقويم.

خطوات التقويم.

التطور التاريخي للتقويم.

العلاقة ما بين القياس والتقويم التربوي.

مشكلات القياس والتقويم التربوي .

صفات المعلم كمقوم ناجح.

لفصل الأول
أساسيات القياس والتقويم التربوي

مفهوم القياس :

احتل موضوع القياس مكانة بارزة في العلوم المختلفة منذ أن بدأت هده العلوم بالاعتماد على التجريب للكشف عن الحقائق المتعلقة بها وتفسيرها . وفي الواقع أن تقدم أي علم يعتمد بالدرجة الأساس على درجة تقدم عملية القياس لديه ودقة الأدوات المستخدمة في ذلك . و لو نظرنا إلى التقدم الحاصل في العلوم الطبيعية كالفيزياء والكيمياء وفي الفلك وعلوم الحياة لوجدنا أن السبب الأساسي في هذا التقدم يرجع إلى دقة أدوات القياس المستخدمة لديها .

أما إذا جئنا إلى كلمة القياس نرى أن هذه الكلمة تستخدم على نطاق واسع في حياتنا اليومية ،فهي تعني العملية التي نستطيع من خلالها أن نقدر قيمة شيء ما ، ونفرق بين شيئين كمياً فنحن نقيس حجم سلعة ما بالوزن أي الكيلو غرام أو أجزاءه أو مضاعفاته ، كما نقيس قيمتها بمقياس العملة المحلية أو لأجنبية أي مقدار ما تساويه هذه السلعة نقدياً . ونقيس الأبعاد بمقاييس وحداتها المتر والسنتمتر .

كما أننا قد نلجأ إلى القياس كيفياً " أي بدون إعطاء درجة محد دة" فنقول أن هذه السلعة أفضل من هذه السلعة ، أو أن هذا العمل أفضل وأكثر دقة من هذا العمل الأخر، وأن ذكاء "س" أكثر من ذكاء "ص" ....الخ . على أننا يجب الاعتراف هنا أن هذه الكلمة أي القياس تنطوي على معاني كثيرة ، ليس من السهل علينا القيام بحصرها جميعاً . كما أن القياس في العلوم الطبيعية يختلف عما هو عليها لأمر في قياس السمات الإنسانية مثل الذكاء ،والتحصيل المعرفي ، والسمات الشخصية وغيرها التي تتطلب استخدام أدوات قياس معينة ومراعاة

شروط وإجراءات خاصة معقدة في حين أنه في العلـوم الطبيعيـة لا يتطـلب الأمـر سـوى استخدام مقاييس جاهزة ودقيقة .

وتوجد عدد من التعاريف التـي تناولـت مفهـوم القيـاس وحاولـت أن تحـدد دلالاته بدقة ومن هذه التعاريف :-

تعريف بين الذي يقول فيه (أن القياس في نظر التربية وعلم النفس هو مجموعـة من المثيرات أعدت لتقيس بطريقـة كميـة أو كيفيـة بعـض العمليـات العقليـة أو السمات والخصائص النفسية) [١].

أما مارتوزا فقد عرف القياس على أنه (يتحدد بمجموعة من الإجـراءات التـي يتم بواسطتها التعبير عن سلوك المتعلم بلغة الكم وفقـاً لمعـايير وقواعـد محـددة مسبقاً) [٢].

أما ستيفنز فقد عرّف القياس بأنه (العملية التـي يـتم بواسـطتها التعبـير عـن الأشياء والحوادث برموز وإعداد استناداً إلى قواعد) [٣].

فالقياس إذن هو عملية وصف المعلومات التي لـدينا وصـفاً كميـاً دقيقـاً فـلا يكفي أن أقول أن شخص ما ذكي بل يجب أن احدد إلى أي درجة هـو ذكي . بمعنـى أخر أننا يجب أن نحول الأحداث الـو صـفية إلى أرقـام دقيقـة بنـاء عـلى مقـاييس محددة سلفا لقياس السمات أو القدرات لذلك فأن القياس يتطلب وجود وحـدات كما يتطلب وجود أدوات معينة ومراعاة شروط وإجراءات خاصة قد تكـون سـهلة أو معقدة لذا فقـد اتسـع المعنـى اللفظـي لكلمـة القيـاس وأخـذ يشـتمل عمليـة القياس بالإضافة إلى الأداة المستخدمة في ذلك.

أنواع القياس:-

يوجد نوعان من القياس وهما القياس المباشر والقيـاس غـير المبـاشر، والقيـاس المباشر هو الذي تستخدم فيه طرق مترية أو مقاييس

---

١) محمد عبد السلام أحمد , القياس النفسي والتربوي ، القاهرة دار النهضة المصرية ، ص ١٢ .

٢) د- أمطانيوس ميخائيل ، التقويم التربوي الحديث ، سبها ، منشورات جامعة سبها ، ١٩٩٥ ، ص ١٤ .

٣) المصدر نفسه .

نسبية وتتساوى فيه الوحدات ويعطي نتائج إحصائية أو رياضية وهي مقاييس الأطوال والأوزان كما يحصل حين نقيس
طول قطعة من القماش أو ارتفاع عمارة أو وزن قطعة من الحديد.

أما القياس غير المباشر فهو الذي تستخدم فيه وسائل تتأثر بالسمة أو الخاصية المراد قياسها وبهذا لا تعكس السمة مباشرة بل بأسلوب غير مباشر من خلال دراسة الأثر والفاعلية في الأداة. كما يحدث حين نقيس درجة الحرارة بارتفاع الزئبق في الثرمومتر أو حين نقيس تحصيل التلاميذ في خبرة معينة من خلال إجابتهم على مجموعة من الأسئلة .

مستويات القياس:-

أن عملية استخدام الأرقام توجب علينا معرفة المستويات المختلفة لاستخدام هذه الأرقام ، فقد تستخدم نفس الأرقام لنفس الأشخاص ولكن لكل استخدام معنى ووصفاً وقياساً يختلف عن الاستخدام الأخر ، وبمعنى أخر فأنه يمكن من خلال استخدام نفس الأرقام تفريغ كميات من المعلومات بطرق متباينة ومتغايرة، أي بتعبير إحصائي أدق بمستويات مختلفة من مستويات القياس ، واكثر الصياغات العامة لمستويات القياس فائدة لعلماء النفس الصياغة التي وضعها س.س ستيفنز Stevens فطبقاً لهذه الصياغة يمكننا تقسيم مستويات القياس إلى أربعة أنواع وهي[١] :-

١- المستوى الأسمى nominal

هذا المستوى هو أدنى وابسط مستويات القياس ويتم في هذا المستوى تصنيف الأفراد بطريقة عشوائية دون تحقيق وحدة القياس عن طريق تساوي وحداته بل التصنيف هنا هو على أساس امتلاك الفرد أو الشيء السمة أو المتغير الذي اعتبر كأساس للتصنيف ، أي

١) د- سعد جلال , المرجع في علم النفس ,القاهرة , دار الفكر العربي ,١٩٨٥, ص ٥٣١-٢٤٣.

تصنيف الأشياء أو الأشخاص إلى فئات فالنـوع مقياس أسمى (ذكر ،أنثى) واللون (احمر ، اسود) ....الخ .

والعملية الحسابية الوحيدة التي تستخدم في هـذا المستوى هـي العد أو الجمع على نطاق الفئة الواحدة . ومـن مميـزات فئـات هـذا المستوى مـن القيـاس أنهـا مميزة أي واضحة المعالم ، مانعة التبادل وشاملة ونعني بمفهوم مانعـة التبـادل أن كل حالة مقاسه لابد أن تتطابق مع فئة واحدة . ويمكننا تحسين جـودة مثـل هـذا المقياس لوت إيجاد مسافات متساوية بين الوحدات .

٢- المستوى الترتيبي ordinal:-

يعتبر هذا المستوى ارقي من المستوى الأسمى ويحمل في الوقـت ذاتـه صـفاته ويتم في هذا المستوى ترتيب الأفراد أو الأشياء التـي تشـترك بخاصـية معينـة وفـق تدرج معين يشير إلـى الاختلاف بيـنهم دونمـا تحديـد لمقـدار هـــذا الاختـلاف (الترتيب الأول ، الترتيب الثاني، الترتيب الثالث ، ......الخ)، (الأكبر، الكبـير، الأصـغر) ......الخ . وقد يعتمـد في هـذا المسـتوى الترتيـب التصـاعدي أو الترتيـب التنـازلي ، فالمعلم قد يرتب طلابه تصاعديـاً استنادا إلـى مســـتوى تحصيلهم في المـــادة الدراسـي(ضعيف ، متوسط ، جيد ، جيد جدا ، ممتاز) أو قـد يسـتخدم العكـس أي يقوم بترتيبهم تنازلياً . ويمكن استخدام الحروف والأرقـام في هـذا الترتيـب غـير أنه لا يمكن القيـام بالعمليـات الحسـابية الأربـع في هـذا المسـتوى لأن الفـرق بـين الرتـب غـير متسـاوي ، وبـذلك تكـون غـير قابلـة للجمـع أو الطـرح أو الضـرب أو القسمة .

وللمقياس الرتبي أهميـة خاصـة في التربيـة والتعلـيم فهـو يسـتخدم في قيـاس درجـة الأداء في جوانـب معينـة مثـل الخطابـة، الموسـيقى ، الألعـاب الرياضـية ....وغيرها من الجوانب التي لا تتعرض لها الاختبارات التحصيل المعرفي. كـما أن هذا المستوى يسمح لنا بإجراء بعض المقارنات في إطار إذا كـأن الأول أعـلى مـن الثاني والثاني أعلى من الثالث إذاً فالأول أعلى من الثالث وهكذا .

٣- المستوى الفئوي intervals:-

هذا المستوى من القياس ارقي وأكثر دقة من المستويات السابقة نظراً لأنه يعتمد على وحدات قياس متساوية من الناحية الحسابية أي أن الفرق بين الأقسام المتتالية في السمة المقاسة تكون متساوية ، فالثرمومتر مثلاً مقسم إلى وحدات متساوية والفرق بين درجتي الحرارة ٢٠ ْ و٢٥ ْ مثلاً يساوي الفرق بين درجتي حرارة ٣٠ ْ و ٣٥ ْ ....الخ .

ويستخدم هذا المستوى في قياس الأطوال و الأوزان وحساب العمر الزمني وغيرها . والعمليتان المسموح بهما في هذا المستوى من القياس هما عمليتا الجمع والطرح فقط . ومن الإحصاءات المرتبطة بهذا المقياس المتوسط الحسابي،و الأنحراف المعياري ، وارتباط بيرسون، والارتباط المتعدد . إلا أن هذا المستوى من القياس يفتقر إلى وجود صفر حقيقي أو صفر مطلق يشير إلى أنعدام السمة أو غيابها كلياً. فالطالب الذي يحصل على درجة الصفر في إحدى المواد الدراسية لا تكون معرفته معدومة تماماً في هذه المادة بل لابد أن يعرف شيئاً ولو ضئيلاً عنها غير أن هذا الشيء لم تتعرض له أسئلة الاختيار في هذه المادة. وعلى هذا الأساس فأن الصفر هنا هو صفراً اصطلاحيا رياضياً وعليه فأننا لا نستطيع القيام بعملية القسمة في هذا المستوى من القياس.

٤- المستوى النسبي:-

هذا المستوى يعتبر أعلى مستويات القياس فهو من ناحية كالمستوى السابق من حيث أن الفرق بين وحدات القياس متساوية ومن ناحية أخرى يحتوي على صفر مطلق ، والصفر يعني هنا نقطة انعدام الظاهرة أو السمة المقاسة، وهذا يمكن أن يسمح لنا بتقدير نسب الأشياء كما تقع بين نقطة الصفر والدرجات التي يتكون منها المقياس ، كما في تقدير الوزن أو المسافة مثلاً ولكن الحرارة والتحصيل الدراسي لا يخضعان لهذا المستوى من القياس .

ومن المتغيرات الشائعة الاستعمال في هذا المجال، العمر، الوزن، الزمن. فعلى سبيل المثال إذا كأن عمر شخص ما عشرين سنة فأنه

ضعف عمر شخص يبلغ من العمر عشرة سنوات، وأن الشخص الذي يبلغ من العمر خمسة عشر عاما فهو نصف عمر شخص يبلغ من العمر ثلاثين عاماً.

أهداف القياس في التربية والتعليم:-

لقد بات من المسلم به في الوقت الحاضر أن موضوع القياس له أهميته القصوى في كل فروع العلم و المعرفة و مظهرا من مظاهرا لتقدم العلمي في أي مجتمع، ومع ذلك يفرض علينا ألام رهنا أن نحدد ما هوا لهدف الأساسي والجوهري الذي يسعى القياس إلى تحقيقه في مجال التربية و التعليم؟

وللإجابة على ذلك نقول أن الهدف الرئيسي للقياس في التربية هو الكشف عن الفروق ما بين الأفراد من حيت الذكاء والنشاط، وسرعة التعليم، والاستجابة والمهارة والقدرة علي الإدراك و التفكير و حل المشاكل...... الخ وهذا هو الأمر الجوهري لوجود القياس في التربية و لاسيما إذا ما عرفنا أن كثيراً من هذه الفروق و خصوصاً عند الأطفال و المراهقين لا تتضح لنا بسهولة بل تحتاج إلى التوثيق وإلى الاستعانة بوسائل مساعدة لإدراكها أو تمييزها .

على أن هدف القياس في التربية لا يتوقف عند هذه الفروق فقط بل يمتد إلي جوانب أخري تتمثل بتحديده مدى توافر قدرة أو خاصية نفسية في فرد معين بمعنى هل هذه الخاصية تتوافر لديه بدرجة عالية جداً أم بدرجة منخفضة جداً،و الفائدة من معرفة ذلك يمكن أن تتمثل فيما يلي[١] :-

١ - تفيدنا في معرفة درجة التحصيل الدراسي لدى التلاميذ، ومن هنا نشأت الاختبارات التحصيلية و يقصد بالاختبار التحصيلي هو الأداة التي تستخدم في قياس المعرفة والفهم و المهارة في مادة دراسية معينة.

---

١) فؤاد أبو حطب وسيد عثمان ، التقويم النفسي، القاهرة ، الأنجلو المصرية ، ١٩٧٣ ، ص ٢٦٧

٢- تفيدنا في معرفة درجة الذكاء لدى التلاميذ.

٣- تساعدنا في معرفة الميول والدوافع والقيم التي يحملها التلاميذ.

٤- تفيدنا في تحديد مدى امتلاك الأفراد للأعراض المرضية في حالات العصاب و الذهان و التشخيص.

٥- تفيدنا في دراسة حالات الفشل الدراسي وتحديد حالات التخلف الدراسي و تحديد حالات التخلف العقلي و التمييز بين الفشل الدراسي مـن ناحيـة والتخلف الدراسي من ناحية أخري.

٦- تساعدنا في وضع الرجل المناسب في المكان المناسب من حيث المهنة أو الحرفة بالاعتماد على ما يحمله من قدرات.

٧- تفيدنا في مجال التوجيه التعليمي بتوجيه الدارسين إلي المجالات التي تتلائم مع قدراتهم فالمدارس الصناعية تحتاج إلى قدرات خاصة و استعدادات معينة تـتلائم و طبيعة المهنة والحرف الصناعية ، و الكليـات تحتاج هـي الأخرى إلى قدرات واستعدادات معينة تختلف من كلية إلى أخري فكلية الهندسية على سبيل المثال تتطلب قدرات و استعدادات معينة تختلف عن تلـك التـي تتطلبها كليـة التربيـة الرياضية أو كلية الفنون.

التطور التاريخي للقياس:-

نشا القياس النفسي عن حاجات يسدها هـذا الميدان و ترجـع بدايات نشـأته بالشكل الحالي إلى بداية القرن التاسع عشر ذلك أن علم النفس كأن قد تـأثر هـو الأخر بالتطورات التي حدثت في هذا القرن على صعيد المعارف و العلوم و لاسيما علمي الفسيولوجيا والفيزيقيا التي بدأت باستخدام المقاييس الكمية في بحوثها و دراساتها.

ومما مهد في ظهور تباشير حركة استخدام المقاييس في مجال علم النفس هـي الدراسات الخاصة بكشف الفروق الفردية في زمن الاستجابة التي قدمها الفلكيون، فقد حدث عام ١٧٩٦ أن طرد أحد علماء الفلك مساعده في مرصد جـرينتش ذلك أنه اخطأ بمقدار لا

يتجاوز ثانية واحدة في رصد الزمن الذي يقضيه كوكب معين في مروره على شاشة التلسكوب أمامه.

وقد دفع هذا الأمر العالم بيسل (Besel) عام ١٨١٦ للبحث عن أسباب هذه الأخطاء التي تحدث عند الفلكيين،المختلفين في تقديراتهم عن مرور الكواكب أمامهم،و قد توصل إلى نتيجة مفادها وجود فروقاً بين الأفراد لما يسمى بزمن الرجع Reaction time وهو الفرق ما بين ظهور الكوكب وإدراك الفرد له وقد سمى هذا الفرق بالمعادلة الشخصية .

وفي عام ١٨٧٩ أنشأ فونت في لا يبزك بألمانيا أول معمل تجريبي في علم النفس ، مما مهد لظهور حركة القياس النفسي ـ وقد أجرى فونت تجاربه على الحواس، الإبصار، اللمس، التركيز،التعلم،التفكير،الانتباه، وقياس سرعة التنفس والنبض أثناء الانفعال. وقد أثرت جهود فونت هذه بالعالم البايلوجي الإنكليزي المشهور فرنسيس جالتون (١٨٢٢-١٩١١) مما مكنه من أن يقدم الكثير لحركة القياس النفسي ويعتبر أحد مؤسسيها حيث كأن هذا ا لعالم مهتما بدراسة العوامل الو راثية والموروثات، وقد شعر أثناء دراسته بالحاجة إلى قياس الصفات التي يتشابه فيها الأقرباء أو يختلفون فيما بينهم وكانت هذه البداية لشق طريق حركة قياس الفروق الفردية على أسس علمية . كما وطور هذا العالم طرقاً إحصائية لتحليل البيانات عن الفروق الفردية يمكن لغير المتخصصين استخدامها، وهو أول من استخدم معامل الارتباط لتحديد مدى العلاقة بين متغيرين. كما أنشأ معملاً لعلم الإنسان القياسي تمكن فيه من قياس زمن الرجع وحدة الأبصار والسمع ووظائف حسية حركية.

أما العالم الأمريكي ماك كين كاتل (١٨٩٠) الذي كأن أحد تلاميذ فونت وتعاون مع جالتون، والذي أخذ عنهما فكرة القياس العقلي والفروق الفردية فهو أول من استخدم مصطلح الاختبار العقلي Mental test ،وكانت اختباراته تقيس العمليات العقلية البسيطة المتصلة بالحس والحركة والإدراك والذاكرة الصماء.

ومن الجهود الأخرى التي ساهمت في هذا المجال والتي ظهرت مع نهاية القرن التاسع عشر تلك الدراسة التي قام بأجرائها العالم فردريك تايلور(١٨٥٦-١٩١٥) لدراسة الأعمال المتكررة التي يقوم بها العامل الإنساني بدور أساسي بهدف تحقيق الكفاية الإنتاجية مع مراعاة الراحة النفسية والجسمية له. وكانت هذه الدراسة قد توصلت إلى وجود فروق فردية بين الأفراد من حيث قدراتهم على العمل والإنتاج ،مما مهد ذلك الطريق لظهور حركة الاختبار المهني والتدريب المهني فيما بعد.

ومع بداية القرن العشرين نشر وسلر(١٩٠١) نتائج تطبيقية لاختبارات كاتل التي تناولت نواحي حسية وإدراكية إلى جانب الذاكرة والجوانب البد نية وقد قام بعرضها في جداول تحتوي على معاملات الارتباط وقد شكل هذا الأمر طريقاً جديداً في استخدام الإحصاء المتقدم في البحوث النفسية. وبعد عام واحد نشر- العالم الأمريكي السلوكي النزعة ثورندايك بحثه عن الارتباط بين العمليات العقلية الإدراكية والعمليات الترابطية ثم نشر بعد ذلك بحثه عن الوراثة ومدى ارتباطها بالنجاح في التحصيل الدراسي . وفي عام (١٩٠٤) قدم سيبرمان بحثه المشهور عن الذكاء العام وطرق تقديره وكيفية قياسه وقد استخدم فيه طريقة حساب معامل الارتباط بطريقة Rankorder وكانت اختباراته تقيس القدرة على التمييز الحسي- وكيف يمكن المقارنة بينها . وفي نفس هذا العام وضع العالم الفرنسي- بينيه أول مقياس معروف للذكاء يستعمل في تحديد المستويات العقلية المختلفة ، وقد اعتبر بينيه على أساسه من اكبر رواد القياس الموضوعي في علم النفس ، وقد تألف مقياس بينيه هذا في بداية الأمر من ثلاثين سؤال متدرجة في الصعوبة وكان هدفه هو التمييز بين ذكاء الأطفال الأسوياء والمتخلفين عقلياً فيما بين سن الثالثة والحادية عشرة.

وفي عام (١٩٠٨) صاغ بينيه مقياس أخر لقياس ذكاء التلاميذ في مختلف الأعمار، وفي عام (١٩١١) قام بينيه بتعديل هذا المقياس فأضاف إليه أسئلة جديدة وحذف بعض الأسئلة التي تتطلب تحصيلاً مدرسياً خاصاً فأصبح يتكون من ٥٤ سؤلاً.

ثم ظهرت بعد ذلك العديد من مقاييس الذكاء أهمها مقياس وكسلر الذي وضعه ديفيد وكسلر (١٩٣٩) الأخصائي في مستشفى بلفيو في نيويورك وقد جاء هذا المقياس ليغطي الحاجة إلى قياس ذكاء الراشدين الأميين والمتعلمين ما بين عمر ١٦ - ٦٠ سنة وهو يتظمن مجموعتين من الاختبارات الأولى هي مجموعة الاختبارات اللفظية والثانية هي مجموعة الاختيارات الأدائية ويفيد تطبيق هاتين المجموعتين في استخلاص حاصل الذكاء اللفظي وحاصل الذكاء الأدائي وحاصل الذكاء العام. ثم ظهرت بعد ذلك مقاييس جمعية أي يجرى تطبيقها على مجموعة كبيرة من الأفراد ومنها مقياسي ألفا وبيتا التي جرى تطبيقها على الجيش الأمريكي أثناء الحرب العالمية الثانية. هذا إلى جانب المقاييس العديدة التي ظهرت في الشخصية الإنسانية مثل مقياس مينسوتا المتعدد الأوجه الذي وضعه هاتا واي وماكينلي عام (١٩٤٣) ، وقد ساهمت هذه المقاييس وغيرها بدور كبير في تطور حركة القياس النفسي حتى وصل إلى ما هو عليه اليوم من تقدم ودقة [١] .

مفهوم التقويم :-

كلمة تقويم تعني الاستقامة أو تحديد مدى قيمة شيء معين أو حدث معين ، وقد وردت لفظة تقويم في القرآن الكريم في قوله تعالي (**لقد خلقنا الإنسان في أحسن تقويم**) [٢] و التقويم في هذه الآية اعدل ما يكون . وفي اللغة كما ورد في قاموس النجد يقال (قوم الشيء) بمعنى عدله و(قوم السلعة) بمعنى قدر ثمنها ، وقوم الشيء تقويماً أي جعله مستقيماً ، أما معنى التقويم كما ورد في معجم الرائد فهو تقدير قيمة لشيء ما أو الحكم على قيمته ، والتقويم هنا هو إصدار الحكم على قيمة الأشياء أو الأشخاص أو الموضوعات وهذا المعنى يقترب كثيرا

١) د- عباس محمود عوض ، علم النفس العام ، الإسكندرية ، دار المعرفة الجامعية ، ١٩٩٨ ، ص ٤٤١ - ٤٥٠

) الآية (٤) من سورة التين٢

من المعنى الذي يطرحه قاموس (Wbster) الذي ينص على أن التقويم هو (تحديد قيمة لشيء ما أو أنه الفحص والحكم).

والتقويم يحدث باستمرار في حياة كل فرد منا حين يحاول أن يختار نمطاً من السلوك بين غيره من الأنماط أو أن يفضل موقفاً معيناً على موقف أخر ، وهو في ذلك يحاول أن يتبين مواضع القوة أو الضعف فيما يختاره أو يفضله ، أي أن التقويم هو وسيلة لا دارك نواحي القوة لتأكيدها والاستزادة منها و الوقوف على

نواحي الضعف لعلاجها أو تعديلها . وعليه يمكن تحديد معنى التقويم بأنه:-

(العملية التي يقوم بها الفرد أو الجماعة لمعرفة ما يتضمنه أي عمل من الأعمال من نقاط القوة والضعف ومن عوامل النجاح أو الفشل في تحقيق غاياته المنشودة منه على أحسن وجه ممكن) .

ويستخدم مصطلح التقويم في المجال التربوي ليشير بصورة خاصة إلى العملية التي يمكن من خلالها إصدار حكم حول قيمة الظاهرة موضع الدراسة وتتضمن هذه العملية عادة الوصف وتقديم البيانات الهامة حول الظاهرة ،كما تتضمن التثمين والتقدير والحكم. ومع أن التقويم التربوي ينطوي علي أغراض شتى ويتخذ عدة إشكال ويستخدم أساليب متنوعة تتلائم مع طبيعة الظاهرة موضع الدراسة إلا أن المعنى الغالب له هواي أجراء منظم يقصد من ورائه تقويم مدى تحقق أهداف تعليمية معينة [١]. والتقويم هنا لا نقصد به التشخيص أي تشخيص واقع سير العملية التعليمية نحو تحقيق أهدافها فقط بل هي علاج لما قد يوجد في هذه العملية من عيوب وقصور إذ لا يكفي أن نحدد أوجه القصور أو الخلل وإنما يجب العمل على تلافيها والقضاء عليها لأن التقويم عملية تشخيصية وعلاجية في أن واحد.

ويمكننا أن نورد عدد من التعاريف التي أعطاها المفكرين والكتاب للتقويم التربوي وهي التالية :-

---

١) د- امطانيوس ميخائيل ،المصدر السابق ، ص٦١

التقويم هو (إصدار حكم على مدى تحقق الأهداف المنشودة على النحو الـذي تحدده تلك الأهداف بغرض التحسين والتعديل والتقدير).

التقويم هو (تحديد مدى بلوغنا للأهداف التي نسعى إلى تحقيقها وهـي وسـيلتنا للحكم علي ما يقدم من أنشطة وخدمات).

التقويم هو (عملية منظمة يتم من خلالها تحديد مدى تحقق الأهداف التربويـة لدى التلاميذ).

التقويم هو (إعطاء قيمة لشيء ما وفقا لمستويات يتم تحديدها مسبقا)

التقويم هو(معرفة مدى صلاحية البرامج المقدمة وكشف نواحي القوة و الضعف فيها بقصد تطويرها وتحسينها).

التقويم هو (عملية تقيس مدى القرب أو البعد عن الأهداف المرسومة بأسلوب علمي موضوعي يتصـف بالاستمرار والشمول والدقة والاستهداف، وعلى ذلك فعملية التقويم ترتبط ارتباطاً عضوياً بالأهداف المراد تحقيقها).

من خلال التعارف السابقة يتبين لنا بوضوح أن هناك عناصر مشتركة بينها حول مفهوم أو معنى التقـويم ،فهي جميعاً تؤكد على أن التقويم هـو عملية منظمة لجمع وتحليل المعلومات وأنه ينطوي علي حكم قيمة ، ويتطلب التحديـد المسبق للأهداف التربوية، وتحقيق غـرض أسـاسي وهـو تقـديم معلومـات مفيـدة وهامة لصانع القرارات التربوية.

أنواع التقويم:-

بالاعتماد عـلى الطريقـة الغالبـة في جمـع الملاحظات والمعلومـات الضرورية للقيام بعملية التقويم يمكننا أن نفرق بين نوعين من أنواع التقويم التربوي وهي : **النـوع الأول:** تقـويم ذاتي وفيـه يلجـا الفرد إلى المقاييس الذاتيـة وحـدها للقيـام بعملية التقويم ، كما يحدث حين يعتمد التقويم عـلى المقابلـة الشخصية أو حـين يقوم الفرد بكتابة تقرير عن نشاطه وهذا النوع مـن التقويم تـدعو إليـه التربيـة الحديثة

في كل مراحل التعليم ، ومن أمثلته تقويم التلميذ لنفسه وتقويم المعلم لنفسه .

النوع الثاني: تقويم موضوعي ، ويعتمد هـذا النـوع مـن التقـويم عـلى المقاييس العلميـة الموضوعية الدقيقـة في جمـع المعلومـات والملاحظـات عـن الظـاهرة أو الحـدث المـراد تقييمـه ولا يـتم اللجـوء إلى المقاييس الذاتيـة إلا حـين يكـون مـن الصعب الحصول على المعلومات بالطرق السابقة.

مستويات التقويم :

التقـويم التربوي حاله حال القياس لـه مستويات مختلفة تتفق مع الهدف مـن إجراءه، فإذا كأن الهدف مـن إجراء عملية التقويم هو فقط إصدار أحكام سريعـة ومبدئية عـن مستويات التلاميذ وتحصيلهم في جانب معين اتبعت وسـائل مبدئيـة في قياس وتسجيل النتائج وتحليلها .أما إذا كأن الهدف هو الحصول على معلومـات على درجة عالية من الدقة والوضوح تعقدت عملية التقويم واتبعت منهجا علميـا وموضوعيا دقيقا كما ويتم استخدام أكثر الوسـائل دقـة وصدقا مــن اجـل إعطـاء نتائج تتفـق والهدف المـرسوم مـن وراء عملية التقويم [١].

أهمية التقويم :-

للتقويم الحديث أهمية كبيرة في مختلف ميادين الحياة وتأتي هـذه الأهميـة من ضرورة الاعتماد عليه في قياس وتقدير مدى تحقق الأهداف المنشودة مـن كـل عملية وفي كل ميدان وبخاصة في ميدان التربية والتعليم حيث تظهر أهميته فيما يلي[٢]:-

---

١) د- رمزية الغريب ، القياس والتقويم في المدرسة الحديثة ، القاهرة المطبعة العالمية ، ١٩٦٢ ، ص١

كمال زاخر لطيف وبلنته إبراهيم علي، التربية ، القاهرة ، الجهاز المركزي للكتب الجامعية والمدرسية والوسائل التعليمية ، ١٩٨٣ ،ص٢٢٧ ٢

١- التقويم يعتبر أحد الجوانب الأساسية في أي عملية تربوية ، حيث لا يمكن أن تكون هناك عملية تربوية صحيحة وناجحة ما لم يكن لها تقويم مبنيا على أسس سليمة ،وكلما كأن التقويم فاعلاً كلما دل ذلك على أن العملية التربوية سائرة في الطريق المرسوم لها بغية تحقيق أهدافها المنشودة .

٢- يعتبر التقويم أحد الأركان الأساسية في بناء المناهج الدراسية فأي منهج دراسي لابد أن تصاحبه عملية تقويم تبدأ هذه العملية مع بداية التخطيط لوضع المنهج وتنتهي مع أخر مرحلة ثم تبدأ من جديد وهكذا والغرض منها هو معرفة مدي تحقيق المنهج للأهداف المرسومة له من عدمه وكذلك الكشف عن جوانب النقص أو الخلل في محاولة لعلاجها .

٣- امتداد التقويم إلي جميع جوانب شخصية التلميذ ولم يعد مقصوراً كما كأن في السابق على قياس التحصيل الدراسي للتلاميذ للمواد الدراسية المختلفة،الأمر الذي أدى إلى اتساع مجالاته وتنوع طرقه وأساليبه.

٤- التقويم هو أحد الأركان المهمة في عملية التخطيط بحكم اتصاله الوثيق بمتابعة النتائج ،وقد يكشف التقويم عن وجود عيب أو خلل في المناهج أو الوسائل التعليمية ، أوفي الأهداف،مما يؤدي إلي تقديم توصيات للقائمين علي عملية التخطيط لغرض معالجة هذا الخلل أو العيب ثم تأخذ هذه المعالجة سبيلها إلي التنفيذ حيث تبدأ المتابعة فالتقويم من جديد ....وهكذا.

٥- يساعد التقويم كل من المعلم والتلميذ على معرفة مدى التقدم الحاصل في العمل المدرسي نحو بلوغ أهدافه وعلى بيان وتوضيح العوامل التي تؤدي إلى التقدم أو تحول دونه ثم علي دراسة ما قد يلزم عمله للمزيد من التحسن والتطور.

٦- أصبح للتقويم اليوم دوراً فاعلاً في الكشف عن المواهب والاستعدادات والميول والاتجاهات وغيرها من السمات النفسية التي يتمتع بها الأفراد ، مما كأن له أثره الواضح في عملية التوجيه والإرشاد التربوي، وذلك بتوجيه الأفراد لاختيار نوع

المهن أو نوع الدراسة والتخصص بالاعتماد على ما يحمله كل واحد منهم من هذه السمات.

أهداف التقويم :

مما تقدم رأينا أن التقويم الذي يعد ركنا أساسيا في العملية التربوية والتعليمية لا يقتصر دوره على كشف و تشخيص عمليتي التعليم والتعلم وإنما يستهدف إلى ابعد من ذلك إلى التعديل والإصلاح من خلال التعرف على جوانب القوة والضعف والصعوبات والمشاكل التي تحول دون تحقيق الأهداف ، وعلى ذلك فأن عملية التقويم تستمر باستمرار العملية التعليمية أي تبدأ مع التخطيط وتستمر عبر مراحل التنفيذ مستهدفة الحكم على مدى الإنجاز الذي تحقق بما يتناسب مع الأهداف المرسومة،واستنادا على ذلك يمكننا أن نحدد أهم الأهداف التي يسعى التقويم التربوي الحديث إلى تحقيقها وهي كما يلي [١] :-

١- يسعى التقويم التربوي إلى صياغة الأهداف التعليمية بشكل أو بطريقة واضحة وسهلة بحيث يمكن تحقيقها بدون عوائق أو صعوبات .

٢- يسعى التقويم التربوي إلى تعديل وتغيير طرق التدريس والوسائل التعليمية حتى تتلائم مع طبيعة الأهداف المرسومة، وتساعد على تحقيقها ، ويتم ذلك من خلال الكشف عن الصعوبات والمشاكل التي حدثت خلال العملية التعليمية .

٣- يسعى التقويم إلى معرفة الصعوبات والمشاكل التي تعترض المعلم خلال قيامه بمهامه في سبيل علاجها لتوفير الجو الملائم له للقيام بعملية التعليم على وجهها الأكمل.

---

١)- د. قحطان احمد الظاهر ، طرق التدريس العامة ، الزاوية ، المكتبة الجامعية ، ط١ ، ١٩٩٩ ،ص ١٧٥ -١٧٦ - .

٤- يهدف التقويم إلى إعادة الترتيب والتنظيم وتحديد الأدوار لكل من المعلم والمتعلم بشكل سليم وكذلك تحديد الأنشطة التي يقومون بها مما يسهل عملية التعليم والتعلم على السير بدون عوائق أو مشاكل.

٥- يهدف التقويم إلى جعل كل من المعلم والمتعلم قادرا على القيام بما يسمى بالنقد الذاتي لنفسه وإعماله ، وما حققه من نتائج سواء كانت سلبية أو إيجابية .

٦- يهدف التقويم إلى بناء علاقة متينة بين البيت والمدرسة من خلال تعريف اسر الطلبة بنتائج أبنائهم ليكونوا على بينة عن مستواهم الحقيقي ، الأمر الذي يدفعهم إلى المشاركة في دفع وتحفيز أبنائهم للمزيد من العطاء وتهيئتهم بشكل سليم وخاصة إذا كأن هناك تعثر من قبل الأبناء في تحصيلهم الدراسي أو معاناتهم من مشاكل معينة تتسبب في تعطيل مسيرتهم الدراسية أو تؤثر فيها . وقد يؤدي الأمر بأولياء أمور الطلبة إلى زيارة المدرسة لغرض الوقوف على أمور كثيرة تتعلق بمشاكل أبنائهم وحاجاتهم والعلاقة بينهم وبين مدر يسهم.

٧- يهدف التقويم إلى الكشف عن طبيعة الاستعدادات والقدرات الخاصة التي يتمتع بها الطلبة بما يساعد على التنبؤ بمدى إمكانية النجاح المستقبلي من عدمه بالنسبة لدراسة أو مهنة معينة بذاتها .

٨ يهدف التقويم إلى تقوية دافعيه الإنجاز الدراسي لدى المتعلمين والمعلمين على حد سواء . وذلك من خلال تعريفهم بنقاط الضعف والخلل ومحاولة علاجها عن طريق زيادة حجم التحصيل أو في محاولة إجراء التغيرات اللازمة في سبيل مزيد من النجاح والتفوق .

مجالات التقويم:-

بما أن التقويم هو أحد عناصر العملية التربوية ،لذا فهو يمتد إلى كل جانب من جوانب هذه العملية وليس كما يرى البعض من أنه

يقتصر على مجرد تقويم التحصيل الدراسي للتلاميذ وقياسه عن طريق الامتحانات المدرسية التقليدية، فهذا المفهوم حسب اعتقادنا قاصراً عن فهم عملية التقويم بمعناها الحديث الذي أصبح من جانب مفهوماً شاملاً لجميع عناصر العملية التربوية،المعلم، المنهج،أساليب التدريس،الإدارة التعليمية،التلميذ،الأساليب التقويمية ذاتها. وأن كأن تقويم أداء التلميذ يعد الأمر الأكثر حيوية والأكثر دلالة على كفاءة العملية التعليمية بأكملها ومن جانب أخر أصبح التقويم شاملاً لمكونات كل من العناصر السابقة ،فتقويم التلميذ مثلاً لا يقتصر فقط على تحصيله الدراسي بل يمتد إلى كل جوانب شخصيته (الذكاء،الميول،الاستعدادات ،القدرات،السلوك،الأخلاق......الخ). وهكذا الأمر مع بقية عناصر العملية التربوية،وهذا ما سوف نتناوله بالشرح والتفصيل لاحقاً .

أسس ومبادئ التقويم :-

تستند عملية التقويم الحديث على مجموعة من الأسس والمبادئ التي تتماشي مع فلسفة التربية الحديثة وتنسجم مع أهدافها وتوجهاتها،ويمكننا تلخيص أهم هذه الأسس والمبادئ فيما يلي :-

١- ارتباط عملية التقويم بأغراض محددة.تتطلب عملية التقويم قبل البدء فيها تحديد الغرض (أو الإغراض) من ورائها بدقة لماذا؟

لأن عملية التقويم ليست مجرد مجموعة من الإجراءات بل هي بالعكس من ذلك عملية منظمة بدرجة كبيرة ودقيقة وموجهه نحو تحقيق أغراض معينة ،وأهمية هذا التحديد يمكن إرجاعه إلى أمرين، أولهما أن أغراض التقويم كثيرة ومتداخلة، والأمر الأخر أن هذا التحديد يتطلب تحديد الأهداف التعليمية التي تتجه أداة التقويم للكشف عن درجة تحققها لدى التلاميذ ،مما يستدعي الصياغة الواضحة والدقيقة لتلك الأهداف .

٢- أن تكون أداة التقويم مناسبة للغرض وفي خدمته :- فقد يكون هناك أكثر من أداة تناسب غرض التقويم ولكن بدرجات متفاوتة كذلك فقد تكون هناك أدوات دقيقة وموضوعية ونتائجها جيدة عند

تطبيقها على أغراض معينة ،ولكن نفس هذه الأدوات قد لا تتناسب مع أغراض أخرى إي بمعنى أخر يجب أن تتميز الأدوات المستخدمة في عملية التقويم بقدرتها على قياس ما يود قياسه بالفعل فإذا أردنا أن نقيس القدرة على التفكير فلا نستعمل أداة من أدوات التي تقيس القدرة على التذكر مثلاً. كما يجب أن تتميز هذه الأدوات بأنها يمكن الاعتماد عليها في قياس ما يراد قياسه في مختلف الظروف والمناسبات، فإذا تغيرت هذه الظروف والمناسبات فأنه يجب أن تظل تقيس ما يراد منها قياسه.

٣- التنوع في أدوات التقويم :- نقصد بتنوع أدوات التقويم هو استخدام أكثر من أداة عند قيامنا بعملية التقويم ،فمن المعروف أنه ليس هناك أداة وأحده تصلح لكافة المجالات أو حتى المجال واحد بعينه ،فتقويم التلاميذ مثلاً يستلزم استخدام أكثر من أداة لمعرفة درجة تقدمه نحو نواتج التعليم وإنجاز الأهداف المرسومة، والتنوع في أدوات التقويم يعطينا صورة شاملة عن سلوك التلميذ ،فقد يكون من الصعب الحصول على معلومات تامة عن هذا السلوك من خلال استخدام أداة واحدة فقط .

٤- المعرفة بجوانب الأداة المستخدمة في عملية التقويم من حيث القصور والإيجابية، ومصادر الخطأ المحتملة فيها لأن لكل أداة مثل هذه الجوانب ومعرفة القائم بعملية التقويم بهذه الأمور يمكنه من استخدام الأداة بأفضل صورة ممكنة.

٥- التقويم عملية مستمرة:- أي أن عملية التقويم ينبغي أن تسير جنباً إلي جنب مع التعليم من بدايته إلي نهايته، فتبدأ من تحديد الأهداف ووضع الخطط وتستمر مع التنفيذ ممتدة إلي جميع أوجه النشاطات المختلفة في المدرسة والى أعمال المدرسين

حتى يمكن تحديد نواحي الضعف ونواحي القوة في الجوانب التي نريد إجراء تقويم فيها. وبالتالي يكون هناك متسع من الوقت للعمل على تلافي نواحي الضعف والتغلب علي الصعوبات .

٦- التقويم عملية شاملة :- أي أن التقويم يجب أن يشمل العملية التعليمية بكافة عناصرها ومكوناتها بدءاً من التلميذ ومروراً

بالكتاب المدرسي (المقرر)، والمنهاج، والطرائق، والوسائل التعليمية وانتهاء بـالمعلم، كما يشمل العنصر المراد تقويمه بكافة جوانبه و لا يقتصر على جانب واحد فقط.

فتقويم المعلم مثلاً يجب ألا يقتصر ـ على نشاطه وطريقته في التـدريس بل يتخطى ذلك ليشـمل أيضـاً مظهره واتزانه الانفعالي وعلاقتـه بـالآخرين ....الخ ، وتقـويم التلميـذ لا يقتصرـ علـى تحصيله الـدراسي بـل يمتد إلى ميولـه وقدراتـه واستعداداته....الخ .

٧- التقويم عملية تعاونية،بمعنى أنه يجب ألا يقتصر التقويم على شخص واحد بل يشمل كل من يستطيع الإسهام به فتقويم نمو التلميذ مـثلا يجب أن لا ينفرد به المعلم وحده بل يجب أن يشترك فيه كـذلك التلميـذ نفسـه وزملاءه والمـدير والآباء والمشرفين التربويين وكل من له علاقة بالعملية التربوية.

٨- تخضع عملية التقويم لخطة شاملة يتم فيها تحديد الأولويات كـما يـتم فيها تحديد الوسائل والأدوات والخطوات التنفيذية، والتخطيط لعملية التقويم يبعد هذه العملية عن العشوائية والارتجال ويجعلها اقـرب إلى المـنهج العلمـي المنظم والمتكامل يمكن من خلال إتباعه الوصول إلى نتائج محددة.

خطوات التقويم :-

التربية التقليدية كانت تعتمد أساليب في التقويم تقوم في اغلب الأحيـان عـلى الاجتهاد الشخصي لمن يقوم بعملية التقييم سـواء كـأن معلـم أو مـدير مدرسـة أو مشرف تربوي أو غيرهم ممن لـه علاقـة بالعمليـة التعليميـة التعلميـة. وذلك لأن هدف التربية كانت يتركز بالدرجـة الأسـاس عـلى المعرفـة السـريعة لمـا للمعلـم أو التلميذ أو المنهج من عناصر القوة أو الضعف ، أي أن التقويم في التربية التقليدية كأن ينقصه في العادة التخطيط المسبق مـن حيـث المحتوى والأدوات والوسائل وكيفية استعمالها وبالتالي تحليل النتائج وكيفية الاستفادة منها في تحديد معارف التلاميذ وحاجاتهم ومطالبهم الذاتية .

أما اليوم فأن هذا الأمر قد أختلف كثيراً وذلك باعتماد التربية الحديثة في أساليبها التقويمية على أسس منطقية وموضوعية وهادفة ذات ارتباط وثيق بكل ما يتصل بعملية التعليم والتعلم ويمكننا أيجاز أهم خطوات التقويم في التربية الحديثة بما يلي(١) :-

١- أن يحدد المعلم أهدافا عامة وخاصة لموضوع تدريسه. تمثل الأهداف العامة للمنهج أو التدريس المحاور الرئيسية التي يدور حولها كل ما يتعلق بعمليتي التعليم والتعلم من أمال وحاجات المجتمع والتلاميذ، ومعلومات وحقائق منهجية وأنشطة تربوية وطرق تدريس ووسائل تقويم. ولما كأن من غير السهل قياس هذه الأهداف وذلك لكونها عامة وغير محددة وغامضة . فقد لجأ التربويون إلى تطوير أهداف خاصة أو ما نسميها اليوم بالأهداف التعليمية (السلوكية). وأن الغرض الأساسي من وراء هذه الأهداف في التعليم هو وضوحها اللغوي وإمكانية ترجمتها بسهولة إلى سلوك واقعي يمكن ملاحظته وقياسه بشكل مباشر.

٢- تحديد أدوات ووسائل جمع المعلومات اللازمة لأغراض التقويم. وهذه الوسائل لابد أن تكون مناسبة الغرض وفي سبيله لكي تستطيع أن تجمع معلومات وبيانات صحيحة حول معارف وقدرات التلاميذ الحقيقية .

٣- أجراء فترات منتظمة من الملاحظ الموضوعية مع تطبيق بعض الاختبارات أو استعمال بعض المقاييس (المتدرجة، التصنيفية أو غيرها)، وذلك للحصول على المعلومات المطلوبة بخصوص السلوك المراد تقييمه .

---

١) Davies,I.K. The management of learning, London: mc GRAW- hill publishing Go,١٩٧١,.٢١٨-٢١٩ .

٤- أجراء تحليل دقيق للمعلومات والبيانات التي تم الحصول عليها من خلال وسائل جمع المعلومات، وذلك لغرض مقارنة تحصيل التلاميذ مع بعضهم البعض وتحديد مقدار التفكير الحاصل في معلومات ومعارف التلاميذ وسلوكهم . وكذلك لاكتشاف العلاقات المتداخلة بين الوسائل المعتمدة في عملية التقييم وذلك لاختيار أصلحها منفردة أو مجتمعة في عمليات التقييم المقبلة.

٥- تفسير البيانات والمعلومات على أساس المعايير المتضمنة في الأهداف التعليمية للمنهج أو الأشراف التربوي لمعرفة مدى نمو أو تقدم الفرد المتعلم ذاتياً واجتماعيا مع تحديد عناصر القوة أو الضعف لغرض تقديم العلاج اللازم.

٦- والخطوة الأخيرة من خطوات التقويم في التربية الحديثة تتمثل برفع توصيات بناءة وعلمية إلى كل من الإدارة والمشرفين التربويين والتلاميذ أنفسهم وأولياء أمورهم بخصوص نجاح التلاميذ أو حاجتهم لمزيد من التدريس أو التطبيق أو لتعديل المنهج نفسه أو طريقة التدريس أو حتى لتعديل الأهداف التعليمية الموضوعة.

التطور التاريخي للتقويم :-

يمكننا القول أن حركة التقويم كانت قد ظهرت مع ظهور العملية التربوية حيث شعر المربون منذ البداية بحاجتهم إلى قياس تقدم وتأخر تلاميذهم والحاجة إلى التعرف على نواحي القوة والضعف لديهم كما شعروا أيضا بالحاجة إلى قياس وتقويم مدى نجاح جهودهم وطرقهم في التدريس من عدمه. على أن هذا النوع من التقويم كأن يعتمد في أول الأمر على الملاحظة الذاتية والآراء الشخصية.

والتاريخ يحدثنا أن بعض المجتمعات القديمة في بداية العصور التاريخية كانت قد استخدمت وسائل في التقويم على درجة كبيرة من التقدم، لعل المجتمع الصيني القديم خير مثال على ذلك فقد استخدم الصينيون القدماء وسائل تقويم متطورة لغرض اختيار موظفي الحكومة ، وقد كانت هذه الوسائل تقوم على أساس وجود امتحانات

تحريرية على درجة كبيرة من الصعوبة والشدة وهي تتم على مراحل ثلاث، مدة المرحلة الأولى منها (٢٤) ساعة حيث يتم فيها اختيار موظفي الدولة الصغار في المقاطعات، ومدة المرحلة الثانية ثلاث أيام وهي أكثر عمومية وصعوبة من الامتحانات السابقة، ويتم فيها اختيار موظفي الدولة الكبار في المقاطعات أما امتحانات المرحلة الثالثة فقد كانت تجرى في العاصمة ومدتها ثلاثة عشر يوما ويتم فيها اختيار موظفوا الدولة الكبار على صعيد البلاد كلها .

كما عرفت الامتحانات التحريرية في المجتمع اليوناني القديم، فقد كانت كل من اثنا وإسبارطة (حوالي ٥٠٠ ق .م) تطبق نوع من الامتحانات تقوم على أساس وجود اختبارات بدنية في غاية من الشدة ، ففي إسبارطة مثلا كانت تطبق قوانين الامتحانات الشديدة على الذكور والأنات على حدا سواء ،كما استخدم فيها نوع من التقويم الموضوعي في تقدير نتائج التحصيل الدراسي.[١]

أما بالنسبة للعرب القدماء فقد عرفوا كذلك التقويم ولكنهم اعتمدوا أسلوب التقويم الشفوي ومما يؤكد هذه الحقيقة أسواق الشعر والخطابة التي كانت منتشرة في البلاد العربية آنذاك مثل سوق عكاظ وسوق المربد وغيرها، التي كانت هي عبارة عن أماكن لالتقاء الشعراء والخطباء القادمين من المناطق المختلفة يتنافسون فيما بينهم من ناحية القدرة على الأداء ،وكأن يوجد في هذه الأسواق حكام يقومون بإصدار الأحكام وإعطاء كل متسابق درجة بالاعتماد على أسلوب الاستماع . إما في القرون الوسطى فقد تأثرت حركة التقويم بالأوضاع السائدة ولاسيما أوضاع التربية، بعد أن عم الظلام المعرفي وأهملت المعارف والفنون ولذلك لم تعرف طريقة تحريرية في التقويم والقياس واقتصرت على التقويم الشفوي ، واستمر الحال هكذا حتى بداية القرن التاسع عشر حيث شهدت حركة التقويم تطوراً كبيراً بظهور التقويم لقياس التحصيل الدراسي للتلاميذ في الولايات المتحدة الأمريكية يعتمد

١) د- احمد محمد الطيب ، أصول التربية ، الإسكندرية ، المكتب الجامعي الحديث ، ١٩٩٩ ، ص٣٦.

على الامتحانات الشفوية ثم استبدل بعد ذلك بنظام الامتحانات التحريرية من نوع المقال وأعتبر كأساس لالتحاق الطلبة بالمدارس والمعاهد والكليات، ثم تقدم التقويم خطوة بعد ذلك بظهور الامتحانات التحريرية الموضوعية في بداية القرن العشرين كبديل عن الامتحانات المقالية التي تم اكتشاف احتوائها على عدد من العيوب التي تقلل من إمكانية الاعتماد عليها كمقاييس صادقة ودقيقة.

وأخيرا فقد شهد التقويم تطوراً أخر بظهور الاختيارات المقننة التي تمتاز بدرجة كبيرة من الصدق.

وسوف نقوم بتوضيح هذه الاختبارات بشيء من التفصيل في الفصل الخاص بالاختبارات التحصيلية.

العلاقة ما بين القياس والتقويم :-

على الرغم من أن القياس والتقويم مصطلحان متلازمان ويستخدمان في كثير من الأحيان جنباً إلي جنب، كما وقد يستخدم أحدهما بديلا عن الأخرى في بعض المواضع مما يدلل ذلك على وجود علاقة وثيقة وقوية بينهما، إلا أن ذلك لا ينفي حقيقة وجود فروق واختلافات بينهما يمكن أن نحددها بما يلي:

١- يقوم القياس على الوصف الكمي للظاهرة موضع الدراسة أي مقدار ما يتوفر أو عدم توفره منها، لذلك فالاختبارات والمقاييس النفسية والتربوية ما هي إلا أساليب لتقويم مقدار ما اكتسبه المتعلمون من معلومات ومفاهيم ومبادئ ونظريات واتجاهات وقيم تتضمنها أهداف المنهج المدرسي.أما التقويم فأنه يقوم على الوصف النوعي والكمي معاً .

٢- القياس يقيس الجزء أما التقويم فأنه يتناول الكل، فالقياس إذا كان مثلاً يعني نتائج التحصيل الدراسي للتلاميذ ،فأن التقويم يتناول السلوك والمهارات والقدرات والاستعدادات وكل ما يتعلق بالعملية التربوية مروراً بالنهج الدراسي والمعلم والموجة التربوي والمبنى المدرسي والمكتبة والنشاطات المدرسية وغير المدرسية ....الخ .

٣- القياس عملية ضيقة ومحدودة أما التقويم فأنه عملية شاملة وواسعة فتقـويم التلميذ على سبيل المثال يمتد إلى جميع جوانب نموه، بدءً بقياس ذكـاءه وتحصـيله الدراسي مروراً بالتعرف علي عاداته واتجاهاته النفسية الاجتماعيـة وانتهـاء بجمـع المعلومات الكمية أو الوضعية التي لها علاقة بتقدمه أو تأخره سواء كأن ذلك عـن طريق المقابلة أو الملاحظة أو القيـاس والاختبـار وتقـويم المـنهج يمتـد إلى الـبرامج والقرارات وطرق التدريس والوسائل التعليمية،والأنشـطة وعمـل المعلـم والكتـاب المدرسي. أما القياس فأنه جزئي أي يقتصر علـى شيء واحـد فقـط أو نقطـة واحـد كقياس التحصيل الدراسي للتلميذ في مادة دراسية واحـدة أو مجموعـة مـن المـواد الدراسية أو يقوم بقيـاس طـول أو وزن .....الـخ أي بمعنـي أخـر أن التقـويم أكـثر عمومية وأوسع معنى من القياس.

٤- القياس أحد أركان التقويم، وليس هـو التقـويم أي بمعنـي أخـر إذا نحـن قمنـا بقياس ناحية معينة مثل التحصيل الدراسي لدى التلاميـذ فهـذا لا يعنـي أننـا قمنـا بعملية تقويم لهم بل نحن قمنا بعملية قياس فقط. أما إذا أردنـا أن نقـوم، فهـذا يعني أن الأمر يجب أن يمتد إلى جميع جوانب شخصية هؤلاء التلاميذ وعليـه فـأن القياس وحده لا يكفي للتقويم لأنه فقط ركن من أركانه.

٥- القياس يزودنا فقط بمعلومات محددة عن الشيء والموضوع الذي نريـد قياسـه أما التقويم فأنه يهدف إلى التشخيص أي الكشف عن جوانـب القـوة والضـعف في الظـاهرة موضـوع الدراسـة، ثـم يقـوم باتخـاذ الخطـوات اللازمـة لعـلاج جوانـب الضعف وزيادة جوانب القـوة، لـذلك فـأن التقـويم يسـاعد دائمـا علــى التحسـن والتطور .

٦- يعتمد القياس على مجموعة من الأدوات أو الوسائل التـي يشـترط فيهـا الدقـة المتناهية، في حين أن ا لتقـويم يعتمـد عـلى مجموعـة مـن الأسـس والمبـادئ مثـل الشمول والاستمرارية والتنوع والتكامل والتعاون الخ.

مشكلات القياس والتقويم التربوي:-

يرى أهل الاختصاص أن حركة القياس والتقـويم التربـوي تعترضـها الكثـير مـن الصعوبات والمشاكل لعل أهمها ما يلي[١]:-

١- تعـدد وشـمولية مجـالات التقـويم:ـ مـن المعـروف أن التقـويم الحـديث قـد توسعت مجالاته وذلك باهتمامه باختبار وتقويم نتائج الـتعلم الجديـد مـن كافـة نواحيها، الفهم، التفكير، والتذوق، والاتجاهات، والقيم، والميول، القابليات الخاصة، المهارات، الأمر الـذي يجعـل مهمتـه أمـر في غايـة الصـعوبة في تحقيـق أهدافـه و غاياته بالشكل المطلوب.

٢- أن النتائج التي نسعى إلى تقييمها تشمل على مجموعـه معقـدة مـن الصـفات المترابطة مع بعضها البعض الأخر، كما وقد تكون هذه النتائج ذات صـفة معنويـة وتجريدية عامة وليسـت محسوسـة الآمـر الـذي يجعـل عمليـة تقييمهـا بالشـكل الصحيح أمر فيه نوع مـن الصـعوبة. فسـلوك التلميـذ في موقـف معـين هـو نتـاج مجموعة عوامل ومؤثرات تفاعله مـع بعضـها مـؤثرة كـل واحـدة مـنهما بـالأخرى بأشـكال ودرجـات مختلفـة. كـما أن الخصـائص المعنويـة مثـل الإخـلاص والصـدق والأمانة والشجاعة وغيرها هي أشياء عامة يصعب قياسها بسهوله كما وأنها تظهـر في بعض السلوك ولا تظهر في البعض الأخر. وهذا الأمـر هـو عـلى عكـس الحقـائق والمعلومات والمهارات البسيطة التي يتعلمها الطفل حتى يمكـن قياسـها بشـكل أو بأخر.

٣- عدم دقة وصلاحية الكثير من وسائل القيـاس وطرقـة، تتعـرض وسـائل القيـاس وطرقه للكثير من الأخطاء عند الحكـم عـلى النتـائج التـي يـراد قياسـها وذلـك لأن الأدوات والوسائل المستخدمة ما تزال

---

١) راجع بهذا الشان:-

Burtonw the guidance of learning activating , " n.y.u.s.a ", ١٩٨٥ , pp .٤١٦ -٤١٣

غير كاملة وتعاني من النقص في كثير من جوانبها رغم التطورات الكثيرة التي طرأت عليها كما أن الطرق التي تتبع في

تطبيق الاختبارات والمقاييس ما تـوال غير سليمة مما تعكس لنا في كثير من الأحيان نتائج خاطئة وغير دقيقة لذلك فأن تحسين أدوات القياس والارتقاء بطرقة يعد مطلباً لابد منه للحصول على نتائج أكثر دقة وصدقاً عن الظواهر المراد تقويمها.

٤- ولعل أهم مشاكل القياس والتقويم التربوي تتمثل في صعوبة إيجاد الأشخاص المؤهلين علمياً القادرين علي القيام بهذه العملية لافتقار معظم التربويين للكفايات والمهارات اللازمة لذلك ، فهذه العملية تتطلب الكثير من التدريب والمران على كيفية القيام بها على الوجه الأكمل سواء من حيث استخدام أدواتها ووسائلها أو من حيث إتباعها أفضل الطرق للوصول إلى أفضل النتائج دقه وصدقاً.

وأمام هذه الحقيقة لابد لنا من العمل لإصلاح هذا الوضع ويكون ذلك حسب رأينا من خلال محاولة إدخال مادة القياس والتقويم التربوي كمادة أساسية في مناهج كليات التربية ومعاهد أعداد المعلمين والقيام بتدريسها بكفأة وتدريب طلابها على أفضل الطرق المتبعة في هذا المجال الحيوي ،أم بالنسبة للأفراد التربويين الذين لم يحالفهم الحظ سابقاً في الإطلاع على جوانب هذا الميدان يجب أن نقيم لهم دورات وبرامج لمساعدتهم على كيفية القيام بعملية التقويم بأفضل صورة ممكنة .

صفات المعلم كمقوم ناجح :-

بعد أن استعرضنا عدداً من أساسيات القياس والتقويم التربوي نرى أنه من افضل ما يمكن أن ننهي به هذا الفصل هو تحديد أهم الصفات التي يجب أن تتوفر في المعلم لكي يتمكن من القيام بعمله التقويمي بنجاح وهذه الصفات هي التالية (١) :-

---

١) د- محمد زياد حمدان، المصدر السابق، ص٣٤-٣٦.

١- المعرفة الواسعة بعلم النفس، أن أهم صفة يجب أن يتحلى بها المعلم حتى يستطيع أن يقوم بعمله التقويمي بشكل ناتج هي المعرفة بمبادئ ونظريات علم النفس لكي يستطيع أن يفهم، أسباب السلوك الإنساني والعوامل التي تؤثر في هذا السلوك، وبالتالي يكون اكثر قدرة على فهم التلاميذ وحاجاتهم ومطالبهم.
فعلى سبيل المثال الخوف والقلق اللذان يخلقهما الاختبار لدى التلاميذ يؤثر كثيراً في قدرتهم الادائية. لذا فأن فهم المعلم لهذا الأمر ومحاولة أزالته أو التقليل منه يساهم كثيراً في موضوعية التقييم . كذلك فأن معرفة المعلم بمبادئ علم النفس تمكنه من تحديد الخصائص الإدراكية والشخصية العامة للذين يتعامل معهم فيعمد بالتالي إلى تكييف أو انتقاء أو تطوير الوسائل التقييمية اللازمة بطرق تتوافق مع هذه المستويات والخصائص .
٢- أن يكون ملماً وفاهماً لمادته الدراسية من جميع جوانبها كما يكون فاهماً للمواقف التعليمية التي سيجرى تنفيذها. أن إلمام المعلم بمادته ومعرفته لجوانب السلوك المتنوعة التي سيجرى تقييمها تساعده في انتقاء اختبارات مفيدة ذات صلة قوية بالمادة وعناصرها الرئيسية . وكذلك بحاجات التلاميذ ورغباتهم النفسية والتعليمية. أي أن اختبارات المعلم في هذه الحالة تكون ذات معنى وتأثير كبيرين في التلاميذ وبنائهم الفكري والإدراكي.
٣- أن يكون لديه معرفة واسعة بأنواع الاختبارات والأدوات المختلفة التي تستخدم في عملية التقويم التربوي. تمكنه هذه المعرفة من اختيار الاختبار أو الأداة الأكثر ملائمة للحالة التقييمية التي هو بصددها.
٤- أن تتوفر لديه المهارة في بناء اختبارات وأدوات تقويم جديدة، حيث أنه ليس كل ما هو متوفر من اختيارات ومقاييس لذا يفرض هذا الأمر على المعلم ضرورة امتلاكه المهارة الكافية لبناء أداة تقويمية جديدة أو على الأقل تعديل ما هو موجود منها يتلاءم مع هذه الحالة التي هو بصددها.

٥- أن يكون لديه خبرات كافية في مجال استعمال وتطبيق معظم أنواع الاختبارات وأدوات التقويم . أن التربية كما هو معروف نظرية وتطبيقية ولا يكفي فقط بالنسبة للمعلم أن يعرف نظرياً أنواع الاختبارات ووسائل التقييم الأخرى بـل يلزمه أيضا معرفة عملية تطبيقية لها يتأكد خلالها مـن صـلاحية وسـائل التقـويم وموثيقيتها العلميـة مـما يقـود بالتـالي إلى اختيـار صـحيح لأداة التقـويم المناسبة للموقف التعليمي الذي هو بصدده.

الفصل الثاني
الأهداف التعليمية

مفهوم الأهداف التعليمية.

أهمية الأهداف التعليمية.

مصادر اشتقاق الأهداف التعليمية.

أبعاد الأهداف التعليمية.

مستويات الأهداف التعليمية.

شروط الأهداف التعليمية.

تصنيف الأهداف التعليمية.

عناصر الهدف التعليمي.

ربط التقويم بالأهداف التعليمية.

الفصل الثاني
الأهداف التعليمية

مقدمة:-

التربية عملية مقصودة ومخططة تهدف إلى أحداث تغيرات إيجابية في سلوك المتعلمين, وتمثل الأهداف المكانة الأساسية في العملية التربوية (التعليمية- التعليمية). والأهداف بكافة مستوياتها وأشكالها هي تغييرات يراد أحداثها في سلوك المتعلمين كنتيجة لعملية التعلم.

ومن هذه التغيرات مثلاً إضافة معلومات جديدة إلى ما لديهم من معلومات أو إكسابهم مهارات معينة في مجال من المجالات أو تنمية مفاهيم جديدة وإضافتها إلى ما لديهم من معلومات أو إكسابهم مهارات معينة في مجال من المجالات أو تنمية مفاهيم جديدة وإضافتها إلى ما لديهم من معلومات إلى غيرها من التغيرات. والهدف النهائي من استخدام عبارة الأهداف هو أعداد الفرد المتكامل للحياة.

وتوجد ثلاث مستويات من الأهداف وهي الأهداف التربوية العامة، والأهداف التعليمية، والأهداف السلوكية وتختلف مستويات الأهداف الثلاث بدرجة العمومية التي تميز كل مستوي منها. وينظر إلى الأهداف بكافة مستوياتها بأنها المعايير والموجهات التي يستعان بها في اختيار وتحديد استراتيجيات التدريس وأنماط التعليم بما يتطلبه من تحديد للنشاطات والإجراءات التي ترتبط بعملية التعليم والتعلم، كما يساعد وضع الأهداف على توفير القاعدة الأساسية التي تنطلق منها العملية التقويمية، حيث لا تقويم بدون أهداف واضحة ومحددة لأن التقويم ما هو ألا عملية التأكد من مدي تحقق الأهداف الموضوعية من عدمه.

وعموماً سنتناول هذا الفصل بالدراسة موضوع الأهداف التعليمية وعلى نحو أكثر تحديداً سيعالج الموضوعات التالية:-

مفهوم الأهداف التعليمية.

أهمية الأهداف التعليمية.

مصادر اشتقاق الأهداف التعليمية.

أبعاد الأهداف التعليمية.

مستويات الأهداف التعليمية.

شروط الأهداف التعليمية.

تصنيف الأهداف التعليمية.

ربط التقويم بالأهداف التعليمية.

مفهوم الأهداف التعليمية:-

قبــل أن نبـين مفهـوم الأهـداف التعليميـة لا بـد أن نبـين مـا المقصـود مـن الأهداف التربوية التي تعتبر الأساس الذي تنبثق منه الأهداف التعليمية.والأهداف التربوية هي التغيرات المرغوبة التي تسعى العملية التربوية إلى تحقيقها سواء في سلوك الفرد أو في حياته الشخصية أو في حيـاة المجتمـع أو في البيئـة التـي يعيش فيها الفرد.

أي أن الأهداف التربوية هي التي تجسد الغايات القصوى للعمليـة التربويـة التي ترمي إلى تشكيل شخصية الفرد وإعـداده مواطناً صالحاً يتصف باتجاهات وقيم معينة. وهذه الأهداف لها علاقـة كبـيرة وارتبـاط وثيـق بخصـائص ومطالـب المجتمع وفلسفة الدولة وكذلك بخصائص المـتعلم الجسـمية والنفسية والعقلية. وتتميز الأهداف التربوية بدرجة عالية من وضعها وتشرف عليها السلطات العليا في المجتمع. ويشترط في وضعها والاتفاق عليها السلطات ممثلوا قطاعات المجتمـع المختلفة. وكثيراً ما تأخذ هذه الأهداف صيغة عبـارات أو شعارات عامـة مثل (خلق المواطن الصالح) أو(أعداد الإنسان المؤمن بقيم الإسلام) أو (تنمية المهـارات الأساسية في الفرد) الخ.

وتتطلـب هـذه الأهـداف مـن العـاملين في مجـال التربيـة والتعلـيم وبخاصـة المعلمين أن يكونوا عارفين بها حتى ينسجم أداؤهم مع مضمونها.

أما الأهداف التعليمية فهي التي تنبثق مباشرة من الأهداف التربوية وترتبط بها وتختلف عنها في أنها محدودة ومفصلة ويعبر عنها من جانب المتعلم، إي هي المراد تعلمه من قبل المتعلم باعتبار ذلك السلوك هو النتاج التعليمي المراد بلوغه عند نهاية عمليه التعليم. وتكمن الوظيفة الأساسية للأهداف التعليمية في توجيه عملية التعليم والتعلم وتسييرها حتى تحقق الأهداف المجتمع العامة من العملية التربوية. فإذا كأن الغرض من الأهداف التربوية للمجتمع هو خلق أفراد ذوي كفاءة فكرية وعاطفية واجتماعية وحركية وقيم جمالية، فأن مثل هذا الهدف يترجم في العادة إلى سلسلة مفصلة من الأهداف الخاصة أو الفرعية التي ستدور حولها عملية التدريس (١).

وعليه فأن الهدف التعليمي هو وصف لتوقعات سلوكية ينتظر حدوثها في شخصية المتعلم نتيجة لقيامة بالأنشطة أو مروره بخيرة أو موقف تعليمي معين. والمعلم إذا أراد أن يؤدي دوره بالشكل الصحيح والفعال في عملية التعلم والتقويم. يجب عليه أن يعمل على تحويل الأهداف التربوية إلى أهداف تعليمية واضحة ومحددة،وذلك قبل مباشرته في عملية التدريس أو قيامه بعملية تصميم الاختيارات التي تتجه إلى الكشف عن مقدار تعلم التلاميذ وتحصيلهم الدراسي وعملية ترجمة الأهداف التربوية إلى أهداف تعليمية محددة والتعبير عنها بلغة نواتج التعلم أو التغيرات السلوكية المراد إحداثها لدي المتعلم هي مظهر أساسي للتعلم الفعال، وبدون هذا الأمر فأن عملية التعلم والتعلم سوف تبقي في إطار محتوي المادة الدراسية، كما تؤدي إلى أن يصبح التقويم هو الأمر قاصراً علي عملية استعادة واسترجاع هذا المحتوي من جانب المتعلم. ومن أمثلة الأهداف التعليمية:-

معرفة أقسام الصوم.

---

١) د- محمد زياد حمدان، المصدر السابق، ص٥٠٤- ٥٠٥.

معرفة أوقات الصلاة.

استيعاب مفهوم التكافل الاجتماعي في الإسلام.

أهمية الأهداف التعليمية المحددة:-

لقد حظيت الأهداف التعليمية باهتمام بالغ من قبل رجال التربية وذلك لسببين إحداهما منطقي والأخر تربوي تطبيقي. فمن الناحية المنطقية أن كل عمل ناتج يجب أن يسير ويتم حسب خطة ومراحل وأهداف محددة، وأن أي عمل بدون أهداف واضحة ومحددة هو عملية مبعثرة ولا يمكن أن ينتمي إلى نتيجة مفيدة. والتربية على الرغم من أنها عملية إنسانية وعملية أخذ وعطاء ما بين المعلم والمتعلم إلا أنها عملية هادفة ذات بداية ونهاية وبدون ذلك فأنها تتحول إلى عملية عشوائية لا فائدة من ورائها.

أما من الناحية التربوية التطبيقية، فأن وجود أهداف واضحة ومحددة ومعروفة من قبل المعلم تساعده على تصميم وبناء المادة والأنشطة التعليمية المختلفة سواء أكانت خبرات تعليمية ووسائل معينة وطرق تدريس، وعلى تحديده الخطوات التي يسير بها التلميذ للوصول إلى الهدف أو الأهداف المرسومة له. وهو ما يجعل عملية التعليم والتعلم مع كونها تتم بشكل انسيابي، فأنها في الوقت ذاته تتم بشكل بناء وهادف ومفيد (١), كما أن وضع أهداف محددة بدافع المتعلم إلى توجيه انتباهه الأساسي لنشاط التلميذ في الدراسة، كما أنها تحدد اتجاه هذا النشاط ومسيرته.

وكذلك فأن عدم وجود أهداف واضحة ومحددة يصعب تقويم ما أنجزه التلميذ أو الحكم على أداءه. أي أن الأهداف هي بمثابة مرشد وموجة لمعلم في عملية تقويمه لأداء التلميذ فهي تساعده في اختيار أدوات التقويم وأسئلة الاختبارات، وتسمح للمعلم والمربي بالوقوف على مدى نجاح عملية التعليم وفاعليتها في الحكم على امتلاك الأهداف وأحداث التغير المطلوب في سلوك المتعلم وأداءه في جميع الجوانب.

---

١) د- محمد زياد حمدان،المصدر السابق، ص٢٦-٢٧.

فالاختيار التحصيلي مثلاً يتطلب تحديد الأهداف التعليمية كخطوة أولي في تصميمه فذا لم تكن الأهداف واضحة ومحددة فقد يقيس هذا الاختيار شئ آخر ليس له علاقة بما نريد قياسه (١).

وهناك من يري أن الأهداف التعليمية المحددة تحقق الفوائد التالية(٢):-

١- إرشاد القائمين علي عملية وضع المنهج في اختيار المادة والأنشطة والخبرات التعليمية التي سيوليها المعلم عناية واهتمامه أثناء عملية التدريس.

٢- تحسين نوعية الاتصالات الإدارية وتوضيحها وحصرها بين المعلمين وإدارة المدرسة من جهة أو الإداريين من جهة أخرى. حيث أن استعمال الأهداف التعليمية المحددة يجنب الطرفين التفسيرات المتعددة والغموض في التعليمات المركزية الصادرة وتحديد هذه التعليمات لغة وقصداً حسب قنوات ومحاور يعرفها الطرفان مما ينمي بينهم الثقة والفهم والاحترام المتبادل.

٣- تساعد في عملية تقييم مقدرة التلميذ علي أداء عمل أو نشاط معين نتيجة لعملية التعلم. فالاختيارات التي تعتمد كأدوات تقييمية تتطلب تحديد الأهداف كخطوة أولي في تصميمها وبدون معرفة الأهداف مسبقاً فأن الاختيارات قد تكون مضيعة للوقت.

٤- إعطاء التلميذ تنفيذية ذاتية راجعة لتقدمه الشخصي في عملية التعلم. حيث يمكن أن يساعده ذلك على تعديل أو أعاده تنظيم جهوده التعليمية بشكل يتصل مباشرة بمتطلبات المادة المدرسية وتعلمها.

٥- توفير الوقت لكل من المعلم والمتعلم وذلك بتوجيه جهودهم وحصرهم بما تتطلبه الأهداف وكيفية تحقيقها تاركين ولو مؤقتاً كل أمر ليس له علاقة بالأهداف.

---

٢) د- امطانيوس ميخائيل، المصدر السابق، ص١٦٩-١٧٠.

١) د- محمد زياد حمدان، المصدر السابق، ص٢٧-٢٨.

مصادر اشتقاق الأهداف التعليمية:-

المصادر التي تشتق منها الأهداف التعليمية-متعددة منها ما يتعلق بأهداف المجتمع المحلي ومنها ما يتعلق بأهداف المؤسسة التعليمية سواء كانت مدرسة أو معهد أو كلية. علي افتراض أن أهداف المجتمع الإنساني وتربية الإنسان كإنسان يتمتع بالمعرفة والقيم الأخلاقية والاتجاهات الإيجابية في السلوك هي الهدف الرئيسي الذي تسعي له الإنسانية.

فالأهداف التعليمية غالباً ما تشتق من سياسة الدولة وفلسفتها وثقافتها ومعايير. وبما أنه من المستحيل تصميم مادة تعليمية قادرة على أن تحقق جميع الأهداف التربوية العامة للدولة فأن على المؤسسة التعليمية أن تطور أهدافها الخاصة التي تنبثق من الإطار العام لفلسفة التربية تلك الفلسفة المشتقة من الفلسفة العامة. لتلك الدولة وعلى المؤسسة التعليمية كذلك أن تعمل على صياغة هذه الأهداف بحيث تكون مناسبة لطلابها في تلك المنطقة. وبما أن الأهداف التعليمية غالباً ما تغطي في الخطوط العريضة للمناهج ودليل المعلم هي المصدر الأول الذي تنطلق منه الأهداف التعليمية العامة لأي مؤسسة تعليمية.(١) كما توجد مصادر أخرى تشتق منها الأهداف التعليمية وهي ما يلي(٢):-

١- تحليل المهام التعليمية:-

يعد تحليل المهام التعليمية لموضوع معين، أو تحليل المهارات المهنية أو تحليل المحتوي التعليمي للمادة الدراسية من المصادر الرئيسية لاشتقاق الأهداف التعليمية. حيث أن مثل هذا التحليل يزودنا بالمعرفة الدقيقة التي يتطلبها موضوع معين والخطوط الإجرائية الفرعية التي تشتمل عليها مهارات ما، ومن معرفة كيفية التسلسل في

---

١) د- توفيق أحمد مرعي و د- محمد محمود الحيلة، المناهج التربوية الحديثة، عمان، دار المسيرة والتوزيع،٢٠٠٠،ص٢٠١.

٢) د- محمد محمود أبو الحيلة، تكنولوجيا التعليم بين النظرية والتطبيق، عمان دار المسيرة والتوزيع،٢٠٠٠، ص٣٧٥-٣٨٦.

إنجازها، حيث تصبح هذه المعرفة، وهذه الخطوط هي الأهداف السلوكية التي يتوقع من المتعلم إتقانها في نهاية التعلم.

٢- الخبراء والمختصون:-

الخبراء والمختصون في مجالات مختلفة يعدون كذلك من مصادر الأساسية لاشتقاق الأهداف التعليمية فالمعرفة الواسعة التي يمتلكها هؤلاء المختصون، والخبرة الطويلة التي يتمتعون بها والتخصص العلمي الذي يمتازون به، تعليمية تعلميه دقيقة وواضحة وشاملة. ولا يشترط في هؤلاء الخبراء والمختصون أن يكونوا عاملين في مجال التربية والتعليم فقط بل في أي مجال من مجالات الحياة، فقد يكونوا أطباء أو مهندسين أو عسكريين أو أكاديميين ...الخ.

٣- دراسة احتياجات المجتمع:-

دراسة احتياجات المجتمع يتم من خلال قيام المدرسة أو الجامعة بأجراء دراسات واستطلاعات تهدف إلى الكشف عن الاحتياجات غير المشبعة التي يعاني منها المجتمع بمؤسساته المختلفة، وذلك للعمل على إشباع هذه الاحتياجات على وفق سلم الأولويات، فالحاجة الملحة يجب أن تشبع أولاً وقبل الحاجة الأقل إلحاحاً وهكذا. أن دراسة الاحتياجات تكشف عن مقدار التباين بين الوضع القائم المستقبلي المنشود، أي بمعني أخر أنها تصف ما هو كائن وما يجب أن يكون في المستقبل وبالتالي تجعل الأهداف المدرسية أو الجامعية، أو أهداف أية مؤسسة تعليمية أخري تنصب على تخريج طلبة ذوي اختصاصات علمية معينة مما يحتاجها المجتمع وتشبع احتياجاته.

أبعاد الأهداف التعليمية:-

يمكن النظر إلى الأهداف التعليمية وتصنيفها انطلاقاً من مجموعة أبعاد أو متغيرات منها(١):-

---

١) د- امطانيوس ميخائيل، المصدر السابق، ١٧١-١٧٢.

١- درجة العمومية التي تصاغ بها الأهداف: وهي أما أهداف آخذ صيغة عبارات عامة مجردة مثل القدرة على التفكير، أو القدرة على حل المشكلات، أو القدرة على الابتكار والإبداع، أو أهداف خاصة نوعية كجمع الأعداد أو ضربها أو قسمتها أو معرفة الأسماء أو الرموز.

٢- درجة وضوح أو غموض الأهداف أما أهداف تعليمية واضحة مثل الأهداف المرتبطة بالمعرفة والمهارات وأما أهداف غير واضحة مثل الأهداف المتصلة بالقيم والميول والاتجاهات.

٣- تصنيفها فيما إذا كانت أهداف نهائية أو مباشرة وهي أما أهداف بعيدة وتتصل بالمستقبل أكثر منه بالحاضر ويتطلب تحقيقها وقتاً طويلاً ومن أمثلتها"غرس الاتجاه العلمي في البحث" و"تنمية التفكير النقدي" وهذه الأهداف من الصعب تقويمها بصورة مباشرة بوصفها أهداف بعيدة والمطلوب هو ترجمتها إلى أهداف مباشرة وقريبة يمكن أن يبلغها التلميذ نتيجة عمله ونشاطه اليومي.

٤- تصنيفها فيما إذا كانت وظيفية أو غير وظيفية:-
الأهداف الوظيفية هي الأهداف الصريحة والمعلنة للتلميذ وهي تعتبر بمثابة المحرك لنشاطه ونشاط المعلم، أما الأهداف الغير واضحة فهي الأهداف التي تكون أقرب إلى الأماني والمطامح منها إلى الأهداف الواقعية أو القابلة للتحقق.

مستويات الأهداف التعليمية :-

يمكن تصنيف الأهداف التعليمية إلى عدة مستويات متدرجة من العام إلى الخاص ، وهذه المستويات هي التالية (١) :-

١- مستوى الأهداف العامة :-
في هذا المستوى تأخذ الأهداف شكلها العام والمجرد والشامل وعدم التحقق الأبعد فترة زمنية طويلة نسبياً . وهي تتجلى في أهداف

---

١) د- توفيق أحمد مرعي و د- محمد محمود الحيلة، المصدر السابق،ص٢٠٣-٢٠٤.

المناهج المدرسية كأهداف المرحلة الابتدائية ، وأهداف المرحلة الإعدادية وأهداف المرحلة الثانوية ، وأهداف المرحلة الجامعية ، وغرضها الأساسي هو التركيز على تنمية مهارات تعليمية أساسية وقدرات عامة ومعرفة شاملة وثقافة واسعة وقيم أخلاقية . مثل أن يقرأ المتعلم بشكل صحيح ، وأن يحسب بدون أخطاء ، وأن يجيد المناقشة مع الغير ...الخ.

٢- مستوى الأهداف المتوسطة في عموميتها :-

تشتق أهداف هذا المستوى من أهداف المستوى الأول أي هي الأهداف التي تشكل حلقة الوصل بين الأهداف العامة من جهة والأهداف الخاصة من جهة أخرى . وهذه الأهداف هي اقل عمومية من الأهداف العامة واكثر تعقيداً من الأهداف الخاصة ، وهي تختص بما يتوقع من المتعلم اكتسابه بعد الانتهاء من مرحلة دراسية أو فصل دراسي . وهذه الأهداف لا تتعلق بمرحلة تعليمية بأكملها كالمرحلة الأساسية أو الإعدادية وإنما تتعلق بموضوع معين ، كأن يصبح المتعلم قادراً على كتابة الحروف الأبجدية بالترتيب ،أو يسترجع مجموعة محددة من الحقائق والمفاهيم والقوانين الفيزيائية .

٣- مستوى الأهداف الخاصة :-

وهذه الأهداف هي التي تتحقق في فترة زمنية قصيرة نسبياً قد تكون ما بين (٤٥-٦٠) دقيقة كما هو الحال في حصص المدارس الابتدائية والإعدادية والثانوية أو تتحقق في (١٨٠) دقيقة كما في المحاضرات الجامعية. وأهداف هذا المستوى تعرف باسم الأهداف السلوكية الخاصة أو الأدائية. وغالباً ما تكون هذه الأهداف مفصلة تفصيلاً كاملاً. وقد تشترك مجموعة منها لتحقيق هدف تعليمي عام واحد وغالباً مالا يقتصر الهدف في هذا المستوى على بيان الأداء المرغوب فيه من قبل التلميذ بل قد يتعدى ذلك إلى بيان الموقف والشروط التي يظهر فيها هذا الأداء والمحك أو المعيار الذي يعتمد أساساً في الحكم عليه. فمثلاً إذا أعطى تلميذ ما قائمة بعشر دول عربية فسوف يكون قادراً على إعطاء أسماء العواصم لتسع منها على الأقل ، وهكذا مع بقية الأمور .

شروط الأهداف التعليمية :-

الأهداف التعليمية لكي تؤدي دورها بصورة فعالة في عملية التعليم والتقويم لابد أن تتوفر فيها شروط ومواصفات معينة من أهمها ما يلي (١):-

١- الانسجام مع الأهداف العامة للتربية :-

الأهداف التعليمية لابد أن تنسجم مع الأهداف العامة للتربية وتكون انعكاسا مباشرا لها وأن تستطيع نقلها وتحويلها من صيغة العموم والغموض والاتساع التي تمتاز بها إلى صيغة التحديد والتشخيص . فإذا كأن من ضمن الأهداف العامة للتربية هو تنمية التفكير المستقل والقدرة الإبداعية والابتكارية، وتنمية الاتجاهات الإيجابية نحو العمل والإنتاج ، فأن هذه الأهداف العامة والمجردة لابد أن تكون هي المصدر الذي تشتق منه الأهداف التعليمية الخاصة التي النشاط الصفي اليومي لكل من المعلم والتلميذ وإذا ما وجد أن هناك تعارضاً ما كثيراً أو قليلاً مع الأهداف العامة للتربية لابد من إجراء مراجعة على الأهداف التعليمية وتصحيحها بحيث تنسجم مع الأهداف العامة للتربية.

٢- الواقعية :-

الأهداف التعليمية يجب أن تكون واقعية وقابلة للتحقق وليس مجرد تعبير عن مطامح وأمنيات صعبة التحقق، وتبعاً لذلك تراعي حاجات المتعلمين وقدراتهم وميولهم واتجاهاتهم كما لابد أن تراعي عامل الزمن المتاح للتدريس وإمكانيات المدرسة، والوسائل التعليمية وظروف البيئة التي توجد فيها المدرسة، إلى أخره.

والأهداف التي لا تراعي هذه الأمور تبقى بعيدة المنال وغالباً ما يكون مصيرها الفشل وعدم التحقق أو تأدية الدور المطلوب منها في عملية التعليم والتقويم .

---

١) د- امطانيوس ميخائيل، المصدر السابق، ١٧٣-١٧٧

٣- أن تصاغ على هيئة تغيرات سلوكية محددة :-

من الشروط المهمة التي يجب أن تمتاز بها الأهداف التعليمية هي الصياغة على شكل تغيرات سلوكية محددة وواضحة يراد إحداثها في التلاميذ. فالأهداف التي تأخذ صيغاً مثل " إعداد المواطن الصالح " أو " استخدام المنهج العلمي في البحث" أو " تنمية التفكير الإبداعي "، هي أهداف عامة وغير محددة من

المستحيل تخطيط النشاط الصفي اليومي استناداً إليها. كما أنه من المستحيل تقويمها بصورة مباشرة للكشف عن مدى تحققها لدى التلاميذ. لذلك لابد من القيام بترجمتها إلى نواتج تعليمية محددة وواضحة والتعبير عنها بأنواع من السلوك يمكن أن تكون دليلاً على تحققها .

٤- التعبير عن الهدف في مستوى مناسباً من العمومية :-

التعبير عن الهدف في مستوى مناسب من العمومية يعني أن العبارة الهدفية يجب ألا تكون على درجة كبيرة من العمومية بحيث تفقد معناها ، كما يجب إلا تكون ضيقة ومحدودة جداً بحيث يتحول الهدف إلى جزئيات صغيرة وغير مترابطة. وأنما المطلوب هو أن يتم التعبير عن الهدف في مستوى معقول من العمومية.

٥- أن تتضمن العبارة الهدفية فعلاً ما يدل على السلوك:-

الهدف التعليمي أن يصاغ على هيئة عبارة تتضمن سلوك ما يقوم به التلميذ وليس إلى ما يشير إلى خاصية داخلية أو ضمنية غير قابلة للملاحظة والقياس. فالعبارات مثل يشعر، يعي، يتذوق ، يدرك ،تشير إلى خاصية داخلية أو ضمنية غير قابلة للملاحظة ومن الصعب قياسها مباشرة والمطلوب هو استبدالها بعبارات أخرى تدل على سلوك محدد ويمكن ملاحظتها وقياسها مثل يعرف، يعطي أمثلة ، يميز، يعدد، يسمي ....الخ .

٦- أن تشتمل الأهداف على نواتج التعلم المختلفة :-

الأهداف التعليمية يجب أن تشتمل على أنواع مختلفة من نواتج التعلم أي لا تقتصر على بعض نواتج التعلم التي تندرج ضمن المجال

العقلي المعرفي كالمعرفة والفهم أو تلك التي تندرج ضمن المجال الوجداني مثل تنمية الميول والتذوق بل لابد أن تسعى إلى تغطية كافة النواتج المعرفية الهامة الأخرى كالتطبيق والتحليل والتركيب كما يجب أن تتناول النواتج غير المعرفية في التعلم كالمهارات والاتجاهات ومظاهر التكيف الشخصي والاجتماعي.

٧- أن تمثل العبارة الهدفية نواتج تعليمية مباشرة :-

أما الشرط الأخير من شروط الأهداف التعليمية فهو يجب أن تتمثل العبارة الهدفية نواتج تعليمية مباشرة أي يمكن إخضاعها للملاحظة والقياس، فالعبارة الهدفية القائلة " يقنع أفراد أسرته باتباع عادات صحيحة حسنة " لا تمثل إنتاجا تعليمياً مباشراً وليست قابلة للملاحظة والقياس، لذا يجب إبدالها بعبارات أخرى تمثل نواتج تعليمية يمكن ملاحظتها وقياسها.

تصنيف الأهداف التعليمية :-

لقد تم ابتكار تصنيفات مختلفة ومتعددة للأهداف التعليمية كأن أقدمها تصنيف المربي الأمريكي " رالف تايلور " في أوائل الثلاثينات من القرن الماضي ثم جاءت بعده تصنيفات أخرى اكثر حداثة وتطوراً مثل تصنيف " جانيه " و "جورنلند " و" بلوم ".

وسوف نتناول بالدراسة التصنيفات الثلاثة الأخيرة مركزين بشكل كبير على تصنيف بلوم وذلك لأهميته وانتشاره الواسع في الأوساط التربوية .

أولا : تصنيف جانيه:-

يعد رو برت جانيه أحد علماء النفس التربويين الذين أظهرو فهماً للتعلم من منظور معرفي. وقد حاول جانيه في كتابه " شروط التعلم " أن يميز ثمانية أنماط من التعلم تمثل ثمان فئات كبرى من السلوك تتدرج بشكل هرمي من الأدنى إلى الأعلى ومن البسيط إلى المعقد. وتشكل هذه الأنماط إطار عاماً لاختيار الأهداف وتتطلب كل منها شروطاً معينة للتعلم كما تتطلب طرقاً تعليمية مختلفة، وقد تم ترتيب هذه الأنماط تصاعدياً على النحو الآتي:-

١- التعلم الإشاري:-

وهو أدنى المستويات التعليمية إذ لا يتطلب من المتعلم سوى الربط ما بين مثير واستجابة معينة . ويستند هذا النمط على نظرية التعلم الشرطي الكلاسيكي لبا فلوف الذي يؤدي ارتباط المثير الشرطي " الإشاري " بالمثير غير الشرطي إلى حدوث الاستجابة من الأخير.

" وكمثال لتطبيق هذا النمط في التعليم الصفي (بالمراحل التعليمية الأولى) تقديم صورة لحيوان " مثير إشاري " مدوناً تحته أسمه " مثير غير شرطي " فيتم الارتباط بين الاسم والشكل فتحدث الاستجابة " نطق اسم الحيوان " وبتكرار عرض الصورة ومعها الاسم يتم الارتباط الذي يؤدي فيما بعد إلى حدوث الاستجابة بمجرد قراءة الاسم دون رؤية الصورة .

٢- تعلم المثير - الاستجابة:-

ويأتي هذا النمط في المرتبة الثانية من قاعدة الهرم وهو يشير إلى الاستجابات الأكثر إرادية من سابقتها في النمط الأول، وقد استند جانيه في تحديده هذا النمط على نظرية ثورندايك في المحاولة والخطأ ونظرية سكنر في التعلم الشرطي الإجرائي. وطبقاً لهاتين النظريتين يلعب التعزيز دوراً أساسياً في التعلم سواء أكان بإشباع الحاجة عند ثورندايك أم المكافأة وفق سكنر. ويستفاد من عملية التعزيز بالتشجيع الإثابة في تعلم نطق الكلمات والجمل حيث يثني المعلم على النطق السليم للمتعلم ، كما يستفاد منه أيضا في تعديل السلوك والضبط الصفي.

٣- تعلم التسلسل:-

ويقصد به الترابط بين عدة وحدات كل منها تشتمل على مثير واستجابة في شكل سلسلة سلوكية متكاملة (استجابة كلية). ويظهر في هذا النمط قدرة المتعلم في الأداء الحركي. ومن الأمثلة التعليمية له، قيادة السيارة، والعزف على الآلات الموسيقية ، والطباعة على الحاسوب ....الخ .

٤- تعلم الترابط اللغوي:-

ويتشابه هذا النمط مع السابق في أن التعليم في كليهما يكون على شكل سلسلة متكاملة من المثيرات والاستجابات ولكنه يختلف عنه في أن المثيرات والاستجابات هنا من النوع اللفظي مثل تعلم الكلمات وما يقابلها في اللغات المختلفة، وفي تعلم أزواج الكلمات المترابطة مثل " ساعة علي، لعبة شهد، قميص محمد "، وكذلك حفظ قصيدة شعرية .

٥- تعلم التمييز المتعدد:-

وهو يتضح من قدرة المتعلم على التمييز بين المثيرات المتشابهة والمتنوعة والتي سبق تعلمها كالتمييز بين الأصوات والأشكال والألوان والحروف والأرقام. فالتلميذ في مرحلة الدراسة الابتدائية يتعلم من خلال مقرر الرياضيات أن يميز بين إشارات الجمع والطرح والضرب والقسمة ووظيفة كل منهما .

٦- تعلم المفهوم:-

ويعد هذا المستوى اكثر تعقيداً مما سبق حيث يتطلب تحديد الصفات المشتركة في الأشياء أو المواقف أو الأحداث، ويعطي لهما اسماً أو رمزاً أو عنوانا. ومن أمثلة ذلك إدراك المتعلم أن جميع الحيوانات لها صفات مشتركة لو توافرت في كائن ما لأطلقنا عليه " حيواناً ". ويتضمن هذا النمط التصنيف والتمييز والتعميم وهي مهارات عقلية لا يحققها المتعلم في الأنماط السابقة.

٧- تعلم القواعد والمبادئ :-

أي اكتساب القدرة على الربط بين مفهومين أو أكثر ، فتعلم مبدأ من المبادئ يتطلب استيعاب المفاهيم التي ينطوي عليها والكشف عن الصلات القائمة بينهما، مثال قاعدة مساحة المستطيل = (الطول × العرض) أي تتكون من مفهومين لذا فأن تعلمها يتطلب قبلاً تعلم المفاهيم المكونة لها أي إتقان المتعلم للنمط التعليمي السابق (تعلم المفاهيم) .

٨- تعلم سلوك حل المشكلات:-

ويقع هذا النمط في قمة هرم جانييه للمستويات التعليمية ويشير موقعه هذا إلى أن التعلم بالأنماط السابقة يعد متطلباً قبلياً لتعلم هذا

النمط إذ لا يتحقق تعلمه ما لم يتم إتقان تعلم المفاهيم والقواعد وإدراك العلاقات بينهما وتوظيفها في استراتيجية معينة لحل المشكلات حلاً سليماً . ويمكننا أن نمثل تصنيف جانيه هذا بالمخطط التالي:-

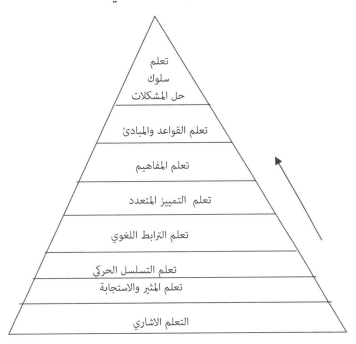

والملاحظ على تصنيف جانيه أنه قائم على أساس أن التعلم عند أي مستوى من مستوياته يعتمد على تعلم المستوى " أو المستويات " السابقة له أي ذو طبيعة هرمية متسلسلة تصاعدياً مما يفسح المجال واسعاً لتقديم أهداف تربوية تمتاز بالتنوع والتعدد. وهذه الهرمية التي اقترحها جانيه يمكن أن تكون كذلك الأساس في إعداد هرمية أهداف ومهمات تعليمية مرتبة تصاعدياً يتعين على المتعلم أداؤها وتؤخذ كدليل عمل على تحقق تلك الأهداف، وهي تصلح لأي مستوى تعليمي سواء أكان مستوى الموضوع أو الوحدة أو المقرر الدراسي بأكمله أو

حتى لمرحلة دراسية بالكامل . وعليه يمكننا القول أن تصنيف جانيه يمثل دليل عمل في عملية التعليم والتقويم (١). وتكمن فائدته بالدرجة الأساسية في إتاحته الفرصة للمعلم في تشخيص وتتبع تقدم التلميذ خلال سيره في عملية التعليم وانتقاله من مستوى لأخر . كما يمكن استخدام هرمية جانيه في التعلم وهرمية الأهداف والمهمات التعليمية المشتقة منها في أغراض تحديد المسار التعليمي بالإضافة إلى أغراض التشخيص وعلاج صعوبات التعلم (٢) .

ثانياً: **تصنيف جورنلند:-**

يرى جورنلند أن القائمة التالية يمكن أن تمثل نماذج أو نواتج التعلم وهي تصف أهم المجالات التي يمكن أن تقع ضمنها الأهداف التربوية وذلك على النحو التالي:-

١- المعرفة (knowledge)

- المصطلحات
- الحقائق الخاصة
- المفاهيم والمبادئ
- الطرائق والإجراءات

٢- الفهم (understanding)

- المفاهيم والمبادئ
- الطرائق والإجراءات
- المادة المكتوبة ، الرسوم ،الخرائط ،والبيانات الرقمية

---

١) د- امطانيوس ميخائيل، المصدر السابق، ص١٨٨.

١) Mehrens. W,A.and lehmann.I.j.measurement and evaluation in education and psycology, Holt, Rinehart and Winston, Inc. New Yourk, ١٩٧٣, p.٣٧-٣٨ .

- المواقف المشكلة

٣- التطبيق

- المعلومات المرتبطة بالحقائق
- المفاهيم والمبادئ
- الطرائق والإجراءات
- مهارات حل المشكلة

٤- مهارات التفكير

- التفكير النقدي
- التفكير العلمي

٥- المهارات العامة

- المهارات المخبرية
- مهارات الأداء
- مهارات الاتصال
- المهارات العددية
- المهارات الاجتماعية

٦- الاتجاهات

- الاتجاهات الاجتماعية
- الاتجاه العلمية

٧- الميول

- الميول الشخصية
- الميول التربوية والمهنية

٨- التقديرات

- الأدب ، الفن ، الموسيقى
- التحصيل العلمي والاجتماعي

٩- التكيف

- التكيف الاجتماعي
- التكيف الأنفعالي

وقائمة جورنلند هذه الخاصة بالأهداف التربوية هي ليست قائمة نهائية بل يمكن النظر إليها بمرونة كبيرة، والإضافة إليها أو الحذف منها عند الضرورة. ويستطيع المعلم أن يوسع هذه القائمة بإضافة بنود أخرى إليها أو تكييفها بحيث تتلاءم مع أهدافه الخاصة والمباشرة . أي أن عمر التلاميذ وطبيعة المادة الدراسية وفلسفة المدرسة يمكن أن تؤخذ بنظر الاعتبار من قبل المدرس حين يقوم بوضع أهدافه الخاصة.

وتصنيف جورنلند هذا يتميز بالإضافة إلى المرونة الكبيرة التي يقترحها واضعه عند استعماله، بأنه يتجه إلى الإحاطة بكل مستويات التعلم الدنيا منها والعليا وتحقيق شئ من التوازن بينها. كما يحاول أن يدمج المجالات الثلاثة للأهداف التربوية وهي المجال المعرفي والوجداني والنفس حركي، والتعبير عنها جميعاً في إطار منظومة واحدة متكاملة مما يؤكد على العلاقة والارتباط الوثيق بين الجوانب الثلاثة للشخصية الإنسانية في عملية التعلم(١) .

ثالثاً: تصنيف بلوم (bloom):-

يقوم على أساس تصنيف الأهداف التربوية إلى ثلاثة مجالات رئيسية وهي (٢):-

الأول : المجال المعرفي (العقلي)

الثاني : المجال الوجداني (الانفعالي أو العاطفي)

الثالث : المجال النفسحركي (المهاري الحركي)

وفيما يلي سنتناول بالدراسة التفصيلية هذه المجالات الثلاثة:-

أولا : المجال المعرفي (العقلي)

---

١) د- امطانيوس ميخائيل، المصدر السابق، ص ١٨٨-١٩٠.

٢) Bloom, B.S. Taxonomy of educational objectives, Handbook١:conggnitive domain.(NewYourk, David meckaym ١٩٥٦, pp. ١٧٤-١٩٠

يمثل هذا المجال المستوى من التعلم ويعد في الوقت نفسه الأساس الذي تقوم عليه عملية التعلم بأكملها .

وتؤكد الأهداف في هذا المجال على عملية تذكر المعرفة وإعادة استرجاع ما تم تعلمه منها في وقت سابق كما تؤكد أهداف هذا المجال على الأهداف العقلية التي يحتاجها الطالب للقيام بمهمات عقلية في مجال حل المشكلة بما يحتاجه من عملية استرجاع للأفكار والإجراءات والطرق التي سبق تعلمها . ويتضمن هذا التصنيف ستة مستويات من الأهداف التربوية وهي :-

١- المعرفة knowledge

تتضمن المعرفة عملية تذكر المعلومات والمعرفة العلمية التي سبق وأن تعلمها الطالب . أي القدرة على تمييز المادة التعليمية واستذكارها وهي تتضمن الجوانب التالية :-

أ- معرفة التفاصيل : وتشير إلى معرفة الوحدات الأساسية التي تتكون منها المعرفة ، وتضم:-

- معرفة الحقائق العلمية المحددة مثل المعلومات المفصلة المرتبطة بموضوع ما .
- معرفة المصطلحات: أي رموز ومصطلحات المادة الدراسية وما يوجد في ثناياها من تعابير وتعاريف .

ب- معرفة طرق معالجة التفاصيل ووسائلها ، وتضم :-

- معرفة المفاهيم ، المصطلحات ، الرموز.
- معرفة الاتجاهات والتتابعات .
- معرفة التصنيفات والفئات .
- معرفة المعايير والمحكات .
- معرفة المنهجية أي طرق البحث وتقنياته .

ج- معرفة التعميمات : وتعني معرفة الأفكار الرئيسية حول الظواهر العلمية وتضم :-

- معرفة المبادئ والقوانين والقواعد والتعميمات.
- معرفة النظريات.

أمثلة على أهداف هذا المستوى :-

يتعرف على مبادئ الكيمياء .

يتعرف إلى أجزاء العين .

يسترجع النظرية الذرية .

يعدد معارك العرب مع إسرائيل .

٢- الفهم " الاستيعاب " Comprehension

يقصد بالفهم هـو قـدرة الطالب عـلى تقـديم الفهـم والاسـتيعاب للـمادة أو الخبرة التعليمية (معرفة ومهارات) . ويمكن للطالب إظهـار مقدرتـه عـن طريق ترجمة المادة أو تحويلها من صورة إلى أخرى وتفسير أجزائها وكذلك التنبؤ بالنتائج . وتقع نواتج هذا المستوى في مستوى أعلى قليلاً من مستوى المعرفة ، ويضم هذا المستوى ما يلي :

أ – الترجمة: وتضم:-

- الترجمة من صورة رمزية إلى أخرى غير رمزية (كلامية) أو بالعكس .

- الترجمة من مستوى تجريدي إلى مستوى أخر .

- الترجمة من صيغة لفظية إلى أخرى .

- ترجمة المصطلحات إلى أشكال رياضية أو رمزية .

ب- التفسير: ويضم :-

- تفسير المواد العلمية اللفظية .

- استيعاب المعنى في الحقائق والمفاهيم والمبادئ .

- تفسير الرسومات والأشكال البيانية .

- تفسير التفاعلات والتجارب والمعادلات .

- تفسير الظواهر الطبيعية .

ج- الاستكمال (التنبؤ، التأويل)، وتضم :-

- القدرة على استخلاص النتائج .

- القدرة على التنبؤ من تعميم معطى أو بيانات معطاة .

- القدرة على استمرارية التنبؤ بالاتجاهات .

أمثلة على أهداف هذا المستوى :-
- يترجم مضمون صورة ألفاظ .
- يفسر مبدأ الجاذبية بين المواد .
- يكتب رسالة بألفاظ عربية فصيحة .
- يستنتج الفكرة الرئيسية من نص بعد قراءته .
٣- التطبيق: Application
التطبيق هو القدرة على استعمال أو تطبيق المعرفة التي سبق للطالب أن تعلمها مواقف جديدة أو حل مسائل جديدة في أوضاع جديدة و يتضمن هذا المستوى ما يلي:-
أ- تطبيق القواعد والقوانين والنظريات على مواقف جديدة .
ب- تطبيق المفاهيم والمبادئ والتعميمات على مشكلات واقعية. ج- حل مسائل رياضية .
د- تكوين خرائط ورسومات وأشكال بيانية
ه- استخدام الإجراءات التجريبية المناسبة في إيجاد الحلول للمشكلات والإجابة على الأسئلة التي تواجه الطالب في حياته اليومية .

أمثلة على أهداف هذا المستوى :-
- يطبق قاعدة ارخميدس في الإزاحة.
- يستخدم قانون نسبة الذكاء إذا عرف العمر العقلي والعمر الزمني.
- يكتشف أسباب تلوث الأطعمة.
- يتنبأ عن حالة الطقس القادم.
٤- التحليل Analysis
هو قدرة الطالب على تجزئة وتفتيت المادة إلى عناصرها أو مكوناتها وإظهار ما بينها من علاقة بهدف فهم بنيتها وتركيبها. والتحليل هو أداة لمزيد من الفهم المعمق للمادة ويعتمد على قدرتي الفهم والتطبيق بالإضافة إلى المعرفة ويذهب إلى ابعد منهما، ويضم هذا المستوى:-
أ – تحليل العلاقات: ويقصد به تحليل العلاقات بين الأجزاء الرئيسية المكونة للمادة الدراسية .

ب – تحليل المبادئ : ويقصد به تحليل الأسس والقواعد والمبادئ التي تجعل من المادة الدراسية بنية كلية منظمة .

أمثلة على أهداف هذا المستوى :-

- يحلل التلوث الهوائي ويوضع حلول لها .
- يحلل نص أدبي للكشف عن وجهة كاتبه .
- يحلل مركب كيميائي إلى عناصره الأساسية .

٥- التركيب Synthesis

وهو قدرة الطالب على دمج أجزاء مختلفة لتكوين شكل جديد أو دمج أفكار جزئية مختلفة لتكوين فكرة متكاملة في قالب جديد. والتركيب هو عكس التحليل ويركز على السلوك الإبداعي الابتكاري للفرد. ويتضمن ما يلي:-

أ- كتابة خطة عمل جديدة .

ب- اقتراح نظام جديد لتصنيف الأشياء .

ج- اقتراح خطة لإجراء تجربة ما .

د- التوصل إلى علاقات جديدة من مجموعة من القضايا والصور.

أمثلة على أهداف هذا المستوى:-

- يعد تقرير عن تجربة ما.
- يقترح خطة لمكافحة الحشرات الضارة.
- يؤلف نصاً علمياً حول مخاطر العولمة.

٦- التقويم Evaluation

وهو يشير إلى قدرة الطالب على إصدار أحكام قيميه كمية أو نوعية على قيمة المواد أو الطرق العلمية من حيث تحقيقها لأهداف معينة . وتعد النتاجات العلمية في هذا المستوى أعلى واعقد مستوى في المجال المعرفي (العقلي)، وذلك لاحتوائها على عناصر جميع المستويات الأخرى ، ويتضمن هذا المستوى ما يلي :-

أ- الحكم على الترابط المنطقي للمادة التعليمية.

ب- الحكم على دقة النتائج وصحتها.

ج- إصدار الحكم على قيمة الأشياء.

أمثلة على أهداف هذا المستوى:-

- يقيم نصاً أدبيا.

- يميز بين كاتبين.

- يقارن بين شكل توضيحي ومحتوى المادة الدراسية.

- يختار افضل مقالة بين مجموعة من المقالات.

ثانياً : **المجال الوجداني (الأنفعالي أو العاطفي)**

الأهداف الوجدانية هي الأهداف التي تعني بتنمية السلوك الوجداني (الانفعالي أو العاطفي) لدى المتعلم أي المشاعر والميول والقيم والاتجاهات. مثل الفرح، الحب، الكره، التعاطف، التعاون، المحافظة على القيم والتقاليد، الاحترام وغيرها. وتعرف هذه الأهداف بأنها أهداف غير مباشرة لأنها تصف صياغات غير دقيقة وغير واضحة لتغيرات في سلوك المتعلم مما يصعب ملاحظتها أو قياسها وبالتالي تقويم اكتساب المتعلم لها، الأمر الذي جعل المعلمين يبتعدون عن تبني هذا النوع من الأهداف والتركيز بالدرجة الأساس على الجانب المعرفي(العقلي) للمتعلم.

وعلى الرغم من صعوبة صياغة الأهداف السلوكية في المجال الوجداني إلا أنه يمكن إدراك بعض الأهداف السلوكية الوجدانية من خلال ملاحظة سلوك المتعلم ، أما بعضها الأخر فيمكن معرفته من خلال السؤال (المباشر أو غير المباشر) للمتعلم كما يحبه أو يكره أو يرغب به، أو يقدره، أو نوع الاتجاه أو الميل الذي يفضله على ما عداه (١). وتتضمن الأهداف التربوية في المجال الوجداني ما يلي (٢) :-

---

١ د- ميشيل كامل عطا الله، طرق واساليب تدريس العلوم، عمان، دار المسيرة للنشر والتوزيع والطباعة، ص٩٧.

٢) عايش محمود زيتون، اساليب تدريس العلوم، عمان ، دار الشروق للنشر والتوزيع، ١٩٩٤،ص١٠٤-١٠٦.

١- القيم Values

القيم هي عبارة عن نشاطات أو مواقف أو موضوعات تنمو وتستقر في المجتمع نتيجة للمعتقدات الفلسفية التي تسود فيه.

ثم تمارس من قبل أفراده، وتصبح معايير لقياس سلوكهم وتصرفاتهم في حياتهم اليومية. كما في قيم الصدق ، العدل، الشجاعة ، المروءة، الكرم، الحق، الخير، الصبر الوطنية، وتؤدي القيم دور الدوافع أو المحركات لسلوك الأفراد. فيقوم المتعلم بتفصيل سلوك ما على ما عداه نتيجة لما يتبناه من قيم.

٢- الاتجاهات Attitudes

هي شعور الفرد إيجابيا أو سلبياً نحو أمر ما أو شئ ما أو شخص وبالتالي يعبر هذا الموقف عن قيمة ما. مثل إيمان الطالب بالحق والموافقة عليه بشدة، أو ميل الطالب الشديد للعمل التجريبي في العلوم.

٣- الميول " أو الاهتمامات " Interests

وهي اهتمامات تعبر عن شعور الطالب اتجاه نشاطات أو فعاليات تولد الميول. ويمكن قياس هذه الميول عن طريق ملاحظة سلوك الطالب في الموقف المختلفة. ومن أمثلة الميول، ميل الطالب نحو الحاسوب تولد النزعة أو الرغبة لديه إلى فهمة وإجادة استعماله والعمل المستمر عليه.

٤- التذوق

ويقصد به استمتاع المتعلم بما يدركه من موضوعات مادية أو معنوية وبالتالي شعوره بالسرور والسعادة حيالها. مثل فرد يتذوق الفن المعماري الإسلامي، وفرد يتذوق الأنواع الجديدة من السيارات، وفرد يتذوق موديلات الملابس.

وبناء على ما تقدم فقد صيغت الأهداف التربوية في المجال الوجداني إلى خمسة مستويات وهي:-

١- الاستقبال

ويعني أنتباه الطالب إلى الظواهر أو المثيرات المحيطة به، مثل درس معين، أو تجربة، أو وسيلة تعليمية، أو نشاط رياضي. ودور المعلم هنا يكون مركزا على إثارة انتباه المتعلم نحو موضوع الدرس

والمحافظة على هذا الانتباه. نواتج التعلم في هذا المستوى تتراوح من الشعور أو الوعي البسيط بوجود الأشياء. وهو أدنى مستوى من المستويات الانفعالية إلى تركيز الانتباه يقصد إلى شئ من بين الأشياء. وهذا المستوى أدنى مستوى في المجال الوجداني ، وهو يتضمن الأهداف العامة التالية:-

أ- الوعي " الإدراك " لما يحدث من أمور

ب- الرغبة في الاستقبال عن طريق ملاحظة ما يجري

ج- الانتباه الاختياري المضبوط

أمثلة على أهداف هذا المستوى :-

- ينتبه إلى شرح المدرس.
- يسأل أسئلة علمية.
- يستمع إلى الموسيقى.

٢- الاستجابة :-

تعني الاستجابة اندماج الطالب بالمشاركة الفعالة في النشاطات التي تدور حوله ويستجيب لها بإظهار ردود فعل إيجابية تجاهها. وتعكس هذه الاستجابة إعطاء أهمية لقيمة ما أو اتجاه ما .وتتضمن نواتج التعلم في هذه الفئة التركيز على الجوانب آلاتية :-

أ- الإذعان للاستجابة وذلك بأداء سلوك يظهر رغبته في عمل شئ ما .

ب- الرغبة في الاستجابة. وذلك بقيامه بعمل بإرادته وليس نتيجة للخوف أو الإجبار .

ج- الارتياح للاستجابة أي الشعور بالرضا اتجاه الاستجابة.

أمثلة على أهداف هذا المستوى:-

- يكمل واجباته المدرسية .
- يظهر اهتمامه بالعمل كمختبري .
- يتطوع للمشاركة في النشاط العملي للمدرسة .
- يشارك في المناقشات الصفية .

٣- التقييم (التقدير)

ويعني اهتمام الطالب بالقيمة التي يعطيها لموضوع ما أو لشيء معين أو ظاهرة أو سلوك محدد. وذلك من خلال تطبيقه لمعيار أو شرط يوضح قيمة السلوك أو المعيار. ويتراوح مستوى هذه الفئة بين القبول البسيط إلى تحمل المسؤولية الكاملة لعمل أو شئ معين. ونواتج التعلم في هذا المستوى تتعلق بذلك السلوك الثابت إلى درجة كافية بحيث يمكن التعرف في القيمة بوضوح . ويتضمن التقييم ثلاثة مستويات ثانوية وهي :-

أ- قبول القيمة، يظهر الفرد اعتقادات معينة بموضوع ما أو أشياء.

ب- تفضيل قيمة معينة، وهي مرحلة وسطية بين القبول والالتزام بالقيمة.

ج- الالتزام، ويشير إلى تعهد الفرد بالقيمة والثبات فيها.

أمثلة على أهداف هذا المستوى:-

- يراعي شعور الآخرين.

- يقدر أهمية العلم في الحياة .

- يتقبل العمل التعاوني في المختبر .

٤- التنظيم.

هو قيام المتعلم يضم مجموعة من القيم مع بعضها وحل التناقضات الموجودة بينها لغرض الوصول إلى بناء منظومة قيميه ثابتة. وتهتم نواتج التعلم في هذا المستوى بتشكيل مفاهيم خاصة بالقيمة ، ويتضمن هذا المستوى:-

أ- مرحلة تكوين مفهوم القيمة.

ب- مرحلة تنظيم نظام قيمي معين.

أمثلة على أهداف هذا المستوى :-

- يعرف الطالب نقاط ضعفه وقوته ويتقبلها.

- يضع خططاً مستقبلية تتناسب مع قدراته وإمكانياته.

- يعتمد البراهين في إصداره الأحكام على الأمور.

٥- التمييز بواسطة القيمة .

ويعني تميز الطالب وتفرده من خلال سلوكه الثابت ، والذي اصبح أسلوب في الحياة وبالتالي يمكن التنبؤ بهذا السلوك في المواقف المختلفة وفي هذا المستوى يطور الطالب لنفسه فلسفة حياة متكيفة. ويمثل هذا المستوى أعلى المستويات التصنيفية في المجال الوجداني وهو يتضمن :-

أ- مرحلة التنبؤ المعمم وهنا يكون اتجاهاً علمياً.

ب- مرحلة الرسم، وتشير إلى مجموعة نهائية من القيم والأهداف التي تجعل منه شخصاً مميزا .

أمثلة على أهداف هذا المستوى:-

- يعتمد على نفسه في حل المشاكل .

- يظهر أمانة علمية في البحث .

- يمارس التعاون في النشاطات المدرسية .

ثالثاً :- **المجال النفسحركي (المهاري)**

يرتبط هذا المجال والمهارات اليدوية أو التعليمية وهو يعالج المهارات العلمية التي تتطلب استخدام عضلات الجسم في العمل والبناء والتداول وتنسيقها . مع ما تتطلبه من تعاون وتنسيق ما بين الجهازين الحسي والحركي مثل (الكتابة، الرسم، الموسيقى، تركيب الأجهزة المختبرية، إعداد المجسمات العلمية، الأعمال الفنية ، الطباعة ، إصلاح العطب وما إلى ذلك ....) . ويقسم التصنيف النفسحركي إلى المستويات التالية (١) :-

١- الإدراك:-

يشير هذا المستوى إلى المواقف والعلاقات التي تقود بشكل طبيعي إلى القيام بحركة أو مجموعة حركات ويتوقع من المتعلم القيام بما يأتي :

---

١) د- توفيق أحمد مرعي و د- محمد محمود الحيلة، المصدر السابق،٢٤٠-٢٤٢.

أ- الإحساس بالتوقيت المناسب للقيام بحركة ما .
ب- الانتباه إلى الإشارات التي ترمز إلى البداية .
ج- اختيار إشارة من بين مجموعة من الإشارات البداية القيام بالحركة .
٢- التهيؤ:-
ويشير هذا المستوى إلى استعداد المتعلم للقيام بالأداء ويتوقع منه في هذا المستوى أن يتوفر لديه ما يأتي :-
أ- الاستعداد الجسدي والعقلي والانفعالي .
ب- المهارة الضرورية للأداء .
ج- التناسق العصبي والعضلي.
د- الرغبة في الاستجابة.
٣- الاستجابة الموجهة.
يعنى هذا المستوى التعرف على الاستجابات التي يجب القيام بها ويتوقع من المتعلم أن:-
أ- استخدام أسلوب المحاولة والخطأ في الاستجابة.
ب- تقليد أداء ما.
٤- التعويد:-
ويشير هذا المستوى إلى التعود على الاستجابة المتعلمة ، بحيث يصبح الأداء سهلاً وتتوافر الثقة لدى الفرد الذي يقوم به ، ويتوقع من المتعلم القيام بما يأتي :-
أ- إظهار المهارة في الأداء .
ب- القيام بالأداء بأقل قدر ممكن من الأخطاء .
٥- الأداء:-
وهذا المستوى يشير إلى الأعمال الحركية المعقدة وأدائها بدرجة كبيرة من المهارة، ويتوقع من المتعلم في هذا المستوى ما يأتي:-
أ- القيام بالأداء بشكل اعتيادي ، وبمهارة تامة ، بحيث يقوم الفرد بالاستجابة للإشارات ، فيقوم بمجموعة من الحركات المنتظمة المرتبة.
ب- بذل أقل قدر ممكن من الجهد والوقت.
ج- القيام باستجابة معقدة دون تردد.

د- الكافية في الأداء.

فوائد تصنيف بلوم

يمكن القول أن تصنيف بلوم للأهداف التعليمية يحقق مجموعة من الفوائد من أهمها ما يلي (١) :-

١- أثار الاهتمام بالمستويات العليا في المجال المعرفي كالفهم والتطبيق، مما يشجع المعلمين على المضي بعملية التعليم والتقويم إلى ما هو أبعد من المعرفة والتذكر، والمطالبة بتحقيق شئ من التوازن بين مستويات التعليم المختلفة.

٢- وجه الاهتمام ألي ضرورة التصدي للأهداف التعليمية المعقدة أو الصعبة والقدرات العالية (الراقية) ومحاولة قياسها وعدم الاكتفاء بالمستوى الأدنى مستويات التعلم الذي يرتكز على المعرفة والتذكر.

٣- أعطى تصنيف بلوم للأهداف التعليمية وزنها ودورها في التقويم وجعل التقويم المستند على الأهداف حقيقة واقعية وليس مجرد عملية شكلية.

٤- جعل تصنيف بلوم التقويم جزءاً لا يتجزأ من عملية التعليم والتعلم ومكون أساسي من مكوناتها وشرطاً ضروريا ًلزيادة فاعليتها .

٥- تصنيف بلوم يمكن أن يكون بمثابة دليل عمل في أعداد البنود الاختيارية ، حيث قدم لكل هدف فرعي مجموعة من البنود التي تمثله أو تعد دليلا ً على تحققه .

٦- تصنيف بلوم يمكن أن يكون معياراً أو محكاً يستند أليه في تقدير مدى ملائمة بنود الاختيار وصدقها ودرجة تمثيلها للأهداف المقصودة التي توضع موضع التقويم .

٧- وأخيراً فأن تصنيف بلوم كأن بمثابة نقطة البداية والأساس في ظهور العديد من التصنيفات الأخرى التي ألحت بدورها على المستويات العليا في التعلم وأخذت بالترتيب الهرمي للأهداف .

---

٢) د- امطانيوس ميخائيل، المصدر السابق،ص٨٦.

الانتقادات الموجهة إلى تصنيف بلوم:-

على الرغم من الفوائد العديدة التي يقدمها تصنيف بلوم إلا أنـه قـد وجهـت إليه مجموعة من الانتقادات من أهمها ما يلي(١) :-

١- يرى البعض أن تصنيف بلوم يكرس بدرجـة مـا الفصـل الـذي كـأن موجـوداً في التربية التقليدية ما بين المعرفة من جهـة والمهـارات والقـدرات العقليـة مـن جهـة ثانية ، مع العلم أن كل واحد منهم يكمل الآخر في حقيقة الآمر ويعتبر مكوناً مـن مكوناته فالمعرفة بحد ذاتها لا وجود لها في معزل عن النشـاط المعـرفي للمـتعلم ، ويجب أن يكونها بنفسه أو بمساعدة غيره ولا تبقى خارجه عنـه أن صح التعبـير . كما أن النشاط المعرفي والمهـارات والقـدرات الذكائيـة أو العقليـة يصـبح فارغـاً في معزل عن المعرفة ويفقد محتواه . وعليه فأن الفصل لا يكاد يكـون لــه وجـود الإ من الناحية النظرية التصورية فقط.

٢- يؤكد تصنيف بلوم على الطبيعة الهرمية وعلى أن تحصـيل الطالـب في مسـتوى معين يعتمد على تحصـيله في المسـتويات السـابقة لهـذا المسـتوى في الهـرم. وهـذا الأمر لا يوجد ما يعززه من الناحيـة العمليـة الواقعيـة ذلـك أن الدراسـات أثبتـت صحة الترتيب التصـاعدي أو التـدرج الهرمـي للمسـتويات الثلاثـة الأولى اكـثر مـن المستويات الثلاثـة الأخـيرة، حيـث كلـما مضـينا صـعوداً في الهـرم ازدادت صـعوبة الفصل بين المستويات أو التمييز بينها وبخاصة المستويات الثلاثة الأخيرة .

٣- يتنـاول تصـنيف بلـوم المجـال المعـرفي في معـزل المجـال الوجـداني أو المجـال النفسحركي من منطلق أن لكل منهما خصوصيته التـي تختلـف عـن الآخـر أو أنـه يقع في إطار مستقل ومنفصل عن الأخر، وهـذا الشيـء مخـالف لحقيقـة العمليـة التعليمية لأن نشاط المتعلم

---

١) د- امطانيوس ميخائيل، المصدر السابق،ص٨٨

واحد ولا يمكن في حال من الأحوال تجزئتها وتفتيته، فالجانب المعرفي أو العقلي يتأثر بالجانب الوجداني ويؤثر هذا الأخير بالجانب الأدائي أو المماري وهكذا. أي بمعنى آخر المتعلم بشكل كتلة واحدة مترابطة العقلية والوجدانية والمهارية وبالتالي فأن هذا الفصل الذي جاء في تصنيف بلوم ليس سوى فصلاً نظريا لأغراض الدراسة والفهم اكثر من كونه فصلاً واقعياً حقيقياً (١) .

٤- من الصعب في كثير من الأحيان تحديد العمليات العقلية التي تتطلبها أجابه سؤال معين أعد ليمثل أحد الأهداف أو المستويات التي يتضمنها التصنيف. لأن هذه العمليات تختلف من متعلم إلى آخر ومن موقف إلى أخر. وهي تعبر في كل الأحوال عن النشاط الذاتي للمفحوص الذي يخضع لتأثير العديد من العوامل والمتغيرات كمستوى تعلمه السابق وطريقته في الأداء بالإضافة إلى مستوى استعداده وقدراته. وفي الحقيقة أن الأهداف التعليمية في هرمية بلوم تعبر بشكل أو بأخر عن مخرجات التعلم والطريق المؤدي إلى تلك المخرجات، ويبقى النشاط الذاتي للمتعلم وطريقه الخاصة في معالجة المشكلة المطروحة وحلها بعيدة عن الدراسة والتحليل. فقد يلجأ تلميذ ما في إجابته عن سؤال أوحل مشكلة إلى الاستدعاء البسيط . في حين أنه لو طرحت نفس المشكلة أو السؤال على تلميذ آخر قد يلجأ في إجابته إلى استعمال العمليات العقلية الراقية.

عناصر الهدف التعليمي :-

كل هدف تعليمي لابد أن يتكون من مجموعة من العناصر، هذه العناصر هي التي توضح للتلاميذ أنواع ومستويات الأداء المتوقعة منهم بعد الانتهاء من عملية التعلم. أي أن عناصر أي هدف تعليمي تشكل عامل مهم في توضيح أهداف التعليم وتشكل في الوقت ذاته دافعاً للتلاميذ على العمل المستمر في سبيل تحقيقها. وسوف بوجهة نظر

---

١) نعيم عطية، التقييم التربوي الهادف، بيروت، دار الكتاب اللبناني، ١٩٧٠، ص١١.

ميجر حول العناصر التي يتكون منها أي هدف تعليمي، حيث يرى ميجر أن كل عبارة هدفيه لابد أن تشتمل على ثلاثة عناصر أساسية وهي:-

١- بيان المهمة أو السلوك النهائي (النتائج).

٢- بيان الشروط.

٣- بيان بالمعيار أو المحك.

وفيما يلي توضيح لهذه العناصر الثلاث التي يتكون منها الهدف التعليمي من وجهت نظر ميجر (١) :-

١- بيان بالمهمة أو بالسلوك النهائي :-

العبارة الهدفية يجب أن تحدد بوضوح السلوك المقصود أوالأداء النهائي المطلوب من المتعلم القيام به بعد الانتهاء من عملية التعليم والتعلم (وهذا هو العنصر الأهم في الهدف التعليمي من وجهت نظر ميجر). ومن هنا كأن لابد من العمل على ترجمة الهدف التعليمي العام إلى مجموعة من الأهداف الخاصة أو الفرعية يحدد كل واحد منها السلوك المقصود، ويتم التعبير عنه عادة بعمل سلوكي مثل " يعرف ، يعين ، يصوغ ، يميز ، يعدد، يسمي، ... الخ " وليس من الضروري في كل الأحوال بيان الشروط أو معايير الأداء بل يمكن اختصار العبارة الهدفية. كما هو الحال حين نعرض على التلميذ (٥) صور لحيوانات ونطلب منه أن يميز الأسد من بينها.

٢- بيان الشروط :-

أي الشروط التي يتوقع من التلاميذ ضمنها أداء المهمة أو السلوك المرغوب فيه . ويرى البعض أن بيانات الشروط يجب أن تتضمن معلومات كافية حول:-

- شكل الاختبار.

- حدود الوقت المعطي للاختبار .

١) د- امطانيوس ميخائيل، المصدر السابق،ص١٧٨-١٨٠.

- المعطيات والمحددات .

فشكل الاختبار لـه تأثير مهم على أداء المفحـوص ، حيـث أن بعـض المتعلمـين يكون أدائهم في الاختيار التكميلي أو من متعدد أفضل من أدائهم في اختبار الصح والخطأ. كما أن بعض فئات المتعلمين يكون أدائهم في المقاييس العلمية أو الأدائيـة افضل من المقـاييس اللفظيـة . وهـذا يعنـي لنـا ضرورة تحديـد شـكل الاختيـار في العبارة الهدفية لما لها من أهمية وتأثير في أداء المتعلم.

والشيء ذاته يقال عـن الوقـت الـلازم لأداء الاختبـار فلابـد مـن بيـان ذلـك في العبارة الهدفية أي بيـان الـزمن المعطـى للإجابـة عـلى الاختبـار بحيـث لا يتجـاوز المتعلم هذا الوقت بأي شكل من الأشكال ، على أنه يجـب مراعـاة أن يكـون هـذا الوقت كافياً لأداء الاختبار .

أما مصطلح المعطيات فأنه يشير إلى الوسائل المتنوعة التي يمكن أن يستعملها المفحوص عنـد تقـدير تحصـيله للهـدف في حـين يشـير مصـطلح "المحـددات " إلى الوسائل التي يمنع عـن اسـتعمالها. وبالتأكيـد فـأن هـذه الوسـائل تتنـوع بحسـب الموقـف وطبيعتـه ، فمـثلاً قـد يسـمح باسـتعمال المسـطرة والفرجـار والجـداول الإحصائية والحاسبة في الاختبارات المعـدة لقيـاس التحصـيل في الرياضـيات . وقـد يسمح باستعمال القواميس والموسوعات في اختبارات العلـوم الاجتماعيـة وهكـذا. وعلى واضع الهدف تحديد الوسائل وتصنيفها في فئة المعطيات أو الممنوعات.

٣- بيان المعيار أو المحك :-

بيان المعيار أو المحك المقصـود بـه هـو بيـان بالمسـتوى الـذي يقـارن بـه أداء التلميذ أو بنوعية الأداء الذي يدل على تحقق الهدف أو عدمـه . فـإذا تـم الحكـم على أداء التلميذ على أنه يعادل أو يفوق المستوى الذي تتضـمنه العبـارة الهدفيـة دل ذلك على أن الهدف قد أنجز أو تحقـق أمـا إذا كـأن اقـل مـن المسـتوى الـذي تتضمنه العبارة الهدفية فهذا يعني أن الهدف لم ينجـز بعـد. ولابـد مـن القـول أن تحديد المستوى المقبـول لـلأداء يخضـع لتقـدير واضـع العبـارة الهدفيـة أو واضـع الاختبار. فقد يكون هذا

المستوى عند البعض عالياً بعض الشيء في حين يكون عند البعض الآخر منخفضاً. والمهم في تحديد المعيار أو المحك أنه يمثل على الأقل الحد الأدنى المقبول للأداء الفعلي للمتعلم ولا يشترط فيه أن يكون صريحاً في كل الأحوال فمن الممكن أن يكون ضمنياً أيضاً أي عدم التعبير عنه بصراحة.

أن صياغة الهدف التعليمي بطريقة ميجر يحقق كما يرى جيورنلند فائدة كبيرة حين يتم التركيز في هذه الصياغة على نواتج التعلم البسيطة والمهارات الخاصة كما يحقق فائدة كبرى في نطاق التعلم المبرمج وذلك عندما يكون الهدف هو الوصول إلى مستوى الإتقان وقياسه. ولكن إذا استخدمت طريقة ميجر في التعليم الصفي فأنها ستؤدي إلى قائمة طويلة من الأهداف الجزئية التي تتركز حول الحقائق والمعلومات الخاصة على الأغلب.

وعلى ذلك فأنه في المستويات العليا كالتطبيق ومهارات التفكير وحيث تكون نواتج التعلم متعددة ويصعب حصرها قد يكون من الأفضل الاقتصار على عينة من تلك الأهداف أي أن نقوم بصياغة الأهداف في مستوى مناسب من العمومية أولا ثم نترجمها إلى عينات ممثلة لسلوك التلميذ هو الأجراء الأكثر فاعلية في التعليم الصفي. أي أنه ليس من الضروري في نطاق التعليم الصفي النظامي إعداد قائمة طويلة بالأهداف تغطي كافة نواتج التعلم الخاصة ويمكن الاقتصار على عينة منها تؤخذ كدليل على تحقق تلك الأهداف. (١)

ربط التقويم بالأهداف التربوية :-

فيما تقدم ذكرنا أن عملية التقويم لا يمكن أن تتم دون أهداف تتجه هذه العملية إلى الحكم عليها والكشف على درجة تحققها لدى المتعلمين وهذا يعني الأهداف هي التي توجه عملية التقويم، وأن هذه العملية (أي التقويم) تفقد معناها وفائدتها دونها وتصبح أقرب إلى النشاط العشوائي وغير المنظم.

---

١) د- امطانيوس ميخائيل، المصدر السابق،ص١٨٠.

وبما أن الاختبار كما هو معروف " عينة من أداء الفرد لمهمات وضعت لتقيس الأهداف الموضوعة مسبقاً " ، لذا فأن واضع الاختبار لابد أن يعمل بيان الأهداف التي يريد إخضاعها للقياس بشكل واضح وصريح لكي يضمن أن هذا الاختبار يعمل بالاتجاه المناسب ويقيس فعلاً ما وضع من أجل قياسه. ومتى ما كانت الأهداف واضحة ومحدودة فأنها تصبح بمثابة دليل عمل لواضع الاختبار يمكنه بالاستناد إليها وضع بنود اختباريه ملائمة.

وعليه فأن الأهداف التعليمية المحددة والواضحة تمثل الخطوة الأولى والاهم في بناء أي اختبار وتظهر فائدتها في أنها توجه واضع الاختبار إلى ما يجب أن يقيسه ، كما يمكن أن توجهه إلى كيف يقيس. ويتطلب التقويم التربوي بمفهومه الحديث ربط عملية التقويم مباشرة بالأهداف التعليمية كما تظهر بصورة نواتج التعلم الخاصة أو نواتج سلوكية نهائية ،ويتم ذلك عادة عن طريق ما يعرف بجدول المواصفات الذي يمثل الوسيلة الملائمة لربط الأهداف التعليمية (أو نواتج التعلم) مباشرة بعناصر محتوى المادة الدراسية التي يتصدى لها الاختبار ويكون بمثابة خطة عمل لتطوير الاختبار.

ويعد جدول المواصفات الضمان الوحيد للاختبار لقياس نواتج التعلم المتنوعة وعناصر المحتوى المختلفة وتغطيتها جميعاً بصورة متوازنة مما يؤمن صدق المحتوى أو الصدق التمثيلي للاختبار ويمكن من خلال هذا الجدول الوصول إلى بيان شامل وواضح بالأهداف التعليمية المراد قياسها وبعناصر أو موضوعات المحتوى الدراسي والربط بينها مباشرة، كما يمكن تحديد الأوزان النسبية لكل منها وعدد البنود (الأسئلة) التي يجب إعدادها لتغطية كل هدف من كل موضوع ودون هذا الجدول سيزدحم الاختبار على الأغلب بالبنود الاختبارية التي تقيس نواتج التعلم الدنيا وتتركز خاصة على المعرفة (كمعرفة الحقائق ، والأسماء ، والتواريخ وغيرها) وسوف تهمل النواتج التعليمية التي تمثل المستويات العليا في التعلم.

ويكـاد يجمـع البـاحثون عـلى أن اسـتعمال هـذا الجـدول في بنـاء الاختبـار التحصيلي من نوع الورقة والقلم ينتج اختباراً افضل بكثير من ذلك الذي يعد دون استعمال هذا الجدول . والاهم من ذلك هـو أن الوقـت المسـتغرق في إعـداد هـذا الجدول لا يذهب سدى بل هو في الواقع بالعكس من ذلك تماماً يـوفر الكثـير مـن الوقت والجهد حيث أن بمراجعة هذا الجدول عند الحاجة يمكن استعماله لتطوير العديد من الاختبارات التحصيلية وعلى مدى سنوات عديدة.

وفيما يلي جدول مواصفات مصفر لمادة العلوم للمرحلة السادسة من التعلـيم الأسـاسي في الجماهيريـة العربيـة الليبيـة. تظهـر الأهـداف أو النـواتج التعليميـة وعناصر المادة (المحتوى) مع تحديد الأوزان النسبية لكل منها:-

موضوعات المحتوى	الأهــداف الـتعـلـيمـية					
	المعرفة ٢٠ %	الفهـم ٣٠ %	التطبيـق ٣٠ %	التحليـل ١٠ %	التقـويم ١٠ %	المجموع
المغناطيس ٢٠ %	٢	٤	٤	١	١	١٢
الكهرباء ٤٠ %	٥	٧	٧	٣	٢	٢٤
جسم الإنسان ٤٠ %	٥	٧	٧	٣	٢	٢٤
المجموع	١٢	١٨	١٨	٧	٥	٦٠

وجدول المواصفات هذا يمكن تفريغه إلى جداول خاصة فرعية يضم كـل منهـا على عدد محدود من الأهـداف وعنـاصر المحتـوى، كـما يمكـن أن يأخـذ أكـثر مـن شـكل. ويـرى الـبعض أنـه مـن الضروري أن يتضـمن هـذا الجـدول بالإضـافة إلى الأهداف وعناصر المحتوى بياناً بالشكل الذي سـتأخذه البنـود الاختباريـة(تكملـة فراغات، اختيار من متعدد، مطابقـة)، وبنـوع أداة التقـويم المسـتخدم (اختبـار، قائمة، رصد، سلم رتب)، والهدف من وراء ذلك هو ضمان تغطية الجدول لكل

الأهداف بما فيها تلك التي من الصعب قياسها بطريقة اختبار الورقة والقلم التحصيلي، وتتطلب استعمال أدوات التقدير كالأهداف الوجدانية.

وبهذا يصبح جدول المواصفات بمثابة خطة تقويمية عامة تتضمن مواصفات الاختبار كما تتضمن الإشارة إلى طرائق التقويم التي لا تعتمد على الاختبارات . وتفيد عملية تضمين كل الأهداف التعليمية في جدول المواصفات في تقديم صورة واضحة لما سوف يقاس وما لا يقاس الاختبارات الصفية . كما أن هذا الجدول يمكن إلا يقتصر على الأهداف المباشرة الخاصة بالفصل أو الوحدة الدراسية. بل قد يشمل بالإضافة إلى ذلك بعض الأهداف غير المباشرة والتي تتطلب عادة فترة زمنية طويلة نسبياً.

ومن المهم الإشارة إلى أن جدول المواصفات يمكن استعماله عند صياغة الأهداف التعليمية بأكثر من مستوى واحد من مستويات التصميم، وأنه في كل الأحوال ومهما كأن الشكل الذي يأخذه فأنه يقدم بياناً بالأهداف (النواتج)، وعدد البنود الاختبارية المخصصة لكل هدف . وهذه هي الخطوة الأولى لربط إجراءات عملية التقويم بالأهداف التعليمية. وهي خطوة ضرورية وهامة نظراً لأنها تعطي الضمان بأن كل هدف سيمثل في الاختبار بحسب أهميته ووزنه النسبي، ويعد هذا بالتالي بمثابة أداة لربط إجراءات عملية التقويم بالنواتج التعليمية الخاصة وحلقة الاتصال بينها (١).

١) د- امطانيوس ميخائيل، المصدر السابق،ص١٨٢-،١٨٥.

الفصل الثالث
مجالات التقويم التربوي

أولاً: تقويم التلميذ.

ثانياً: تقويم المعلم.

ثالثاً: تقويم المنهج.

الفصل الثالث
مجالات التقويم التربوي

فيما تقدم عرفنا أن التقويم عملية لها أهميتها في جميع مجالات الحياة لأن الإنسان متى ما قام بأي عمل فأنه يريد أن يعرف نتيجة عمله هذا أو ما هي الأخطاء التي وقع فيها لكي لا يكرر ذلك فيما بعد, كما يريد أن يعرف في الوقت ذاته جوانب الإيجاب أو القوة في عمله لكي يحاول أن يزيد منها ويطورها نحو الأفضل.

والتقويم في مجال التربية يعد من أهم أنواع التقويم, وذلك لما للتربية من أهمية في بناء الفرد وبالتالي في بناء المجتمع . ولو جئنا إلى التقويم في مجال التربية لوجدنا أنه يمتد إلى جميع جوانب هذه العملية ولكل مستوى من مستوياتها , فهو يشمل التلميذ والمعلم والمنهج والمفردات والوسائل والأنشطة والموجه الفني والمبنى المدرسي والمكتبة....الخ من جوانب العملية التربوية , وفيما يلي توضيح مفصل لأهم مجالات التقويم في العملية التربوية:_

أولا: تقويم التلميذ:

من المعروف أن التربية التقليدية كانت تنظر إلى المتعلم على أنه عنصر ثانوي في العملية التربويـــــــة والتعليمية وأن التركيز كأن يجري على بقية العناصر كالمعلم والمنهج , والإدارة, والمبنى المدرسي والنظام الدراسي وغيرها. لذلك فأن الخبرات التربوية والتعليمية لهذه التربية لم تراعي حاجات المتعلم ولم تعطيه الاهتمام الكافي.غير أن هذه النظرة سرعان ما تغيرت في ظل التربية الحديثة وذلك بانطلاق هذه التربية من المتعلم بالتركيز على قابليته وميوله وطبائعه ومقومات شخصيته, وهي تؤكد على أن المتعلم يجب أن يكون هو المحور الحقيقي والمركز الفعلي للعملية التربوية .أن هذا التركيز على أهمية المتعلم في العملية التربوية يجعلنا ندرك أن تقويم

التلميذ لكي يكون سليماً وفاعلاً يجب أن يكون الهدف الأساسي منه الوقوف على ما يلي[١]:-

- نموه من جميع الجوانب العقلية و الجسمية والوجدانية.
- نموه في الجانب الروحي ومدى تمسكه بمبادئ الدين الحنيف والمثل العليا التي يتطلبها المجتمع الذي يعيش فيه .
- نموه من الناحية الاجتماعية بما يؤهله لحياة كريمة وعزيزة في ظل مجتمع متماسك ومتعاون.
- مدى استعداده لخدمة البيئة التي يعيش فيها وهذه الخدمة يجب أن تكون مسايرة لأهداف المدرسة الحديثة.
- حجم فهمه لكيفية تطوير مجتمعه حتى يعتز دائماَ بهذا المجتمع ويكون على استعداد لخدمته والتضحية في سبيله.
- نموه من الناحية المعرفية وطبيعة سلوكه داخل المدرسة وخارجها.
- مدى استعداده للتعليم , ومدى نجاحه وتقدمه فيه.
- مدى قدرته على تحديد أفكاره إذا تم السماح له في تقويم نفسه.
- كيفية معالجته للمشاكل التي تواجهه وكيفية تصرفه في أموره المختلفة.
- مدى قدرته على استغلال أوقات فراغه بالشكل الذي يعود عليه بالمنفعة.
- مدى قدرته على تحمل المسؤولية الذاتية أو الجماعية .

الأسس التي تراعى عند تقويم التلميذ:-

لكي نستطيع تقويم التلميذ بالشكل الصحيح لابد من مراعاة مجموعة من الأسس وهي لا تختلف في حقيقتها عن أسس التقويم التربوي بصورة عامة وهذه الأسس هي التالية[٢]:-

---

١) كمال زاخر لطيف وبرلنته إبراهيم علي , المصدر السابق , ص٢٣٧-٢٣٨

٢)المصدر نفسه ، ص٢٣٨-٢٣٩.

١ ـ أن يكون التقويم شاملا لجميع جوانب التلميذ , بحيث يعطي صورة واضحة وكاملة عنه من معارف ومعلومات وعادات واتجاهات وميول واستعدادات ومهارات وذكاء.

٢ ـ أن تكون أدوات التشخيص في التقويم صالحة, لأن التشخيص السليم يتوقف على صلاح هذه الأدوات, فإذا كانت الاختبارات أداة من أدوات تشخيص نمو التلميذ وجب أن تتجه إلى قياس ما يقصد منها فقط, فلا تقيس القدرة على التفكير إذا كأن المراد بها قياس القدرة على التحصيل مثلا.

٣ ـ أن يكون تقويم التلميذ مستمراً, بمعنى أن يسير جنباً إلى جنب مع عملية التعليم منذ بدايتها حتى نهايتها, والتقويم يبدأ منذ تحديد الأهداف ووضع الخطط ويستمر مع تنفيذ هذه الخطط بالطرق والوسائل المتعددة , وحين نتبين مدى تحقيق هذه الأهداف في سلوك التلميذ من خلال تفسيرنا لنتائج التقويم يمكننا أن نقترح التحسينات اللازمة في الوسائل أو في الأهداف أو فيهما معاً .

٤ ـ أن يبنى التقويم على أهداف التعليم في المراحل التي يجري فيها هذا التقويم فإذا كأن الهدف من التعليم هو تدريب التلاميذ على التفكير السليم مثلاً وجب أن يتجه التقويم لا إلى قياس قدرتهم على الحفظ وأنما إلى قياس قدرتهم على توجيه الفكر باتجاه معين وإبقاءه في هذا الاتجاه.

٥ ـ أن يقوم التقويم على فلسفة ديمقراطية, وأن يترك أثراً طيباً في نفس التلميذ . ولكي يكون دقيقاً يجب أن يعهد به إلى من يستطيع بكفاءة جمع البيانات والأدلة وتفسيرها واقتراح أوجه العلاج .

٦ ـ أن يكون التقويم تعاونيا أي بمعنى لا يقوم به المدرس وحده بل يجب أن يشترك فيه كل من له علاقة بالتلميذ, المعلم والمدير والمرشد التربوي والأخصائي الاجتماعي وأولياء الأمور والزملاء وغيرهم ممن لهم علاقة بالعملية التربوية فالمشاركة والتعاون تعد من أهم أسس التقويم التربوي .

٧ ـ أن ينصب التقويم بالدرجة الأساس على مدى تقدم التلميذ في جميع نواحي شخصيته بالنسبة لذاته وقدرته على بلوغ الأهداف

المنشودة . أما الحكم على التلميذ بالنسبة لغيره فينبغي أن يكون المقصود به حاجة المدرسة إلى ذلك في تنظيماتها الإدارية وفي كيفية علاجها للمشكلات الجماعية وفي مساعدتها في توجيه التلاميذ إلى ما يناسبهم من أنواع التعليم.

٨ ـ يجب عدم اعتماد وسيلة واحدة في عملية تقويم التلميذ بل يجب استخدام جميع الوسائل المناسبة لذلك , كالملاحظة والمقابلة والاختبارات والاستبيان , والوسائل الاسقاطية , والسجل القصصي ودراسة الحالة وغيرها.

٩ ـ يجب عدم النظر إلى عملية تقويم التلميذ باعتبارها كمقرر لمصيره بل يجب النظر إليها باعتبارها كوسيلة لتحسين العملية التعليمية وبهذا يكون اتجاهنا إلى الجانب العلاجي في عملية التقويم فنستخدمها طريقاً إلى الإصلاح والعلاج .

وسائل تقويم التلميذ: ـ

توجد العديد من الوسائل التي يمكن أن تساهم في تقويم التلميذ من أهمها الملاحظة, المقابلة , الاختبارات والمقاييس, الاستبيان , دراسة الحالة, الوسائل الاسقاطية, التقارير الذاتية. وفيما يلي توضيح مفصَل لكل وسيلة من هذه الوسائل.

١ـ الملاحظة Observation:

الملاحظة هي إحدى الوسائل التي عرفها الإنسان واستخدمها منذ أقدم العصور في جمع البيانات والمعلومات عن بيئته ومجتمعه , وهو لا يزال إلى الآن يستخدمها في حياته اليومية العادية وفي إدراك وفهم كثير من الظواهر الطبيعية والاجتماعية والنفسية التي توجد في بيئته ومجتمعه كما يستخدمها في دراساته المقصودة وأبحاثه العلمية .

والملاحظة هي مشاهدة الباحث على الطبيعة لجوانب سلوكية معينة أو مواقف معينة من مواقف الحياة اليومية في المدرسة أو مع الجماعة أو في الملعب وتسجيل كل ما يلاحظه بدقة ثم يتبع ذلك تحليل هذه الملاحظات ومحاولة تفسير ما تم ملاحظته. والمعنى الأخر للملاحظة هو ملاحظة الوضع الحالي للتلميذ وتسجيل كل موقف من

مواقف سلوكه وتشمل ملاحظة السلوك في مواقف الحياة اليومية الطبيعية ومواقف التفاعل الاجتماعي بكافة أنواعها في الصف الدراسي, وفي الملعب, والعمل, والراحة والرحلات والاحتفالات وفي مواقف الإحباط والمسؤولية الاجتماعية والمناسبات الاجتماعية بحيث يتضمن ذلك عينات سلوكية لها مغزى في حياة التلميذ وتعبر عن حقيقة إمكانياته واستعداداته وحاجاته ومشاكله.

وقد عَرف ستون الملاحظة بأنها (هي الأساس الأكثر أهمية في الوصول إلى السلوك الذي لا يمكن قياسه عن طريق الاختبارات وهي تستطيع مع التسجيل وصف الطلاب الذين لديهم عدد من الحالات عن طريق ملاحظتهم أثناء العمل للوصول إلى قرارات علمية ومنطقية في ضوء ما تم ملاحظته) (١).

وهناك من عرف الملاحظة بأنها (الوسيلة التي نحاول بها التحقق من السلوك الظاهري للأشخاص وذلك بمشاهدتهم بينما هم يعبَرون عن أنفسهم في مختلف الظروف والمواقف التي اختيرت لتمثل ظروف الحياة العادية أو لتمثيل مجموعة خاصة من العوامل , أنها أكثر الوسائل المباشرة لدراسة السلوك الظاهري للأشخاص) (٢) .

من خلال ما تقدم نستنتج أن الملاحظة أداة رئيسية في دراسة السلوك الإنساني وخاصة في المواقف التي يتعذر استخدام أدوات أخرى أو حين يتعطل استخدام تلك الأدوات التي تعبر عن حقيقة شخصية الفرد لذلك فهي من الممكن أن تساهم مساهمة فاعلة في عملية تزويدنا بالمعلومات اللازمة لأغراض التقويم التربوي.

١) Shertzerston , "Fundamentals Of Guidance ", Houg -Nton Mifflin Company B Aston ,١٩٨١,p.٢٧٠

٢) Garter U.Cood And Douglas E.Scates , Meth - Ods Of Research , Newyork ; Appleton - Gintury G Rofts , Inc . , ١٩٥٤ , P. ٦٤٧

أهـــداف الملاحظـــة :ـ

الملاحظة كوسيلة من وسائل جمع المعلومات لأغـراض تقيـيم التلميـذ تهـدف إلى تحقيق جملة من الأمور من أهمها[1]:-

١ـ تدوين كل المعلومات التي تتعلق بسلوك التلميذ الملاحظ بأسلوب علمي وذلك بالاستعانة باستمارة جمع المعلومات التي يتم إعدادها للمحافظة عـلى موضـوعية تدوين الملاحظات.

٢ـ تحقيق أهداف البحث التي دفعت الباحث إلى ملاحظـة سـلوك التلميـذ المـراد تقييمه.

٣ـ معرفة جميع العوامل التي تحرك سلوك التلميذ الملاحظ .

أنــواع المـلاحظـــة :ـ

أن الدارس للملاحظة كوسيلة من وسائل التعرف على البيئة المحيطـة بالتلميـذ وكوسيلة من وسائل جمع البيانات لأغراض التقويم يجد أن هناك أكثر مـن أسـاس واحد لتقسيمها, وعلى أساس التقسيمات المختلفة الممكنة لها وعلى أساس الزاويـة التي ننظر إليها منها يمكن أن تتولد لدينا أنـواع كثـيرة مـن الملاحظـة, ولكـن هـذه الأنواع ليست مستقلة بعضها عن البعض الأخر, بل هي متداخلة ومترابطة, ولعـل أهم هذه الأنواع هي ما يلي [2]:-

١ـ الملاحظة المباشرة:ـ

وفي هـذا النـوع مـن الملاحظـة يكـون الملاحـظ أمـام التلميـذ وجهـاً لوجـه في المواقف المختلفة

٢ـ الملاحظة غير المباشرة:ـ

يتم هذا النوع من الملاحظة في الأماكن و المواقـع الخاصـة وهـي تحـدث دون اتصال مباشر بين الملاحظ والتلميذ ودون إدراك التلميذ بأنه موضع ملاحظة .

---

١) هادي مشعان ربيع ، الارشاد التربوي – مباده وأدواره الأساسية ، عمان ، دار الثقافة للنشر والتوزيع ، ٢٠٠٣ ،ص ٦٥ .

٢) د ـ حامد عبد السلام زهران , التوجيه والإرشاد النفسي , القاهرة , عالم الكتب , ١٩٧٧ , ص ١٩٨

٣ـ الملاحظة المنظمة الداخلية : ـ

وهي الملاحظة التي تتم من قبل التلميذ نفسه, وهو ما يسمى بالتأمل الباطني, وهي عملية ذاتية أكثر مما هي موضوعية ومن عيوبها أنها لا يمكن استخدامها مع التلاميذ الصغار لعدم قدرتهم على القيام بها.

٤ـ الملاحظة المنظمة الخارجية: ـ

ويعتمد هذا النوع من الملاحظة على المشاهدة الموضوعية والتسجيل من قبل شخص ما لمظاهر سلوكية معينة لذا التلميذ دون الرجوع أو التحكم في العوامل أو الظروف التي تؤثر على هذا السلوك, ويمكن أن يقوم بهذه الملاحظة أشخاص غير الشخص الملاحظ.

٥ـ الملاحظة الدورية: ـ

وهي الملاحظة التي تتم في فترات محدودة وتسجل حسب تسلسلها الزمني كل يوم أو كل أسبوع أو كل شهر .

٦ـ الملاحظة العرضية: ـ

وهي الملاحظة التي تأتي عن طريق الصدفة ويعتبر هذا النوع من الملاحظة لا قيمة علمية له لأنها تأتي في العادة سطحية وغير دقيقة ومع ذلك يمكن الاستفادة منها لأنها تعطي بعض المعلومات وتثير بعض الأسئلة مما يؤدي إلى فهم أعمق في كثير من الأحيان.

شروط الملاحظة الجيدة : ـ

إذا أردنا أن نحقق ملاحظة جيدة توفر لنا البيانات والمعلومات الصادقة والدقيقة تساهم في إعطاء أفضل صورة عن التلميذ المراد تقييمه لا بد أن نراعي بعض الشروط والاحتياطات من بينها ما يلي١[١] :-

١ـ الشروط العامة: ـ

تتمثل الشروط العامة التي يجب مراعاتها في الملاحظة بأن المعلومات التي نحصل عليها من التلميذ يجب أن تكون موضوعية

١) د ـ حامد عبد السلام زهران , المصدر السابق , ص ١٩٩

وبعيدة عن الذاتية والآراء الشخصية وخاصة في تسجيل وتفسير السـلوك الملاحظ والدقة في الملاحظة, إضافة إلى ضرورة امتلاك من يقوم بالملاحظة الخبرة والممارسـة والتدريب على كيفية القيام بها.

٢ـ الشمـــــــول: ـ

نقصد بالشمول في الملاحظة هو أنه من الواجب أن يتم ملاحظة كـل العوامـل التي قد يكون لها أثر في سلوك التلميذ, لأن تجاهل بعض العوامل قد يؤدي أحيانـاً إلى عدم معرفة بعض الظواهر من حيث العوامل التـي أدت إلى إيجادهـا فعـلاً أو من حيث ارتباطها بغيرها أو من حيث إمكان إنتاجها في ظروف أخـرى غـير التـي أنتجتها العوامـل الظاهرة ولكي يسـتطيع الملاحظ تحقيـق مثل هـذه الملاحظة الشاملة لابد أن يكون عـلى علـم ومعرفـة بكافة جوانب الظاهرة التـي يحاول ملاحظتها. والهدف من ذلك هو إظهار شخصية التلميذ في كافة جوانبها.

٣ـ شـــــــــروط الانتقاء: ـ

وهي عملية الاهتمام بملاحظة السلوك وانتقاء السلوك الذي يـتم في إعـادة أو تكرار مع مقارنته بالسلوك الثابت , وملاحظة التمييز بيـنهما والسلوك الطارئ أو الحاصل بالصدفة.

٤ ـ يجب الاستعانة بـالأجهزة والآلات والمعدات الحديثـة كلـما قصرت الحـواس المجردة عـن الإدراك الـدقيق, فاسـتعمال هـذه الأجهـزة والآلات والمعـدات أمـر ضروري في كثير من مواقف الملاحظة التي لا يكتفي في ملاحظتها الحواس المجـردة (١)

هذه حسب رأينا أهم الشروط التي يجب على من يسـتخدم هـذا الأسـلوب في جمع المعلومات لأغراض التقويم مراعاتها من أجل

---

١) د ـ عمر محمد التومي الشيباني, مناهج البحث الاجتماعي, طرابلس, مجمع الفاتح للجامعات, ١٩٨٩, ص٢٤٠

الحصول على المعلومات الصحيحة والصادقة والدقيقة التي تساهم في تحقيق هذه العملية بأفضل صورة ممكنة.

إجـــــــراءات المـــلاحظـــــــة : ـ

في سبيل تحقيق ملاحظة جيدة ووضع الشروط السالفة الذكر موضع التنفيذ توجد مجموعة من المراحل العملية يجب على من يقوم بالملاحظة اتباعها وهذه المراحل هي التالية [1]:-

١ـ مرحلة الإعداد للملاحظة : ـ

في هذه المرحلة يتم التخطيط للملاحظة وتحديد الهدف منها وجوانب السلوك موضوع الملاحظة وتحديد الزمان والمكان لها سواء في الصف المدرسي أو جماعات اللعب والنشاط, إذا كأن المطلوب من الملاحظة السلوك الاجتماعي للتلميذ ويشمل التعاون

والقبول والنبذ الانطواء والتنافس, الأمر الذي يتطلب من الملاحظ أن يكون ملماً بعلم النفس الاجتماعي وعلم الاجتماع.

٢ـ مرحلة تحديد زمان الملاحظة : ـ

في هذه المرحلة يتم تحديد زمن إجراء الملاحظة ويجب أن يكون ذلك كافياً لأجرائها بصورة سليمة.

٣ـ مرحلة تحديد مكان الملاحظة: ـ

ويتم في هذه المرحلة تحديد مكان الملاحظة , حيث تكون عادة في غرفة خاصة ومزودة بأجهزة وأدوات وأثاث لازمة. وقد تطورت اليوم أساليب الملاحظة مع تطور الأجهزة العلمية في مختبرات علم النفس حيث يتم استخدام آلات التصوير السينمائي والتلفزيون المغلق للاستفادة منها في هذا المجال.

١) صبحي عبد اللطيف, أساليب الارشاد النفسي والتوجيه التربوي , بغداد , مطبعة دار القادسية , ط١ , ١٩٨٦ , ص٥٢ـ٥٦ .

٤ـ مرحلة إعداد دليل الملاحظة: ـ

دليل الملاحظة أو ما يسمى بـ(كراسة الملاحظة) هو عبارة عـن دليل يـتم إعداده لجمع المعلومات العامة, ومعلومـات عـن الأسرة والحالـة الصـحية العامة والحالـة الجسـمية والقـدرات العقليـة والتحصيـل الـدراسي وسـمات الشخصية ومميزات السلوك الاجتماعي إلى غيرهـا مـن الأمـور التـي تتعلـق بالتلميذ موضع الملاحظة , والغـرض مـن ذلـك هـو معرفة سـمات شخصيته وسـلوكه الاجتماعـي ومميزاته.

٥ـ مرحلة اختيار عينات سلوكية ممثلة للملاحظة: ـ

في هذه المرحلة يتم اختيار العينة السلوكية الممثلة للملاحظة, وهـذه العينـة يجب أن تكون شاملة وممثلة لأكبر عدد مـن مواقـف الحيـاة وفي أوقات مختلفـة وفي مواقف فردية وجماعية حتى تعطي صورة متكاملة عـن سـلوك التلميـذ. فقـد يكون التلميذ في موقف ما خجولاً في حين يكون في موقف آخر رائداً أو خطيباً لـذا يجب مراعاة انتقـاء السـلوك ذات دلالـة وتـؤدي إلى إعطـاء صـورة واضحة عـن شخصية التلميذ.

ـ مرحلة عملية الملاحظة : ـ

بعد الانتهاء من المراحل السابقة يتم المباشرة بالملاحظة وهنا لابد مـن القيـام بملاحظة تلميذ واحد فقط في وقت واحد. أما بالنسبة إلى ملاحظة سلوك مجموعة من التلاميذ فمن الأفضل استعمال الأفلام والأشرطـة التسـجيلية. ومـن أجـل دقـة وموضوعية الملاحظة نرى أنه من الأفضل أن يتعدد الملاحظين شرط أن يتم الاتفاق بينهم جميعاً على السلوك الذي يلاحظ ومعاني السمات السلوكية التي تلاحظ.

٧ـ مرحلة التسجيل: ـ

من الضروري القيام بتسجيل الملاحظة , على أن هذا التسجيل يجب ألا يكون أثناء القيام بها بل بعد الانتهاء منها مباشرة , ويجب أن يكون هذا التسجيل مركزاً ومحدوداً كما يجب في الوقت نفسه تسجيل تاريخ كـل ملاحظـة ومكانها وزمانها وأسماء من قاموا بها.

٨ـ مرحلة التفسير : ـ

بعد الانتهاء من عملية تسجيل الملاحظة , نقوم بتفسير السلوك الملاحظ على أن هذا التفسير يجب أن يكون في ضوء خلفية التلميذ , التي يجب البحث عنها بوسائل جمع المعلومات الأخرى.

٩ـ مرحلة التنفيذ : ـ

وتتضمن هذه المرحلة بدء الملاحظة حيث يتم فيها تسجيل كل ما نلاحظه في الأزمنة والمواقف المختلفة ثم دراسة هذه الملاحظات بدقة ومحاولة الربط بينها وبين البيانات الأخرى من مختلف الأدوات وبعد ذلك تتم عملية تفسير ما نلاحظه أي القيام بعملية تقييم التلميذ بالشكل النهائي.

مـــزايـــا المـــلاحظـــة:

الملاحظة العلمية المنظمة كوسيلة من وسائل جمع المعلومات لأغراض عملية تقويم التلميذ لها العديد من المزايا من أهمها ما يلي (١):ـ

١١ـ الحصول على معلومات لا يمكن الحصول عليها من الوسائل الأخرى لجمع المعلومات.

٢ـ إتاحة الفرصة لدراسة السلوك الفعلي للتلميذ في مواقفه الطبيعية وهذه الطريقة أفضل بكثير من قياس السلوك اللفظي للتلميذ الذي يقاس عن طريق الاختبارات.

٣ـ تقضي على عدم قدرة التلميذ على التعبير عن اتجاهاته وأفكاره أو حتى عند جهله بحقيقة اتجاهاته أو دوافعه.

٤ـ لا تتأثر رغبة التلميذ أو عدم رغبته في التحدث عن نفسه كما يحدث في المقابلة حيث تقضي ـ الملاحظة العلمية على مقاومة التلاميذ في التحدث عن أنفسهم.

---

١) د ـ يوسف القاضي (وأخرون) الإرشاد النفسي والتوجيه التربوي , الرياض , دار المريخ , ١٩٨١ , ص١٦١ـ١٦٢

٥ـ تعتبر من الوسائل النادرة للحصول على حقائق معينة يتعذر معها استخدام أدوات. أخرى, كما هو الحال في دراسة التلاميذ الصغار.

٦ـ أنها تعتبر من أصلح الأدوات لتقويم مدى فاعلية العملية التربوية في تحقيق الأهداف والغايات المرسومة لها, والتقويم فاعلية كثير من وسائل التربية وطرقها . فعن طريق ملاحظة سلوك التلاميذ وتصرفاتهم و تعاملاتهم مثلاً يستطيع الباحث أن يدرك مدى اكتسابهم لكثير من الصفات الاجتماعية والنفسية غير الأكاديمية, وذلك كصفة التعاون و الثقة بالنفس والاعتماد عليها, وروح المبادأة وحسن الحكم والاختيار إلى غير ذلك من الصفات الاجتماعية و النفسية التي تسعى التربية الصالحة إلى غرسها في نفوس التلاميذ, و التي لا يمكن تقويمها بصورة مرضية بالطرق و الاختبارات التي تعتمد على الورقة والقلم [١].

عيوب الملاحظة:ـ

على الرغم من المزايا السالفة الذكر للملاحظة كوسيلة من وسائل جمع المعلومات لأغراض التقويم التربوي بصفة عامة وتقويم التلميذ بصفة خاصة إذا ما تم مقارنتها بالوسائل الأخرى فأنها لا تخلو من بعض العيوب التي تؤخذ عليهاالعل من أهمها ما يلي[٢] :-

أ ـ عدم رغبة بعض التلاميذ في أن يكونوا موضع الملاحظة كما هو الحال مع المراهقين و المرهقات مثلاً.

ب ـ تدخل الذاتية في نتائج الملاحظة, ويتمثل ذلك في الانحياز اللاشعوري للملاحظ أو إسقاط بعض ما لدى الملاحظ من أفكار على سلوك التلميذ.

---

١) د ـ عمر التومي الشيباني, المصدر السابق , ص٢١٤ .

٢) هادي مشعان ربيع، المصدر السابق ، ص ٧٠,

ج ـ صعوبة أو تعذر ملاحظة بعض الموضوعات كما هو الحال فيما يختص بالسلوك الجنسي- أو الخلافات العائلية التي لا تكون في الغالب مفتوحة أمام الملاحظ.

٢ ـ المقابلة: ـ

تعتبر المقابلة من الوسائل الهامة المستخدمة في جمع البيانات و المعلومات الخاصة بعملية التقويم أو للتأكد من صحة هذه البيانات و المعلومات , كما أنها تساهم إسهاماً فاعلاً في الكشف عن ميول واتجاهات التلاميذ وحاجاتهم و مشكلاتهم .

و المقابلة هي موقف بين فردين أو أكثر يدور فيه حديث مع شخص أو مجموعة من الأشخاص يسودها جو من الثقة المتبادلة بين الطرفين من اجل جمع المعلومات لأغراض معينة . وتأتي أهمية المقابلة من خلال استخدام الأطباء و السيكولوجيين والأخصائيين الاجتماعيين و رجال الشرطة و أصحاب الأعمال و المعلمون و غيرهم لها بقصد فهم قضايا معينة كما تستخدم في المجالات الدراسية المختلفة كالكليات والجامعات وخاصة كليات التربية والكليات العسكرية والفنون الجميلة والشرطة عند التقديم للقبول فيها للتأكد من صلاحية المتقدم لهذه الدراسة من عدمه كما وتستخدم عند التقديم لشغل الوظائف العامة [١] :-

أنواع المقابلة : ـ

المقابلة كوسيلة من وسائل جمع المعلومات لغرض تقويم التلميذ يمكن تقسيمها بصفة عامة إلى عدة أنواع وهي التالية [٢]: -

---

١) د. عبد الرحمن عيسوي، علم النفس والتربية والاجتماع، بيروت، دار الراتب الجامعية، ١٩٩٨،ص٩٨-٩٩.

٢) صبحي عبد اللطيف،المصدر السابق ،ص١١-١٣.

أ ـ المقابلة المبدئية : ـ

و هي أول مقابلة مع التلميذ أو وليه أو أحد اخوته أو أصدقاءه وذلك لغرض الإلمام بالمشكلة أو الظاهرة بصورة مبدئية عامة مثل انخفاض درجات التلميذ فجأة في بعض المواد بطريقة تستدعي الانتباه .

ب ـ المقابلة القصيرة : ـ

وهي تلك المقابلة التي تستغرق فترة زمنية قصيرة , وذلك عندما تكون لأمر طارئ. وقد تكون هذه المقابلة مقدمة لمقابلات أخرى وهذه النوع من المقابلة ينتقد عادة وذلك لضيق المقابلة فقد يكون ضررها أكثر من نفعها على التلميذ.

ج ـ المقابلة الجماعية: ـ

تتم هذه المقابلة مع مجموعة من التلاميذ يعانون من مشكلات مشتركة فيما بينهم لغرض الحصول على معلومات تفيدنا في عملية تقييم كل واحد منهم على انفراد.

د ـ المقابلة الفردية : ـ

وهي تلك المقابلة التي تتم بين المقابل وبين تلميذ واحد فقط .

ه ـ المقابلة المطلقة أو الحرة : ـ

وهي المقابلة غير المقيدة لا بموضوعات ولا بأسئلة ولا بتعليمات محددة وتمتاز هذه المقابلة بالمرونة والحرية ويشعر فيها التلميذ بالراحة ويترك له المجال للقيام بالتداعي الحر لأفكاره ثم يقوم بعرض الموضوع بأسلوبه الخاص كما أن من مميزاتها أنها تسير بطريقة تلقائية , إلا أن هذا النوع من المقابلات يتطلب خبرة خاصة وتدريب طويل و إلا كانت مضيعة للوقت.

و ـ المقابلة المقيدة: ـ

وهي المقابلة المقيدة بأسئلة محددة للإجابة عليها من قبل التلميذ ومن مميزاتها هو ضمان الحصول على المعلومات الضرورية المطلوبة وتوفير الوقت إلا أن من عيوبها هو النقص في المرونة ١والمطاطية والجمود وتفويت الفرصة للحصول على معلومات قد يريد التلميذ أن يتحدث بها في شئ من التفصيل.

أهـداف المقـابـلـة : ـ

المقابلة بصورة عامة هي نشـاط هـادف أي ترمـي إلى تحقيـق أهـداف معينـة تتلاقى مـع أهـداف البحـث أو النشـاط الـذي يستخدمها وسيلة لجمـع بياناتـه ومعلوماتـه , ولصلة أهدافها بأهداف البحث أو النشاط الذي يستخدمها فأننا نجد أهدافها تختلف وتتنوع بـاختلاف وتنوع أهـداف النشـاط الـذي يستخدمها, وفي مجال تقويم التلميذ فأن أهداف المقابلة يمكن أن نحددهـــا في محاولة إيجاد علاقة مهنية بين مـن يقوم بالمقابلة (المدير, المعلم, الأخصائي الاجتماعي, المرشد التربوي ... الخ) والتـلميذ لغرض الحصول على المعلومات اللازمة لغرض تقييم أي جانب من جوانب شخصية هذا التلميـذ وهـذه العلاقـة يجـب أن يكـون أساسـها الاحترام والتقدير والتفاهم ولا تقوم هذه العلاقة إلا إذا توفر هناك الوقت الكـافي لإقامتها سواء استغرق ذلك جلسـة واحـدة أو عـدة جلسـات . وأن هـذه العلاقـة يمكن أن تتحقق إذا استطاع المقابل أن يحترم التلميذ كإنسان لـه مشاعره ومبادئه واتجاهاتـه وأفكـاره بحيـث يشعـر بالراحـة والاطمئنـان والثقـة الأمـر الـذي يشجعه على أن يقدم معلومات صحيحة وصادقة ويكشف عن مشاعره وانفعالاته وكل ما يتصل بمشاكله بما يساهم في تقييمه بشكل صحيح . ومـن أهـدافها كـذلك الحصول على البيانات والمعلومـات الجديـدة أو التوسـع فيمـا هـو موجـود منهـا , وكذلك القيام بتفسير تلك البيانات والمعلومات. إضافـة إلى كـل مـا تقـدم تهـدف المقابلة إلى مساعدة التلميذ في التعبير عن أفكاره وانفعالاتـه لـدى شخص مـتفهم يستمع إليه ويحترم أفكاره ومشاعره, وأن المقابـل النـاجح هـو الـذي يضـع نفسـه مكان التلميذ فيبدأ يشعر بمشاعره وانفعالاته وقلقه وكـذلك يشعـر بحاجتـه إلى المساعدة للبوح بمشاكله بما يساهم في إعطاء الحكم الصائب على شخصية التلميـذ وعلى قدراته واستعداداته وميوله وحاجاته وغيرها.

شـــروط المقـــابلة الجيـــدة : ـ

من أجل تحقيق مقابلة جيدة تمكننا من الحصول على أكبر قدر ممكن مـن المعلومات والبيانات الصادقة عن التلميذ وتمكننا في النهاية

من إعطاء الحكم الصادق والموضوعي فيما يتعلق بالجوانب المراد تقويمها في شخصيته لابد لنا من مراعاة جملة من الشروط لعل أهمها ما يلي (١) : -

١ـ يجب الإعداد الجيد للمقابلة ومراعاة السرية والأمانة التامة فيها و أيجاد نـوع من التفاهم و الصدق و الإخلاص في القيام بها.

٢ ـ يجب أن يحرص المقابل بأكبر قدر ممكن على أن تكون المقابلة موقف تعلـم و خبرة بناءة و فرصة للتلميذ لزيادة فهم الذات.

إضافة إلى العوامل أعلاه التي تساعد في نجاح المقابلة فأن الشخص الـذي يقـوم بالمقابلة يجب أن تتوفر فيه مؤهلات ومواصفات معينة و هي : ـ

أ ـ المؤهلات الشخصية : و تتمثل بسمعته الطيبة في إجراء المقابلة كأن يكون مشهوراً بالبشاشة و الأمانة و الإخلاص والوفاء و العلاقات الإنسانية و أن يكون متوافق الشخصية وغير منحاز و موضوعياً و متسامحاً و متخلصاً مـن التفكير المنطقي الجامد و ناجحاً في حياته الخاصة.

ب ـ المظهر الشخصي: يجب أن يكون مظهره ملائماً حتى في ملبسة الذي ينظر إليه كرمز للنضج والقدرة.

ج ـ المؤهلات المهنية : وتتمثل بإعداده و تدريبه المهني وسعة اطلاعـه و معرفتـه الشاملة بالسلوك الإنساني.

د ـ ومن المؤهلات العامة للشخص المقابل هي الذكاء العام والذكاء الاجتماعي.

مـزايـا المقـابـلـة :ـ

المقابلة كوسيلة مـن وسائل جمع البيانات و المعلومـات لأغـراض التقـويم التربوي و لاسيما تقويم التلميذ لها العديد من المزايا و جوانب القوة من أهمها ما يلي (٢) : ـ

---

١) صبحي عبد اللطيف , المصدر السابق , ص٣٦

٢) هادي مشعان ربيع , المصدر السابق , ص٦٢ـ ٦٣

١ ـ الحصول على معلومـات كميـة و نوعيـة لا يمكـن الحصـول عليهـا عـن طريـق استخدام الوسائل الأخرى مثل التعـرف عـلى الأفكـار و المشـاعر و الآمـال و بعـض الخصائص الشخصية مما يتيح فهماَ أفضل للتلميذ.

٢ ـ يسودها جو من الألفة و التجاوب و الاحترام و الثقـة المتبادلـة بـين التلميـذ و الشخص المقابل, مما يسهل عملية الحصول على المعلومات الصادقة والدقيقة عـن التلميذ

٣ ـ إتاحة الفرصة للاستبصار و الحكم على الأحكام الذاتية التي يصدرها أو يكونهـا كل من المقابل عن التلميذ و التلميذ عن نفسه.

٤ ـ تفسح المجـــال للتنفيـــس الانفعـالي و تبـادل المشـــاعـــر و الآراء في جـــو نفسي هادئ مما يؤدى إلى فهم أفضل.

٥ـ إعطاء الحرية للتلميذ للتفكير و التصريح عما في داخله في ظـل وجـود مسـتمع جيد مما يمكنه من التعبير عن نفسه و مشكلاته.

عيــــوب المقــابـــلة :ـ

على الرغم مـن مميـزات المقابلـة و اعتبارهـا مـن أهـم وسـائل الحصـول عـلى المعلومات لعملية تقويم التلميذ إلا أنها لا تخلو كغيرهـا مـن الوسـائل مـن بعـض العيوب و نقاط الضعف يمكن أن نوجزها فيما يلي [١]:

أ ـ الصدق و الثبات فيها منخفض و ذلك لاختلاف الاستعدادات والقدرات و الميول و كذلك لاختلاف مشاعر التلميذ موضع المقابلة اتجاه خبراته و مشكلاته مـن فـترة إلى أخرى و كذلك عند ما يقوم بها أفراد غير معدين على كيفية إجراءها.

ب ـ لا تصلح المقابلة مع جميع الحالات ففـي حالـة الأطفـال وضعاف العقـول لا يمكن إجراء المقابلة معهم و بالتالي لا يمكن تقييمهم وفقاَ لهذه الوسيلة .

---

١) صبحي عبد اللطيف ، المصدر السابق ، ص ٣٤

ج ـ تعتمد المقابلة على ذاتية من يقوم بإجرائها فهو الذي بيده إدارتها وهو الـذي يقوم بتفسير نتائجها , حيث يتأثر بآرائه السابقة وقد يخطئ في تقدير السـمات أو يبالغ فيها حسب خبراته واتجاهاته لذلك فأن الحكم على ذاتية التلميـذ إذا قوبـل بأكثر من مقابل واحد سوف يأتي مختلفاً بسبب هذه الذاتية وعدم الموضوعية.

د ـ تعتبر المقابلة مـن أكـثر الوسائل اعتماداً عـلى مهارة المقابل وأقلها خضوعاً للقياس الموضوعي.

ه ـ تحتاج المقابلة إلى وقت وجهد ومـال أكـثر مـن أي وسيلة أخـرى مـن وسائل التقويم.

٣-الاختبارات والمقاييس Tests and measurement

تعتبر الاختبارات والمقاييس من أكثر الوسائل المستخدمة في جمع المعلومات التـي تعتمـد عيهـا عمليـة تقـويم التلاميـذ في المـدارس والجامعـات والمعاهـد والمؤسسات ذات العلاقة , ومما يؤكد أهميتها هذه هو أنها أصبح لها مؤسسـات ووكالات خاصة عملها أتشاء وتقنين ونشر وتوزيع الاختبارات والمقاييس والأجهزة النفسية في كل أرجاء العالم.

أن أهمية الاختبارات بالنسبة لعملية تقـويم التلميـذ هـو أننا نستطيع مـن خلالها اكتشاف شخصيته عن طريق معرفة قدراتـه العقليـة واستعداداتـه ويعبر عنها عادة بالرقم أو باللفظ. وقد عرف جلال سعد الاختبارات بأنها (هـي عبـارة عن وسائل علمية يمكن أن تؤدي فائـدة كبيرة وهـي تحتـاج إلى خـبرة ومهارة ولا يستعملها إلا المختص) (١) .

وعرفها تايلر على أنها (عبارة عن أدوات صممت لتستخدم في اتخاذ القـرارات البشرية) (٢), وعرف المقاييس على أنها (مجموعة كبيرة من العمليات وأن الشيـء الوحيد المشترك بين جميع هذه

---

١) جلال سعد , المرجع في علم النفس , بغداد , دار المعارف , ١٩٨٠ , ص ٤٦ .

٢) ليونا.أ ـ تايلر , الاختبارات والمقاييس , بيروت , دار الشروق , ١٩٨٣, ص ٨١

العمليات هو استخدام الأرقام لأن القياس يعني تحديد الأرقام حسب قواعد معينة وهذه القواعد ليست ذات طبيعة ضيقة ومحدودة)[١] .

أهمية استخدام الاختبارات والمقاييس في عملية تقويم التلميذ: ـ

يمكن القول أن الاختبارات والمقاييس لها فائدة كبيرة ومهمة في عملية تقويم التلميذ وذلك للأسباب التالية[٢]: ـ

١ ـ تساعدنا هذه الوسيلة في معرفة جوانب الشخصية الإنسانية بصيغ كمية أو رقمية مثلاً درجة الطالب على مقياس بينه للذكاء هي (١١٠).

٢ ـ نستطيع أن نستدل من خلال الأرقام على جوانب الضعف أو القوة لدى التلميذ.

٣ ـ تستخدم هذه الوسيلة لتصنيف التلاميذ حسب طاقاتهم وقدراتهم من أجل وضعهم في المكان الملائم لهذه القدرات.

٤ ـ الجهد المبذول في هذه الوسيلة أقل من الذي يبذل في الوسائل الأخرى كالمقابلة والملاحظة.

وقد حدد ستون (Stone) أسباب استخدام الاختبارات بما يلي[٣]: ـ

أ ـ تساعدنا في التمييز بين القدرات الموجودة لدى التلاميذ.

ب ـ تساعدنا في تحديد الطلاب الذين يدخلون إلى الجامعة أو يذهبون إلى مجالات أخرى.

ج ـ تساعدنا في عملية تصنيف المعلومات والبيانات والأدوار مثلاً أن دور كل من المدير والمدرسين والمرشدين اتجاه عملية تقويم تلميذ حيث يكون لكل واحد منهم دوراً محدداً.

---

١) ليونا.أ ـ تايلر, المصدر السابق

٢) هادي مشعان ربيع ، المصدر السابق ، ص ٧٢

٣) Shertze Ston , Op. Cit . pp . ٢٣٩-٢٤٠.

د ـ تساعدنا في عملية تقويم البرامج والطرق المستخدمة في الحقل التعليمي .

أنواع الاختبارات والمقاييس : ـ

توجد عدة أنواع من الاختبارات والمقاييس تستعمل في عملية تقـويم التلميـذ يمكن تصنيفها بصورة عامة إلى ما يلي: ـ

أولاً: ـ اختبارات الذكاء: ـ

وتستعمل هذه الاختبارات لمعرفة درجـة ذكـاء التلميـذ لغـرض معرفة قدراتـه العقلية العامة ومنها:-

١ ـ مقياس ستانفورد بينه وقد ترجمه إلى العربيـة الـدكتور محمـد عبد السلام والدكتور لويس كامل , وهو يستخدم اليوم على نطاق واسع في وطننا العربي وهذا المقياس يناسب كافة الأعمار ويستغرق تطبيقه ما يقارب الساعة.

٢ ـ مقياس وكسلر, وقد ترجمه إلى العربيـة محمـد عمـاد الـدين والـدكتور لـويس كامل.

٣ ـ اختبار الذكاء الإعدادي , من إعداد الدكتور محمد خيري.

٤ ـ اختبار الذكاء العالي , من إعداد الدكتور محمد خيري.

ثانياً :ـ اختبارات ومقاييس القدرات والاستعدادات: ـ

وهذا النوع من الاختبارات والمقاييس يستعمل لغـرض الكشـف عـن قـدرات واستعدادات التلاميـذ وهـي تتنوع لتقيس القدرة اللغويـة والقدرة الرياضيـة والقدرة الفنية والقدرة الموسيقية والمهارات اليدوية, والمهارات الحركية الأخـرى , ومن أمثلـة هـذه الاختبارات, اختبار سرس اليـان في القـراءة الصـامتة, اختبـارات القدرة الفنية للمصورين والرسامين , اختبار شيشور للقدرة الموسيقية .

ثالثاً : ـ اختبارات الميول : ـ

وهي اختبارات تحاول رسم خريطة لميول التلاميذ وهي تقوم عـلى فكـرة أنـه إذا توفر الميل نحو سلوك أو مادة دراسية أو مهنة كأن احتمال النجـاح فيهـا أكـبر وتحاول اختبارات الميول أن تقيس الميول المختلفة وتصنيفها وترتيبها تصـاعدياً, و الميول هي في تغير مستمر رغم ثباتها

النسبي, ويكون هذا التغير سريعاً في مراحل النمو الأولي في الطفولة المبكرة و المراهقة بصفة خاصة و من أمثلة هذا النوع من الاختبارات , اختبارات كيودور للميول المهنية الذي ترجمه إلى العربية الدكتور أحمد زكي صالح.

رابعاً : ـ اختبارات الشخصية: ـ

و هي اختبارات تستعمل لقياس سمات الشخصية و أبعادها و أثرها في السلوك و التوافق النفسي و من أهمها: ـ

١ ـ اختبارات الشخصية المتعدد الأوجه (M.M.P.I) لستاتك هاوتاواي مع ماكيلي, و قد ترجمه إلى العربية و قننه لويس كامل .

٢ ـ اختبارات عوامل الشخصية للراشدين , تأليف ريموند كاتل وإعداد الدكتور عطية محمود هنا وسيد غنيم وعبد السلام عبد الغفار .

٣ ـ اختبارات استفتاء الشخصيــة للمرحلة الأولى تأليف ريموند كاتل وإعداد عبد السلام عبد الغفار وسيد غنيم .

٤ ـ اختبارات استفتاء الشخصية للمرحلة الإعدادية و الثانوية, تأليف ريموند كاتل, إعداد سيد غنيم وعبد الستار عبد الغفار.

خامساَ : ـ اختبارات القيم : ـ

تستخدم هذه الاختبارات لقياس القيم المختلفة و التي من شأنها أن تؤدي إلى تكيف التلميذ من عدمه داخل المؤسسة التعليمية. ومن أهمها اختبارات اليورت فرنون لندزي لدراسة القيم, وقد قننه بعد أن ترجمه إلى العربية عطية محمود هنا .

سادساَ : ـ اختبارات الاتجاهات: ـ

تستخدم هذه الاختبارات لأغراض التنبؤ بالسلوك ثم تحديد وتغيير الاتجاهات و من أهمها , اختبار هو ليكرت و ثرستون .

سابعاَ : ـ الاختبارات التحصيلية : ـ

أما هذه الاختبارات فتستعمل لقياس مدى فهم وتحصيل التلميذ في مادة دراسية معينة, وهي تطلق على كل أنواع الاختبارات التي يقوم المدرس بأعدادها من واقع المواد التحصيلية التي درسها التلميذ. ومن اشهر أنواعها اختبارات المقال المدرسي , و الاختبارات الموضوعية , وسوف نتناولها بشكل مفصل في الفصل القادم إنشاء الـلـه.

شروط الاختبارات و المقاييس:-

من الشروط الأساسية التي يجب أن تتوفر في الاختبارات و المقاييس الجيدة ما يلي[1] :-

١ ـ الصدق: ـ

أي قياس الاختبار أو المقياس لما وضع أصلاً لقياسه, وهناك عدة طرق لمعرفة ذلك من بينها حساب معامل الارتباط بين درجات الاختبار وبين مقاييس المحك لمعرفة صدق الاختبار وهو أنواع الصدق السطحي, المحتوى التلازمي.

٢ ـ الثبات : ـ

الاختبار الثابت هو الـذي يعطـي نفس النتائج تقريباً إذا طبق عـلى نفـس الأشخاص في فترتين زمنيتين و في ظل ظروف واحدة , و يتم حسـاب معامـل ثبـات الاختبار بطرق متعددة وهي, طريقة إعادة الاختبار , طريقـة التجزئـة النصـفية , طريقة الصور المتكافئة .

٣ ـ الموضوعية : ـ

تعني الموضوعية هو أن هناك معنى وتفسير موحد لوحدات الاختبار وأسئلته مما يؤدي إلى فهم المقصود منها, و تتضـمن الموضـوعية التخلـص مـن أقصىـ حـد ممكن من الذاتية و التحيز وتفسير النتائج و تقدير الدرجات.

٤ ـ سهولة الاستخدام : ـ

لابد أن يكون المقياس أو الاختبار سـهل الاسـتخدام بـأكبر قـدر ممكن و هـذا يتطلب أن يكون له كراسة تعليمات تحدد فيها طريقة الإجراء و أمثلـة للتوضـيح والزمن و مفتاح للتصحيح وجدول للمعايير.

٥ ـ الفروق الفردية : ـ

وهو أن يكون الاختبار قادراً على أن يظهر الفروق الفردية بـين الأفـراد في كـل النواحي, فمن المعروف أنه لا يمكن أن يتشابه شخصان

---

١) صبحي عبد اللطيف , المصدر السابق , ص٨٠ـ٨٣

تشابهاَ كاملاَ في أي سمة من السمات و يمكن للاختبارات أن يظهر الفروق بين الأفراد من خلال تنوع أسئلته ما بين السهل و الصعب بحيث تغطي كافة السمات المطلوبة.

٦ ـ تعدد الاختبارات: ـ

يجب الاعتماد على أكثر من اختبار لتقييم التلميذ لأن الاختصار على مقياس أو اختبار واحد قد يكون ناقصاَ ولا يفي بالغرض المطلوب منه .

٧ ـ التقنيين : ـ

المقصود بالتقنيين هو إعداد معايير للاختبار أو المقياس حتى تتحول الدرجات الاعتيادية إلى درجات معيارية تمكننا من مقارنة التلميذ بزملائه من نفس السن و الجنس و المرحلة الدراسية . وتعتمد هذه المعايير عادة على المتوسطات أو مقاييس النزعة المركزية أو الانحراف المعياري.

٨ ـ الاحتراس من أثر الهالة : ـ

أن المقصود بأثر الهالة هو ميل من يقوم بعملية تطبيق الاختبار أو المقياس بتقييم التلميذ متأثراَ بفكرة عامة أو انطباع عام عنه . و تؤثر هذه الفكرة أو الانطباع على موضوعية تقييم خصائص التلميذ مما يؤثر بالتالي كثيراَ في صدق الاختبار أو المقياس.

مزايا الاختبارات و المقاييس: ـ

تتميز الاختبارات و المقاييس باعتبارها من وسائل جمع المعلومات و البيانات لغرض تقييم التلميذ بالعديد من المزايا من أهمها ما يلي[١] : ـ

١ ـ تعتبر الاختبارات و المقاييس من أسرع الوسائل في الكشف عن جوانب الشخصية الإنسانية.

٢ ـ تعتبر هذه الوسيلة أكثر موضوعية إذا ما تم مقارنتها مع أي وسيلة جمع معلومات أخرى.

١) صبحي عبد اللطيف , المصدر السابق , ص ٩٩

٣ ـ تعتبر من الوسائل و الأساليب الاقتصادية من حيث الوقت و المال و الجهد.

٤ ـ تعتبر وسيلة فعالة في اتخاذ القرارات فيما يتعلق بمصير التلميذ.

٥ ـ تعتبر وسيلة فعالة في التقييم والاختبار و التصنيف و التنبؤ على الصدق و الثبات.

٦ ـ تساعد هذه الوسيلة في تشخيص أسباب الضعف وتحديد طرق العلاج.

٧ ـ يمكن استخدامها كخطوة تمهيدية لوسائل أخرى حيث تسهل مثلاً أسلوب المقابلة أو مؤتمر الحالة و غيرها.

عيوب الاختبارات والمقاييس : ـ

تتكون عيوب الاختبارات كوسيلة من وسائل تقييم التلميذ مما يأتي [١] : ـ

١ ـ معظم الخصائص النفسية التي تقوم بقياسها هذه الوسيلة ما تزال غير واضحة لحد اليوم.

٢ ـ قد تعطي الاختبارات والمقاييس بعض الصفات للتلاميذ وتظل ملازمة لهم الأمر الذي قد يؤدي إلى إحداث أثراً سيئاً في الوضع الاجتماعي لهم مستقبلاً.

٣ ـ يفضل في هذه الوسيلة الاعتماد على أكثر من اختبار لقياس السمة المطلوبة لأن ذلك يمنح النتائج صدقاً أكثر.

٤ ـ قد تستخدم هذه الوسيلة كهدف في حد ذاته أو تستخدم بطريقة روتينية وبدون هدف محدد مما يجعلها تفقد الغاية المرجوة منها.

٥ ـ يجب مراعاة مناسبة الاختبار حيث يراعي دائماً عند وضع الاختبار المستوى التعليمي للتلاميذ ومراحل نموهم وجنسهم.

٦ ـ افتقار هذه الوسيلة لعنصر المرونة , حيث لا يمكن استخدام اختبار وضع لفئة عمريه معينة وتطبيقه على فئة عمريه أخرى.

---

١) صبحي عبد اللطيف , المصدر السابق , ص ٩٩

٧ ـ قد تحدث إساءة في تفسير درجات هذه الوسيلة , حيث أن الرقم له معنى محدد يختلف عن معناه الحقيقي وهو كونه معبراً عن مدى الدرجات وليس درجة واحدة أو نقطة محددة على مقياس.

٨ ـ تتطلب هذه الوسيلة التدقيق في محتويات الاختبارات التي تحمل نفس الشيء المراد قياسه من خلال كراسة التعليمات لمعرفة مدى مناسبته للهدف المراد قياسه من عدمه.

٩ ـ تتطلب هذه الوسيلة كذلك التأكد والتحقق من شروط الاختبار الجيد قبل استخدامه , حيث يتضح لنا بعض العيوب في الاختبارات المستخدمة من ناحية ضعفها في البناء والتقنين.

١٠ ـ قد تطغى هذه الوسيلة على غيرها من الوسائل الأخرى لجمع المعلومات مما يضيع الفرصة للحصول على معلومات وبيانات يصعب التوصل إليها باستخدام الاختبارات والمقاييس .

٤ - الاستبيان Questionnaire: ـ

يعتبر الاستبيان من الوسائل المهمة للحصول على المعلومات والبيانات لأغراض التقويم في مختلف المجالات ولاسيما مجال التربية والتعليم. والاستبيان هو عبارة عن استمارة تحتوي على مجموعة من الأسئلة تدور حول موضوع أو موضوعات نفسية أو اجتماعية أو تربوية يجيب عنها المفحوص كتابة بـ(نعم) أو(لا) أو وضع علامة استفهام.

ويرى البعض أن الاستبيان في ابسط صوره هو (عبارة عن عدد من الأسئلة المحدودة يرسل عادة بالبريد إلى عينة من الأفراد ويطلب إليهم الإجابة عنها بالكتابة فلا يتطلب الأمر شرحاً شفهياً مباشراً أو تفسيراً من الباحث , وتكتب الأسئلة أو تطبع على ما يسمى باستمارة استبيان). [١]

---

١) إبراهيم ابو الغد ولويس كامل مليكه , البحث الاجتماعي : مناهجه وأدواته , سرس الليان, مركز التربية الأساسية في العالم العربي , ١١٩٥٩ , ص ٨٨

والاستبيان كوسيلة من وسائل جمع المعلومات لأغراض تقويم التلميذ يفيدنا في معرفة أراء زملاء التلميذ والمعلمين والموجهين والمشرفين والأباء وغيرهم حول التلميذ , كما يفيدنا في الكشف عن الميول المهنية والثقافية وعن السمات الخلقية والاجتماعية للتلميذ وكذلك الكشف عن سماته الشادة. ومن اشهر هذه الاستبيانات, استبيان ثرستون الذي يدرس توافق الشخصية, واستبيان فرنوروتير الذي يستهدف قياس الاستعداد العصابي والانطواء والاستنباط , السيطرة والخضوع, والاكتفاء الذاتي.

أنواع الاستبيان

يمكن تقسيم الاستبيان إلى عدة أنواع وذلك تبعاً لما يلي[1]: ـ

أولاً: ـ الطريقة التي يمكن أن تستخدم في توصيل الاستبيان إلى المبحوث ويقسم إلى: ـ

١ ـ استبيان بريدي , أي يتم إرساله بالبريد إلى الأفراد موضوع الدراسة ليقوموا بتسجيل إجاباتهم على الأسئلة الواردة فيه وإعادته ثانية إلى الباحث.

٢ ـ استبيان يوزع باليد على الأفراد موضوع الدراسة لكي يجيبوا عليه ويعيدوه ثانية إلى الباحث بدون مساعدة من أحد .

ثانياً : ــ الشكل أو الصورة التي يمكن أن يتخذها أو تأتي عليه أسئلته وفقراته,ويقسم إلى: ـ

١ ـ استبيان مباشر, وهو الذي تكون فيه الأسئلة مباشرة وتهدف الحصول على حقائق واضحة وصريحة.

٢ ـ استبيان غير مباشر, وتكون أسئلته غير مباشرة أي يمكن من خلال الإجابة عليه استنتاج البيانات المطلوبة .

٣ ـ استبيان مقيد أو مقفول, وفي هذا النوع من الاستبيان يتم إعطاء كل سؤال إجابة لها عدة احتمالات يتم الاختيار من بينها.

---

١) د ـ عمر محمد التومي الشيباني , المصدر السابق , ص ٢٥٩ ـ ٢٦٥.

٤ ـ استبيان مفتوح, ويتضمن هذا النوع عدداً من الأسئلة ويترك للتلميذ الحرية الكاملة في اختيار الإجابة التي يراها ملائمة.
٥ ـ استبيان مصور, وهذا النوع من الاستبيان يتم فيه تقديم رسوماً أو صوراً بدلاً من العبارات المكتوبة ليختاروا من بينها الإجابات التي يميلون إليها.
ثالثاً : ـ طبيعة ونوع المعلومات التي يتطلبها ويقسم إلى: ـ
١ ـ استبيان حقائق, وهو الذي يتكون من أسئلة تسعى إلى الحصول على حقائق ظاهرة كالحقائق المتعلقة بالعمر ومستوى التعليم , الديانة , الجنسية, عدد سنوات الرسوب, التحصيل الدراسي للوالدين ... الخ.
٢ ـ استبيان عميق, ويتكون هذا النوع من الاستبيان من أسئلة تتجاوز البحث عن الحقائق المجردة ومظاهر السلوك الخارجية إلى البحث في جوهر مكونات الشخصية , الانفعالات العميقة التي يصعب كشفها عن طريق الأسئلة والدوافع التي تكمن وراء أنواع السلوك والميول والاتجاهات ... الخ.

شروط الاستبيان الجيد : ـ

لكي نستطيع الحصول على المعلومات الصادقة والدقيقة من الاستبيان تمكننا من القيام بعملية تقييم التلميذ بشكل سليم وبموضوعية لابد أن نراعي مجموعة من الشروط والمبادئ وهي التالية: ـ
١ ـ يجب أن يكون الاستبيان قصيراً في وقته ومحتوياته بقدر الإمكان وذلك لكي لا يتعرض للإهمال وعدم الاهتمام من قبل المبحوثين . والاستبيان المثالي هو الذي لا تزيد مدة الإجابة على أسئلته عن ثلاثين دقيقة.
٢ ـ يجب أن يكون الاستبيان متمشياً وأهداف البحث. فتحديد أهداف البحث يجب أن يسبق عملية وضع الاستبيان وصياغة أسئلته ليأتي الاستبيان بعد ذلك مترجماً لأهداف البحث.
٣ ـ يجب أن تكون أسئلة الاستبيان بعيدة عن إحداث الإحراج للمجيب عليها , ولا تثير شكوكه أو مخاوفه منها, بل بالعكس يجب أن

تشعره باحترام الرأي, كما تشعره بأن البيانات والمعلومات التي سوف يصرح بها هي في أيد أمينة ولن يصرح بها لأي فرد آخر ولن تستغل ضده وأفضل وسيلة لذلك هو أن يطلب الباحث من المجيب على الاستبيان بعدم ذكر اسمه.

٤ ـ يجب أن تكون أسئلة الاستبيان واضحة تمام الوضوح في صياغتها ومناسبة من حيث لغتها ومضمونها , وبعيدة عن الغموض والتعقيد, كما يجب أن تكون غير موحية بإجابات معينة بل يجب أن تترك الاختيار للإجابة عليها للشخص المبحوث.

٥ ـ يجب أن تكون أسئلة الاستبيان مشوقة وجذابة ومشجعة على الإجابة الدقيقة والموضوعية عليها, كما يجب أن تكون ميسرة للحصول على إجابات تسهل عملية تحليلها وتصنيفها وتفسيرها.

٦ ـ يجب أن يكون الاستبيان متمشياً مع الإطار المرجعي للمستجيب (من حيث عاداته وتقاليده وقيمه ومبادئه وعلاقاته الاجتماعية), ومع مستوى تفكيره وقدراته ومدركاته وثقافته. لكي يستطيع الحصول على المعلومات والبيانات الصادقة والدقيقة وبعكس ذلك فأنه قد يؤدي إلى عزوف المستجيب عنه أو تكون إجاباته ضربا من الاختيار العشوائي الغير الصادق والغير معبر عن حقيقة مواقف المستجيب.

٧ ـ يجب أن يكون الاستبيان على درجة من العمق وبعيداً عن السطحية بحيث يدفع المستجيب إلى التفكير وعلى الأخذ في الاعتبار أكثر من عامل في إجاباته التي تعكس قراراته في الموضوع الواحد.

٨ ـ كما يجب أن تتوفر في الاستبيان بقدر الإمكان صفة الثبات الذي تجعله يأتي بنفس النتائج عندما نقوم بتطبيقه مرة أخرى على أفراد آخرين تحت نفس الظروف التي تم فيها تطبيقه أول مرة. وصفة الثبات هذه هي التي تجعل الاستبيان يتمتع بصفة الموضوعية وعدم تأثره بالذاتية والأهواء الشخصية.

٩ ـ وأخيراً يجب أن تتوفر في الاستبيان الجيد صفة الصدق أي أن يقيس الاستبيان ما أريد منه قياسه بالفعل وليس شئ أخر بحيث تأتي نتائجه معبرة عن الأهداف التي وضع في سبيلها.

مزايا الاستبيان: ـ

الاستبيان كوسيلة من وسائل جمع المعلومات والبيانات لغرض تقويم التلميذ له العديد من المزايا من أهمها ما يلي [١]:-

١ ـ يعتبر الاستبيان من الوسائل التي يمكن عن طريقها الحصول على بيانات ومعلومات عن عدد كبير من التلاميذ في أقل وقت ممكن.

٢ ـ يمكن عن طريق الاستبيان الحصول على معلومات يصعب الحصول عليها عن طريق الوسائل الأخرى كالمقابلة أو الملاحظة.

٣ ـ تتوفر للاستبيان ظروف للتقنين أكثر مما تتوفر للوسائل الأخرى, وذلك نتيجة التقنين في الألفاظ وترتيب الأسئلة وتسجيل الإجابات , كل هذه الأمور تزيد من قيمة الاستبيان وتعطيه ميزة إضافية على الوسائل الأخرى.

٤ ـ يعطي الاستبيان وقتاً كافياً للتلاميذ للإجابة على أسئلته وهذابخلاف عما لو سئل التلاميذ بصورة مباشرة.

٥ ـ يعتبر الاستبيان من الوسائل الاقتصادية في جمع المعلومات من حيث الجهد والمال.

عيوب الاستبيان : ـ

على الرغم من المزايا السالفة الذكر التي يتمتع بها الاستبيان إلا أنه يعاني كغيره من وسائل جمع المعلومات من مجموعة من العيوب يمكن أن نحددها بالأتي [٢]:-

---

١) جمال زكي والسيد ياسين , أسس البحث الاجتماعي, القاهرة , دار الفكر العربي, ١٩٦٢ , ص ٢٠٦ ـ ٢٠٧

١) جمال زكي والسيد ياسين, المصدر السابق، ص ٢٠٧ ـ ٢٠٨

١ ـ الاستبيان وسيلة تفقد الباحث اتصاله الشخصي- المباشر بأفراد الدراسة مما يحرمه من ملاحظة ردود أفعالهم واستجاباتهم على أسئلة البحث.
٢ ـ تحمل مصطلحات وكلمات أسئلة الاستبيان في بعض الأحيان أكثر من معنى واحد, وهذا يجعلنا أمام مشكلة عدم التأكد من فهم التلميذ للسؤال أو المصطلحات والكلمات الواردة فيه.
٣ ـ لا يمكن استخدام الاستبيان إلا في مجتمع يكون فيه الأفراد يجيدون القراءة والكتابة بشكل جيد, وهذا يعني من الاستحالة تطبيقه في المراحل الدراسية الأولية كرياض الأطفال والصفوف الابتدائية الأولى.
٤ ـ أسئلة الاستبيان تكون محدودة , لأنه لا يمكن توجيه عدد كبير منها خشية عدم الإجابة عليها من قبل المبحوثين.
٥ ـ لا يمكن للباحث التأكد من صدق استجابات التلاميذ من عدمه . فهو يرى على ورقة الاستبيان إجابات لا بد أن يأخذ بها أما أن هذه الإجابات معبرة عن حقيقة اتجاهات الفرد
وتعبر عن رأيه أم لا فهذا لا يمكنه التحقق منه.

٥- دراسة الحالة Gase Stagy: ـ

تقوم دراسة الحالة على تجميع وتنظيم البيانات والمعلومات المتعلقة بالتلميذ و التي يتم الحصول عليها من المصادر والوسائل الأخرى بقصد تفسير طبيعة شخصيته و المشكلة التي يعاني منها للخروج بصورة واضحة عنه,و تساعد في عملية تقييمه بالشكل السليم.

وتعتبر دراسة الحالة في تجميع المعلومات و البيانات وتنظيمها من اكثر الطرق شمولاَ وقرباَ إلى التفكير السليم, كما أنها تتيح اكثر من غيرها من الوسائل الفرصة لشخصية التلميذ لكي تبدو في أدق صورة لها واكثر تميزاَ من غيرها . لذا فأن دراسة الحالة يفترض بها أن تقدم لنا صورة واضحة عن التلميذ في ماضيه وحاضرة على حد سواء.

المعلومات التي تشملها دراسة الحالة : ـ

دراسة الحالة تشمل على مجموعة كبيرة من المعلومات والبيانات غير أن طبيعة هذه المعلومات والبيانات اختلفت باختلاف وجهات النظر حولها من قبل الباحثين , ويمكننا أن نعرض عدداً من وجهات النظر هذه وهي كما يلي: ـ

أولاً : ـ العالم ريفلين يرى أن دراسة الحالة يجب أن تشمل على المعلومات والبيانات الآتية [1]: ـ

١ ـ الشكوى , أي أسباب إحالة التلميذ إلى المرشد التربوي .

٢ ـ التاريخ التطوري للطالب .

٣ ـ المظهر الجسمي .

٤ ـ السمات الشخصية .

٥ ـ الدراسة والتحصيل .

٦ ـ نتائج الفحص الطبي .

٧ ـ البيئة التي يعيش فيها التلميذ , الأسرة والمجتمع المحيط .

ثانياً : ـ والعالم جونز يرى أن دراسة الحالة يجب أن تشمل على البيانات والمعلومات آلاتية [2]: ـ

١ ـ البيانات

أ ـ الأغراض

ب ـ الفحص

- الفحص الطبي
- الصحة العامة
- النواحي الدراسية
- النواحي العقلية

---

١) د . عطية محمود هنا , التوجيه التربوي والمهني , القاهرة , دار النهضة المصرية , ١٩٥٩ , ص ٣٦٤ ـ ٣٦٥

٢) المصدر نفسه , ص ٣٦٣ .

ج ـ الصحة والتطور الصحي للحالة .

د ـ التطور الدراسي .

هـ ـ تاريخ الأسرة .

و ـ التاريخ الاجتماعي للحالة .

٢ ـ التشخيص

٣ ـ العلاج

٤ ـ المتابعة

ثالثاً:ـ أما العالم سترأنك فيرى أن دراسة الحالة يجب أن تشمل على المعلومات والبيانات الآتية [١]:ـ

١ ـ تاريخ الأسرة .

٢ ـ التأريخ التطوري للحالة .

٣ ـ الأسرة والبيئة التي فيها الحالة .

٤ ـ التطور الدراسي .

٥ ـ الخطة التربوية والمهنية للحالة .

٦ ـ نتائج الاختبارات والمقاييس الموضوعية .

٧ ـ التقارير الشخصية أو الذاتية .

الشروط الواجب توفرها في دراسة الحالة:-

من أجل أن تحقق دراسة الحالة النجاح المطلوب وتكون لها قيمة علمية في عملية تقويم التلميذ لا بد أن يتوفر لها مجموعة من الشروط من أهمها ما يلي [٢]:ـ

١ ـ التنظيم والترتيب .

والمقصود به أن دراسة الحالة يجب أن يتوفر لها التنظيم والترتيب والتسلسل والوضوح وذلك لكثرة المعلومات التي تشملها .

---

١)د. عطية محمود هنا , المصدر السابق , ص ٣٦٣

٢) أحمد عبد السلام زهران , المصدر السابق , ص ٣٠٥ .

٢ ـ الدقة : ـ

أي الدقة في البحث والحصول على المعلومات لأنها تجمع من وسائل متعددة كما يجب مراعاة التكامل في هذه المعلومات وشمولها للحالة ككل.

٣ ـ الاعتدال : ـ

ونعني به الاعتدال بين الشرح المفصل والاختصار غير المخل, وتحدد طول دراسة حالة الطالب حسب هدف الدراسة.

٤ ـ الاهتمام بالتسجيل : ـ

يجب الاهتمام بالتسجيل في دراسة الحالة وذلك لكثرة المعلومات التي تشملها وكذلك لتجنب المصطلحات الفنية المعقدة

٥ ـ الاقتصاد : ـ

أفضل قانون ينصح باتباعه هنا هو قانون أو مبدأ اقتصاد الجهد أي اتباع الطرق القصيرة والسهلة لبلوغ الهدف.

هذه أهم الشروط التي نعتقد بضرورة توفرها في دراسة أي حالة من الحالات المتعلقة بالمجال التربوي, وكذلك كوسيلة من وسائل التقويم والحكم على التلاميذ بصورة صحيحة.

مزايا دراسة الحالة : ـ

لدراسة الحالة كوسيلة من وسائل جمع المعلومات لأغراض التقويم التربوي تمتاز بمجموعة من المزايا شأنها في ذلك شأن بقية وسائل جمع المعلومات, ولعل من أهم هذه المزايا ما يلي [١]:ـ

١ ـ تعتبر من الأساليب الشاملة لجمع المعلومات وتعطي صورة واضحة عن شخصية التلميذ.

٢ ـ أنها تتيح للباحث فرصة جمع بيانات مفصلة عن حالات قليلة.

٣ ـ تساعد التلميذ على أن يفهم نفسه بصورة جيدة.

٤ ـ تمكننا من التنبؤ بمستقبل التلميذ.

---

١) صبحي عبد اللطيف , المصدر السابق , ص ٧٢ .

عيوب دراسة الحالة : -

توجد كذلك مجموعة من العيوب تؤخذ على دراسة الحالة من أهمها ما يلي[1] : -

١ - أن عدم تنظيم وتلخيص المعلومات بصورة جيدة ستصبح مجرد حشد من المعلومات تقدم صورة لا تتصل بالواقع , كما أنها قد تصبح عبارة عن مجموعة من الحوادث والتواريخ والبيانات والمعلومات المتناثرة التي لا يربطها رباط ولا تؤدي إلى أي فائدة بل تصبح معرقلة أكثر مما هي مساعدة في عملية التقويم.

٢ - تأخذ دراسة الحالة عادةً وقتاً طويلاً نسبياً بالنسبة لباقي الوسائل الأخرى الأمر الذي قد يؤخر نتائج التقويم عن الظهور في وقتها المناسب.

٦ - الوسائل الإسقاطية Projection.

تعتبر الوسائل الاسقاطية من الوسائل المعتمدة في تقويم التلميذ وهي تهدف إلى قياس شخصيته ككل أو الكشف عنها. والمقصود بالوسائل الاسقاطية هي عملية كشف التلميذ لآرائه ومعتقداته واتجاهاته وجوانب شخصيته عن طريق اختبارات معينة تستخدم كمرآة تعكس هذه الآراء والمعتقدات والاتجاهات دون أن يكون التلميذ مقيداً بالقيود العرفية في سلوكه. والوسائل الاسقاطية المختلفة هي عبارة عن مؤثرات غير محددة يعطيها التلميذ معاني واستجابات من عنده نابعة من داخله وهي بذلك لا تهتم بما إذا كانت استجابات التلميذ صواباً أو خطأً وأنما هي تهتم بطريقة التعبير عن نفسه التي تكشف عن جوانب شخصيته. فالطريقة التي يفسر بها التلميذ المؤثرات المختلفة في الاختبارات وتحديده الأشياء معينة فيها تمكن الأخصائي الخبير من استنتاج الطريقة التي تنتظم بها شخصيته أي يسقط عليها ما في نفسه.

---

١) صبحي عبد اللطيف , المصدر السابق , ص٧٣.

وتتخذ الوسائل الاسقاطية عدة صيغ فهي إما نقط من الحبر أو صور أو كلمات أو قصص أو قطع فنية أو تمثليات قصيرة أو أدوات للعب.

ومن أكثر الوسائل الاسقاطية شيوعاً في مجال التربية اختبار بقع الحبر لرورشاخ, واختبار تفهم الموضوع, وأساليب اللعب التي تستخدم الطين وقطع الخزف والتماثيل والعرائس واللعب الأخرى, واختبار تكميل الجمل وتكميل القصص وتحليل الخط.[1] هذه الوسائل وغيرها تلقى ضوءاً كبيراً على طبيعة شخصية التلميذ إلا أنه ينبغي عدم الاكتفاء باستخدام وسيلة واحدة فقط واعتبار الحكم الذي تصدره حكماً نهائياً وأنما يجب التنوع في استخدام هذه الوسائل, ومن ثم إجراء مقارنات بين الأحكام المختلفة التي تصدرها كل وسيلة من هذه الوسائل.

٧ ـ التقارير الذاتية: ـ

تعتبر التقارير الذاتية من الوسائل البسيطة المستخدمة في عملية التقويم فهي لا تحتاج إلى جهد كبير وتعتمد بالدرجة الأساسية على الفرد في التعبير عن احساساته ومشكلاته واتجاهاته وانفعالاته وتقويم سلوكه الخاص.

وتقوم هذه الطريقة على توجيه مجموعة من الأسئلة إلى التلميذ تتعلق بكيفية تصرفه أو شعوره في المواقف المختلفة, وما هي مقدرته وماذا يحب وماذا يكره, وما هي مخاوفه وما هي مشكلاته , وما هي طموحاته المستقبلية ... الخ.

وعلى الرغم من استخدام هذه الوسيلة استخداماً واسعاً في المؤسسات التعليمية واعتمادها في عملية تقويم التلميذ, إلا أننا نرى فيها شيء من القصور, وهو أن التلميذ عندما يذكر مشكلاته وسلوكه عند كتابة التقرير عن نفسه يكون ذلك عن طريق الألفاظ فقط ولا يتم التعبير عنها عن طريق السلوك, فهو قد يعطي إجابات خاطئة متعمداً,

---

١) د . سعد جلال, المصدر السابق , ص ٧١٤ .

أو يخفي بعض الحقائق وخصوصاً تلك التي قد تسبب لـه نوع من الإحـراج. ومع ذلك فأن هذه العيوب لا تقلل من أهمية التقارير كوسيلة تقويمية, وخصوصاً عنـدما تعجـز وسـائل التقـويم الأخـرى عـلى أن تمـدنا بالمعلومـات اللازمـة للقيـام بعملية تقويم التلميذ بالشكل الصحيح.

هذه أهم الوسائل التي يمكن أن نلجأ إليها لأغراض الحصـول عـلى المعلومـات اللازمة لتقويم التلميذ عن طريق دراسة وضعه دراسـة حكيمـة بظروفـه المختلفـة وتكوين رؤية واضحة تمكننا من إصدار أحكام ذات قيمة وصحيحة عليه. وقد رأينا من خلال ما تقدم أن لكل وسيلة مـن هـذه الوسـائل طرقهـا الخاصـة في الحصـول على المعلومات كما أن لكل منها مميزاتها وعيوبها, والباحـث أو المقـيم هـو الـذي يختار الوسيلة التي يراها تصلح أكثر من غيرها لتقييم التلميذ على أن هذا لا يعني بأي حال أنه لا بـد أن يقتصرـ عـلى وسـيلة واحـدة فقـط في سـبيل الحصـول عـلى المعلومات بل بإمكانه أن يستخدم أكثر من وسـيلة وكلـما تعـددت الوسـائل كلـما كانت المعلومات أكثر دقة وبالتالي أكثر فائدة لعملية التقويم.

وحسب اعتقادنـا أنـه مهـما كانـت الوسـيلة المسـتخدمة في جمـع المعلومـات لأغراض التقويم إذا لم يحسن استخدامها وإذا لم تنظم وتنسق المعلومات التي يتم الحصول عليهـا منهـا بالشـكل الصـحيح كـما يحسـن تفسـيرها وتوظيفهـا للغـرض المطلوب ، فأن الوسيلة وحدها سوف تبقـى عـاجزة عـن تقـديم الرؤيـة المطلوبـة لعملية التقويم لـذلك لا بـد أن يكـون لـدى الباحـث أو المقـيم القـدرة والكفـاءة المطلوبة لاستخدام الوسيلة التي يرى أنها مناسبة أكـثر مـن غيرهـا لعمليـة تقـويم التلميذ.

أساليب تقويم التلميذ :ـ

توجد العديد من الأساليب المعتمدة في تقويم التلميذ لعـل أهمهـا هـي الخمسـة التالية :ـ

أولاَ : ـ التقويم التمهيدي (القبلي)

هذا النوع من التقويم يجرى قبل البدء في عملية التعلم . بحيث يكشـف لنـا عن الخلفية المعرفية للتلميذ , وعليه يمكننا إعادة النظر في

الأهـداف التدريسـية تبعاً لـذلك , كـما يمكننا مـن تقسيم التلاميذ إلى مجموعات متجانسة وفق خلفيتها المعرفية. ويفيدنا هذا الأسلوب مـن التقويم في تحديد مدى استعداد التلاميـذ لبـدء تعلم جديد, وفي تحديد مسـتوى التلاميـذ بوضعهم في مجموعات اكثر تجانس و أخيراً يفيدنا في تحديد نقطة الشروع في بـدء درس جديد.

ثانياً : ـ التقويم البنائي (التركيبي)

وهذا النوع من التقويم يجرى عادة أثناء العملية التعليمية , وهو يتم بشكل دوري ليزودنا بمعلومات حول سيرها و مـدى تطورهـا نحـو تحقيـق أهـدافها فهـو يحدد لنا مواطن القوة ومواطن الضعف فيها , بحيث تؤكد عـلى مـواطن القوة وتحاول معالجة مواطن الضعف, وقد يكون التقويم البنـائي تشخيصياً يهـدف إلى تحديد معوقات تقدم التلميذ دراسياً و تحديد أسباب المشكلات التي يعاني منها و كيفية معالجة هذه المشاكل.

ثالثاً : ـ التقويم التجميعي (الختامي)

يجرى هذا النوع مـن التقويم في نهايـة عمليـة الـتعلم وقد يكون في نهايـة وحدة دراسية أو فصل دراسي أو سنة دراسية مثل درجات التلاميذ في نهايـة العـام الدراسي ويمكن تحديد أهم أغراض أو أهداف التقويم الختامي فيما يلي : ـ

١ ـ معرفة مدى تحقق الأهداف التربوية من عدمه .

٢ ـ الكشف عن الاستعداد للتعلم اللاحق .

٣ ـ تسجيل درجة التلميذ و إعطاءه رتبة تدل على تحصيله الدراسي .

٤ ـ التنبؤ بأداء التلميذ المستقبلي .

٥ ـ منح شهادة التخرج .

٦ ـ التعيين في المكان المناسب .

رابعاً : ـ التقويم المعياري .

يمكن تعريف هذا النوع من التقويم بأنه التقويم الذي يتم فيه إصدار حكـم على أداء الفرد عن طريق مقارنته بأداء أفراد آخرين على نفس المقياس المسـتخدم وتحت نفس الظروف وبهذا فأن درجة الفرد في مقياس ما يتحدد بمقدارها وتفسرـ من خلال مقارنتها بدرجات معيارية

يتم الحصول عليها من استجابات الجماعة التي ينتمي إليها ذلك الفرد . وتفسر معظم اختبارات التحصيل و الاستعدادات و القدرات العقلية و المقاييس الشخصية بهذه الطريقة . ومما يجدر ذكره هنا أن استخدام هذا النوع من التقويم في مدارسنا ولفترة طويلة اصبح له تأثيران سلبيان هما : ـ

١ ـ أعطى هذا النوع من التقويم تأكيداً للرأي القائل بأنه لكي يكون للنجاح معنى فأنه يجب أن يكون هناك مجموعة من الراسيين, وعلى هذا الأساس أكد هذا الأسلوب من التقويم على النجاح والرسوب بغض النظر عن اكتساب التلاميذ للمهارات والمعارف المطلوبة من عدمه.

٢ ـ أدى استخدام هذا الأسلوب إلى الاختلاف بين نظام الكتابة وبين الأداء الفعلي للتلاميذ أي أن الكتابة تعطى على أساس تحصيل التلميذ بالنسبة لزملاءه وليس على أساس تحصيله بالنسبة إلى مستوى مطلق الأداء.

٣- كذلك من الانتقادات الأخرى التي وجهت لهذا النوع من التقويم هو أنه قائم على أساس نظرية التوزيع الطبيعي والاعتدالي للسمات والقدرات الإنسانية فإذا كأن الناس في أي مجتمع يتوزعون توزيعا طبيعيا في سمة أو خاصية يمتلكونها فأن التعليم المدرسي الذي ينبغي أن يكون مقصوراً باتجاه تحقيق أهداف محددة مرغوبة يجب أن يتوزع فيه الأفراد الذين ينهون البرنامج التعليمي بشكل مختلف عن التوزيع الاعتدالي، أي أن يمتلك الأكثرية للجوانب المراد تحقيقها في المتعلمين وإلا ما فائدة البرنامج التعليمي والطرق المستخدمة لإيصال الخبرات التعليمية والجهود المبذولة إذا لم تحقق تغيرا إيجابيا عما هو مألوف في جوانب التعلم.

خامساً:- التقويم المحكي.

يعرف التقويم المحكي على أنه التقويم الذي يسعى إلى تحديد مستوى التلميذ بالنسبة إلى المحك الثابت دون الرجوع إلى أداء فرد أخر أو مجموعة أخرى.

وهذا يعني أننا هنا لا نقارن أداء الفرد بمستوى معين ثابت نحدده مسبقاً. وهذا المستوى يرتبط عادة بالأهداف السلوكية للمقرر التعليمي فمثلاً نستطيع أن نحدد المحكاة التالية التي نريد أن يصل إليها التلميذ كي نعتبره قد تمكن من التعلم بنجاح , فعلى سبيل المثال إجراء عملية الضرب لأي زوج في الأعداد المكونة من رقم واحد, وهذا هدف سلوكي يعبر عن مستوى محدد للإنجاز المرغوب يعد محكاً في التقويم المحكي يتم في ضوءه مقارنة أداء التلميذ, فإذا وصل إلى هذا المستوى يعتبر التلميذ متمكن من التعلم, أما إذا لم يصل لهذا المستوى فأنه يعتبر قد اخفق في التعلم, أي أصبح هدف الاختبار المحكي هو قياس قدرة التلميذ على تحقيق الأهداف السلوكية المحددة للمقرر الدراسي (المحكي) من عدمه.

أن مستوى الإنجاز الذي يحدد في المحكي قد لا يكون دائماً (١٠٠%) وأنما أقل من ذلك, ويمكن للمعلم أن يحدد على سبيل المثال نسبة (٨٠%) من الإجابة على فقرات الاختبار بصورة صحيحة هي بمثابة المحك المقبول . أن تحديد مستوى الإنجاز المحكي المقبول يتم من قبل خبراء المادة التعليمية أو من قبل المعلم المتمكن من مادته. إذ يعتمد المعلم في تحديد المحكي على خبرته مع التلاميذ وطبيعة المادة الدراسية وأهدافها والتقارير السابقة للأداء مضافاً إليها قيم المعلم الذاتية.

ومما يجدر ذكره هنا أن التقويم المحكي مرتبط إلى حد كبير بالتقويم البنائي (السالف الذكر) من حيث الإطار النظري والأهداف, كما أن الأسس التي يعتمد عليها التقويم المحكي توجه المعلم في عمله التعليمي والتقويمي إلى أن جميع التلاميذ أو معظمهم يستطيعون تحقيق الأهداف المحددة ولكنهم يختلفون في الجهود التي تبذل والتي ينبغي أن تبذل مع كل منهم. وأن هذه الأسس وطريقة العمل بهذا النوع من التقويم تجعل التلاميذ يؤمنون بأن خبراتهم غير محدودة وأنهم يستطيعون تحقيق الأهداف إذا بذلوا جهوداً حقيقية لذلك.

رصد وبيان نتائج تقويم التلميذ:-

بعد أن تناولنا تقويم التلميذ من حيث المفهوم و الأسس التي يجب أن تراعى في ذلك , مع أهم الوسائل المستخدمة في الحصول على المعلومات لهذا الغرض , و الأساليب التي يمكن اعتمادها في هذا الإطار يفرض علينا الأمر أن ننهي هذا الموضوع ببيان الطرق التي يجب اللجوء إليها في رصد و بيان نتائج التقويم هذه. وعليه يمكننا القول أن هناك طريقتين يمكن اعتمادهما في هذا الشأن و هما: -

أولاً : السجلات المجمعة: -

من اجل استفادة افضل من البيانات والمعلومات التي نحصل عليها عن طريق وسائل جمع المعلومات لعملية التقويم التي سبق ذكرها يجب علينا القيام بتنظيم هذه البيانات و المعلومات في بطاقات مدرسية شاملة أو سجلات مجمعة أو تراكمية وسميت مجمعة أو تراكمية لأنها تستمر مع التلميذ من مرحلة الحضانة أو الصف الأول الابتدائي و تنتقل معه من صف إلى آخر ومن مرحلة إلى أخرى إلى نهاية المرحلة الثانوية. وتكون هذه السجلات هادياً و مرشداً لمعلم الفصل الجديد أو المدرسة الجديدة, وفي معرفة التطور في نمو التلميذ, وعلى أساسه يستطيع المعلم أن يبني تربيته على أسس سليمة فلا تضيع المجهودات التي بذلت في دراسة التلميذ في سنوات حياته الدراسية الأولى هباء [١].

ويرى د - حامد زهران أن السجل المجمع هو سجل مكتوب ويلخص المعلومات التي جمعت عن الطالب عن طريق كافة الوسائل في شكل تجمع تتبعي أو تراكمي في ترتيب زمني وعلى مدى بضع سنوات قد تغطي تاريخ حياة الطالب الدراسية بكاملها [٢]. ويمكن تلخيص أهم محتويات السجل المجمع بما يلي:-

---

١) كمال زاخر و برلنته أ براهيم, المصدر السابق , ص٢٥٣ .

١) د - حامد عبد السلام زهران , المصدر السابق , ص ٢٢٧ .

١ ـ البيانات الأولية : ـ

ويكتب فيها اسم الطالب, واسم الوالد , وعنوانه وديانته وجنسيته وموطن الأسرة, ويخصص مكان فيها لوضع صورة للطالب وهي تتغير تبعاَ لمراحل النمو التي يمر بها, وتكتب هذه البيانات دورياَ (كل ثلاثة أو أربعة اشهر) أو سنوياَ ولعدة سنوات

٢ـ الصفات الشخصية : ـ

تتمثل الصفات الشخصية التي تكتب في السجل المجمع بمدى قدرة الاعتماد على النفس, ودرجة الإقبال على العمل, الترتيب, علاقات التلميذ بزملائه, الطاعة , حب التملك, حب السيطرة, الخضوع, الأنانية, النظافة, النظام, الالتزام, إلى غيرها من الصفات التي تتأثر بعوامل الوراثة و البيئة و التربية التي يتعرض إليها التلميذ.

٣ ـ نتائج الاختبارات : ـ

المقصود بذلك نتائج اختبارات التحصيل الموضوعية واختبارات الذكاء و الاستعدادات العقلية التي يتم تطبيقها على التلميذ.

٤ ـ النواحي الاجتماعية: ـ

وتشمل المعلومات الاجتماعية على , هل يعيش التلميذ مع والديه, أو مع والدته وحدها أو مع والده وحده أو مع زوج الأم أو زوجة الأب , وهل عدم وجود الأب سببه الطلاق أم الوفاة, وهل يعيش مع الأقارب وما نوع قرابته بهم , وما هو عدد اخوته, وما هي البيئة التي يعيش فيها متحضرة أم متخلفة , وما هو نوع السكن الذي يعيش فيه ومدى توفر وسائل الترفيه أو وسائل المساعدة على المذاكرة فيه وما نوع الطعام الذي يتناوله ...الخ من الأحوال الاجتماعية التي تؤثر بشكل أو بأخر في شخصية التلميذ.

٥ ـ أوجه النشاط الحر: ـ

ونقصد بها النشاطات المختلفة التي يمارسها التلميذ سواء كانت داخل المدرسة أو خارجها كالنشاط الرياضي و الفني والثقافي والاجتماعي التي يمكن أن تكشف لنا عن ما يتمتع به هذا التلميذ من مهارات وقدرات ومن صفات مزاجية وانفعالية تساعدنا في تقويمه بشكل سليم.

٦ ـ مستوى التحصيل العام للتلميذ : ـ

ويشمل درجات التلميذ في المواد الدراسية سواء في الامتحانات التي يضعها المعلمون أم في الاختبارات الموضوعية المقننة وترتيبه بين زملاءه في دراسته وملاحظات المعلمين على أعماله المدرسية سواء كانت لغوية أو علمية أو فنية. وقد وضعت لذلك عدة تقديرات مثل أـ (ممتاز) , ب ـ (جيد جداً), ج ـ (جيد), د ـ (متوسط), هـ ـ (ضعيف), و ـ (ضعيف جداً).

وهذا يمكننا من معرفة مستوى كل تلميذ في مادة دراسية على حده وفي كل المواد حتى يمكن تلافي أسباب التخلف في وقت مبكر و مقارنته بحالته في الأعوام الماضية.

٧ ـ المواظبة : ـ

ونقصد بها مواظبة التلميذ على الدوام و أسباب تغيبه عن المدرسة وهل ترجع إلى سوء الصحة أو عدم ملائمة الدراسة لقدراته أو لنواحي اقتصادية أو أسرية أو مشاكل أخرى يعاني منها التلميذ .

٨ ـ الناحية الصحية : ـ

وتتمثل الناحية الصحية للتلميذ بقوة السمع والنظر وسلامة النطق والعجز الجسمي والأمراض التي أصيب بها والحالة الصحية العامة لما لها من أثر كبير في التركيز والانتباه والاستيعاب والتحصيل لارتباط الحالة العقلية ارتباطاً وثيقاً بالحالة الصحية. أن هذه المعلومات تساعدنا في تقديم العلاج اللازم لكل حالة من هذه الحالات حيث يمكن علاج ضعف النظر باستعمال النظارة الطبية , وعلاج ضعف السمع باستعمال سماعة خاصة ...الخ , وبذلك نذلل العقبات التي تواجه التلميذ في حياته الدراسية بسبب المرض ونجعله أكثر تكيفاً دراسياً.

٩ ـ مشكلات التلميذ: ـ

وهي المشاكل التي تواجه التلميذ في المدرسة كالغش في الاختبارات والسرقة والكذب والانطواء والعزلة والخوف والهروب من المدرسة وعدم التكيف الدراسي والمدرسي وغيرها من المشاكل التي تواجه التلميذ ويكون لها أثراً في سلوكه. ولابد لنا هنا من العناية الفردية بكل مشكلة من هذه المشاكل ولكل تلميذ على انفراد والقيام

بتدوينها في البطاقة بشكل ملخص من حيث ظروف المشكلة وأسبابها والجهود التي بذلتها المدرسة للمساعدة في حلها . كما ينبغي الاستعانة بالمرشدين التربويين والأطباء والعيادات النفسية لتشخيص كل مشكلة من هذه المشاكل على أسس سليمة ومحاولة تقديم العلاج اللازم لها.

ثانياً : ـ أخطار أولياء الأمور (الشهادات)

الطريقة الثانية في رصد وبيان نتائج تقويم التلاميذ هي أخطار أولياء أمورهم بالنتائج التي يحصلون عليها خلال العام الدراسي فمن المعروف أن المدرسة التقليدية تقوم في كل نهاية فصل دراسي بعمل شهادات (أو ما تسمى بالصحائف) تحتوي على خلاصة درجات التلميذ في كل مادة دراسية ولجميع المواد التي يدرسها, هذه الدرجات هي التي حصل عليها التلميذ من تأديته الامتحانات التحريرية الشهرية وقيامه بالنشاطات المطلوبة في المواد الدراسية المختلفة. وترسل هذه الشهادات إلى أولياء الأمور لغرض الاطلاع عليها لمعرفة نتائج أبناءهم في الدراسة ويقوم عادة ولي أمر كل تلميذ بالتوقيع على الشهادة كدليل على اطلاعه عليها وعلمه بما جاء فيها, وإرجاعها مرة ثانية إلى الإدارة المدرسية لاستكمال ملاها حتى نهاية العام الدراسي ويكون تقويم التلميذ هو مجموع الدرجات التي حصل عليها في كل مادة مقسوماً على عدد البنود التي تتكون منها الشهادة. وهكذا بالنسبة لجميع المواد وبذلك تكون النتيجة النهائية للتلميذ ناجحاً أو راسباً بالاعتماد على حصوله على الدرجة المحددة للنجاح من عدمه.

وعلى الرغم من الانتقادات التي توجه إلى هذه الطريقة باعتبارها طريقة غير سليمة في تقويم التلميذ لأن هذه الدرجات تبدو غاية في ذاتها لا وسيلة تدل على تقدم نمو التلميذ , كما أن هذه الدرجات لا تبين لنا ترتيب التلميذ في المادة الدراسية بالنسبة لزملائه , وأن كانت تبينه بالنسبة لمجموعته إضافة إلى ذلك فأن هذه الاخطارات لا تقدم لولي أمر التلميذ صورة واضحة عن جميع النواحي إذ تقصر ذلك على التحصيل الدراسي للتلميذ فقط, وأخيراً فأن هذه الإخطارات لا تقدم للتلميذ أو ولي أمره وسائل العلاج المقترحة في ضوء ما تحويه من بيانات . إلا أننا يمكن القيام بعلاج هذه العيوب لنجعل من هذه الطريقة

أكثر فاعلية في تقويم التلميذ, وتتمثل أهـم هـذه المعالجات بإعـادة تصـميم هذه الاخطارات بحيث تحتوي على بيانات متكاملة عن التلميـذ متضـمنة خلاصـة نتائج الاختبارات وما سجله المعلـم مـن ملاحظـات في المواقـف المختلفـة وفحصـه لكراسـات التلميـذ ونشـاطه الابتكـاري داخـل الفصـل الـدراسي وخارجـه وميولـه واتجاهاته هذا إلى جانب تحصيله في المواد المختلفة على أن تكـون هـذه البيانـات في صورة عبارات مفهومة أكثر من أن تكون مجرد أرقـام لـيس لهـا دلالـة وتعطـي تفصيلات عن التلميذ في كل ناحية من هذه النواحي . كما يجـب أن تكـون هـذه الاخطارات مصحوبة بوسائل العلاج وما يجب أن يتخـذه ولي الأمـر مـن إجـراءات لتحسين وضع ابنه الدراسي. مثـل هـذه الإجـراءات هـي التـي تسـاهم في تقـديم صورة واضحة عن تقويم التلميذ وتمكن المدرسة بالتالي من تأدية واجبهـا بالشـكل الكامل بالتعاون بينها وبين المنزل .[1]

ثانياً : ـ تقويم المعلم : ـ

يعتبر تقويم المعلم من ميادين التقويم التربوي الهامة وذلـك لمـا للمعلـم مـن أثر كبير في تلاميذه وما يمكنه أن يحدثه فيهم من تغيير وتطور يمتد إلى جميـع نـوا حيهم الجسمية والعقليـة والاجتماعيـة والعاطفيـة والروحيـة. فـالمعلم هـو الـذي يكون على اتصال يومي بالتلاميـذ وبالتـالي فهـو اقـدر عـلى ملاحظـتهم عـن كثـب ولديه الفرصة الكافية لدراسة سلوكهم وكيف يتغيرون من يوم لأخر تبعاً لاخـتلاف المواقف , وعليه يقع العبء الأكبر في تـوجيههم وارشـادهم نحـو الطريـق السـليم لتحقيق الأهداف التربوية المرسومة في نظم التعليم للمراحل الدراسية المختلفة.

الأسس العامة لتقويم المعلم .

كـما قلنـا أن المعلـم يعتـبر مـن أهـم القـوى المـؤثرة في العمليـة التربويـة لأن وظيفته الأساسـية تـتجلى في قيامـه بتربيـة التلاميـذ في المؤسسـات التعليميـة عـلى اختلاف مستوياتها ومراحلها الدراسية وتعليمهم كل ما

---

١) كمال زاخر لطيف وبرلنته إبراهيم , المصدر السابق , ص ٢٥٥ ـ ٢٥٦ .

تشمل عليه العملية التربوية مـن فلسفات ومعـان وأهداف, والمفروض أن يصل المعلم بالتلاميذ تبعاً لـذلك إلى مسـتويات معينـة في كـل مرحلـة دراسيـة بمـا يحقق الأهداف العامة

للتربية. ولكي تتحقق السلطات التعليميـة مـن وصـول التلاميـذ إلى هـذه المستويات تلجأ إلى بعض الوسائل التي تساعدها في تحقيق أغراضها هـذه مـن بينها القيام بعملية تقويم عمل ونشاط المعلم بقصد الحكم على مـدى نجاحـه في تأدية رسالته في تربية وتعليم التلاميذ وعليه فأن تقويم عمـل المعلم لـه العديـد من الأغراض من أهمها ما يلي (١) : ـ

١ ـ تبصير المعلم بذاته و إمكانياتـه وبيـان نـواحي تفوقـه وضعفه في أداء مهامـه وذلك لغرض إنماء المحاسن ومحاولة تلافي النواقص .

٢- الوصول إلى أساس سليم وعادل يمكن الرجوع إليه عند النظر في ترقيته أو نقلـه إلى عمل أخر يتناسب مع قدراته وصلاحياته (كالأشراف التربوي).

٣- توجية وارشاد المعلم نحو استخدام أفضل الطرق والوسائل في عملـه التدريسيـ ولكي نظمن تقويماً صالحاً للمعلم ونشاطه يفـرض علينا الأمـر وجوب مراعـاة ما يلي: ـ

أ ـ أن يكون الهدف الحقيقي من التقويم هو الإصلاح وليس التشخيص فقط .

ب ـ أن يمتد التقويم إلى جميع جوانب عمل المعلم ونشاطه أي أن يمتد إلى المـادة الدراسية و إلى نشاطه داخل الفصل الدراسي و إلى علاقاته مع تلاميـذه و زملائـه و الإدارة و إلى كافة أوجه نشاطاته الأخرى في محيط المؤسسة التعليمية.

ج ـ أن يشترك في تقويم المعلم كل من لـه علاقـة بالعمليـة التربويـة أي أن يشـترك فيه التلميذ و المدير و المشرف التربوي و المعلم نفسه و أوليـاء أمـور التلاميـذ لأن بدون هذا الاشتراك يبقي تقويم المعلم

---

١) غانم سعيد العبيدي و حنان عيسى الجيوري،التقويم والقياس في التربية و التعليم, بغداد, مطبعة شفيق, ١٩٧٠, ص ٣٤٩

ناقصاً و دون المستوى المطلوب و لا يمكن أن يعطي صورة صادقة عن حقيقة نشاط المعلم .

أما ما هي النواحي التي نضعها في الاعتبار عند القيام بعملية تقويم المعلم ؟

.

فأننا نقول أن المعلم يتم تقويمه في ضوء اعتبارات كثير متفق عليها من قبل معظم المهتمين بعملية التقويم من أهمها ما يلي [١]:ـ

أولاَ : ـ تحديد النواحي و الصفات التي يجب أن نأخذها في الاعتبار عند تقويم المعلم حتى نبتعد عن التأثير الذاتي بحيث نصل إلى أحكام موضوعية مجردة . ويمكننا إجمال أهم هذه الصفات التي تؤهل المعلم للنجاح و التفوق في مهنته بما يلي : ـ

١ ـ صفات إيمانية و خلقية.

لشدة تأثير المعلم في نفوس تلاميذه , فأنه يحتاج إلى أن يتحلى بصفات إيمانية وخلقية تساعده في غرس الأخلاق الفاضلة الكريمة في نفوسهم , كما تساعده في حسن أداء عمله على أكمل وجه. هذه الصفات الإيمانية و الخلقية المطلوبة التحلي بها من قبل المعلم العربي المسلم هي الإيمان الصادق القوي بالله سبحانه وتعالى وملائكته ورسوله واليوم الآخرة وبقضاء الله وقدره, وبما يتضمنه الدين الإسلامي من مبادئ وقيم وقواعد دينية وخلقية والإلمام بفهم ووعي كاملين بالقدر الضروري من المعارف و المعلومات و التعاليم والقيم الدينية و الخلقية لأن المعلم المؤمن بربه المتحلي بالأخلاق النبيلة الفاضلة من شأنه أن يكون اكثر إخلاصا و أمانة في أداء عمله.

٢ ـ صفات عقلية ومعرفية.

المعلمون جميعاً يجب أن يتميزوا بصفات عقلية ومعرفية تؤهلهم لأداء عملهم بأفضل صورة ممكنة . ومن هذه الصفات الذكاء ,

---

١) غانم سعيد العبيدي و حنان الجيوري , المصدر السابق , ص ٣٤٩ـ ٣٥٢

السرعة البديهية في الإجابة على أسئلة واستفسارات التلاميذ, وفي القيام بالنشاطات المطلوبة للمادة الدراسية التي يقومون بتدريسها, والاتصاف بروح الخلق والإبداع والقدرة على الابتكار, مع سداد الرأي والحكمة في التصرف والتأني في الحكم ودقة الملاحظة وموضوعية الحكم والقدرة على التعايش مع المستجدات والقدرة على التفكير العلمي وغيرها من الصفات ذات الطبيعة العقلية والمعرفية.

٣ ـ صفات انفعالية ووجدانية : ـ

من الصفات والسمات الانفعالية والوجدانية والمزاجية المرغوب توفرها عند المعلم والتي أكدتها الكثير من الدراسات التربوية هي الشخصية الجذابة القوية المؤثرة في الآخرين وخصوصاً في تلاميذه, والنضج الانفعالي والاجتماعي وأن يكون المعلم طبيعياً في سلوكه مع التلاميذ ومع زملائه من المعلمين والإدارة وغير متكلف سواء في الصف أو خارجه , والقدرة على الضبط والتحكم الداخلي في انفعالاته والاستقرار النفسي والعاطفي مع الآخرين ومع الظروف المحيطة به والثقة بالنفس والنظرة المتفائلة إلى الحياة وإلى المستقبل.

٤ ـ صفات جسمية وبدنية .

وتتضمن هذه الصفات قوة الجسم وسلامته من الأمراض المعدية وخلوه من العاهات والعيوب وسلامة الحواس والقدرة على التعبير اللفظي بوضوح وسلاسة مع سلامة أجهزة جسمه الداخلية المختلفة وتوافقها واتزانها في أداء وظائفها ولياقة جسمه وحسن قوامه وقوة عضلاته والقدرة على بذل الجهد العضلي والجسمي الذي يتطلبه عمله التعليمي ونشاطه في مجال التدريس , وأن يكون فياض النشاط داخل المدرسة وخارجها مع اتصافه بحسن المظهر والاعتناء بملابسه وحاجاته.

٥ ـ صفات مهنية.

ومن الصفات التي يجب أن يتحلى بها المعلم وتساعده على النجاح في عمله التدريسي ما تسمى بمجموعة الصفات المهنية وهي تتضمن ضرورة إلمام المعلم بمادته الدراسية وبطرق تدريسها للتلاميذ بحيث يستطيع أن يراعي الفروق الفردية فيما بينهم , مع قدرته على استخدام

الوسائل التعليمية المناسبة لإيصال المادة العلمية إلى التلاميذ, وقدرته على الاستزادة المستمرة لمعلوماته ومعارفه , وكذلك استعداده وميله وإخلاصه لمهنة التعليم والإيمان بأهميتها في تنمية وتطوير المجتمع والعمل على رفع شأنها , ورغبته الصادقة والأكيدة في الاستمرار بعمله واستعداده لتحمل متاعب هذه المهنة والوفاء بمتطلباتها ومسؤولياتها والتزاماتها على خير وجه.

٦ ـ صفات اجتماعية .

وانطلاقا من أن العملية التربوية عملية فردية واجتماعية في أن واحد لابد للمعلم لكي ينجح في عمله التعليمي من مجموعة أخرى من الصفات يمكن أن نسميها بالصفات الاجتماعية لارتباط الجانب الاجتماعي بالعمل التربوي والتعليمي, ومن هذه الصفات علاقته بزملائه وبالإدارة وبتلامذته وأولياء أمورهم, والمشاركة في حل مشاكل أبناءهم وسمعته الاجتماعية ومكانته في الإطار الاجتماعي المدرسي العام من حيث اتصافه بروح الخدمة الاجتماعية والتضحية والتعاون والاستعداد للمشاركة في النشاط الرياضي والاجتماعي في المدرسة وخارجها.

ثانياً: ـ أمور أخرى خارجة عن شخصية المعلم ذاته.

نقصد بالأمور الأخرى الخارجة عن شخصية المعلم هي الظروف التي تكون خارجة عن إرادته وقدرته وسيطرته وهي تتمثل بالمدرسة من حيث إمكانياتها وظروفها وخصوصاً موقع المدرسة ومدى توفر الأنشطة المدرسية فيها من حيث وجود مسرح أو نادي أو حديقة أو ساحة للألعاب الرياضية المختلفة, كما تتمثل بإمكانيات التلاميذ واستعداداتهم وقدرتهم وميولهم ورغباتهم أي بحاجاتهم النفسية فقد يحصل أن يكون هناك معلم كفوء ولكن طلابه ليس لديهم الرغبة أو الميل أو الاستعداد اللازم نحو الدراسة أو التخصص الذي يتواجدون فيه مما يسبب هذا الأمر في عدم قدرة هذا المعلم على تحقيق ما كأن متوقع منه في حين أنه بالمقابل يوجد معلم غير كفء ولكن طلابه لديهم القدرات والاستعدادات الجيدة مما يمكنهم من تحقيق نتائج جيدة

لأن الأساس في عملية التعليم هـو التلميـذ ونشاطه ومتابعتـه لأن المعلـم لا يعطي التلميذ خبراته ومعلوماته بل يوجهه فقط نحو كيفية الحصول عليها. هذا بالإضافة إلى طبيعة المنهاج الدراسي ومدى تلبيته لطموحات المعلم و التلميذ معاً ومدى توافر الوسائل التعليمية المساعدة في إيصال المعلومـات إلى التلاميـذ فكلـما كانت توجد وسائل تعليمية جيدة مكن ذلك المعلم مـن إيصال مادتـه بوضوح وسهولة إلى طلابه.

كما وأن طبيعة البيئة التي تتواجد فيها المدرسة لها هي الأخـرى أثرهـا البـالغ على أداء المعلم من حيث وجودها في بيئة مثقفة أم متخلفـة . هـذه أهـم الأمـور التي يجب أن تؤخذ بنظر الاعتبار عند قيامنا بعملية تقويم المعلم لكي يكون هـذا التقويم سليماً وموضوعياً . بالإضافة إلى ما تقدم توجد مجموعـة أمـور أخـرى لهـا علاقة بعملية تقويم المعلم نذكرها على سبيل الإيضاح وهي : ـ

ـ مدى حرصه على البقاء في المدرسة لأطول فترة ممكنة.

ـ مدى تقبله للنقد و الاستفادة منه و التمسك برأيه أمام أراء الآخرين .

ـ مدى استجابته لما يطلب منه من أعمال إضافية .

ـ مدى قدرته على التنظيم و الإدارة.

ـ مدى استطاعته على الخلق و الابتكار و التجديد .

ـ مدى استعداده للاستفادة من خبرة زملاءه و الاستعانة بهم .

ـ مدى حرصه على دراسة المناهج الدراسية المقررة و نقدها والمساهمة في تعديلها بما يناسب بيئة المدرسة.

ـ مدى محافظته على اللوائح و القوانين المدرسية والجو المدرسي العام.

ـ مدى اشتراكه في الهوايات والجمعيات العلمية و الأندية الرياضية.

وسائل تقويم المعلم

تقويم المعلم كـما تقدم وذكرنا هـو عمـل مشـترك بـين كـل مـن لـه علاقـة بالعملية التربوية كما هو الحال في تقويم التلميذ , وعليه فأن وسائل تقويمه يمكن أن تتمثل بما يلي: ـ

١ ـ أراء المشرفين التربويين .

يعتبر المشرف التربوي (أو ما يسمى بالمفتش) الوسيلة الأولى والأساسية في تقويم المعلم ذلك أن عمله الأساسي هو القيام بهذه المهمة . ويتمثل عمل المشرف بقيامه بإجراء زيارات متكررة للمعلم أثناء قيام الأخير بالتدريس في الفصل الدراسي وملاحظته بصورة مباشرة لما يقوم به من جهود وما يستخدمه من طرق ووسائل مساعدة لإيصال مادة الدرس إلى التلاميذ وقدرته على التأثير فيهم ومقدار معلوماته واطلاعه ونشاطه المتصل بالدرس ... الخ. وبعد هذه الملاحظة يعد تقريره التقويمي عن المعلم , ومن المفروض أن تكون هذه الوسيلة اكثر الوسائل فاعلية في تقويم المعلم غير أن ما يؤخذ عليها هو أن كثير من المشرفين لا يقومون إلا بزيارة واحدة خاطفة أو أكثر خلال العام الدراسي بأكمله الأمر الذي يجعل من تقييمهم قاصراً عن بلوغ الأهداف المرجوة من وراءه لافتقاده صفة الاستمرارية في ملاحظة نشاط المعلم. كما أن التقويم في هذه الوسيلة يكون عادةً ارتجالياً ومرتبك لعدم قيامه على أسس موحدة واضحة متفق عليها بين المعلم والمشرف التربوي , كما أنه تقويم غير تعاوني ومفروض على المعلم لعدم اشتراكه فيه واخيراً أن التقويم في هذه الوسيلة محدد الجوانب ويجري أغلبه ضمن فعاليات المعلم الصفية . (١) وعلى الرغم من ذلك فأن هذه العيوب يمكن إصلاحها لإعطاء المشرف التربوي فاعلية أكبر من خلال وضع مجموعة من المبادئ والأسس يهتدي بها المشرف التربوي في عملية تقييمه للمعلم بالشكل السليم سوف نتطرق لها في الفقرة القادمة .

---

١) حكمت عبد الله البزاز , تقييم التفتيش الابتدائي في العراق , بغداد , مطبعة الإرشاد, ١٩٧٠, ص ٢٨١ – ٢٨٢ .

٢- آراء مد راء المدارس .

تبنى آراء مد راء المدارس في عملية تقييم المعلم على الملاحظة المباشرة لنشاط المعلم داخل الفصل الدراسي وخارجه وفي نواحي النشاط المدرسي المختلفة ومدى استعداده للتعاون مع إدارته وزملاءه وتلاميذه والمجتمع الخارجي في تنفيذ المهام المطلوبة منه ومدى تقبله للتوجيه وللنهوض بمستوى أداءه.

وهذه الوسيلة هي الأخرى تعاني من مشاكل وذلك بسبب عدم وجود طريقة متفق عليها بشكل كامل لعملية التقييم هذه وذلك لتداخل عدة عوامل مما يؤثر سلباً أو إيجاباً في نتائجها, كما يوجد عدم اتفاق كامل حول ما هو التدريس الجيد لأن لكل مدرس طريقته وأسلوبه في التدريس فقد يختلف اثنين من المقيمين حول مدرس واحد في نفس الفصل الدراسي , كما أن بعض مد راء المدارس تنقصهم القدرة والكفاءة اللازمة لتحليل التدريس الجيد وقد يتأثرون بما يحبون أو يكرهون الأمور.(١)

ولكي يكون تقييم المشرف التربوي أو مدير المدرسة للمعلم صادقاً وموضوعياً نري أنه يجب أخذ بالمبادئ الآتية (٢):-

- يجب أن يكون التقويم عملية تعاونية بين المشرف أو المدير والمعلم.
- المعلم يجب أن يقيم بعدالة وبدون تحيز.
- المعلم يجب أن يعرف ما هو المطلوب منه في تأدية عمله. - ويجب أن يكون عارفاً بوسيلة التقويم وطريقتها وأن يكون لديه نسخة من هذه النماذج .
- يجب أن يعرف المعلم بالتحديد نقاط الضعف أن وجدت أو عدم الرضى عن بعض نشاطاته ويعطي الفرصة اللازمة لإصلاحها.

---

١) د ـ عبد المؤمن فرج الفقي , الإدارة المدرسية المعاصرة, بنغازي, منشورات جامعة قار يونس, ط١, ١٩٩٤ , ص ٤١٢

٢) المصدر نفسه , ص٤١١

- التقويم يجب أن يكون موضوعياً أي بعيداً بأكبر قدر ممكن عن الذاتية .

- التقويم يجب أن يكون مستمراً مع العملية التعليمية.

- لا يجب مقارنة معلم بآخر في عملية التقويم.

- يجب أن يكون الهدف الأساسي من وراء عملية التقويم هو مصلحة التلاميذ.

- التقويم يجب أن لا يكون غاية في حد ذاته بل الغاية يجب أن نكون تحسين عملية التعليم والتعلم.

- مدير المدرسة أو المشرف التربوي يجب أن يعرف ماذا يقيم, كما يجب أن يكون ملماً بطرق التدريس الفعالة حتى يكون لديه خبرة وقدرة على القيام بعملية التقييم بالشكل الصحيح.

نماذج لتقويم المعلم :-

حتى تتغلب النظم التعليمية المختلفة على مشاكل هاتين الوسيلتين في عملية تقييم المعلم فقد أعدت نماذج مطبوعة من قبل رجال التربية و التعليم للاستعانة بها من قبل مدراء المدارس و المشرفين التربويين في هذا الشأن. على أن هذه النماذج ليست واحدة تصلح لاستعمالها من قبل جميع مدراء المدارس و المشرفين التربويين و أنما يوجد فيها نوع من الاختلاف وذلك لاختلاف النظم الدراسية من مجتمع إلى أخر كما أن لكل مرحلة دراسية متطلبات تختلف عن المراحل الأخرى الأمر الذي جعل من الصعب تطبيق نموذج موحد على جميع المراحل ولكن مع ذلك يمكننا القول أن جميع النماذج بشكل عام تركز على نشاط المعلم في المجالات الآتية [١] : ـ

أ ـ معرفته بالمادة العلمية .

ب ـ تنظيمه للفصل الدراسي وضبطه للسلوك و النظام فيه .

ج ـ طريقته في التعليم ومهاراته التدريسية .

د ـ عاداته في العمل و الاستقلالية ونشاطه مع التلاميذ .

---

١) د ـ عبد المؤمن فرج الفقي, المصدر السابق, ص٤١٣

٥ ـ عناصر شخصيته , وتشمل الصفات الجسمية , الاتزان الانفعالي , التوافق الاجتماعي , العلاقات المهنية, التعاون ,القدرة على الحكم , العادات و الخلق , أي صفات أخرى .

و ـ إعداده ويشمل اتجاهاته المهنية , مهاراته الفنية , استمراره في النمو , المكافأة المدرسية في المادة , استخدامه للغة , المسؤولية الاجتماعية , اعتماده على الغير , الأهداف و المثل العليا .

وفيما يلي نموذجين يستعان بهما كل من المرشد التربوي ومدير المدرسة في تقييم نشاط المعلم .

نموذج لتقييم معلم بالجماهيرية العربية الليبية

الشعبية الاشتراكية العظمى(●)

أسم المعلم	أسم المدرسة
وطني/ معار/ عقد	الدورة : صباحية / مسائية
الجنسية	تاريخ الزيارة
تاريخ التعيين	عدد الزيارات السابقة
المؤهل وتاريخه	مادة الدرس
مدرس فصل	موضوع الدرس
عدد الحصص الأسبوعية	عدد التلاميذ الفصل

أولاً : - السلوك والشخصية .

١ - المظهر والأثر في نظام الفصل والتلاميذ

٢ - الأثر في الجو المدرسي

٣ - التعاون مع الموجه وتنفيذ التوجيهات

٤ - المواقف اتجاه المشكلات المدرسية

ثانياً : الكفاءة في التدريس

١ - إعداد التلاميذ

٢ - استعمال وسائل الإيضاح

*)المصدر , أمانة اللجنة الشعبية للتعليم , بنغازي , الجماهيرية العربية الليبية الاشتراكية العظمى

٣ – المناقشة والتطبيق

٤ – نتائج الدرس

٥ – الكفاءة في المادة

ثالثاً : الإنتاج وتنفيذ المنهج

١ – السير مع المنهج

٢ – الأعمال التحريرية

٣ – مستوى التلاميذ

٤ – العناية بتقويم أعمال التلاميذ ورصد الدرجات

رابعاً : الرأي متوسط التقديرات

خامساً : توجيهات جديدة

نموذج لتقييم أداء مدرس في الولايات المتحدة الأمريكية(●)

المدة من // إلى //

الاسم المدرسة

الفرقة والفصل الدراسي :

عوامل الأداء:-

١	٢	٣	٤	٥

١ – المهارات

١ –الدقة

٢ – الضبط

٣ – التكامل

٤- الكمية

●) المصدر :-

Emary Stops ,Russelle.Johnson,Elementary School
Administration,Newyork:Me Graw.Hill Book,Compony ١٩٦٧.P.٢٩٢.

٢ - المعرفة
١ - الطرق , المواد , الأدوات
٢ - أساسيات المادة

١	٢	٣	٤	٥

٣ - عادات العمل
١ - التنظيم
٢ - العناية بالأدوات
٣ - السلامة
٤ - المنطق والاستقلالية
٥ - المظهر والملبس
٦ - استعمال المواد والوسائل
٧ - المقدرة على اتباع التعليمات

١	٢	٣	٤	٥

٤ - العلاقات مع الناس
١ - علاقاته مع زملاءه
٢ - علاقاته مع العامة

١	٢	٣	٤	٥

٥- - القدرة على التعلم
١ - السرعة والإتقان
٢ - اليقظة
٣ - المثابرة

١	٢	٣	٤	٥

٦ - الاتجاهات

١	٢	٣	٤	٥

١ - الميل إلى العمل
٢ - الرضى للامتثال
٣ - قبول الاقتراحات
٤ - القدرة على التلاؤم
٥ - إساءة استعمال الميزان

٧ - الباقة الشخصية

١	٢	٣	٤	٥

١ - الكرامة
٢ - الاستقرار الوجداني
٣ - الحالة البدنية
٤ - المظهر والعادات
٥ - ردود فعله للحالات الطارئة

الترتيب العام : -

١ - المدرس ممتاز وعمله حسن وكفاءته تفوق متوسط المدرس المتمرن

٢ - المدرس عمله مرضي وكفاءته أحسن من متوسط المدرس المتمرن

٣ - المدرس عمله على مستوى كفاءته كما تتوقع من المدرس المتمرن

٤ - المدرس عمله مقبول ويحتاج إلى تدريب وجهد لرفع كفاءته إلى المستوى المطلوب

٥ - المعلم عمله غير مقبول

توقيع المقيم:-

ملاحظة المدرس:

لقد استلمت هذا التقرير وبالتوقيع عليه ليس بالضرورة موافقتي على ما جاء به من الدرجات التقييمية وأرغب في مناقشة هذا التقرير مع المسؤول عن المراجعة : نعم ______ - لا - ____________

توقيع المدرس توقيع مسؤول المراجعة

٣ - نتائج الامتحانات

تعتبر نتائج الامتحانات سواء بالنسبة للصفوف المنتهية أو غير المنتهية في كثير من المدارس هي الوسيلة للحكم على عمل المعلمين من خلال الدرجات التي يحصل عليها تلامذتهم في اختبارات التحصيل, فإذا حصل تلاميذ أحد المعلمين على درجات جيدة في هذه الاختبارات اعتبر ذلك دليلاً على حسن أداء هذا المعلم والعكس صحيح إذا حصل التلاميذ على أقل من متوسط الدرجات التي وضعها القائمون على العملية التعليمية أعتبر المعلم مقصراً في عمله . وبالنظر إلى هذه الوسيلة نرى أنها هي الأخرى تعاني من النقص فكما قلنا سابقاً إذا كأن تلاميذ أحد المعلمين أذكياء ومجدين فأنهم سوف يتعلمون ويحصلون على درجات عالية مهما كأن المعلم مقصراً لأن الأساس في العملية التعليمية هو التلميذ وليس المعلم أما إذا كأن تلامذته دون المستوى المطلوب وذكاءهم أقل من المتوسط فأنهم بلا شك سوف يحققون نتائج ضعيفة مهما كأن مستوى المعلم جيداً . وعلى أساس ما تقدم فأن هذه الوسيلة تبقى وحدها عاجزة عن إعطاء التقييم الموضوعي السليم لعمل المعلم لأنها سوف لا تكون أكثر من وسيلة يستخدمها المعلمون في تكوين أراءهم وأحكامهم عن التلاميذ وتوجيه نشاطهم توجيهاً صالحاً

وإذا كأن لا بد من استخدامها فيكون ذلك من خلال اعتمادها مع مجموعة وسائل أخرى لإعطاء صورة واضحة موضوعية عن أداء المعلم .

٤ - أراء المعلمين السابقين في المعلم .

من المعروف أن المعلمين السابقين الذين كانوا قد مضوا سنوات طويلة في التعليم تكونت لديهم خبرات هي حصيلة خدمتهم في هذا المجال تمكنهم هذه الخبرات من إعطاء رأي لا بأس به في المعلمين الذين يأتون حديثاً إلى هذه المهنة، من حيث تعاونهم وحسن علاقاتهم مع زملاءهم من المعلمين والتلاميذ ومدى إسهامهم في الحياة المدرسية، ومدى إلمام المعلم بمادته وإعداده لدروسه وطريقته في التدريس واستخدامه للوسائل المساعدة لإيضاح المادة للتلاميذ، ومدى استجابتهم له وتفاعلهم معه وما هي المشكلات التي يصادفها وكيف يقوم بحلها إلى غيرها من الجوانب ذات العلاقة بعملية التقويم. ومن المعروف أن نظام المعلمين السابقين يعمل به في كثير من الأنظمة التعليمية في كثير من دول العالم.

٥ - رأي المعلم في نفسه .

وهو ما يسمى بالتقويم الذاتي ويتم عن طريق استفتاءات تعطي للمعلم على شكل أسئلة يجيب عليها بنفسه. وتتضمن هذه الأسئلة عادة بعض الصفات المرتبطة بمهمة المعلم أو اختبارات تكشف عن نواحي شخصيته وصفاته المزاجية والعلمية والخلقية والاجتماعية مثل: -

- إلى أي مدى تستطيع التعرف على مشكلات التلميذ؟
- إلى أي مدى يسبب لك حفظ النظام في داخل الفصل متاعب؟
- إلى أي مدى تشعر بأن لدى تلاميذك القدرة على التحسن باستمرار؟
- إلى أي مدى يقوم التلاميذ بدور إيجابي في المناقشة وتوجيه الأسئلة ؟
- إلى أي مدى تعامل تلاميذك كلهم معاملة واحدة؟
- إلى أي مدى ترى أنك راضي عن مهنتك؟
- إلى أي مدى توفر لك المدرسة الوسائل التعليمية؟

- إلى أي مدى يتعاون معك زملاءك المعلين فيما يتصل بمشكلات التلاميذ؟

هذه الأسئلة وغيرها يمكن عن طريق تحليلها تعطينا صورة واضحة عن المعلم ونشاطه على الرغم من ذلك فأن تقويم المعلم لنفسه ليس بالعملية السهلة أبداً ذلك أن كثير من المعلمين يكونون راضيين عن أعمالهم قانعين بمستوى أدائهم وبالتالي فأنهم يكونون غير طامحين في تحسين مستواهم وبالتالي فأن أجابتهم عن مثل هذه الأسئلة لن تكون بتلك الموضوعية التي نرجوها.

غير أننا يمكن التغلب علي ذلك إذا وضع من يقوم بعملية التقويم هذه نصب عينيه أن الغرض الحقيقي من وراء هذه العملية هي مساعدة المعلمين علي تنمية قدراتهم وإمكانياتهم وليس للتشهير أو للتقليل من قدراتهم وإمكانياتهم ولا يمكن أن يتم ذلك إلا من خلال إشاعة جو من الألفة والود والصراحة والاطمئنان حتى يكشف المعلم عن حقيقة نفسه ولا يتوقع أن يلحق به الضرر سواء كأن مادي أو معنوي نتيجة لإفصاحه عن مواطن النقص أو المساوئ في عمله المدرسي وهذا الإفصاح من شأنه أن يبصر المعلم بمواطن ضعفه وقوته ليسعى بعد ذلك إلى تحسين نفسه بنفسه مما يمكنه من أن ينمو في مهنته وأن يتجدد في عمله ويكون أكثر نجاحاً فيه .

٦- رأي التلاميذ في المعلم .

يعتبر رأي التلاميذ في معلمهم من أكثر الوسائل فاعلية في تقييم أداءه ونشاطه ذلك أن التلاميذ هم أكثر من غيرهم من عناصر العملية التربوية احتكاكاً بالمعلم وبالتالي هم أكثر معرفة بقدراته ومعلوماته ومعارفه وبحالته المزاجية وبمظهره الخارجي وغيرها من جوانب شخصيته. ويمكننا أخذ رأي التلاميذ في معلمهم من خلال مجموعة من الأسئلة مثل أي المعلمون تحبون أكثر ولماذا ؟ وأيهم تحبون أقل ؟ ولماذا ؟ وأي المعلمين أكثر جدية من سواه ؟ ...إلى غيرها من الأسئلة التي يمكن من خلال الإجابة عليها أن نتبين نقاط الضعف والقوة في المعلم كما عبرت عنها أراء تلاميذه على أن ما يؤخذ على هذه الطريقة في تقييم المعلم هو أننا لا يمكن الاعتماد عليها وحدها في هذه العملية

وذلك لأن أراء التلاميذ وحدهم تكون غير كافية لقصور إمكانياتهم العقلية عن الإدراك الحقيقي للكثير من الأمور فما يعتقده التلاميذ صحيحاً في بعض الجوانب قد لا يكون هو كذلك بالنسبة لمن هم أكثر عمراً وخبرة منهم. ومع كل ما تقدم توصل المربي Witty. Paula كنتيجة لتحليله (٤٧٠٠) رسالة للتلاميذ عن آرائهم في أكثر المعلمين فائدة لهم أن الصفات الآتية هي صفات المعلم الممتاز[١] :-

- أن يكون المعلم متعاوناً مع زملائه من المعلمين والإدارة والتلاميذ وأولياء الأمور والمحيط الاجتماعي وكل من له علاقة بالعملية التربوية .
- أن يكون اتجاهه ديمقراطياً أي بعيداً عن الاستبداد سواء في الرأي أو في العمل.
- الشفقة على التلاميذ وعدم القسوة عليهم وأن يجريهم ويعاملهم بلطف ومودة .
- البصيرة النافذة التي تجعل منه عارفاً بالأمور والأحوال والتطورات الحاصلة في العالم في جميع الجوانب .
- الميول المتنوعة ونقصد بها الميل إلى العمل في مهنة التعليم والميل إلى المادة التي يقوم بتدريسها والميل إلى مزاولة النشاط الذي يتصل بالمادة والميل إلى هواية أو رياضة معينة ...الخ .
- الاتصاف بحسن المظهر والاعتناء بشكله وملابسه وحاجاته .
- العدل وعدم التحيز، أي أن يعطي كل تلميذ ما يستحق من درجة بناء على نشاطه وقدراته وليس على أي أساس أخر كالمحسوبية أو المنسوبية أو القرابة أو غيرها من الاعتبارات التي ليس لها علاقة بالعملية التعليمية.
- أن يكون متصفاً بالبشاشة وروح المرح والفكاهة وحسن السمعة والسيرة والأخلاق الفاضلة التي تجعل منه قدوة صالحة لتلاميذه .

١) غانم سعيد العبيدي وحنان عيسى الجبوري ، المصدر السابق ، ص ٣٥٩- ٣٦٠

- الاهتمام بمشاكل التلاميذ ، وذلك بالتعرف على أسباب هذه المشاكل ومحاولة مساعدتهم على حلها لكي لا تعيق مسيرتهم الدراسية.
- المرونة في التعامل مع التلاميذ داخل وخارج الفصل الدراسي واستخدام الوسائل الملائمة لتشجيعهم عند الحاجة.
- القدرة الفائقة في التدريس من خلال استخدام الطرق الملائمة للمادة الدراسية ومراعاة الفروق الفردية بين التلاميذ والاستعانة بالوسائل التعليمية المناسبة وغيرها من الأمور التي تجعل من المعلم قادراً على إيصال المادة إلى التلاميذ وفهمهم واستيعابهم لها.

هذه أهم الوسائل المعتمدة في عملية تقييم نشاط المعلم عرضناها بشيء من الإيجاز على أننا لابد أن نكرر القول أن استخدام وسيلة واحدة من هذه الوسائل لا يمكن أن يكون أمراً مجدياً ونافعاً بدرجة مقبولة وأنما تضافر الجهود والتعاون بين كل هذه الوسائل بالإضافة إلى وسائل أخرى كالأخذ بآراء أولياء أمور التلاميذ والمحيط الاجتماعي والأفراد الذين لهم علاقة بشكل أو بأخر بالعملية التربوية والتعليمية هو السبيل الوحيد للوصول إلى تقييم صادق وموضوعي لأداء ونشاط المعلم.

ثالثاً:- تقويم المنهج

أما فيما يتعلق بالمنهج وهو الجانب الحيوي الثالث الذي يحظى باهتمام جميع الأنظمة التربوية فأن للتقويم التربوي مجالات تطبيقية حيوية في حالته، حيث أنه كباقي مجالات النظام التربوي يلعب التقويم دوراً بارزاً ومؤثراً في تحسين فاعليته وتطويره والتوصل إلى معلومات عنه تتيح للقائمين عليه قاعدة من المعلومات يتم الاستناد إليها في اتخاذ القرارات الموضوعية حول أي تعديل أو تغيير فيه .

وعملية تقويم المنهج عملية مستمرة ومتصلة اتصالاً وثيقاً بجوانب العملية التربوية لأننا مهما بذلنا من جهد في وضعه ومهما راعينا من أسس سليمة عند تخطيطه لا يمكننا أن نصدر حكماً سليماً عليه ما لم يوضع موضع التنفيذ الفعلي ويقيم في ضوء الأهداف التربوية التي وضع من أجلها ثم يعاد تنظيمه وتخطيطه على أساس ما يظهر لنا من

نتائج في عملية تقييم هذه الأهداف، وبذلك تسير عملية تنفيذ المنهج مع عملية تقييمه جنباً إلى جنب وتشمل عملية تقييم المنهج جميع الأنشطة المرتبطة به من أهداف ومحتوى وأنشطة وأساليب تدريس ووسائل تعليمية، إضافة إلى المتطلبات البشرية والمادية الخاصة بتنفيذه .

وظائف تقويم المنهج.

بما أن التقويم هو جزء أساسي من المنهج فأنه بلا شك يتغير تبعاً لنوع المنهج وفلسفته وأسسه، ولكن مع ذلك توجد وظائف عامة يسعى التقويم إلى تحقيقها في كل منهج من المناهج وهذه الوظائف هي الآتية [١] :-

١- وظائف تعليمية :-

من أهم الوظائف التعليمية التي يسعى تقويم المنهج إلى تحقيقها هي الآتية:-

الكشف عن الحاجات الأساسية للتلاميذ ومشكلاتهم وقدراتهم واستعداداتهم وميولهم بقصد تكيف المنهج تبعاً لما نحصل عليه من نتائج .

تحديد مقدار ما يحصل عليه التلاميذ من التعلم بصفة عامة .

ج- تحديد مقدار استفادة التلاميذ مما يتعلمون من معلومات ومعارف وخبرات في حياتهم اليومية الحاضرة أو المستقبلية ومن ثم مقارنة ذلك بالأهداف التي تسعى المدرسة إلى تحقيقها .

د- توجيه عملية التعلم بالاتجاه الصحيح واختبار مدى نجاح طرق وأساليب التدريس المتبعة .

ه- تحديد مدى ملائمة الوسائل التعليمية المستعان بها لتحقيق أهداف المنهج .

---

١) د . وهيب سمعان ود - رشيد لبيب ، دراسات في المناهج ، القاهرة ، مكتبة الأنجلو المصرية ، ١٩٨٢، ص ٢٨٠- ٢٨١ .

٢- وظائف تنظيمية:-

لتقييم المنهج كذلك نوع آخر من الوظـــائف تسمى بالوظائف التنظيميـة وهي تتمثل بالآتي:-

أ- الحصـول عـلى المعلومـات الضـرورية لتقسـيم التلاميـذ وقبـولهم وتوجيههم وإرشادهم تعليمياً أو مهنياً.

ب- الحصـول عـلى المعلومات التي تكشف عـن مـدى كفـاءة ومهارة المعلـم في وظيفته.

ج- الحصول على المعلومات التي تمكننا من قياس مـدى كفاءة أجهـزة ووسـائل المدرسة في تنفيذ المنهج وبيان كذلك النواحي النقص التي توجد فيها .

د- الحصول على المعلومات التي يمكن الاستعانة بها في كتابـة التقارير إلى أوليـاء أمور التلاميذ.

أسس ومبادئ تقويم المنهج .

تستند عملية تقويم المنهج على مجموعة من الأسس والمبادئ لعـل أهمهـا مـا يلي :-

١- أن يكون تقويـم المنهج عمليـة مسـتمرة أي سـائرة جنبـاً إلى جنـب مـع عمليـة تنفيذ المنهج وذلك لمعرفة مدى تحقيق الأهداف التي وضع على أساسها من عدمه ثم يعاد تنظيمه وتخطيطه على أساس ما يظهر لنا من نتائج وهكذا.

٢- تقويم المنهج عملية شاملة لكل عناصر وجوانب المـنهج مـن أهـداف ومحتوى وأنشطة وأساليب تدريس ووسائل تعليمية ومقررات إضافة إلى المتطلبات البشرية والمادية الخاصة بتنفيذه.

٣- عملية تقويم المنهج يجب أن تتم بكل من الوسائل التي تعتمـد لتنفيـذ المـنهج والغايات التي وضع من اجلها المنهج .

٤- يجب ألا تقتصر عمليـة تقويم المنهج على مـا يكتسبه التلاميـذ مـن معلومـات ومهارات معرفية فحسب بل لابد أن تمتد لتساهم في الكشف عن مختلف جوانب نموهم الجسمي والوجداني والأخلاقي.

٥- يجب أن يهتم التقويم كذلك بجميع العوامل التي لها علاقة بشكل أو بآخر بالمنهج كالناحية الإدارية والمباني والأجهزة والمعامل كما يهتم بالبيئة وحاجاتها ومشكلاتها التي توجد فيها المؤسسة التعليمية .

٦- يجب أن تكون عملية المنهج عملية تعاونية ، بمعنى أن يشترك في تقويم المنهج كل من له علاقة بالعملية التربوية من تلاميذ ومعلمين وأولياء الأمور ومد راء المدارس ومرشدين تربويين والمجتمع المحيط .

٧- يجب أن يعاد النظر في برنامج التقويم كلما حدث تغير في المنهج أو في العوامل الخارجية التي تؤثر في التلاميذ أو حدوث تطور جديد في وسائل التقويم .

٨- يجب عدم الاكتفاء بنتائج عملية التقويم وحدها بل يجب أن تتبعها دراسات وبحوث لتحسين المؤسسة التعليمية والارتقاء ببرنامج الدراسة فيها .

جوانب تقويم المنهج

عملية تقويم المنهج تشمل كل جانب من جوانبه بدءاً من أسس بنائه وأسس تحديد أهدافه وانتهاء إلى تنفيذه وممارسة التلاميذ لمحتوياته وأنشطته ووسائله وطرقه . ونحن هنا سوف نتناول هذه الجوانب من خلال تقسيمها إلى قسمين أساسين هما التخطيط والتنفيذ :-

أولاً: تقويم تخطيط المنهج .

يشمل تخطيط المنهج على ثلاث خطوات أساسية وهي : -

١- وضع الأهداف .

٢- وضع خطة واختيار نوع الخبرات التعليمية .

٣- تنظيم الخبرات التعليمية .

وبرنامج التقويم يجب أن يقوم على تقييم كل خطوة من هذه الخطوات فمثلاً تقويم وضع الأهداف ، لكي نتعرف على كيفية وضع أهداف

المنهج ينبغي علينا أن نعرف أولاً ماذا ينبغي أن نتبع عند وضع المنهج بصفة عامة مثل (١):-

أ- أنه يقوم بوضع المنهج أو تعديله هيئات متخصصة في جميع فروع المعرفة في علم الاجتماع وعلم النفس وفي التدريس وفي الإدارة المدرسية وفي أصول التربية وغيرها وأن يحدد لكل من هؤلاء دوره .

ب- ضرورة تعاون كل الجهود الأنفة الذكر في وضع المنهج وتتكامل كل الخبرات في بنائه .

ج- يجب أن يسبق وضع المنهج أو تعديله التعرف على حاجات التلاميذ ومطالب نموهم واهتماماتهم وكذلك التعرف على مطالب البيئة المحلية .

د- دراسة مطالب المجتمع من الناحية الاقتصادية والاجتماعية والسياسية .

هـ- دراسة الأسباب التي من أجلها لم يصل التلاميذ إلى المستويات المطلوبة الأمر الذي يستدعي تعديل المنهج أو إجراء بعض الزيادات عليه .

و- الاستعانة بالبحوث والدراسات التربوية الحديثة بما له صلة وارتباط بالمنهج .

ز- الاطلاع على المناهج الأخرى للاستفادة منها في تكوين رؤيا واضحة حول كيفية القيام بوضع المنهج أو تعديله.

ثم تأتي بعد ذلك خطوة تقويم أهداف المنهج التي تشتق من حاجات التلاميذ وميولهم وحاجات البيئة المحلية ومطالب المجتمع وطبيعة المواد الدراسية و ألوان النشاط , ولما كأن من الضروري أن تصاغ هذه الأهداف بطريقة واضحة ومحددة حتى يمكن تحليل عباراتها إلى أنماط من السلوك المرغوب به في حياة الفرد والمجتمع وأنواع من النشاط والمهارات التي تعمل المدرسة على إكسابها لتلاميذها و أنواع

---

١) كمال زاخرلطيف وبرلنته إبراهيم علي , المصدر السابق , ص ٢٥٧

من الاتجاهات المرغوبة فيها, عليه يمكننا أن نعتمد بعض المعايير التي يمكن استخدامها في تقويم الأهداف وهي : ـ

١ ـ ارتباط الأهداف التعليمية بالأهداف العامة .

٢ ـ هذه الأهداف تم تحديدها بدقة ووضوح .

٣ ـ تكون مناسبة للمستوى التعليمي و العقلي للتلاميذ في مختلف المراحل الدراسية .

٤ ـ هذه الأهداف تكون هامة وتؤدي إلى مزيد من التعلم .

وللتوصل إلى قرار بهذا الشأن يؤخذ رأي خبراء المناهج وعلم النفس والمعلمون وغيرهم ممن اشتركوا في تحديدها وصياغتها , وأن من الممكن أن نبني تقويم أهداف المنهج على توجيه مجموعة من الأسئلة مثل: ـ

ـ إلى أي مدى تعالج أهداف المشكلات التي تهم التلاميذ في حاجاتهم ؟

ـ إلى أي مدى تشبع حاجات التكوين الجسمي والعقلي والاجتماعي للتلاميذ ؟

ـ إلى أي مدى تكون في التلاميذ الاتجاهات والقيم الإيجابية ؟

ـ إلى أي مدى تجعل التلاميذ يفهمون دورهم في الحياة ويقدرون ما عليهم من مسؤوليات ؟

مثل هذه الأسئلة وغيرها يمكن عن طريقها جمع المعلومات التي تساهم في تقويم أهداف المنهج مما قد يؤدي إلى تعديلها أو إحداث تغيير في صيغتها . وهكذا الأمر مع بقية خطوات تخطيط المنهج.

ثانياً :ـ تقويم تنفيذ المنهج : ـ

نقصد بعملية التنفيذ هي نقل المنهج من مرحلة الإعداد والتخطيط إلى مرحلة التطبيق وتشمل هذه العملية كل ما يستخدم من مقررات وطرق تدريس ووسائل تعليمية وأنواع النشاطات التي يشترك فيها التلاميذ والمعلمون والإدارة وغيرها بقصد تحقيق ما تم التخطيط له من أهداف وغايات وما تم اختياره من خبرات تعليمية وكل هذه النواحي يمكن تقييمها باستخدام الوسائل التي تختلف باختلاف الهدف منها . على أننا يجب أن ندرك بأن التقييم الأساسي للمنهج بقسميه لا

يمكن أن يكون وافيا بالغرضَ إلا عند تقييم نمو التلاميذ و الجماعة وحجم التقدم الذي أحدثه المنهج في المجتمع في مختلف النواحي .

من الذي يقوم بعملية تقويم المنهج .

يقوم بعملية تقويم المنهج كل من له علاقة به وفيما يلي توضيح مختصر ـ لدور كل منهم فيه : ـ

١ ـ دور التلميذ في تقويم المنهج: ـ

بما أن المنهج وضع بالأساس من اجل التلاميذ , من اجل تحقيق نموهم السليم وتكيفهم الملائم مع البيئة التي يعيشون فيها , وهم بالتالي يتأثرون مباشرة بما ينطوي عليه من معارف وخبرات ونشاطات, لذلك لابد أن يؤخذ رأي التلميذ فيما يدرسه من مقررات دراسية أو فيما يمارسه من نشاط سواء كأن ذلك داخل الفصل الدراسي أم خارجه , كما يجب أن يتعلم كيف يقيم جميع أنواع النشاط التي يمارسها في داخل المدرسة بالاشتراك مع زملاءه ويعرف إلى أي مدى قد حققت الأهداف التي تسعى في سبيلها العملية التربوية .

٢ ـ دور المعلم في عملية تقويم المنهج : ـ

المعلم هو الذي يقوم بتنفيذ المنهج ومتابعته , وهو الذي يلاحظ حجم التأثيرات التي يتركها على التلاميذ و المجتمع , لذلك فمشاركته في تقويم المنهج أمر لابد منه فالمعلم هو الأقدر على ملاحظة نقاط الضعف أو الخلل ونقاط القوة و الإيجاب فهو عن طريق الاختبارات التي يجريها على تلاميذه , يمكنه أن يعرف مدى نموهم في مختلف الجوانب كما يستطيع عن طريق الملاحظة والمتابعة أن يدرك المشاكل التي يعانون منها وتبعاً لهذه المعرفة وهذا الإدراك يستطيع أن يعدل طرقه في التدريس وفي اختيار أنواع النشاط التي يوفرها للتلاميذ في سبيل تحقيق الأهداف التي يسعى من اجلها المنهج .

٣ ـ دور مدير المدرسة في تقويم المنهج : ـ

يعد مدير المدرسة بما له من سلطات داخل المؤسسة التعليمية أحد العناصر الهامة في عملية تقويم المنهج لأن واجبه الأساسي هو إدارة هذه المؤسسة بأفضل ما يمكن بما تشتمل عليه من عناصر وأحد هذه العناصر هو المنهج لذلك فأن المدير لابد أن يكون له دور في تقييمه ,

وتتمثل أهم واجبات المدير في عملية تقويم المنهج هو قيامه بقياس مدى نجاح وسائل الإدارة ووسائل الإشراف , كما يتضمن تقييم التناسق بين الإدارة و الإشراف التربوي , على هذا الأساس فأن المدير لديه فرصة كبيرة ليتبين نواحي الضعف ونواحي القوة في المنهج الدراسي بمقرراته المختلفة ووسائل تنفيذه من معلمين ووسائل تعليمية ومختبرات وغيرها . وبالتالي يمكن أن يساهم بما يراه مناسباً في تعديل المنهج أو تغييره بالكامل.

٤ ـ دور المشرف التربوي في تقويم المنهج : ـ

بما أن وظيفة المشرف التربوي الأساسية هي التقويم لذلك لابد أن يكون له هو الأخر دور في عملية تقويم المنهج باعتبار أن ذلك هو من صلب عمله ويستطيع المشرف التربوي أن يساهم في تقويم المنهج من خلال ملاحظته المتكررة لعملية تطبيق المنهج بحكم خبرته في هذا المجال أي مجال التدريس وكذلك من خلال للقاءاته المتكررة بالمعلمين القائمين على تنفيذ المنهج والاستماع إلى أهم المعوقات التي تواجههم خلال قيامهم بعملهم وعلى هذا الأساس يمكن أن يكون رأي لا بأس به حول المنهج وبالتالي يمكنه من إصدار أحكاما معينة بحقه .

٥ ـ دور الأباء في تقويم المنهج : ـ

أراء أولياء الأمور في المنهج شئ ضروري ومهم ذلك أن المنهج ذاته ما هو إلا عبارة عن عملية استكمال لجهودهم في تربية وإعداد أبناءهم الإعداد الأمثل .

فالأباء باعتبارهم المشرفين على سلوك أبناءهم وتربيتهم منذ الولادة إلى حتى قبل دخولهم إلى المدرسة وبعد ذلك هم أكثر من غيرهم قدرة على تبين نمو هذا السلوك وتطوره لذلك ينبغي على المدرسة أن تأخذ بآراء أولياء أمور التلاميذ فيما تقدمه من خبرات تعليمية ، وذلك عن طريق الالتقاء بهم شخصياً كما يحدث في مجالس الأباء أو الندوات التي تعقد لهذا الغرض أو عن طريق كتابة التقارير إليهم وتلقي الإجابة أو الملاحظات عليها إضافة إلى قيامها بمختلف النشاطات التي تتمكن من خلالها الحصول على المعلومات اللازمة لغرض الحكم على مدى صلاحية المنهج من عدمه.

وسائل تقويم المنهج .

تتعدد وسائل تقويم المنهج بفعل تعدد الجوانب التي نريد تقييمها فيه وسوف نحاول هنا أن نستعرض بعض هذه الوسائل التي من أهمها ما يلي [1]:-

أولاً :- وسائل قياس نمو التلميذ :-

يوجد عدد من الوسائل التي يمكن أن نستخدمها في قياس نمو التلميذ في ناحية معينة أو في مجموعة نواحي مع بيان مدى تأثير المنهج عليه . ومن هذه الوسائل ما يأتي :-

١-تقييم التحصيل الدراسي للتلميذ :-

تعد عملية التحصيل الدراسي للتلميذ في المعلومات والمعارف والمفاهيم أمر في غاية الأهمية , لذلك نفترض بالمعلم الذي يقوم بهذه المهمة أن تتوفر لديه الخبرة والمهارة حول الكيفية التي يمكن أن يستخدمها المعلم في هذا الشأن الأسئلة الشفوية اليومية واختبارات المقال , والاختبارات الموضوعية واختبارات الأداء . والتي سوف نتناولها بشيء من التفصيل في الفصل القادم من هذا الكتاب

٢- تقييم التكيف الشخصي والاجتماعي للتلميذ:-

التربية الحديثة تركز على الفرد الإنساني أي على التلميذ وتعتبره هو النقطة المحورية والجوهرية فيها ، لذا فأن الخبرات التربوية يجب أن تقوم على حاجاته وميوله واستعداداته وإمكانياته ، وعليه فأن من صلب اهتمامات المنهج بلا شك سوف يكون خلق التكيف الشخصي والاجتماعي لهذا التلميذ والحكم على مدى فشل أو نجاح المنهج سوف يتضمن بالتأكيد تقييم هذه الناحية . ويمكننا الاستعانة ببعض الوسائل

---

١)راجع بهذا الشان د- وهيب سمعان والدكتور رشدي لبيب , المصدر السابق, ص٢٩٠-٢٩٨.

وكذلك:- محمد الشافعي ورياض عوض , التربية وتطبيقاتها في المدرسة الابتدائية , القاهرة , دار مفيس للطباعة, ١٩٦٣, ص ٢٣٠-٢٣٣ .

القياس حجم هذا التكيف مثل السجل القصصي ، التقارير الذاتية التي سبق لنا أن قمنا بشرحها في وسائل تقويم التلميذ .

٣- تقييم نمو ميول التلميذ :-

لما كان من ضمن أهداف التربية هي مساعدة التلاميذ على إنماء ميولهم بالاتجاه الصحيح ، لذا فمن المفروض أن يتضمن المنهج هذه الناحية وبالتالي لا بد من قيامنا بتقييمها عند تقويم المنهج ، والميل كما هو شعور يصاحب انتباه الفرد واهتمامه بموضوع ما وهو في جوهره ما هو إلا اتجاه نفسي- يتميز بالانتباه في موضوع أو ميدان معين مثل الكتب أو الناس أو البيئة أو الرسم أو الرياضة أو الأجهزة وغيرها من ضروب الاهتمام . وهذا الميل يتأثر بعوامل عديدة منها عمر الفرد وقدرته العقلية وجنسه وبيئته . وتوجد عدة أساليب يمكننا من خلالها أن نقيم ميول التلاميذ ونرى مدى تطورها أو بقاءها على حالها مثل الاستفتاءات المعدة لهذا الغرض أو ملاحظة دقيقة أو تحليل الأشياء أو الموضوعات التي يفضلونها ومن خلال نتائج هذه الوسائل يمكننا الحكم على مدى نجاح المنهج في هذا الجانب من عدمه .

٤- تقييم نمو اتجاهات التلميذ .

أن تكوين الاتجاهات المرغوبة فيها لدى التلاميذ تعد من ضمن أهداف التعليم في أي مجتمع وفي أي مرحلة دراسية ، وأن عملية تكوين هذه الاتجاهات ترتبط بشكل كبير بالصحة النفسية التي يكون عليها التلاميذ . فالتلميذ يكون اتجاهه نحو والديه أو معلميه أو زملاءه أو مدرسته أو وطنه أو نحو المهن والأعمال أو نحو التعاون ومحبة الآخرين وزيادة الروابط الاجتماعية ، ونحو المحافظة على القديم أو التجديد ... الخ بناءً على وضعه النفسي الذي يؤثر فيما يتعلمه أو يفكر فيه . لذلك كانت عملية تقييم هذه الاتجاهات في المنهج أمر لا بد منه . ويمكننا قياس اتجاهات التلاميذ بواسطة وسائل عديدة منها الاستفتاءات ، ملاحظة سلوك التلميذ في المواقف المختلفة ومن خلال النتائج التي تمدنا بها هذه الوسائل يتم الحكم على مدى نجاح المنهج في الجانب من عدمه .

ثانياً : تقييم تأثير المدرسة على المجتمع .

بما أن المنهج هو وسيلة المجتمع في التربية ، وهو الأداة التي تستخدمها المدرسة في تربية الأبناء واعدادهم للحياة فيه وأن وضع أي منهج تسبقه عادةً عملية تحليل لطبيعة المجتمع وتحديد درجة النمو التي يمر بها ومن ثم تحديد أهدافه وحاجاته ومطالبه في الحاضر والمستقبل ، لذلك أصبح من الواجب قياس مدى نجاح هذا المنهج في تحقيق أهداف المجتمع وحاجاته ومطالبه من عدمه . ويمكننا القيام بذلك من خلال الوسائل التالية : -

١- الإحصائيات : -

تستطيع المدرسة القيام بجمع الإحصائيات عن البيئة التي توجد فيها هذه الإحصائيات التي تتعلق بالمستوى الاقتصادي والاجتماعي والصحي لمعرفة حجم التأثيرات التي استطاع المنهج إحداثها في هذه البيئة وتستخدم هذه المعرفة في الحكم على مدى فاعلية المنهج من عدمه .

٢- تتبع خريجي المدرسة :-

يمكن كذلك عن طريق تتبع الحياة الخاصة والعامة لخريجي المدرسة معرفة حجم استفادتهم مما تعلموه أو مارسوه من خبرات ، وبالتالي مدى استفادة المجتمع منهم . وهذا يمكن أن يعطينا مؤشراً على مدى نجاح المنهج في تحقيق أهداف المجتمع من وراءه أم لا .

٣- آراء أفراد المجتمع : -

آراء أفراد المجتمع بالمنهج أمر مهم ولا بد أن يؤخذ به وذلك بحكم العلاقة القائمة بينهما ويمكننا أخذ آراء أفراد المجتمع بالمنهج عن طريق الاجتماعات العامة أو الندوات أو الاستفتاءات وهذه الآراء سوف تعطينا بعض التصورات عن مدى فاعلية المنهج في إحداث التأثيرات المطلوبة من عدمه .

هذه بعض الوسائل التي تستخدم في تقويم المنهج وليس جميعها حيث توجد كذلك وسائل أخرى مثل تقارير المعلمين وملاحظاتهم وتقارير المشرفين التربويين وتقارير   مد راء المدارس وتقارير

التلاميذ كما توجد هناك آراء وملاحظات المهتمين بالعملية التربوية فهذه كلها وسائل تساهم بدرجة أو بأخرى في تقويم المنهج.

نماذج تقويم المنهج .

توجد في العالم اليوم عدد من النماذج التي تستخدم في تقويم المناهج التربوية يركز كل واحد منها على جانب معين في التقويم ويعطيه الأولوية على بقية الجوانب الأخرى . ولكن على الرغم من الاختلاف الموجود ما بين هذه النماذج إلا أن الدراسات التقويمية المعاصرة ترى أنه في سبيل الحصول على افضل نتائج ممكنة لا بد من الاعتماد على اكثر من نموذج واحد في تقويم أي منهج . ومن أهم هذه النماذج هما نموذج تحصيل النواتج المرغوبة ونموذج تقويم واقع الحال.

أولاَ: نموذج تحصيل النواتج المرغوبة .

يعتبر هذا النموذج أحد المرتكزات ت الأساسية والهامة التي تقوم عليها حركة التقويم المعاصرة ، وتم إعداد هذا النموذج من قبل العالم رالف تايلر وهو يسمى كذلك بنموذج تحقيق الأهداف التربوية ويقوم هذا النموذج على اعتبار أن العملية التربوية تتضمن ثلاث مكونات أساسية وهي :

أ- الأهداف التربوية .
ب - الخبرات التعليمية التي يتم من خلالها تحقيق هذه الأهداف .
ج - اختبارات التحصيل التي تسعى إلى الكشف عما إذا كانت الأهداف التربوية المرغوبة قد تحققت أم لا.

ومن أهم المزايا التي يتمتع بها هذا النموذج عن غيره من النماذج هي :

١- أنه يكشف العلاقة ما بين المكونات الرئيسية للعملية التربوية ويبرز لنا حجم تأثير كل واحد منها بالآخر .
٢- تأكيده على ضرورة أن تتصدى عملية تقويم المنهج للأهداف التربوية ذاتها كما تظهر بصورة نواتج سلوكية محددة أو تغيرات يمكن ملاحظتها أو قياسها .

٣- يعطي أهمية خاصة لتحقيق الأهداف المعرفية والوجدانية عند التلاميذ وهي أهداف لها أهميتها في عملية التقويم .

٤- يمكنه استخدامه ليس فقط في تقويم المنهج بل وكذلك في تقويم التلميذ الأمر الذي يوسع من مجالات استخدامه .

وعلى الرغم من هذه المزايا التي يتمتع بها هذا النموذج وعلى الرغم من استخدامه على نطاق واسع إلا أنه تؤخذ عليه بعض نقاط الضعف والنقص لعل من أهمها ما يلي :

أ- يعتبر نموذج محدود لاقتصاره على جانب واحد هو جانب الأهداف التربوي وإهماله بقية جوانب المنهج .

ب- كما أن هذا النموذج يشدد على النواتج التعليمية ولا يهتم مطلقاً بالشروط المستقبلية أو الظروف الطارئة التي تؤثر في نجاح البرنامج التربوي كما يهمل ويتجاهل الأحداث غير المخططة أو غير المقصودة .

ثانياً: نموذج تقويم واقع الحال .

يقوم هذا النموذج الذي أعده العالم سكر يفن على اعتباره أن التقويم هو تقدير لقيمة الشيء الموجود بالفعل ، وبالتالي لا بد من تقويم المنهج كما هو عليه في الواقع وليس كما ينبغي أن يكون أي بغض النظر عن التطورات المسبقة ودون التأكيد على أهمية دور الأهداف التعليمية واعتبارها هي الأساس الأول في هذه العملية .

ويرى صاحب هذا النموذج أنه بالإمكان تحقيق عملية تقويم البرنامج التعليمي بإحدى الطريقتين أما خلال سير عملية تطوير البرنامج أو بعد الانتهاء من هذه العملية . فإذا اعتمدنا الطريقة الأولى في التقويم فأن ذلك من شأنه أن يمدنا بمعلومات تمكننا من تصحيح الأخطاء وتحاشي نقاط الضعف في الوقت المناسب الأمر الذي يساهم في تعديل أو تكوين البرنامج أما إذا اعتمدنا الطريقة الثانية فأن ذلك يفيدنا في تلخيص أهم مميزات البرنامج التعليمي خلال مروره بعملية التعليم تلك ... ومن أهم مميزات هذا النموذج في التقويم هو أنه أثار الاهتمام بأهمية التقويم البنائي أو التكويني وفائدته في تصحيح مسار عملية التعلم وتحسينها وفي تعديل البرنامج وتكوينه كما مهد السبيل

لظهور وانتشار استراتيجيات هامة في التعليم والتقويم لم تكن تعرف سابقاً.

وخاتمة نقول بعد أن حاولنا فيما تقدم من هذا الفصل توضيح كيفية حدوث عملية التقويم في المجالات التربوية الثلاث، التلميذ ، والمعلم ، والمنهج يمكننا الاستمرار بنفس الطريقة في الحديث عن المجالات الأخرى للنظام التربوي كالمواد التعليمية ، والأنشطة والموجه الفني والمبنى المدرسي والإدارة المدرسية ، والمكتبة ،والأدوات والخطوات التي لها علاقة بهذه العملية وما تتطلبه من جهود وإعداد معرفي ومهارات من أجل تنفيذها ودورها في تحسين عمليات ومخرجات النظام التربوي في أي مجتمع .

الفصل الرابع
الاختبارات التحصيلية

مفهوم الاختبارات التحصيلية

أوجه الاختلاف بين الاختبارات التحصيلية و الاختبارات الأخرى.

أهداف الاختبارات التحصيلية.

أهمية الاختبارات التحصيلية.

أسس و مبادئ الاختبارات التحصيلية.

أنواع الاختبارات التحصيلية.

أولاً: الاختبارات الشفوية.

ثانياً: الاختبارات الأدائية.

ثالثاً: الاختبارات المقالية.

رابعاً: الاختبارات الموضوعية.

خامساً: الاختبارات التحصيلية المقننة.

شروط الاختبار التحصيلي الجيد.

الفصل الرابع
الاختبارات التحصيلية

ذكرنا فيما تقدم أن المؤسسات التعليمية تلجأ إلى استخدام طرق وأساليب عديدة في تقويم التلاميذ و قد اتخذت بعضها كمقياس لقيمة المعلومات و البعض الآخر كوسيلة لتحسين عملية التعليم ومن بينها الملاحظة و المقابلة والبطاقة المدرسية والاستبيان والتقارير الذاتية و الاختبارات على أنواعها، اختبارات القدرات و الاستعدادات و الاختبارات النفسية، واختبارات الذكاء، واختبارات التحصيل الدراسي و غيرها. وسوف نخصص هذا الفصل للتعرف على إحدى أنواع هذه الأساليب المعتمدة في تقويم التلاميذ ألا وهي الاختبارات التحصيلية لما لها من أهمية وانتشار واسع في جميع المؤسسات التعليمية و على اختلاف مراحلها الدراسية.

مفهوم الاختبارات التحصيلية:

بما أن من أهداف التربية في أي مجتمع هو محاولة إكساب التلاميذ اكبر قدر ممكن من مهارات معينة كالقراءة و الكتابة والحساب والتفكير المنطقي و القدرة على حل المشكلات والقدرة على النقد وغيرها. و لمعرفة مدى تحقق هذا الهدف من عدمه كأن لابد من اللجوء إلى وسائل تبين لنا حجم ما استوعبه أو حصله كل تلميذ من هذه المهارات و المعارف فكأن ذلك سبباً في ظهور اختبارات سميت باختبارات التحصيل الدراسي.

وعليه فأن الاختبارات التحصيلية هي مقاييس للكشف عن اثر تعلم أو تدريب خاص و يطلق هذا المصطلح على كل صور و أنواع الاختبارات التي يقوم المعلم بإعدادها من واقع المواد التحصيلية التي درسها التلميذ بالفعل [١]، فالاختبار التحصيلي هو الأداة التي تستخدم لقياس مدى الفهم و التحصيل في مادة دراسية معينة كالرياضيات مثلاً.

١) فرج طه (وآخرون) ، معجم علم النفس والتحليل ، بيروت ، دار النهضة العربية ، ١٩٨٧ ، ص ١٩ .

و بذلك فالاختبار التحصيلي لابد أن يكون مرتبط بمادة دراسية محددة تم تدريسها بالفعل للتلاميذ وليس ينتظر تدريسها لهم أي بمعنى أخر أن الاختبار التحصيلي هو الأداة للحكم على ما تم تدريسه للتلاميذ من موضوعات تتعلق بمادة دراسية معينة بذاتها و ليس ينتظر أو يتوقع تدريسها لهم.

أوجه الاختلاف ما بين الاختبارات التحصيلية و الاختبارات الأخرى:

تختلف الاختبارات التحصيلية عن غيرها من أنواع الاختبارات و خصوصاً اختبارات الذكاء و اختبارات القدرات والاختبارات الشخصية في العديد من النواحي. ففي حين أن الاختبارات التحصيلية تقيس ما حصله التلاميذ فعلاً من مهارات و معارف بعد أن درسوا برنامجاً معيناً، تقيس اختبارات الذكاء مجموعة عمليات نفسية و الأسئلة فيها تختلف إلى حد ما عما قد يكون التلاميذ قد حصلوه في البرامج الدراسية على الرغم من وجه الشبه بين بعض أسئلة اختبارات الذكاء و اختبارات التحصيل.

أما اختبارات القدرات فأنها تقيس الاستعدادات الموجودة لدى الفرد التي تهيئه للنجاح في ميدان معين إذا أعطي التدريب والمران اللازمين لذلك، بينما تقيس اختبارات التحصيل ما حصله الأفراد بعد الانتهاء من التدريب و المران . أما الاختبارات الشخصية فهي تهدف إلى قياس سمات شخصية الفرد و اتجاهاته و سروره و الأمة و مرضه و قلقه و اضطراباته أي أنه تقيس التكوين النفسي- للفرد الذي تم تكوينه بالفعل وفق خبرات شعورية و لا شعورية مر بها في مراحل حياته المختلفة منذ الطفولة و حتى مرحلة الشيخوخة و هذا الأمر على خلاف الاختبارات التحصيلية التي تهدف إلى قياس تحصيل برنامج تعليمي أو تدريبي معين.

أهداف الاختبارات التحصيلية:

تهدف الاختبارات التحصيلي إلى تحقيق مجموعة من الأمور لعل أهمها مايلي:

١- تحديد مكانة التلميذ وسط زملاءه بالنسبة لكل مادة و بالنسبة لجميع المواد الدراسية مما يفيد   في معرفة قدرات التلميذ في مختلف المواد.

٢- التوصل إلى الطرق التي تساعد في الوصول بالتلميذ إلى أفضل أداء ممكن في التحصيل الدراسي.

٣- اكتشاف الاستعدادات العقلية و المزاجية المختلفة المتوفرة لدى التلميذ و تتبع عملية نموه بجوانبها المختلفة العقلية التحصيلية.

٤- تحفيز التلاميذ على التحصيل الدراسي، كما تساعد المعلم في معرفة مدى استجابة التلاميذ لعملية التعليم من عدمه.

٥- توجيه التلاميذ دراسياً بالنسبة لنوع الدراسة و التخصص الملائم لقدراتهم العقلية و توجيههم مهنياً بالنسبة للمهن والأعمال.

٦- معرفة مدى ملائمة المناهج الدراسية لمستويات التلاميذ العقلية من عدمه.

٧- التأكد من توفر الحد الأدنى من الأداء اللازم القيام بعمل أو نشاط معين.

٨- إعطاء رتبة معينة للإفراد المتقدمين للأعمال و الوظائف المختلفة و كذلك للمتقدمين للالتحاق بالجامعات و المعاهد الدراسية ذات الطبيعة التنافسية من حيث القدرات التحصيلية.

٩- مساعدة الآباء على معرفة مستويات أبنائهم و مدى نجاحهم أو فشلهم في التعليم المدرسي.

أهمية الاختبارات التحصيلية:

يوجد هناك اتفاق بين المربين على أن الاختبارات التحصيلية لها أهمية كبيرة يمكن أن تتمثل في الأمور الآتية:

١- تعتبر وسيلة موضوعية لتحديد الفروق الفردية بين التلاميذ في المواد الدراسية المختلفة.

٢- تمكننا من معرفة المقدرة التحصيلية الحالية للتلميذ، وبما يمكن أن يقوم به فعلاً من أعمال. بمعنى أنها تجنبنا من أن يصاب التلميذ

بإحباط دراسي لو أعطيناه مواد دراسية أعلى من قدراته التحصيلية.

٣- تعمل على استثارة التلاميذ للتحصيل، وخلق روح المنافسة الـذي يـؤدي في النهاية إلى تحسين عملية التحصيل.

٤- تساعد هذه الاختبارات إدارة المدرسة في تقسيم التلاميذ إلى فصول دراسية مختلفة وفقاً لقدراتهم التحصيلية بالفعل كأن نضع مجموعة التحصيل الـدراسي المرتفع في فصل خاص، و نضع مجموعة التحصيل المنخفض في فصل خاص و نـوفر لهـم المدرسين الأكفاء لرفع كفاءتهم التحصيلية (وأن كان هناك العديد مـن المدارس و النظريات تخالف هذا الـرأي و تفضـل وضع جميـع التلاميـذ بمختلف درجاتهم التحصيلية في فصل واحد لخلق روح المنافسة العلمية بينهم).

٥- تساعد المدرسين في معرفة مدى استجابة التلاميذ للشرح والفهم المادة العلميـة حتى يتمكن المعلم من تعديل طريقته في الشرـح إذا كانـت درجاتهم التحصيلية منخفضة.

٦- تعتبر هذه الاختبارات وسيلة جيدة من وسائل تقويم المعلم بجانب أنها وسيلة من وسائل تقويم التلميذ. فمن المعروف أن هناك علاقة إيجابيـة بـين شرح المعلم الممتاز و بين أداء التلاميذ وتحصيلهم للمادة العلميـة، بمعنى أنه كلـما كـأن شرح المعلم ممتازاً وواضحاً و سهلاً و أسلوبه في عرض المادة العلميـة شـيقاً، وكلـما كـأن هناك جو من الآلفة داخل الفصل الدراسي كلما ساعد ذلك التلميذ على فهم المادة و بالتالي يكون تحصيله أعلى.

٧- تساعد الاختبارات التحصيلية في تقويم الأداء المدرسي ككل. حيـث تـدلل نتائج هذه الاختبارات على مدى نجاح أو فشل المدرسية بكل مكوناتها في تأدية واجبها.

٨- أنها وسيلة جيدة لتوحيد المعايير بين المدرسين في تقويم التلاميـذ، مـما تمـنعهم من التحيز في إعطاء الدرجات و تفضيل بعض التلاميذ على البعض الآخر لأي سبب كأن غير الأداء العلمي.

٩- تستعين المدارس بالاختبارات التحصيلية في كثير من الأحيـان في توجيـه التلاميـذ نحو نوع الدراسة أو التخصص بناء على ما تظهره هذه الاختبارات من نتائج.
١٠- قد يكون هناك عـدم تكيـف لـبعض التلاميـذ في المـدارس والجامعـات يرجـع سببه إلى وجود صعوبات في بعض المواد مما تكشفه هذه الاختبارات.
١١- و أخيرا تفيدنا الاختبارات التحصيلية في تعريف أولياء أمور التلاميذ و القـائمين على العملية التربوية ككل بمستوى أداء التلاميـذ الـذي يؤخـذ كمـؤشر عـلى مـدى نجاح أو فشل الجهود التربوية المبذولة أو على مـدى التناسـب بـين مـا يبـذل مـن جهود وما ينفق من أموال و بين مخرجات العملية التعليمية.

أسس و مبادئ الاختبارات التحصيلية:

الاختبارات التحصيلية في وظيفتها هذه كأن لابد من بنائها على مبادئ و أسس سليمة و موضوعية لعل من أهمها ما يلي[1]:
١- الفحص الدقيق و المنظم للمادة العلمية موضوع الاختبارات.
بما أن الاختبار التحصيلي مرتبط بمادة معينة تم تدريسها بالفعـل للتلاميـذ و لـيس بأمور أو موضوعات خارج هذه المادة عليه يفرض هذا الأمر على المعلم قبل وضع أسئلة اختباره أن يقوم بتحليل هذا المحتوى إلى عناصر رئيسية و أخرى فرعيـة ثـم يضع أسئلة اختباره بناء على هذا التحليل الدقيق.
٢- معرفة أساسيات المادة و المواد ذات العلاقة بها اللازمة للفهم.
عند قيام المعلم بتدريس مادة معينة كعلم النفس التربوي على سبيل المثـال لا بـد أن يعرف تلاميذه منذ البداية بأساسيات هذه المادة كهـدف تعليمـي أولي لتعلـيم المادة، مثل ما هو مفهوم علم

[1] د- محمد رمضان محمد ، الاختبارات التحصيلية والقياس النفسي والتربوي ، بيروت ، دار النفائس ، ١٩٨٦ ، ص ٣٠- ٣٣ .

النفس التربوي؟ ما هي أهدافه؟ أهميته؟ مبادئه؟...الخ. و لكن معرفة هذه الأمور كلها قد لا يفيد التلاميذ ما لم يعرفوا ما قبل هذه المادة من مفاهيم مثلاً، ما هو علم النفس؟ ما هي أهدافه؟ أهميته، مبادئه، فروعه إلى غيرها من الأمور التي تشكل البدايات الأولية لمعرفة المادة موضع الاختبار . وعلى هذا الأساس فأن عملية التعليم هي عملية تدريجية أي تبدأ من الكل ثم تتدرج نحو الجزء و من البسيط إلى المعقد.

٣- تحديد الأهداف التعليمية للمادة تحديداً دقيقاً لتغطيتها عند وضع الاختبار.

كما قلنا فيما تقدم أن لكل مادة دراسية أهداف معينة و محتوى يوضع بناءٍ على الأهداف و بقدر نجاحنا في تحديد الأهداف يكون نجاحنا في تحديد المحتوى فلو كنا بصدد تدريس مادة معينة (كالقياس و التقويم التربوي) فسوف تكون الأهداف التعليمية هي كالأتي:

أ- معرفة التلميذ لمعنى القياس و التقويم التربوي أولاً.

ب- معرفة التلميذ لطرق ووسائل التقويم التربوي.

ج- معرفة التلميذ لكيفية القيام بإجراء التقويم التربوي بشكل صحيح.

ومن هذه الأهداف الأساسية نستطيع أن نضع محتوى يغطي هذه الأهداف فعلياً ، و بالتالي نتمكن من وضع أسئلة الاختبار المناسبة لهذه الأهداف و المحتوى.

٤- تحديد الوزن النسبي لكل هدف من الأهداف التعليمية.

بعد أن حددنا الأهداف التعليمية للمادة التي يدرسها التلاميذ ينبغي لنا بعد ذلك القيام بتحديد الوزن النسبي لكل هدف من هذه الأهداف أي بمعنى آخر تحديد ما ينطوي عليه كل هدف من أهمية، و ما يلزمه من وقت لتدريبه و مدى ارتباطه بغيره من الأهداف، و مدى اعتماده على مواد أخرى و غيرها من المعايير التي يمكن أن تبين لنا ما هو قيمة هذا الهدف مقارنة بغيره من الأهداف، و ذلك لكي نستطيع أن نضع لذلك نوع أسئلة الاختبار و عددها بالنسبة لكل هدف من أهداف المادة.

٥- ترجمة الأهداف التعليمية إلى أهداف إجرائية:-

و المقصود بذلك هو نقل الهدف التعليمي من الصيغة النظرية إلى التطبيق و الممارسة الفعلية. فإذا كأن الهدف التعليمي من تدريس مادة مبادئ الحاسوب على سبيل المثال هو تعريف التلميذ بأساسيات

الحاسوب الأولية من كيفية تشغيل الجهاز و استعمال الفأرة و إظهار الشاشة و عرض البرامج أو القيام بالطباعة و غيرها.

فلو استطعنا أن نصل بالتلميذ من مجرد ناقل أو حافظ لهذه الأساسيات إلى قيامه بالتطبيق المباشر على آلة الحاسوب يكون قد استطعنا الانتقال بالتلميذ من مرحلة الهدف النظري إلى الهدف العملي أو الإجرائي و هذا هو الذي يمكننا من تقييم مدى تحصيل التلاميذ و مدى فهمهم و ليس كم المعلومات التي تم حفظها فقط.

أنواع الاختبارات التحصيلية:-

للاختبارات التحصيلية أنواع عديدة لكل منها مميزاتها و عيوبها، لعل أهمها هي الاختبارات الشفوية، و الاختبارات العملية (اختبارات الأداء)، و الاختبارات المقالية، و الاختبارات الموضوعية و الاختبارات المقننة، و رغم هذا التنوع إلا أن هذه الاختبارات جميعاً تشترك بكونها أدوات تستخدم لقياس مدى الفهم و التحصيل الدراسي للتلاميذ على أن طبيعة المادة و أهدافها هي التي تحدد نوع الاختبار الذي يعتمد. و سوف نتناول فيما يلي كل نوع من هذه الأنواع بالشرح و التوضيح مع بيان أهم شروط إعداده و مميزاته و عيوبه:-

أولاً: الاختبارات الشفوية:

الاختبارات الشفوية هي إحدى و سائل التقويم المستخدمة على نطاق واسع في المؤسسات التعليمية من قبل المربيين، وهي تتمثل بقيام المعلم بتوجيه أسئلة معينة إلى التلاميذ خلال الحصة الدراسية تتعلق بموضوعيات المادة التي تم دراستها سابقاً أو في نفس موضوع الحصة بهدف قياس حجم ما تم تحصيله من معلومات أو معارف و يتم إعطاء التلميذ درجة بناءٍ على إجابته. أي بمعنى آخر الاختبار الشفوي هو الاختبار الذي لا تستخدم فيه الكتابة بل تطرح أسئلة على التلميذ شفوياً و يجيب الأخير بنفس الصيغة. و قد تكون الأسئلة الشفوية المطروحة من النوع الذي يحتاج إلى إجابة مطولة أو إجابة قصيرة و قليلاً ما تكون من النوع الذي يتطلب اختيار الإجابة الصحيحة و هي في الغالب فردية لأنه لا يمكن إعطاء الاختبار نفسه إلى جميع التلاميذ في الوقت

نفسه لأن إجاباتهم العلنية سوف تتأثر الواحدة بـالأخرى. و لهـذا النـوع مـن الاختبارات مزايا عديدة لعل أهمهـا يتمثـل في إعطـاء التلميـذ فرصـة للتعبـير عـن شخصية و أفكاره بما يظهره من قدرة على الإتيان بما هو جديد كما تتيح لنـا هـذه الاختبارات فرصة قـد لا توجـد في الاختبـارات التحرريـة آلا و هـي معرفـة سـمات شخصية التلميذ الممتحن و درجة ثباته الانفعالي و تلقائيته في الإجابة و فكرته عن نفسه و عن الآخرين و تقديره لذاته، لذلك فـأن هـذا النـوع مـن الاختبـارات لـه قيمته في اختبـار التلاميـذ في اللغـات، كنطـق الكلـمات، و القـدرة عـلى القـراءة و التعبـير الشـفوي، كـما تسـمح لنـا هـذه الاختبـارات كـذلك بمناقشـة التلاميـذ في إجاباتهم و إدراك نواحي الخطأ مع توجيههم للفهم الصحيح في المادة الدراسية.

ولكن رغم هذه المزايا التي تتمتـع بهـا الاختبـارات الشـفوية إلا أن مـا يؤخـذ عليها من عيوب يقلل كثيراً من أهميتها و تتمثـل أهـم عيوبهـا بـأن الأسـئلة التـي توجـه إلى التلاميـذ لا يمكـن أن تكـون بـأي حـال متسـاوية في صـعوبتها أو عادلـة بالنسبة لجميع التلاميذ. فقد يسال أحد التلاميذ سؤالاً صعباً بينما يسـأل زميـل لـه سؤالاً سهلاً أو أقل صعوبة مما ينتج عنه حصول تفاوت في الدرجة المحصـل عليهـا من قبل كل واحد منهما. كما أن هذا النوع من الاختبارات يخضـع للتقـدير الـذاتي لمدرس المادة من حيث طرح السؤال، أو تقـدير الدرجـة. هـذا بالإضافة عـلى أنهـا تحتاج إلى وقت طويل لإجرائها، كما أن توجيه سؤال إلى تلميذ معين قد يـؤدي إلى انصراف باقي التلاميذ عن المدرس خصوصاً إذا كأن يوجد هناك نوع من الإطالـة في الأسئلة.

وعلى الرغم من الصعوبات و نقـاط الضـعف في الاختبـارات الشـفوية إلا أنهـا أداة نافعة لا يمكن الاستغناء عنها في تشخيص بعض صعوبات التعلـيم بـل أنهـا في بعض الأحيان قد تكون الوسيلة الوحيدة في بعض المجالات على سبيل المثال تقويم صغار التلاميذ (أي ما بين ٦ - ١٢ سنة) الذين تصعب علـيهم الكتابـة أو التعبـير بشكل تحريري و تقويم بعض نتائج التعلم اللغوي كمهـارة التحـدث و الإلقـاء. و من اجل الحصول على أفضل نتيجة ممكنة من هذه الوسيلة نرى أنه يجب على

المعلمين استخدامها بصورة محدودة و عدم التوسع بـذلك و أن يكون هـذا الاستخدام بموضوعية و بحكمة و أن لا يعطى إلا جزء بسيطاً من مجموع الدرجـة الكلية مقارنة بما يعطى على أنواع الاختبارات الأخرى.

ثانياً: اختبارات الأداء:

اختبارات الأداء هـي الاختبارات التـي يقـوم فيهـا التلميـذ بـأداء عمليـة أو مجموعـة عمليـات (آليـة أو جسـمية) يمكن للمـدرس تقويمه عـلى أساسـها. و يستخدم هذا النوع من الاختبارات عادةً في المواد التطبيقيـة و الفنيـة و الرياضية لأن التحصيل الدراسي للتلاميذ في هذه المواد لا يتوقف عند حدود تذكر المعلومات و الحقائق أو تكوين مهارات أو اتجاهـات معينـة ممـا يمكـن قياسـها عـن طريـق إجابة التلميذ الشفوية أو التحريرية بل يمتد كـذلك إلى جوانـب أخـرى جسـمية و حركية (آليـة) للتأكـد من استيعاب التلميذ ما تم دراسته نظرياً و قدرته عـلى نقلـه إلى حيز التطبيق الفعلي، لذلك كأن إلزاما إجراء اختبارات عمليـة أدائيـة إلى جانـب الاختبارات النظريـة. مثل اختبارات إجراء التجارب المعمليـة للمواد الفيزيـاء و الكيمياء و علوم الحياة و اختبارات السرعة و الدقة كاختبارات الخـط و الرسـم و اختبارات تطبيق بعض المهارات الرياضية إلى أخره.

هذه الاختبارات الأدائية إذا تـم إجراءهـا بموضـوعية يمكـن أن تعطينـا إلى جانـب الاختبارات النظرية صورة أكثر و واقعيـة عـن مسـتوى التحصيـل الـدراسي الفعـلي للتلميذ في المواد الدراسية.

ثالثاً: الاختبارات المقالية (الاختبارات التقليدية):

تعد الاختبارات المقاليـة أو ما تسمى بالاختبارات التقليديـة مـن أقـدم و أكـثر أنواع الاختبارات شيوعاً و استعمالاً في مؤسساتنا التعليميـة و في مختلف المراحل الدراسية. و قد سميت بهذا الاسم و ذلك للشبه الكبير بينها و بين كتابة المقالات و التقارير، و فيها نوع من الحرية و خاصة بموقف يمثل مشكلة مـا وهـي تتألـف من مجموعة من الأسئلة التي تتطلب من التلميذ إجابات مطولة نـوع مـا. وعـادة تبدأ هذه الأسئلة

بكلمات مثل اشرح، ناقش، اذكر، اكتب، وضح، و غيرها من الأسئلة التي أصبحت معروفة عند طلبتنا، و هذه الاختبارات لها أهميتها في تقويم الكثير من الأهداف التعليمية كالشرح و الوصف و المقارنة و التحليل والنقد و القدرة على التعبير الإنشائي و غيرها. و على الرغم من الانتقادات العديدة الموجهة اليوم إلى هذا النوع من الاختبارات إلا أنها ما تزال تستخدم على نطاق واسع و ذلك لمزاياها التي لا تتوفر في غيرها من أنواع الاختبارات و خاصة الموضوعية.

مزايا اختبارات المقال:

تتمتع اختبارات المقال بالعديد من المزايا لعل أهمها ما يلي:

١- أن من أهم مميزات اختبارات المقال هو ترك الحرية للطالب في الإجابة على أسئلتها فهي لا تحدد الطالب في نطاق عدد معين من الاستجابات يطلب منه اختبارها كما هو الحال في الاختبارات الموضوعية بل تعطى له الحرية في كيفية معالجة المشكلة المطروحة في السؤال مما يساعد على الإبداع و الابتكار و الإتيان بما هو جديد.

٢- سهولة وضع أسئلتها، حيث أن وضع أسئلة اختبارات المقال لا تكلف من يقوم بها إلا جهداً ووقتاً بسيطاً قياسيا بأنواع الاختبارات الأخرى.

٣- عدم تأثرها بعامل التخمين العشوائي (الحدس) كما يحصل مع بعض أنواع الاختبارات الموضوعية.

٤- تستطيع هذه الاختبارات إذا ما تم صياغتها بالشكل الصحيح أن تمرن التلاميذ على التحليل و النقد و عمل المقارنات والتفكير المستقل و معرفة ما بين الموضوعات المختلفة من علاقات.

٥- تشجيع هذه الاختبارات التلاميذ على الاهتمام بالتوصل إلى فهم عام و شامل للمادة العلمية وإلى تنظيم أفكارهم وتنمية قدراتهم على التعبير عن أنفسهم.

٦- تناسب هذه الاختبارات الكثير مـن المـواد الدراسـية كـالآداب والتاريخ و علـم النفس و علم الاجتماع و الفلسفة و غيرها من المواد ذات الطبيعة السردية و التي تعتمد على الحفظ.

عيوب الاختبارات المقالية:

على الرغم من المميزات السابقة للاختبارات المقالية إلا أنها تعـاني مـن عيـوب عديدة تقلل كثيراً مـن قيمتها كـأداة موضوعية ودقيقـة تصلح لعمليـة تقـويم التلاميذ في أحيان كثيرة و من هذه العيوب ما يلي:

١- صعوبة تصحيح أسئلتها، وهذا هو أول عيوب هذه الاختبارات حيث تحتاج إلى وقت و جهداً كبيراً لتصحيح أسئلتها و خصوصاً مـع الأعـداد الكبـيرة مـن التلاميذ الأمر الذي يصيب المصحح بالتعب و السـأم و الملـل مـما يـؤثر بالتـالي عـلى ثبات المقياس المعتمد في إعطاء الدرجة المناسبة.

٢- بما أن اختبار المقال يحتوي على عدد قليل من الأسئلة فهـذا يعنـي أنـه لا يمثل جميع جوانب المقرر الدراسي بل البعض منه فقط مما يجعل للحظ نصيباً كبـيراً في الإجابة عنها فقد يقرأ تلميذ ما بعض موضوعات المقرر و يصادف أن تـأتي الأسـئلة منها فينجح لذلك دون أن يكون لـه معرفة أو فهم لبقية موضوعات المقرر أو قد يكون العكس مما يؤدي إلى فشل التلميذ.

٣- عدم مراعاتها الفروق الفردية بين التلاميذ فهي واحدة بالنسبة لجميع التلاميذ.

٤- تأثيرها بالذاتية سـواء في اختبـار نـوع وصـياغة أسـئلتها أو في تصـحيحها ضـمن ناحية اختبار نوع الأسئلة فقد يكون المـدرس واضع الاختبار في وضع نفسي ـ غـير مستقر أو تعبأن أو يشـعر بالامتعـاض مـن طلابـه مـما يـؤدي إلى أن تـأتي الأسـئلة صعبة أو سهلة جداً. أما فيما يتعلق بتصحيحها فأن هذا التصحيح يتأثر هـو الآخـر بالعوامل الطارئة و العوامل الشخصية و النفسية والصحية للمصحح. و ذلك لعدم وجود مقياس ثابت يمكن الاستعانة به في عملية التصحيح الأمر الذي يجعل مقدار الدرجة متوقف على

تقدير المصحح وحده . كما أن مقدار هذه الدرجة تختلف من مصحح إلى آخر على السؤال الواحد و ذلك لأن بعض المصححين قد يميلون إلى الشدة في تقديراتهم و البعض الآخر إلى التساهل مما ينتج عنه اختلاف في الدرجة المعطاة على نفس السؤال بالنسبة لطالبين.

٥- غموض وعمومية بعض أسئلة الاختبارات المقالية يجعلها قابلة للتفسيرات المختلفة من قبل التلاميذ مما يؤدي إلى إجابات مختلفة على نفس السؤال.

٦- قد تلعب المهارة اللغوية للتلميذ في التعبير الكتابي و خطه وقدرته على التنسيق و الترتيب والربط ما بين الموضوعات في حصوله على درجة عالية قد لا يستحقها. وفي هذه الحالة يصبح الاختبار غير صادق في قياس الأهداف التي لا علاقة لها بالخط و الأسلوب.

٧- تسبب هذه الاختبارات في حدوث حالة من الخوف والقلق والرهبة و الغموض و ذلك للاعتماد عليها فقط في تقويم التلاميذ و أن عملية التقويم هذه تكون مقصورة على مدرس المادة فقط.

٨- بما أن الإجابة على أسئلة هذه الاختبارات تكون طويلة نوعاً ما فقد يقوم التلميذ بالإجابة عن أحد الأسئلة مستغرقاً فيه معظم الوقت مما يؤدي إلى عدم توزيع وقت الأسئلة توزيعاً عادلاً على جميع الأسئلة.

٩- هذه الاختبارات تجعل كل اهتمام التلاميذ يذهب نحو حفظ المعلومات و الحقائق العلمية و الاعتماد على الملخصات لأن تقدير أعمالهم سواءٍ في الاختبارات الشهرية أو في نهاية العام الدراسي مبني على الحفظ و الاستظهار هذه للمادة الدراسية التي تم تدريسها لهم. و لذلك فأن هذه الاختبارات لا تنمي في التلاميذ إلا قدرة واحدة هي قدرة التذكر و الاسترجاع فقط أما بالنسبة للقدرات الأخرى مثل القدرة على التفكير أو الفهم أو حل المشكلات فلا نصيب لها في هذا النوع من الاختبارات.

كيفية تحسين و إصلاح الاختبارات المقالية:

على الرغم من العيوب السابقة الذكر التي تؤخذ على الاختبارات المقالية إلا أن هذه الاختبارات ما تزال هي الأكثر شيوعاً و استخداماً في مؤسساتنا التعليمية وذلك بفعل المميزات التي تمتاز بها دون غيرها من أنواع الاختبارات الأخرى. لذلك فأن هذا الآمر يفرض علينا ضرورة التفكير في طرق جديدة تمكننا من إصلاح و تحسين هذا النوع من الاختبارات بحيث نحصل من خلالها على أفضل نتائج ممكنة عند استخدامها في تقويم التحصيل الدراسي للتلاميذ. وفي الحقيقة يمكننا ذلك إذا راعينا نوعين من الإجراءات تتعلق الأولى منها بقواعد إعداد هذا النوع من الاختبارات و يتعلق الثاني منها بقواعد تصحيحها وبيان ذلك فيما يلي:-

قواعد إعداد اختبار المقال:

عند وضع و إعداد اختبار المقال يجب أن نراعي ما يلي:

١- يجب أن يستهدف كل سؤال من أسئلة الاختبار المقالي قياس هدف تعليمي معين لا يمكن الحصول على اختبار (موضوعي أو عملي أو شفوي) صادقاً و ثابت له.

٢- يجب أن تصاغ الأسئلة بشكل واضح و محدد بحيث لا تقبل التأويل أو الآخذ على أكثر من وجه بسبب الغموض أو التواء في التعبير و الصعوبة توضيح ما مطلوب من السؤال.

٣- ضرورة عدم اقصار أسئلة الاختبار على جزء أو أجزاء من المقرر بل يجب أن تشمل اكبر قدر ممكن من موضوعات المقرر لتصبح مقياساً حقيقياً لمدى الفهم و الإلمام بالمادة من جميع جوانبها.

٤- يجب ألا يكون الغرض من الأسئلة هو مجرد سرد المعلومات و الخبرات التي حفظها التلميذ بل يجب أن تحاول أن تقيس كذلك مدى القدرة على الفهم و التفكير و حل المشكلات و غيرها.

٥- يجب أن يكون مستوى أسئلة هذه الاختبارات قادراً على أن تقيس الفروق الفردية بين التلاميذ بحيث لا تأتي هذه الأسئلة جميعها

صعبة بشكل لا يستطيع الإجابة عليها سوى التلاميذ الأذكياء أو بشكل بحيث يجيب عنها جميع التلاميذ الضعفاء و الأذكياء بنفس المستوى.

٦- إذا كأن غرض المدرس من الاختبار هو التوصل إلى تقويم عام في تحصيل التلاميذ فأنه يجب أن لا يترك للتلميذ مجالاً للاختيار من بين الأسئلة و ذلك لأن إفساح مثل هكذا مجال بترك واحد و أكثر من الأسئلة من شأنه أن يجعل أساس المقارنة بين التلاميذ غير موحد و بذلك تصبح النتائج بطبيعة الحال غير دقيقة.

٧- ضرورة قيام المدرس بإعداد أسئلة الاختبار قبل الموعد المقرر لإجرائها بمدة كافية و ليس قبل وقت قصير و ذلك لأن إعداد الأسئلة الجيدة يتطلب من المدرس التأني و التدقيق في وضعها أولاً و ثانياً لكي يسمح له هذا الوقت بمراجعتها للتأكد من صياغتها بالشكل المناسب.

قواعد تصحيح اختبارات المقال:

أما عن تصحيح اختبارات المقال فيجب أن نراعي ما يلي:-

١- ضرورة إخفاء أسماء التلاميذ بوضع أرقام سرية على أوراق أجابتهم بدلاً من أسماءهم و ذلك منعاً لتأثر المصحح بانطباعاته الشخصية عن التلميذ أي بما يحمله من فكرة حسنة أو سيئة عن التلميذ أو علاقته أو قربه منه أو بعده.

٢- يجب استعانة المدرس المصحح بنموذج للإجابة يتضمن العناصر الأساسية و الرئيسية للإجابة المطلوبة لكل سؤال مع توزيع درجة السؤال الواحد توزيعاً عادلاً على عناصره.

٣- يجب أن يقوم المدرس بتصحيح كل سؤال من أسئلة الاختبار في جميع الأوراق قبل الانتقال إلى السؤال الآخر و هذا الأجراء يفيد في حصر انتباه المدرس في السؤال نفسه و نموذج أجابته بحيث تصبح المقارنة بين إجابات التلاميذ سهلة بما يحقق الموضوعية في وضع الدرجة.

٤- ضرورة الاهتمام بما هو مطلوب من معلومات في السؤال وليس بأمور أخرى ليست لها علاقة بما نريد قياسه مثل جودة الخط أو حسن التنظيم و الترتيب فهذه الأمور يجب ألا تؤثر على مقدار الدرجة بالزيادة أو النقصان.

٥- يفضل تغيير ترتيب أوراق الإجابة عند الانتقال في التصحيح من سؤال إلى آخر لكي لا تتأثر درجة التلميذ لكون ورقته تأتي باستمرار بعد ورقة تلميذ ممتاز أو رديء.

٦- أن يوضع لكل سؤال ما يلائمه من الدرجات التي تعبر عن مقدار سهولته أو صعوبته فتكون درجة الأصعب بطبيعة الحال أكثر من الأقل صعوبة و هكذا و ذلك لكي يكون التقدير صادقاً و مبيناً الفروق الفردية بين التلاميذ.

رابعاً: الاختبارات الموضوعية:

نتيجة للعيوب التي أحاطت بالاختبارات المقالية حاول رجال التربية والتعليم البحث عن وسيلة أخرى أكثر موضوعية و دقة في تقييم تحصيل التلاميذ دراسياً و كانت نتيجة جهودهم التوصل إلى ابتكار نوع جديد من الاختبارات عرفه باسم الاختبارات الموضوعية و هي تتكون من عدد كبير من الأسئلة القصيرة التي لا تحتاج من التلاميذ إلا وقت قليل للإجابة عنها لأن هذه الإجابة لا تتعدى في أحيان كثيرة كلمة واحدة أو إشارة صغيرة. كما أن تصحيحها من قبل المدرس سهل بدون عناء أو تعقيد بالإضافة إلى ذلك ليس هناك مجال فيها لتأثير العوامل الشخصية أو المصادفة أو الحظ و من أمثلتها اختبارات الصواب و الخطأ، و اختبارات التكملة أو ملئ الفراغ، و اختبارات الاختيار من متعدد و غيرها.

مزايا الاختبارات الموضوعية:

بالإضافة إلى ما تقدم فأن للاختبارات الموضوعية مجموعة من المزايا أو الجوانب الإيجابية لعل أهمها مايلي:-

١- سهولة تصحيح أسئلتها، حيث بإمكان أي شخص القيام بتصحيحها فقط أن يعرف مفتاح الحل كما يمكن تصحيحها بواسطة جهاز الحاسوب.
٢- موضوعية التصحيح، حيث أن هذا النوع من الاختبارات لا يتأثر بذاتية المصحح لأن الإجابة على أسئلتها لا يحتمل الشك لأن تقديراتها دقيقة.
٣- شمولها جميع أو معظم مفردات المقرر الدراسي بفعل كثرتها مما يجعل التلاميذ مجبرين على استذكار المقرر بأكمله.
٤- تبعد التلاميذ عن الشعور بالخوف و الرهبة كما هو الحال مع الاختبارات المقالية.
٥- يمكن أن تكون مقياساً عالياً من الصدق و الثبات لقدرات التلاميذ على التحصيل الدراسي و خصوصاً إذا ما وضعت بشكل جيد.
٦- تصلح كمقياس للفروق الفردية بين التلاميذ و تحديد مستوى كل منهم لوجود مدى واسعاً بين السهل و الصعب من الأسئلة.
٧- بإمكان هذه الاختبارات أن تقيس بالفعل ما أحدثه التعليم من تغيير في سلوك التلاميذ و في طرق تفكيرهم و حل المشكلات ومقدار ما تم اكتسابه من خبرات و مهارات في جميع أنواعها.

عيوب الاختبارات الموضوعية:

لعل أهم العيوب التي تؤخذ على الاختبارات الموضوعية هي مايلي:
١- صعوبة إعداد أسئلتها و ذلك لأنها تحتاج إلى متخصص في إعداد هذا النوع من الأسئلة و لديه خبرة طويلة بالمادة موضوع الاختبار.
٢- تفسح المجال أمام التلاميذ للتخمين و الغش، حيث في هذا النوع من الاختبارات كثيراً ما يلجأ التلاميذ إلى التخمين في اختيار الإجابة الصحيحة أو قيامهم بالغش بمساعدة زملائهم وبطرق متعددة لسهولة القيام بذلك.

٣- لا تقيس هذه الاختبارات قدرة التلاميذ على ترتيب أفكارهم أو التعبير عنها بالشكل الصحيح.

٤- تحتاج هذه الاختبارات إلى وقت و جهد و مال أكثر من أي نوع آخر من الاختبارات.

أنواع الاختبارات الموضوعية:

تأخذ الاختبارات الموضوعية صور و أشكال عديدة من أهمها اختبارات الصواب و الخطأ، و اختبارات التكملة أو ملئ الفراغ، و اختبارات المقابلة أو المطابقة، و اختبارات الاختيار من متعدد، و اختبارات إعادة الترتيب و غيرها. و فيما يلي توضيح مفصل لهذه الأنواع مع التطرق إلى أهم مزاياها و عيوبها.

١-اختبار الصواب و الخطأ:

يعتبر اختبار الصواب و الخطأ من أسهل و أكثر أنواع الاختبارات الموضوعية استخداماً و هو يتكون من عدد من العبارات بعضها صائب و بعضها خطأ و يطلب من التلميذ أن يضع علامة صح (√) أمام العبارة الصحيحة و علامة خطأ (×) أمام العبارة الخاطئة. و يستخدم هذا الاختبار عادة في اختبار الحقائق و الأفكار و المفاهيم البسيطة.

أما أهم مزايا هذا النوع من الاختبارات الموضوعية فهو كما يلي:-

أ- سهولة التصحيح و الأعداد.

ب- يمكن تقدير الإجابات بموضوعية كاملة.

ج- شموله لجميع أجزاء المادة الدراسية.

د- يستطيع التلميذ أن يجيب في وقت معين على عدد من فقرات هذا الاختبار أكثر من أي نوع آخر من الاختبارات الموضوعية.

أما أهم العيوب التي تؤخذ عليه فهي:

أ- تأثر هذا النوع من الاختبارات الموضوعية بعامل التخمين بنسبة ٥٠% أي أن التلميذ الذي لا يعرف الإجابة الصحيحة يلجأ إلى اختبار الإجابة عشوائياً.

ب- تعتبر مدعاة للغش.
ج- أن معظم فقرات هذا النوع من الاختبارات يتعلق بالحقائق البسيطة و لا تصلح لقياس التطبيق و التحليل و غيرها.

شروط إعداد اختبار الصواب و الخطأ:

من اجل الحصول على اكبر قدر ممكن من الموضوعية والدقة في اختبار الصواب و الخطأ يجب أن نوجه العناية عند وضع فقراته إلى الأمور الآتية[١] :

١- يجب أن تصاغ العبارة بدقة بحيث أما تكون صائبة تماماً أو خاطئة تماماً.

٢- عدم جعل الفقرات تحمل مؤشرات للحل عن طريق حصر استعمال كلمات معينة في العبارة الصحيحة مثل،قد،أحياناً،يحتمل، معظم،و أخرى في العبارات الخاطئة مثل كل،فقط،لا أحد، ابدً،دائماً.

٣- تجنب العبارة التي تحتوي على أكثر من فكرة واحدة و خاصة إذا كانت إحداهما صائبة و أخرى خاطئة لأن هذا الازدواج يسبب خلطاً للتلميذ.

٤- يفضل تجنب العبارة المصاغة بالنفي أو نفي النفي لأنها مربكة للتلميذ.

٥- أن تصاغ العبارات بحيث يكون نصفها صحيحاً و النصف الآخر خاطئاً.

٦- يجب أن لا تكون العبارات الصائبة أطول من الخاطئة بشكل متكرر بحيث تعطي مؤشراً للتلميذ.

٧- يجب عدم نقل العبارات من الكتاب المدرسي المقرر بشكل حرفي لأن ذلك يشجع التلاميذ على الاستظهار بدلاً من الفهم كذلك يجعلها غامضة مما قد تحتمل الصواب و الخطأ معاً.

---

١)- غانم سعيد العبيدي وحنان عيسى الجبوري ، المصدر السابق ، ص ١٢٥ .

مثال على اختبار الصواب و الخطأ:

اقرأ كل من العبارات التالية ثم ضع في المكان المخصص علامة (×) إذا كانت العبارة صحيحة(√) و علامة إذا كانت العبارة خاطئة.

١- تقع ليبيا في قارة أفريقيا ( )

٢- مكتشف قانون الجاذبية هو ارخميدس ( )

٣- مؤلف كتاب (الشفاء) هو ابن سينا. ( )

٤- معركة ذي قار وقعت بين العرب و الروم. ( )

٥- تقاس الحرارة بالبارومتر. ( )

٦- يحدث الكسوف عند توسط الأرض بين الشمس و القمر. ( )

٢- اختبار التكملة أو ملء الفراغ:-

يتكون هذا النوع من الاختبار من مجموعة من العبارات أو الجمل الناقصة و يطلب من التلميذ إكمالها بكلمة أو رمزاً أو رقماً ملائماً وهو يكون مطلقاً أو مقيداً، و المطلق يقوم على أساس اختيار المعلم نص من النصوص التي سبق أن درسها التلميذ ويرفع أهم كلماته و يطلب من التلميذ تبعاً لذلك أن يضع الكلمة الملائمة في المكان المناسب لها في النص. أما المفيد فيأتي المعلم بالنص و يرفع أهم كلماته و لكنه يضعها جانباً بشكل عشوائي و يطلب من التلميذ أن يختار الكلمة المناسبة و يضعها في الفراغ المناسب لها في النص.

مزاياه:-

من أهم مزايا اختبار التكملة أو ملء الفراغ مايلي:

أ- سهولة إعدادها و تصحيحها.

ب- تتمتع بموضوعية كبيرة.

ج- فرصة التخمين فيها اقل مما في الأنواع الأخرى من الاختبارات الموضوعية.

د- ممكن أن تغطي جزء كبيراً من المادة.

عيوبه:

أما من أهم عيوب هذا النوع من الاختبارات فهي:

ا- اعتمادها على الحفظ و استظهار المعلومات أي أن الفهم و التفكير مثلاً ليس له نصيب كبير في هذا النوع من الاختبارات.

ب- ممكن أن تدخل بها ذاتية المصحح.

ج- صعوبة إعداد فقراتها التي تحوي إجابة واحدة.

مثال على اختبار التكملة أو مليء الفراغ :

املأ الفراغات التالية بما يناسبها:-

١- يمتص النبات الماء عن طريق ....

٢- تنتقل الملاريا إلى الإنسان عن طريق حشرة ....

٣- عام .... م غزا ابرهة الحبشي مكة المكرمة.

٤- ثاني الخلفاء الراشدين هو ....

٥- تقاس الحرارة بواسطة ....

٣- اختبار المقابلة أو المطابقة:

لهذا الاختبار عدة أسماء منها المزاوجة و التوفيق أو المطابقة أو المقابلة وهو يتألف من عامودين متقابلين يضم كل واحد منها مجموعة من العناصر، و يجب أن يكون كل عنصر في العمود الأول مطابقاً مع عنصر أخر في العمود الثاني على أساس من وجود علاقة معينة بينهما، و يطلب من التلميذ قراءة العمود الأول و اختيار لكل عنصر فيه عنصراً من العمود الثاني و تسمى عناصر العمود الأول بالمقدمات و عناصر العمود الثاني بالاستجابات، وفي العادة تعطى عناصر العمود الأول أرقاماً متسلسلة (١,٢,٣,٤.....،الخ) أما العنصر العمود الثاني فتعطي رموزاً أو حروفاً (أ،ب،ج،د....الخ). و يشترط هنا أن يضم العمود الثاني عدداً من العناصر أكثر من عدد العناصر في العمود الأول ولا يرتبط أي عنصر من عناصر العمود الأول بأكثر من عنصر من عناصر العمود الثاني. كما يجب ألا يتفق ترتيب عناصر العمود الأول مع عناصر العمود الثاني.

مزاياه

من أهم المزايا التي يتمتع فيها هذا النوع من الاختبارات مايلي:

١- أن تصميم فقرات المطابقة يتم بشكل أسهل وأسرع من تصميم فقرات كثير من أنواع الاختبارات الموضوعية مثل اختبار الاختيار من متعدد.

٢- تتطلب جزاً اقل في طباعتها و توفير وقت أطول للطالب للقراءة و الإجابة.

٣- إذا كانت الاستجابات ملائمة فعلاً لكل فقرات المقدمات فأن ذلك يؤدي إلى تقليل اثر التخمين العشوائي كما هو عليه الحال في فقرات الصواب و الخطأ.

٤- يمكن تقديرا إجابتها بموضوعية كاملة.

٥- تفيد كثيراً في اختيار معاني المفردات و تواريخ الحوادث ونسبة الكتب إلى مؤلفيها و الأحداث إلى ظروفها أو عواملها والنظريات إلى أصحابها و الاكتشافات إلى مكتشفيها و الرموز الكيميائية و أسماء المركبات التي تدل عليها.

٦- تناسب أكثر من غيرها من أنواع الاختبارات الأخرى لتلاميذ المرحلة الابتدائية الذين يجدون فيها نوع من التشويق و الإثارة.

عيوبه:

من أهم العيوب التي تؤخذ على اختبار المقابلة أو المطابقة مايلي:

١- أن القدرات التي تقيسها فقرات المطابقة محدودة فهي لا تصلح لقياس القدرات و المهارات التي تفوق تذكر المعلومات إلا في حالات نادرة.

٢- لا يصلح هذا النوع من الاختبارات للوحدات الصغيرة من المادة الدراسية بسبب خاصية إلى وجود عدد من العلاقات المتناظرة ما بين فقرات العمودين عليه فأن استخدامه سوف يكون مقتصراً على المواد الدراسية التي تمتاز بالطول.

شروط إعداد اختبار المقابلة أو المطابقة:

لعل أهم الشروط التي يجب مراعاتها عند عمل أسئلة اختبار المقابلة أو المطابقة هي ما يلي [١]:-

١- يجب أن تكون عناصر العمود الأول و عناصر العمود الثاني في السؤال الواحد متجانسة أي أن تكون من موضوع واحد أو طائفة واحدة، كأن تكون جميعها معلومات تاريخية أو جغرافية أو أسماء النظريات ... الخ.

٢- يجب أن يكون عدد عناصر العمود الثاني من السؤال اكبر من عدد العناصر في العمود الأول لأن التساوي بينهما يؤدي إلى أن تصبح الإجابة على الفقرة الأخيرة محلوله بنفسها إذ ترتبط الإجابة الباقية بالعنصر الباقي.

٣- يجب أن تكون عناصر العمود الثاني مختصرة و مركزة قدر الإمكان و إذا كانت عناصر العمود الأول أكثر اختصاراً من الأخرى فيفضل تغيير أماكنها أي جعل العمود الأول مكان العمود الثاني.

أمثلة على اختبار المقابلة أو المطابقة:

مثال (١):

أن كل واحدة من المدن التالية في المجموعة الثانية عاصمة لإحدى الدول في المجموعة الأولى، ضع إزاء كل دولة رمز المدينة التي هي عاصمتها في المجموعة الثانية:

---

١)- غانم سعيد العبيدي وحنان عيسى الجبوري, المصدر السابق ، ص ١٢٦-١٢٧ .

المجموعة الأولى	المجموعة الثانية
( ) ١- العراق	أ- أمستردام
( ) ٢- تونس	ب- ستوكهولم
( ) ٣- البحرين	ج- جنيف
( ) ٤- هولندا	د- تونس
( ) ٥- السويد	٥- بغداد
	و- المنامة
	ي- الدوحة

مثال (٢):

ضع في المكان المخصص أمام كل عبارة في المجموعة الأولى رمز العبارة التي تناسبها في المجموعة الثانية.

المجموعة الأولى	المجموعة الثانية
( ) ١- طه حسين	أ- صراع الحضارات
( ) ٢- صموئيل هنتفتون	ب- السياسة
( ) ٣- كومنيوس	ج- الأيام
( ) ٤- محمد حسين هيكل	د- الألفية
( ) ٥- ابن مالك	٥- أحاديث في أسيا
	و- المعرفة الجامعة

٤- اختبار الاختيار من متعدد:

يعدّ اختبار الاختيار من متعدد من أصعب أنواع الاختبارات الموضوعية من حيث الأعداد و هو يتمثل في مجموعة الأسئلة كل سؤال منها يذكر معه مجموعة من الإجابات (أربعة أو خمسة) و يطلب من التلميذ أن يختار لكل سؤال إجابة واحدة صحيحة من الإجابات المعروضة عليه أو يضع عليها علامة أو يكتب رقم الإجابة الصحيحة في المكان الملائم لذلك. و يراعى في هذا النوع من الاختبارات أن تكون الإجابة المقدمة من وجهة نظر التلميذ.

المزايا:

من أهم المزايا التي تتمتع بها الاختبارات الاختيار من متعدد مايلي:

١- يمكن تقدير الإجابة بموضوعية تامة.
٢- أنها اقل تأثير في عامل التخمين من اختبارات الصواب و الخطأ.
٣- أنها أكثر مرونة من أنواع الاختبارات الموضوعية الأخرى من حيث إمكانية استخدامها في تقويم أنواع من القدرات و المهارات مثل القدرة على التذكر و القدرة على الفهم و التحليل و غيرها.
٤- يمكن استخدام الحاسوب في عملية التصحيح.

العيوب:

من أهم العيوب التي تؤخذ على اختبارات الاختيار من متعدد مايلي:
١- أن إعداد و صياغة هذا النوع من الاختبارات أصعب من إعداد و صياغة أي نوع من أنواع الاختبارات الموضوعية الأخرى.
٢- تتطلب قراءتها و الإجابة عليها وقت أطول مما تتطلبه أنواع الاختبارات الموضوعية الأخرى.
٣- تتأثر بعامل التخمين ولو بنسبة اقل من اختبارات الصواب و الخطأ.

شروط إعداد اختبار الاختيار من متعدد:

من أهم الشروط التي من الضروري مراعاتها عند إعداد اختبار الاختيار من متعدد هي الآتية:
١- أن يكون أحد الأجوبة صحيحاً.
٢- أن يتم توزيع الإجابات الصحيحة بحيث لا تحتل مكاناً معيناً غالباً بين الإجابات الأخرى كأن تأتي غالباً في الوسط أو في البداية أو في الأخر فيظهر ذلك.
٣- يجب الابتعاد عن العبارات الطويلة في صياغة السؤال، وكذلك عدم شحن التلاميذ بأشياء غير ضرورية و مهمة.
٤- أن تكون العبارات أو الكلمات التي تختار فيها الإجابة الصحيحة لا تقل عن أربعة أو خمسة و لا تزيد عن سبعة.
٥- يجب أن تكون كل البدائل مناسبة لغوياً لحل الفقرة كأن تكون كل البدائل معروفة أو أن تكون فكرة.
٦- يجب أن تكون البدائل مركزة و مختصرة بقدر الإمكان.

أمثلة على اختبار الاختيار من متعدد:

اقرأ العبارات التالية ثم اشر على الإجابة الصحيحة:

- تقع جبال الهملايا في [أفغانستان – تركيا – الهند – باكستان].

- الجنائن المعلقة في:[بابل – سامراء – البصرة – الكوفة].

- قائد المسلمين في معركة القادسية هو:[صلاح الدين الأيوبي – خالد ابن الوليـد – عمرو بن العاصي – سعد بن أبي وقاص].

- عاصمة اليابان هي:[بكين – طوكيو – نيو دلهي – كابول].

- الحرب العالمية الثانية انتهت عام:[١٩٤٤ – ١٩٤٣ – ١٩٤٥ – ١٩٤٦].

- الزاوية القائمة:[١٦٠ – ١٢٠ – ١٨٠ – ٩٠].

- مدة حمل المرأة:[٧ اشهر – ٨ اشهر – ١٠ اشهر – ٩ اشهر].

- اقرب الكواكب إلى الشمس هو:[عطارد – الزهرة – ارانوس – زحل].

- فاز بكأس العالم لعام ٢٠٠٢ منتخب:[الأرجنتين – فرنسا – البرازيل – إيطاليا].

٥- اختبار إعادة الترتيب:

في هذا النوع من الاختبارات يـتم إعطاء التلميذ مجموعـة مـن الكلمات أو الرموز أو الأرقام أو العبارات أو التواريخ أو الأحداث أو خطوات حل مشكلة مـن المشاكل ...الخ. مرتبة بشكل عشوائي و يطلب منه إعادة ترتيبها بإعطائها أرقامـاً متسلسلة أو وفق أسلوب معين آخر. و في هذه الحالة يجب على التلميذ الممتحن أن يعرف أولاً الأساس الذي يراد ترتيبها وفقاً له، أي هل حسب الزمن أو المكان أو الأهمية أو العمر أو الحجم أو ترتيبها المنطقي .

أمثلة على ذلك:

مثال رقم (١):

رتب الدول الآتية من حيث عدد السكان من الأكثر إلى الأقل بحيـث تعطي رقم (١) للدولة الأكثر سكاناً و رقم (٢) للأقل منها و هكذا...الخ.

اليابان - الصين - إيران - الهند - فنزويلا - البرازيل.

مثال رقم (٢):

رتب الحروب التالية من حيث تاريخ حدوثها من القديم إلى الحديث:

الحرب العالمية الأولى، حروب الردة، حرب البسوس، الحرب العالمية الثانية، حـرب الخليج الثانية.

مثال رقم (٣):

رتب الحيوانات التالية من حيث الحجم من الأصغر إلى الأكبر:

الفيل ، القطة ، الأسد ، الذئب ، الفأر ، السلحفاة.

٦- اختبار التعريف:

يعتبر هذا الاختبار من أسهل أنواع الاختبارات وهو يقوم عـلى ذكر معلومات مختصرة و دقيقة لا تتجاوز ثلاثة أسطر في العادة عن مصطلح، أو مفهوم، أو قائد، أو معركة، أو ظاهرة، أو بلد أو عاصمة...الخ.

مثال على ذلك:

عرف ما يأتي:

علم النفس، التقويم، الاختبارات التحصيلية، اختبارات الذكاء، الإحساس، الإدراك.

٧- اختبار التعرف:

أما في هذا الاختبار فيتم إعطاء التلميـذ شـكل أو صـورة أو رسم أو مخطـوط لأنسأن أو حيوان أو نبات أو جماد بشكل مشوش أو غير واضح أو نـاقص جـزء أو مجموعة من الأجزاء و يطلب منه

التعرف عليه. و يمكن استخدام هذا النوع من الاختبارات في مادة التاريخ و الجغرافية و العلوم و مبادئ الهندسة و سائر المواد التي تستخدم الرسم.

٨- اختبار التشخيص:

ويسمى أيضاً اختبار التصنيف، وهو يقوم على إعطاء التلميذ مجموعة من الكلمات أو أسماء الكتب أو الموضوعات و يطلب منه تصنيفها حسب أمر معين فالكلمات مثلاً يطلب من التلميذ تصنيفها إلى اسم، فعل، حرف،...الخ. و الكتب تصنف حسب مؤلفيها أو موضوعاتها أو سنوات صدورها...الخ.

بالإضافة إلى هذه الأنواع من الاختبارات الموضوعية التي تقدم ذكرها توجد هناك أنواع أخرى مثل اختبارات الترابط، و اختبارات القياس، و نحن اكتفينا بهذه الإشارة السريعة إلى هذه الأنواع على أنه يمكن للمعلم ابتكار أنواع أخرى و استخدامها بالأسلوب الذي يراه ملائماً لتلاميذ ته.

خامساً: الاختبارات التحصيلية المقننة:

بدأت حركة الاختبار و القياس النفسي كما ذكرنا في أواخر القرن التاسع عشر- و ذلك عندما استعملها العالم السيكولوجي جيمس كاتل مفهوم الاختبار للإشارة إلى مجموعة من الاختبارات النفسية المستعملة لدراسة الفروق الفردية بين طلاب الجامعات ومن هنا بدأ رجال التربية و علم النفس في تصميم وإعداد الكثير من الاختبارات المقننة و استعمالها في قياس مختلف الجوانب النفسية للفرد، وكأن العالم الفرنسي- بينة في مقدمتهم من خلال محاولاته لإيجاد مقياس صادق و ثابت يصلح الرجوع إليه للتفريق بين التلاميذ من حيث مقدر اتهم العقلية لمعرفة من يصلح منهم للدراسة من عدمه. و هكذا أخذت المقاييس النفسية بالظهور و الانتشار مستهدفة باستمرار تحسين اختبارها و تطبيقها.

أما الاختبارات التحصيلية المقننة فأن العالم النفسي- الأمريكي ثورنذايك يعتبر الرائد الأول لها من خلال نشر أحد تلاميذ ته أول اختبار مقنن في التفكير الحسابي و ذلك عام ١٩٠٨ تبعه **ثورندايك** ذاته و زميله **مونرو** في نشر- مجموعة اختبارات في الخط عام ١٩١٠ ثم نشر بعد ذلك العالم **كورتسي** اختباراته الشهيرة في الحساب في عام ١٩١١، و هكذا توالت بعد ذلك الأنواع المختلفة من الاختبارات التحصيلية المقننة للمواد الدراسية المختلفة في الرياضيات و اللغة مثل (القراءة و الكتابة و التهجي و قواعد اللغة و الأساليب اللغوية...الخ)،

و أخذت بعد ذلك تدخل التحسينات لزيادة صدق الاختبار و ثباته و معايير تفسيره[1].

المقصود بالاختبار المقنن (هو الاختبار الذي صيغت مفرداته و كتبت تعليماته بطريقة تضمن ثباته إذا ما كرر، كما تضمن صدقه في قياس السمة أو الظاهرة التي وضع لقياسها)[2] ويرى (نول) أن الاختبار المقنن هو((ذلك الاختبار الذي يتم إعداده بعناية من قبل خبراء في ضوء الأهداف أو الأغراض المتفق عليها ، ويتم تحديد إجراءات تطبيقه وتصحيحه وتفسير درجاته بصورة دقيقة وواضحة ومفصلة بحيث لا يتأثر بمن يطبقه أو المكان الذي يطبق فيه . والنتائج تكون قابلة للمقارنة ، ومعايير أو متوسطات المستويات العمرية أو الصفية يتم تحديدها مسبقاً)) [3].

وعلى ذلك فأن الاختبارات المقننة هي أنها اختبارات لها طريقة خاصة في إعدادها و تصحيحها تم تطبيق عليها طرق إحصائية دقيقة بعد تجريبها على نطاق واسع فتوافرت فيها الدقة في اختبار عناصرها، و تدرجت تلك العناصر في صعوبتها أو في تعقيدها و أصبحت صادقة و صالحة بقدر كبير في قياس ما هو مطلوب منها قياسه.

ومعظم اختبارات التحصيل المقننة من النوع الموضوعي الذي يتضمن عدد كبير من الأسئلة ذات الإجابات القصيرة مثل أسئلة الصواب و الخطأ أو ملئ الفراغ أو الاختيار من متعدد وهي أما لسنة

١) سعيد العبيدي وحنأن عيسى الجبوري ، المصدر السابق ، ص ١٦٢ .

٢) د. رمزية الغريب ، المصدر السابق ، ص ٥٠٠ .

٣) Noll , U.H , Introducation Educational Measurement , ٢nded , Boston : Houghton Mifflin , ١٩٨٥ ,-٣ p.٥.

دراسية واحدة أو عدة سنوات دراسية و هذه الاختبارات تفسح المجال لمتابعة نمو التلاميذ و تطور تحصيلهم الدراسي حيث تدل الزيادة في التحصيل على التقدم أما النقصان فأنه يدل على التأخر. و يسمح لنا هذا الأمر من معرفة نسبة التحصيل مما يفيد في توجيهيهم و إرشادهم دراسياً، و يمكننا معرفة نسبة التحصيل من خلال المعادلة التالية :

نسبة التحصيل = (العمر التحصيلي/ العمر الزمني) * ١٠٠

أوجه الاختلاف بين الاختبارات التحصيلية المقننة و الاختبارات التحصيلية التقليدية:

الاختبارات التحصيلية المقننة هي نوع خاص من الاختبارات لذلك فهي تختلف عن الاختبارات التحصيلية التقليدية في العديد من الجوانب فهي تختلف عنها في طريقة تأليف و صياغة أسئلتها، و في طريقة الإجابة عنها، و من حيث أساليب تصحيحها، و أخيراً من حيث الانتفاع بنتائجها، و توضيح ذلك في ما يلي:

١- من ناحية تأليف الأسئلة و صياغتها:

ففي الوقت الذي تتألف فيه الاختبارات التقليدية من عدد محدود من الأسئلة التي قد لا تشتمل إلا جزءٍ أو أجزاء محدودة من المادة الدراسية و تتطلب إجابات مستفيضة عليها ينشغل التلاميذ فيها بالكتابة و التحليل و التنظيم و ربط الحقائق مع بعضها الأمر الذي يؤدي إلى إمكانية لعب الحظ دوراً فيها كذلك يؤثر فيها جودة الخط و حسن الأسلوب و فصاحة اللغة، و غيرها من الأمور التي ليس لها علاقة من بعيد أو قريب بما يريد قياسه. تتألف الاختبارات المقننة من مجموعة كبيرة من الأسئلة القصيرة التي تتطلب إجابات سريعة و قصيرة يجعلها تشتمل معظم المقرر الدراسي مما لا يجعل للحظ نصيباً فيها لأن التلميذ الذي يريد النجاح يجب عليه مراجعة المادة بكاملها، كما أن أعداد أسئلة اختبار المقنن يتطلب جهداً اكبر بكثير مما تتطلبه أعداد أسئلة الاختبارات التقليدية.

٢- أما من ناحية طريقة الإجابة عليها:

تختلف طريقة الإجابة في حالة أسئلة الاختبارات التقليدية عما هو عليه الحال مع أسئلة الاختبارات المقننة ففي الحالة الأولى يجد التلميذ نفسه أمام سلسلة من الأفكار و الخطوات المرتبطة الواحدة بالأخرى بحيث إذا أخطأ في أي خطوة يؤدي إلى تعذر سيره في الخطوات الأخرى مما يؤدي إلى ارتباكه و خوفه و قلقه، أما في حالة الإجابة عن أسئلة اختبار المقنن فأن الأمر يختلف بفعل شمولها على عدد كبير من الأسئلة مستقل الواحد عن الأخرى و متدرجة من السهل إلى الصعب مما يشجع هذا التنظيم التلميذ على المضي- في حل الأسئلة دون شعوره بالارتباك أو الخوف لعدم وجود ما يعطل سيره هذا ، ففي حالة عدم معرفته سؤال ما يمكنه الانتقال إلى سؤال يليه دون أي تأثر. و كذلك فأن هذا النوع من الاختبارات يحتاج إلى وقت اقل بكثير مما تحتاج إليه الاختبارات التقليدية.

٣- من حيث التصحيح:

أما من حيث التصحيح فأن الاختبارات التقليدية تخضع عادة للتقدير الذاتي للمصححين كما تتعرض للاختلافات في الرأي بينهم في عملية تقدير الدرجة المناسبة على السؤال الواحد، أما في الاختبارات المقننة فلا نجد مثل هذا الاختلاف و ذلك يحكم أن الأسئلة موضوعة بأسلوب لا يقبل الشك في الإجابة عليها فهي أما صح فينال التلميذ درجة عليها أو أما خطأ فلا ينال أي درجة مطلقاً.

٤- من ناحية الانتفاع بالنتائج:

في الاختبارات التقليدية لا يكون لدرجاتها معنى، حيث يضع المصحح الحدود التي يراها للنجاح و الرسوب بناء على تقديره الذاتي و ليس بناءٍ على أساس موضوعي سليم. و هذا الأمر على عكس ما هو عليه في الاختبارات المقننة التي تعمل لها معايير موضوعية ثابتة توضح مراتب النجاح في الاختبار و ما يقابل كل درجة من مستويات التحصيل. بحيث يمكن بسهولة تحديد مستوى التلميذ و مقارنته بغيره

من معرفة درجة الاختبار و موضوع هذه الدرجة في معيار الاختبار. والمثال الأتي يمكن أن يبين لنا كيف يحدث ذلك:

جدول يوضح المعايير المئوية:

الدرجات الأصلية	المعايير المئوية	الدرجات الأصلية	المعايير المئوية
٢٣	٤٥	٥٣	٩٩
٢٠	٤٠	٥١	٩٥
١٨	٣٥	٤٦	٩٠
١٧	٣٠	٤٣	٨٥
١٤	٢٥	٤٠	٨٠
١٣	٢٠	٣٨	٧٥
١١	١٥	٣٧	٧٠
٨	١٠	٣٤	٦٥
٦	٥	٣٠	٦٠
٢	١	٣٧	٥٥
		٢٦	٥٠

فإذا نظرنا إلى الجدول أعلاه نستطيع أن نحدد أن التلميذ الذي يحصل على درجة (٥٣) بأن مركزه ممتاز، أما التلميذ الذي يحصل على درجة (٢٦) فأن مركزه متوسط، في حيث أن التلميذ الذي يحصل على درجة (١٨) فمعنى ذلك أنه لم يحصل على درجة جيدة و بالتالي فأن وضعه بالنسبة لزملائه غير جيدة لأن ذلك يعني أن هناك ٦٨ منهم قد حصلوا على درجة أعلى من درجته.

أهمية الاختبارات التحصيلية المقننة:

يمكننا إجمال الأهمية التي تنطوي عليها الاختبارات التحصيلية المقننة في النقاط التالية[١]:-

١- تمد المعلم بمحك حقيقي للتقويم:

١) د. امطانيوس ميخائيل، المصدر السابق، ص ٣٤١- ٣٤٢.

المعلم الذي يستخدم الاختبار المقنن يمكن أن يكون لـه محك حقيقي يستند إليـه في الحكم على مدى فاعليـة نشـاطه التعليمـي و أهدافـه التعليميـة الخاصـة كـما يمكنه من المقارنة ما بين طلابه و طلاب أي مدرسة أخرى في نفس السنة الدراسية. على أن استخدام المعلم للاختبار المقنن لا يعني بأي من الأحوال الاسـتغناء النهـائي عن بقية الأنواع الأخرى من الاختبارات بل يمكـن اسـتخدامه إلى جانـب اسـتخدام الاختبارات التقليدية الأخرى مثل الاختبارات الشفوية و الأدائية و المقالية لتعطينـا صورة أكثر شمولية و صدق عن المستوى الحقيقي للطالب.

٢- تحديد درجة تقدم التلميذ:

و يتم تحديد درجة تقدم التلميذ من خلال تطبيق الاختبار المقنن لمـدتين، مـرة في بداية العام الدراسي و الأخرى في نهايته. فبعـد تحديـد درجـة التلميـذ في الاختبـار الأول بعد مقارنته بزملائه ملاحظة مدى تقدمه من عدمه في الاختبار الثاني.

٣- تمكننا الاختبارات المقننة من أجراء مقارنـات مفيـدة لمـدى تحصـيل التلميـذ في مختلف المواد الدراسية أو جوانب خاصة في مجال معين: فهذه المقارنـة تفيـدنا في التعرف على جوانب الضعف بما يمكننا من وضع الحلـول اللازمـة لهـا. فقـد يظهـر الاختبار أن هناك تلميذ ما يعاني من الضـعف في تحصـيل مـادة الحسـاب مـثلاً في حين أنه جيد في تحصيل بقية المواد الأخرى الأمر الذي يفرض على معلـم الحسـاب ضرورة الاهتمام بهذا التلميذ بهدف تحسين مستواه في هذه المادة.

٤- يمكن الاعتماد على الاختبارات التحصيلية المقننة في وضع الشـخص المناسـب في المكان المناسـب لقدراتـه و اسـتعداداته و ميولـه بـالاعتماد عـلى مـا تظهـره هـذه الاختبارات من نتائج سواء كأن هـذا الأمـر يتعلـق بنـوع الدراسـة أو التخصـص أو بالنسبة لاختيار نوع المهنة.

٥- تعتبر وسيلة هامة من وسائل تقويم المناهج الدراسية:

الاختبارات التحصيلية المقننة باعتبارهـا أدوات قيـاس علميـة دقيقـة يمكنهـا بيـان الجوانب الإيجابية في المناهج التعليمية كما يمكنها بيان

جوانب الضعف و القصور فيها مما يفسح المجال لتغييرها أو تعديلها و جعلها تتلاءم مع قدرات التلاميذ الدراسية و حاجاتهم.

خطوات إعداد الاختبار التحصيلي المقنن:

تمر عملية إعداد الاختبار التحصيلي المقنن بمجموعة من الخطوات أو المراحل حتى يخرج بالصيغة النهائية التي يمكن عندها وضعه موضع التنفيذ العملي و هذه الخطوات أو المراحل هي التالية [١]:-

١- تحديد الغرض من الاختبار:-

يجب على القائم بإعداد الاختبار المقنن أن يحدد منذ البداية الغرض الحقيقي لاختباره هل هو الحصول على بيانات دقيقة و أن يقوم بتنفيذه معلمين لهم خبرة و تدريب على كيفية القيام به أم الغرض هو الحصول على بيانات سريعة و أن يعهد به إلى معلمين غير مدربين التدريب الكافي على استخدام الاختبار المقنن. فإذا كأن الغرض من الاختبار هو الحصول على بيانات دقيقة فهذا يعني ضرورة إتباع الطرق الإحصائية و الفنية التي تحقق هذا الغرض. أما إذا كأن الغرض منه الحصول على معلومات سريعة فأن ذلك يعني أنه لا يريد من مراعاة سهولة إجراؤه و سهولة تفسير معاييره لأن تعقيد الاختبار سوف يؤدي إلى أخطاء كبيرة يحكم تحميل للاختبار أكثر من قدرته.

٢- تحديد أهداف الاختبار:

بعد تحديد غرض الاختبار يتم تحديد الهدف منه و تعتبر هذه الخطوة من أهم خطوات إعداد الاختبار المقنن لأنه عليها تتوقف بقية الخطوات الأخرى كما أن تحديد الهدف بحد ذاته ليس بالعملية السهلة على واضع الاختبار لأنه يتطلب منه أن يفكر بعمق به فهل يكون الهدف هو مجرد قياس تحصيل التلاميذ أو تحديد مستواهم في خبرة مدرسية معينة كما يمثلها منهج مدرسي معين أم الهدف سوف يكون

---

١) غانم سعيد العبيدي وحنان عيسى الجبوري ، المصدر السابق ، ص ١٥٤ - ١٥٨ .

ابعد مـن ذلك بكثير ليذهب إلى تقويم مـدى نجـاح المدرسـة في تحقيق الأهداف التربوية العامة فضـلاً عـن الأهداف الخاصة التي تتعلـق بالتحصيل في مادة دراسية معينة و نستطيع القول هنا إذا القائم بإعـداد الاختبار إذا أراد مـن اختباره فقط الاستخدام عـلى نطاق الصف الدراسي لإغراض التقويمية اليومية العادية فأنـه مـن الممكـن أن يحـدد أهداف اختبـاره بسرعة، أمـا إذا احتـاج إلى تصميم اختبار عـلى درجة عاليـة مـن الصدق و الثبـات يجب عليه أن يراعـي الأهداف التربوية العامة كما يجب عليه أن يراعي في الوقت نفسه أهداف المـادة الخاضعة لعملية الاختبار.

٣- تحديد محتويات الاختبار:

في هذه الخطوة يتم وضع الخطوط العريضة لمحتويات الاختبار التي يتم عـلى أساسها تحديد المادة المناسبة التي سيتكون منها الاختبار و تكون مجالاً لأسئلته بما يحقق أهداف الاختبار، و لتحقيق هذه الخطوة يقوم واضع الاختبار أولاً بحصر ـ الموضوعات الرئيسية المراد قياس التحصيل فيها و اختبارها، ثم يتبع ذلك بعمل تصنيف أو تقسيم لهذه الموضوعات و تفاصيل كـل نقطة مـن نقاطه. ويعتمـد واضع الاختبار في عمله هذا على خبرته العلمية أو المهنية في هذا المجال من حيث معرفته بموضوعات المـادة الدراسية موضع الاختبار أو يقوم بتحليـل المناهج و الكتب المدرسية الأخرى ذات العلاقة، وقد لا يكتفي بهذه المعرفة بـل يـذهب إلى ابعد من ذلك إلى الاستعانة بأهل الاختصاص من لهم خبرة و معرفـة بالمـادة قيد الاختبار.

٤- تحديد زمن الاختبار و طوله:

يجب على واضع الاختبار أن يحدد كذلك الوقت الـذي سوف يتطلبه إجراء الاختبار و عدد مفرداته. على أنه يجب القول هنا أن هدف الاختبار هو الـذي سوف يتحكم في زمن الاختبار و طوله، فإذا كأن هدف الاختبار هـو جمع بيانات دقيقة يجب أن يكون طويلاً و متعدد الأسئلة حتى يستطيع أن يجمع هـذه المعلومات أما إذا كأن الهدف من الاختبار هو فقط إجراء عملية مقارنة سريعـة فلا داعي لاختبار طويل.

٥- كتابة مفردات الاختبار:

تعتبر هذه الخطوة من أهم خطوات إعداد الاختبارات التحصيلية المقننة، ذلك أن كتابة المفردات تحتاج إلى توفر أكثر من قدرة عند وضع الاختبار مثل القدرة على الابتكار، أو القدرة على التحليل الدقيق لمفردات المادة الدراسية قيد الاختبار، و عليه فأن واضع الاختبار سوف لن يتمكن من كتابة مفرداته بشكل السليم ما لم يكن له خبرة و ممارسة طويلة للقيام بهذه العملية على وجهها الأكمل.

٦- وضع تعليمات الإجابة على أسئلة الاختبار

بعد أن يستكمل واضع الاختبار كتابة مفردات أسئلة اختباره و يقوم بعملية تنظيمها و ترتيبها بحيث تأخذ تدرجاً من الأسهل إلى الأصعب يجب عليه بعد ذلك أن يقوم بوضع التعليمات المناسبة للإجابة عن كل سؤال من هذه الأسئلة و ذلك بتحديد مكان الإجابة و طريقتها و إذا كأن بالا مكان إعطاء مثال توضيحي لكيفية الحل يكون ذلك أفضل.

٧- وضع نموذج للإجابة:

من الأمور التي تؤثر كثيراً في الاختبار هي طريقة تصحيحه لذلك يجب على واضع الاختبار أن يعد نموذج للإجابة عن كل سؤال من أسئلة اختباره و يحدد معها الدرجة التي يصح إعطاءها عند تصحيحه.

٨- تجريب الاختبار:

بعد الانتهاء من إعداد الاختبار يجب القيام بتجريبه للتأكد من صلاحية قبل تعميمه بشكل واسع، و يتم تجريب الاختبار على مجموعة صغيرة من التلاميذ المراد عمل اختبار لهم ثم تسجل الملاحظات المختلفة عليه لرؤية مدى حاجته إلى التعديل أو التغيير فإذا لوحظ خلال التجريب بأن هناك مفردات تحتاج إلى التعديل و التقديم أو التأخير أو إلغاء النهائي أو الاستبدال وجب القيام بهذا العمل في سبيل إعداد الاختبار بالصيغة النهائية التي يكون فيها جاهزاً للتطبيق النهائي على فئة أوسع من التلاميذ، على أنه يجب الإشارة هنا أن التجريب يجب إلا يكون لمرة واحدة فقط بل يجب تكراره لعدة مرات حتى نصل إلى درجة الاطمئنان الكامل حول ثبات و صدق الاختبار.

٩ - تطبيق الاختبار:

بعد الانتهاء من تجريب الاختبار و التأكد من صلاحيته يتم وضعه موضع التطبيق الفعلي النهائي بقصد الوقوف على مدى صلاحيته و ثبات و صدق نتائجه.

تطبيق الاختبارات التحصيلية المقننة :

أن من أهم النقاط الواجب تذكرها دائماً عند تطبيق الاختبارات التحصيلية المقننة هي الحاجة إلى إجراء معياري موحد . أي الالتزام الحرفي بتعليمات الاختبار ، لأن عدم الالتزام هذا يؤدي إلى تشويه الدرجات التي يحصل عليها التلاميذ في هذا الاختبار بفعل عوامل لم تكن ماثلة وقت تقنين الاختبار مما قد يقلل كثيرا من قيمة البيانات المعيارية .

كما أنه من الضروري إعطاء التلاميذ الفرصة للإجابة على أسئلة هذه الاختبارات بالطريقة المعيارية الواردة في كراسة تعليمات الاختبار . وهذه الكراسة التي تحتوي عادة على معلومات عن أعداد التلاميذ ، وعن ترتيبات الجلوس ، و أعداد الأقلام وتوزيعها ، وتوزيع أوراق الإجابة ، وكراسات الأسئلة ، و يجب على الفاحص قرأتها بشكل جيد و أن يتبع التعليمات بأمانة و أن يلتزم بالأوقات المحددة للإجابة و الالتزام بما تبيّنه التعليمات فيما يتصل بالإجابة عن أسئلة واستفسارات التلاميذ . ولما كانت درجات التلاميذ في اختبارات التحصيل تلعب دوراً له أهميته في حياتهم المهنية ومستقبلهم المهني ، فمن الواجب على الفاحص المحافظة على صدق هذه الاختبارات وثباتها إلى أقصى حد ممكن وهو ما يجعل الموقف الاختباري موحداً ومقنناً .

شروط الاختبار التحصيلي الجيد:

بعد كل ما تقدم ذكره عن الاختبارات التحصيلية بأنواعها المختلفة نرى أن أفضل ما يمكن أن نختم به كلامنا حول هذا الموضوع هو أن نذكر أهم الشروط الأساسية الواجب توفرها في الاختبار التحصيلي الجيد و التي يمكن أن تتمثل بآلاتي:

أولاً: الموضوعية:

نقصد بموضوعية الاختبار التحصيلي هو عدم تأثر عملية تصحيح الاختبار برأي أو حكم المصحح الشخصي أو عدم توقف درجات المفحوص على من يصحح ورقة إجابة ورقة إجابته أو عدم اختلاف درجته باختلاف المصححين ، كما تعني الموضوعية أن يكون الجواب محدد سلفاً بحيث لا يختلف عليه اثنان كما هو الحال في الأسئلة الموضوعية .

والموضوعية شرط أساسي من شروط الاختبار وصدقة كما أنها ضرورية لجميع الامتحانات المقالية منها والحديثة ، ألا أنها اكثر ضرورة بالنسبة للامتحانات المقالية وذلك لاتصافها بالذاتية أي يتأثر تصميمها وتصحيحها بآراء و أهواء المصحح الشخصي . فالفاحص عندما يصمم الاختبار فأن مقدار الدرجة قد يتأثر بعوامل خارجية ليس لها علاقة بما يريد الاختبار قياسه مثل خط التلميذ وحسن تنظيمه وترتيبه لورقة الإجابة .....الخ . لذا فالفاحص يجب عليه أن يبحث عن طرق يتجاوز بها هذه المشاكل، وهذه تتوقف على طبيعة الاختبار وتتعلق بتصميمه وتصحيحه.

أما فيما يتعلق بالتصميم فيجب أن تكون أسئلة الاختبار ممثلة لأكبر قدر ممكن من موضوعات المقرر لتصبح مقياساً حقيقياً لمدى الفهم والإلمام بالمادة من جميع جوانبها كما يجب أن تصاغ بشكل واضح ومحدد بحيث لا تقبل التأويل أو الأخذ على أكثر من وجه بسبب الغموض أو التواء في التعبير . إما ما يتعلق بالصحيح فمن الضروري استعانة المصحح بنموذج للإجابة يتضمن العناصر الأساسية والرئيسية للإجابة المطلوبة لكل سؤال مع توزيع درجة السؤال الواحد توزيعاً عادلاً على عناصره . كما يجب أن يقوم المصحح بتصحيح كل سؤال من أسئلة الاختبار في جميع الأوراق قبل الانتقال إلى السؤال الأخر وهذا الإجراء يفيد في حصر انتباه المصحح في السؤال نفسه ونموذج أجابته بحيث تصبح المقارنة بين إجابات التلاميذ سهلة بما يحقق الموضوعية في وضع الدرجة .

ثانياً: الثبـات:-

يقصد بثبات الاختبار هو أن الاختبار يجب أن يعطـى نفـس النتـائج إذا أعيـد تطبيقه على نفس الأفراد تحت نفس الظروف ، أي بمعنـى آخـر اتسـاق الـدرجات بين نتائج التطبيقين لاختيار واحـد عـلى نفـس الأفـراد و تحـت نفـس الظـروف. و توجد مجموعة من العوامل التي يمكن أن تؤثر في درجة ثبات أي اختبار تحصـيلي أهمها ما يلي:

١- سمات الفرد العامة الدائمة:-

وتتمثل هذه السمات بـ:

- مستوى قدرة الفرد في واحدة أو اكتر من السمات العامة.
- مهارته العامة.
- قدرته على فهم التعليمات.
- سمات الفرد الخاصة الدائمة : وتتمثل هذه السمات بـ:
- سمات نوعية بالنسبة للاختبار .
- أنواع معينة من مفردات الاختبار.
- اثر عوامل الصدفة المتعلقة بمدى معرفة الممتحن .

٢- سمات الفرد المؤقتة : وتتمثل بـ :

- الصحة .
- التعب .
- الدافعية .
- التوتر الأنفعالي .

٣- سمات الفرد الخاصة المؤقتة وهذه تتمثل بـ:

- فهم الأعمال الخاصة المؤقتة .
- فهم الأعمال الخاصة المطلوبة من الاختبار .
- الحيل النوعية .
- التأهب العقلي .
- تذبذب الذاكرة .
- الزمن والخط .
- عامل الحظ والصدفة .

أما لحساب معامل ثبات أي اختبار فأنه توجد مجموعة من الطرق التي تستخدم في ذلك من أهمها ما يلي(١):-

١- طريقة إعادة الاختبار:-

تتمثل هذه الطريقة بتطبيق الاختبار على مجموعة من التلاميذ ثم يعاد التطبيق مرة أخرى على نفس التلاميذ ثم يحسب معامل الارتباط بين التطبيقين و هذا هو في حد ذاته معامل ثبات الاختبار.

فإذا كأن معامل الارتباط هذا عالياً دل ذلك على ثبات الاختبار و إمكانية الاعتماد عليه و الوثوق به. أما إذا كأن العكس أي منخفضاً دل ذلك على وجود حالة من التذبذب في الدرجات ما بين التطبيقين، و عليه لا يمكن الاعتماد على هذا الاختبار أو الثقة بنتائجه. و أهم عيب في هذه الطريقة هو ما يحدث من تدريب على الاختبار نتيجة للإعادة.

٢- طريقة الصور المتكافئة:

تقوم هذه الطريقة على أساس إعداد صورتين متكافئتين أو متماثلتين للاختبار من حيث عدد الأسئلة و درجة السهولة و الصعوبة لكل سؤال و كذلك تساوي المتوسط و الانحراف المعياري و معاملات الارتباط ما بين الصورتين.

و يتم تطبيق الاختبار بإعطاء الصورتين من الاختبار في جلسة واحدة أو بفارق زمني بسيط ثم يحسب بعد ذلك معامل الارتباط بين نتائج الصورتين المتكافئتين بمعادلة ارتباط (بيرسون)* و يسمى معامل

---

١) د. احمد محمد بوني، القياس والتقييم التربوي ، طرابلس ، دار الحكمة ، ص ٥٥-٥٧ .

* - على الرغم من أن ارتباط بيرسون يعد من أكثر المعاملات شيوعاً و دقة لأنه يتأثر بجميع القيم المعطاة كما أنه له مقاييس دقيقة لحساب مدى ثباته، و هو بالإضافة إلى ذلك يدخل ضمن عمليات و معاملات إحصائية أخرى و لكن مع ذلك يجب أن نراعي أمرين عند استخدامه:

الأول: يتعلق بضرورة أن يكون التوزيع العام للمتغيرين اعتدالياً على الرغم من أنه من الطبيعي فيه أن ينحرف التوزيع في كل منهما قليلاً عن الاعتدال نتيجة لصغر العينة أو للعوامل التي تؤثر عادة على نتائج البحوث إلا أن انحراف التوزيع عن الاعتدالي ينبغي ألا يكون ذو دلالة إحصائية على وجه العموم.

الثاني: يتعلق بضرورة أن تكون العلاقة بين المتغيرين مستقيمة و يقصد بذلك إذا حسبت المتوسطات الحسابية للأعمدة أو للصفوف فأنها تميل لأن تقع على خطين مستقيمين أحدهما يربط بين متوسطات الصفوف و الآخر بين متوسطات الأعمدة. أما إذا كأن الخط الذي يربط بين متوسط يميل لأن يكون منحنياً فأن الذي يستخدم

الارتباط هنا و الذي هو معامل الثبات بمعامل التكافؤ. و لعل أهم مزايا هذه الطريقة هي إلغاء اثر التدريب الذي ينتج عن معرفة التلاميذ بالاختبار كما في الطريقة الأولى.

٣- طريقة التجزئة النصفية:

تنقسم هذه الطريقة إلى نصفين:

أ- القسمة النصفية الرئيسية أي أن النصف الأول من الاختبار يشمل الأسئلة من ١ - ٥٠ و النصف الثاني يشمل الأسئلة من ٥١ - ١٠٠.

ب- طريقة الأسئلة الفردية و الزوجية، أي يتم تقسيم الاختبار إلى نصفين يحتوي النصف الأول على الأسئلة ذات الأرقام الفردية، و يحتوي النصف الثاني على الأسئلة ذات الأرقام الزوجية أي أن يحتوي النصف الأول على الأسئلة ١- ٣ - ٥ - ٧ - ٩ - ١١ .... ٩٩ . و يحتوي النصف الثاني على الأسئلة ٢ - ٤ - ٦ - ٨ - ١٠ - ١٢ - ١٤ - ١٦ .... ١٠٠ . ثمة يحسب معامل الارتباط بين النصفين و يقوم الفاحص (المعلم) بتقسيم الاختبار إلى نصفين بعد أن يتم تطبيقه على عينة التلاميذ، و أهم عيوب هذه الطريقة أن معامل الثبات المستخرج بهذه الطريقة يمثل معامل الارتباط بين نصفي الاختبار فقط و ليس الاختبار كله أو اختبار آخر مما يترتب عليه انخفاض في معامل الثبات. هذا الأمر دفع ببعض المختصين إلى محاولة إيجاد طرق إحصائية لحساب

في هذه الحالة هو معامل آخر. للمزيد من التفاصيل راجع: د. السيد محمد خيري، الإحصاء في البحوث النفسية، القاهرة، دار الفكر العربي،١٩٩٧، ص ١٦٦ - ١٧٣.

معامل ثبات الاختبار كله و أهم هذه الطرق هي اعتماد معادلة سيبرمان براون التي تتمثل صيغتها العامة بما يلي:

ر١-١=(٢ر١/٢*١/٢)/(١+ر١/٢*١/٢)

حيث ر ١-١ هو معامل ثبات الاختبار ككل.

ر١/٢*١/٢ هو معامل الارتباط بين نصفي الاختبار.

ج

مثال: لو كأن معامل الارتباط بين نصفي الاختبار هو ٠,٩٥ سيكون معامل ثبات الاختبار ككل كالتالي:

ر ١-١=(٢*٠,٩٥)/(١+٠,٩٥)=١/١,٥=٠,٦٦.

ثالثاً: الصدق:

نعني بالصدق هو أن يقيس الاختبار فعلاً ما وضع من اجل قياسه أي يقيس الوظيفة التي اعد لقياسها و لا يقيس شيء أخر . ويرتبط صدق الاختبار بصدق كل سؤال من أسئلته ولا يتطلب لكي يكون الاختبار صادقاً أن يكون مع جميع المجموعات التي يطبق عليها ، و إنما يكتفي لكي يكون صادقاً أن يكون كذلك مع مجموعة معينة هذه المجموعة هي التي تم إعداد الاختبار في سبيلها وذلك لأن هناك مجموعة من العوامل التي تؤثر على هدا الصدق في بعض الأحيان كمستوى التلاميذ وقدرة المدرس ......الخ . من الأمور ، لذلك يفضل أن يقوم كل مدرس بأعداد الاختبارات لتلاميذه ، لأن هذا الأمر يزيد من صدق الاختبار، وكذلك فأن تجريب الاختبار يزيد من درجة هذا الصدق.

١- **خصائص الصدق** :

من أهم خصائص الصدق ما يلي :

أ- أن الصدق يتوقف على عاملين هما الغرض من الاختبار أو الوظيفة التي ينبغي أن يقوم بها ، والفئة أو الجماعة التي سيطبق عليها الاختبار.

ب- الصدق صفة نوعية أي خاصة باستعمال معين ، عليه يكون الاختبار التحصيلي في مادة ما صادقاً إذا كأن يقيس تحصيل الطالب في تلك المادة وليس شيء أخر .

ج- الصدق صفة نسبية أو متدرجة وليست مطلقة ، بمعنى لا يوجد اختبار عديم الصدق أو تام الصدق .

د- الصدق صفة تتعلق بنتائج الاختبار من قبل الاختصار ، وليس بالاختبار نفسه ولكننا نربطها بالاختبار من قبل الاختصار أو التسهيل.

ه- يتوقف صدق الاختبار على ثباته أي على إعطاء النتائج نفسها تقريباً في كل مرة يطبق فيها على مجموعة معينة بعينها .

• أنواع الصدق:-

صدق الاختبار على أنواع من أهمها :-

١- الصدق الظاهري أو السطحي:

يقوم هذا النوع من الصدق على الفحص المبدئي الظاهري للاختبار للتأكد من مدى صدقه فيما يقيسه من سمات، و يبدو هذا الصدق في مجرد قراءة فقرات الاختبار من قبل المتخصصين. وهو يفيد في معرفة الفقرات غير الصادقة و استبعادها أو تلك التي لا ترتبط بقياس السمة بشكل مباشر و بالتالي يمكن حذفها من الاختبار، إلا أن من أهم عيوب الصدق هو أنه كثيراً ما يكون خادعاً نتيجة قيامه على النظرة السطحية الظاهرة للاختبار دون فحصه فحصاً تجريبياً دقيقاً.

٢- صدق المحتوى:

يعتبر هذا النوع من الصدق من أهم الأنواع التي يحتاجها المعلم، وهو يعني أن الاختبار الذي صممه يغطي معظم الموضوعات التي درسها التلاميذ خلال العام الدراسي أو فصل معين و كذلك الأهداف التعليمية التي وضعها في جدول المواصفات. بمعنى آخر أدق إذا كانت أسئلة الاختبار هي عينة ممثلة تمثيلاً حقيقياً و صادقاً لمختلف الموضوعات و الأهداف التي وضعت في جدول المواصفات، فعندئذ يكون الاختبار متمتعاً بإحدى الصفات الأساسية من الصدق ألا وهي

صدق المحتوى لأن جدول المواصفات هو الذي سوف يؤمن هذه الصفة لأن الأسئلة ستوزع على جميع الموضوعات التي درست و كذلك على جميع الأهداف التي تم تحديدها.

٣- الصدق العاملي (التلازمي):

يقوم هذا النوع من الصدق على تحليل العلاقات بين الاختبارات بهدف معرفة معاملات الارتباط بين ببعضها البعض لمعرفة مدى التشبع بالعامل العام. فالباحث الذي يريد التأكد من صدق اختباره الجديد عليه أن يجمع مجموعة من الاختبارات المنشورة و المقننة و التي تم التأكد من ثباتها و صدقها بدقة ثم يقوم بحساب معامل الارتباط بين نتائج و درجات الاختبار الجديد و درجات الاختبارات الأخرى التي ثبت صدقها.

٤- صدق الوقائع الخارجية:

يقوم هذا النوع من الصدق على فكرة مؤداها قدرة الاختبار على التنبؤ بسلوك الأفراد فيما يختص بالسمة التي يقوم بقياسها و يحسب التنبؤ عن طريق قوائم التنبؤ التي من اشهرها جداول (تايلور) و (راسل) التي يمكن عن طريقها استخراج صدق الاختبار.

والوقائع الخارجية تعني مدى ارتباط الاختبار بالأداء على محكات تتعلق بالسمة التي يقيسها الاختبار بما يعني مثلاً أن النجاح الدراسي يتعلق و يرتبط بالذكاء، فمن المستحيل على شخص غبي أو منخفض الذكاء أن يحصل على تقدير ممتاز في امتحان نهاية العام الدراسي.

و من الممكن أن يدرس صدق الاختبار الذكاء عن طريق ارتباطه بالأداء التحصيلي، فإذا كأن الارتباط عالياً دل ذلك على صدق الاختبار و ذلك لارتباط الذكاء بالتحصيل الدراسي. و عن طريق محك الأداء الواقعي أو الفعلي أي عن طريق أداء نشاط معين كالاختبار الميكانيكي، فلو أردنا حساب صدق الاختبار للقدرة الميكانيكية لفئة من العمال فسوف نختار مجموعتين الأولى هي لمرتفعي الذكاء و المجموعة الثانية لمنخفض الذكاء ثم نطبق على المجموعتين من العمال اختباراً ميكانيكياً فلو حصلت المجموعة الأولى مرتفعة الذكاء على درجة عالية في اختبار القدرة الميكانيكية و حصلت الثانية

منخفضة الذكاء على درجة منخفضة في اختبار القدرة الميكانيكية دل ذلك على صدق الاختبار.

العوامل التي تؤثر في صدق الاختبار:-

توجد مجموعة من العوامل تؤثر في درجة صدق أي اختبار تحصيلي من أهمها ما يلي:-

١- عوامل تتعلق بالتلميذ :

- خوف وقلق واضطراب التلميذ أثناء الاختبار .

- ممارسة التلميذ عادات سيئة في أثناء الإجابة .

٢- عوامل تتعلق بالاختبار:

- لغة الاختبار.

- غموض وعدم وضوح الأسئلة.

- سهولة أو صعوبة الأسئلة.

- صياغة الأسئلة.

- العلاقة ما بين الأسئلة و ما تعلمه الطالب.

٣- عوامل تتعلق بإدارة وتطبيق الاختبار:-

٤- عوامل البيئة أثناء تطبيق الاختبار كالحرارة والبرودة والرطوبة والضوضاء.

٥- عوامل تتعلق بالطباعة.

٦- عوامل تتعلق بالتعليمات الغير واضحة أو المتذبذبة.

٧- استخدام الاختبار في غير ما وضع في سبيله.

رابعاً : التمييز :-

الاختبار المميز هو الذي يستطيع أن يبرز الفروق الفردية الموجودة بين التلاميذ ، ويميز بين الممتازين والجيدين والمقبولين والضعفاء لذا ينبغي أن يشمل الاختبار على أسئلة قادرة على أن تحقق هذا يتطلب أن يكون هناك مدى واسع بين السهل والصعب من الأسئلة بحيث يؤدى هذا إلى توزيع معتدل بين أعلى و أقل الدرجات وأن تصاغ الأسئلة في كل مستوى من مستويات الاختبار بحيث يحصل التلاميذ على درجات مختلفة . ولتحقيق التميز في أسئلة الاختبار لابد

من تحليل نتائج كل سؤال إحصائيا" وتحديد سهولتها وصعوبتها ودرجة التميز بينهما من واقع عدد الإجابات الصحيحة و الخاطئة في كل سؤال من أسئلة الاختبار أو من خلال إيجاد علاقة ما بين نتائج كل سؤال و نتائج الاختبار كله، وهذا ما سنتناوله بالتوضيح في الفصل القادم .

خامساً : سهولة التطبيق والتصحيح واستخلاص النتائج :-

سهولة تطبيق الاختبار نقصد بها أن على الفاحص أن يراعي الأمور التالية أثناء تطبيقه لاختياره وهى:-

١- الظروف النفسية والاجتماعية للتلاميذ بحيث يمكنهم من الإجابة بصورة صحيحة على الاختبار.

٢- بناء علاقة أساسها الثقة والاطمئنان بينه وبين التلاميذ لكي يشجعهم علي إظهار أفضل ما يمتلكون من قدرات وإمكانيات.

٣- توضيح تعليمات الإجابة للتلاميذ قبل البدء في الإجابة، وهذه التعليمات يجب أن تكون سهلة وواضحة بقدر المستطاع .

٤- الإجابة عن أسئلة واستفسارات التلاميذ فيما يتعلق بتعليمات الاختبار.

أما بالنسبة لتصحيح الاختبار واستخلاص النتائج ،فيجب علي الباحث أن يستعين بنموذج للإجابة عن أسئلة الاختبار هذا النموذج يجب أن يتضمن كما ذكرنا سابقاً العناصر الأساسية والرئيسية للإجابة المطلوبة لكل سؤال مع توزيع درجة السؤال الواحد توزيعاً عادلا على مكوناته،مع الاعتماد علي صيغة معينة في التصحيح تتمثل بتصحيح كل سؤال من أسئلة الاختبار في جميع أوراق الإجابة قبل الانتقال إلى السؤال الذي يليه وهكذا . وتفسير الدرجات تعتبر خطوة هامة حين يعطينا الاختبار هنا وصفاً كمياً مباشراً لأداء الفرد نطلق عليها الدرجة الخام وهذه الدرجة لا معنى لها إلا حين نقارنها بجدول المعايير حيث تتحول الدرجات الخام إلى درجات معيارية أو نسبة التحصيلية والتي يمكن ترجمتها إلى مستويات محددة للتحصيل .

الفصل الخامس
التحليل الإحصائي لأسئلة الاختبار

أهمية معرفة المعلم بشروط اعداد وتصميم الاختبارات.
نقاط الضعف في إعداد وتصميم الاختبارات.
خطوات إعداد وتصميم الاختبار
تحليل أسئلة الاختبار.
ما المقصود بتحليل أسئلة الاختبار.
فوائد تحليل أسئلة الاختبار.
خطوات تحليل أسئلة الاختبار.
ملاحظات حول تحليل أسئلة الاختبار.

الفصل الخامس
التحليل الإحصائي لأسئلة الاختبار

بعد أن تحدثنا في الفصل السابق عن الاختبارات التحصيلية بأنواعها المختلفة نرى أنه من الضروري واستكمالاً للموضوع الحديث عن كيفية تحليل أسئلة هذه الاختبارات ولاسيما إذا ما علمنا أن من أهم جوانب النقص التي تعاني منها مؤسساتنا التعليمية على اختلاف مراحلها الدراسية تمثل بعدم امتلاك المعلين للمهارات المافية إعداد وتصميم الاختبارات بشكل عام ، ولتحليل أسئلة هذه الاختبارات بشكل خاص . على الرغم من أن هذه المهارات تعد من أهم المهارات التي يجب أن يتمتع بها المعلم الناجح في التقييم الحديث ، فالمعلم لكي ينجح في مهنته يجب عليه أن يتصف أو يتمتع بالإضافة إلى المهارات والمعرفية والإدائية بمهارات فنية في كيفية إعداد وتصميم الاختبارات وشروط تطبيقها وتصحيحها وتحليل وتفسير نتائجها ومن ثم استخدامها للاستفادة منها في إحداث التغير الذي تسعى المدرسة الحديثة في سبيله .

سنحاول في هذا الفصل تسليط الضوء على أهم الطرق الإحصائية المعتمدة في تحليل أسئلة الاختبار التحصيلي ممهدين لهذا الأمر بالحديث عن إعداد وتصميم الاختبارات التحصيلية ، وذلك بهدف إحاطة القارئ بها من جهة وتمكين المعلم خاصة من جهة أخرى من تحقيق الفائدة القسوة من هذه الاختبارات واستعمالها على النحو الملائم ، وبما يؤديه إلى دفع عملية التعليم والتعلم باتجاه التقدم والتطور.

أهمية معرفة المعلم بشروط إعداد وتصميم الاختبارات:-

تعد مهارة إعداد وتصميم وتطوير الاختبارات التحصيلية بشكل عام من أهم المهارات التي يجب أن يتحلى بها المعلم الناجح ، كما تعد من صلب واجباته التربوية والتعليمية ، وتتجلى أهمية معرفة إلمام

المعلم بشروط إعداد وتصميم الاختبارات التحصيلية في النقاط التالية [١] :-

١- أن تصميم الاختبارات واستعمالها للحكم على الأفراد وتحديد مصائرهم ومستقبل حياتهم العلمية والعملية هي مسئولية عظيمة وهامة نحن محاسبون عليها أمام الله سبحانه وتعالى وأمام الوطن لأن التلاميذ هم أمانة في أعناقنا وثقة أولياء الأمور والمجتمع بنا وبالأدوات التي نستعملها لتقييم تحصيلهم وتحديد مستقبلهم يجب أن تكون في مكانها .

٢- تلعب الاختبارات دور أساسي وفعال في الكشف عن مستويات التلاميذ العرفية ومعرفة نقاط القوة والضعف لديهم.

٣- قدرة هذه الاختبارات على الملائمة بين ما يمتلكه التلاميذ من قدرات واستعدادات وميول وبين مل ينتسبون إليه من تخصصات أو دراسات أو مهن مختلفة.

٤- للاختبارات دوراً أساسي وفعال في ترفيع الطلبة أو ترسيبهم .

٥- لها دور أساسي وهمه في قبول الطلبة أو توزيعهم على الفصول أو التخصصات أو كليات معينة دون غيرها .

٦- لها دور في الكشف عن الطلبة والتلاميذ المتفوقين والأذكياء والمتوسطين و المتخفين أو الأقل من المتوسط .

٧- تساعد في تحسين عمليتي التعليم والتعلم عن طريق تحسين مستوى المعلمين وطرق التدريس وتطوير المناهج وتعديها .

٨- تعتبر هذه الاختبارات هي المعيار الذي يتم الاعتماد عليه لمنح الشهادات لاختبار مراحل التعليم المختلفة، والتي يتحدد في

---

١) د. أحمد محمد بوني، المصدر السابق ، ص / ٦٠ – ٦١ .

ضوءها بشكل كبير مستقبل الفرد ومكانته العلمية والاجتماعية وحتى الاقتصادية.

٩- لها دور مهم في تقديم العون والإرشاد لكثير من الأفراد غير الطلبة حيث يتسع مجال استخدامها والاستفادة منها في كثير من المؤسسات الصحية والصناعية والاجتماعية والعسكرية وغيرها وذلك من أجل وضع الرجل الملائم في المكان المناسب .

نقاط الضعف في إعداد وتصميم الاختبارات:-

تشير الدراسات والبحوث التي أُجريت على الاختبارات التحصيلية التي يقوم بإعدادها المعلمين إلى وجود نقاط ضعف عديدة في إعداد المعلمين لهذه الاختبارات من أهمها ما يلي [١] :-

١- انخفاض قدراتهم على صياغة الفقرات الموضوعية للاختبارات ولجوئهم إلى الاختبارات المقالية لما تمثله من سهولة في الصياغة .

٢- عدم تغطية مفردات الاختبارات لجميع جوانب المقرر الذي أعد لقياس تحصيل التلاميذ المعرفي فيه .

٣- عدم اهتمام المعلمين بإعداد جداول المواصفات للاختبارات التي يعدونها .

٤- انخفاض المستويات المعرفية التي تستهدف فقرات الاختبارات قياسها لدى المتعلمين .

٥- عدم قيام المعلم بإجراء عمليات التحليل الإحصائي للاختبارات للتعرف على مدى صدقها وثباتها .

خطوات إعداد وتصميم الاختبار:-

تمر عملية إعداد الاختبار بمجموعة من الخطوات أو المراحل قبل أن يظهر في صورته النهائية ن هذه المراحل والخطوات هي كالآتي[٢] :-

---

١) د . يسرى مصطفى السيد ، ورشة عمل حول بناء الاختبارات التحصيلية وتقنيتها - ج١ - ، مركز الانتساب الموجه بأبو ظبي ، كلية التربية جامعة الإمارات ، ٢٠٠٣ ، ص/ ١- ٢ .

١) د - احمد محمد بوني، المصدر السابق ، ص / ٦٤ - ٦٩ .

أولاً : تحديد الهدف من الاختبار :-

أي برنامج لكي يكون فاعلاً وهادفاً يجب أن يكون له هدف أو غاية يسعى في سبيل تحقيقها . وعملية تصميم أي اختبار تحصيلي جيد يتطلب منذ البداية تحديد هدف أو أهداف هذا الاختبار وذلك لأنه على ضوء هذه الأهداف يتم محتوي الاختبار وفقراته ، وهذه الأهداف تكون أما أهدافاً تربوية أو أهدافاً علمية . لذلك يجب على واضع الاختبار أن يحدد قبل وضع الاختبار الهدف الذي يرمي إليه هل هو هدف تحصيلي أي قياس تحصيل التلاميذ في مادة دراسية معينة أو تقويمي أي تقويم مدى نجاح المدرسة في تحقيق الأهداف التربوية الخاصة والعامة وافضل طرق تصميم الاختبار هو أن يضع مصمم الاختبار الأهداف أمامه ثم يصنع بناءاً عليها المحتوى .

ثانياً : تحديد محتوى الاختبار:-

بعد تحديد الأهداف يتم تحديد المادة أو الموضوعات المراد تغطيتها في الاختبار أي تحديد محتوي الاختبار . وتعد هذه الخطوة أمر في غاية الأهمية وخاصة حين يكون الغرض من الاختبار هو تقويم ما تعلمه التلميذ في المادة الدراسية أو جزيئاتها . وتتطلب عملية تحديد المحتوي بيان العناصر والمجالات الرئيسية والفرعية لهذا المحتوى مع تحديد الأوزان النسبية لكل منها وذلك على ضوء الأهمية والجهد والزمن الذي أنفق في تدريسها .

ثالثاً : إعداد جدول الموضوعات :-

بعد تحديد الأهداف التعليمية وعناصر المحتوى الذي سيشمله الاختبار ، على المعلم أن يقوم بتنظيمها جميعاً في جدول مواصفات الاختبار . وهذا الدول ما هو إلا عبارة عن مصفوفة ذات بعدين يحاول ربط الأهداف التعليمية بعناصر المحتوى مباشرة وتحديد عدد البنود الخاصة بكل هدف مرتبطة بكل عنصرـ من عناصر المحتوى ، وأهمية هذا الجدول تتمثل في إعطاءه لكل هدف الوزن الذي يستحقه بمنظار

واضع الاختبار، وتعتبر تبعاً لذلك أداة فعالة في تأسيس صدق محتوى الاختبار لأنه سوف يلزم واضع الاختبار على توزيع أسئلته على مختلف أجزاء المحتوى وعناصره من جهة أخرى . ويمكننا الاستعانة بالجدول الذي سيف وذكرناه في الفصل الثاني لتوضيح الأمر.

جدول مواصفات لمادة العلوم والصحة للصف السادس من التعليم الأساسي

موضوعات المحتوى	الأهداف التعليمية					
	المعرفة ٢٠ %	الفهم ٣٠ %	التطبيق ٣٠ %	التحليل ١٠ %	التقويم ١٠ %	المجموع
المغناطيس ٢٠ %	٢	٤	٤	١	١	١٢
الكهرباء ٤٠ %	٥	٧	٧	٣	٢	٢٤
جسم الإنسان ٤٠ %	٥	٧	٧	٣	٢	٢٤
المجموع	١٢	١٨	١٨	٧	٥	٦٠

رابعاً : تحديد نوع الأسئلة المناسبة :-

في هذه الخطوة يتم تحديد أي نوع من الأسئلة سوف نستخدم في الاختبار هل هي مقالية أم موضوعية ، وإذا كانت موضوعية أي نوع ، هل هي أسئلة الصواب والخطأ أم ملئ الفراغ أم المطابقة أم الفرق .....الخ. وقد يستعمل خليط من هذه الأنواع .

خامساً : تحديد طول الاختبار :-

يتم تحديد طول الاختبار بالاعتماد على الهدف من الاختبار . فإذا كانت أهداف الاختبار كثيرة وجب أن يكون الاختبار طويلاً لكي يغطي كل الأهداف الموضوع من أجلها الاختبار . أما إذا كانت الأهداف قليلة وجب بالمقابل أن يكون الاختبار على قدر هذه الأهداف .

سادساً : تحديد زمن الاختبار : -

يتحدد زمن الاختبار أي الوقت اللازم للإجابة عن أسئلته بالاعتماد على طول الاختبار أو قصره . فكلما كأن الاختبار طويلاً احتاج إلى زمن أطول مما لو كأن قصيراً ، وكذلك بالاعتماد على صعوبة أو سهولة أسئلته .

سابعاً: بناء مفردات الاختبار :-

في هذه الخطوة يتم وضع مفردات أو أسئلة الاختبار، ويحتاج المعلم لكتابة مفردات صالحة وجيدة إلى قدرات معرفية خاصة واستعدادات كبيرة . ويرى المتخصصون أنه من الواجب على المعلم أن يعد عدداً من الأسئلة يزيد عن عدد الأسئلة التي يحتاج لها في الاختبار ثم يختار منها بعد ذلك ما يلائم اختباره .

ثامناً : تنظيم أسئلة الاختبار :-

يعد وضع مفردات أو أسئلة الاختبار على واضع الاختبار أن يقوم بتنظيمها وفق ترتيب معين ، ويرى أهل الاختصاص أن هناك ثلاثة طرق لتنظيم أسئلة الاختبار على واضع الاختبار أن يختار واحدة منها ، فهو أما أن ينظمها حسب محتويات المادة أو حسب الأهداف التعليمية المصاغة أو حسب نوعية الأسئلة نفسها. وإذا ما نظمت أسئلة الاختبار حسب الأهداف فأنه بالإمكان استعمال الاختبار كأداة تشخيصية بالإضافة إلى كونه أداة تقويمية..

تاسعاً : تصحيح الاختبار :-

يتم تصحيح الاختبار حسب الطريقة التي يراها واضع الاختبار ملائمة أكثر من غيرها ، فالذي يضع الاختبار هو الذي بيده مفاتيح التصحيح ومقدار الدرجة المعطاة وما على المصحح إلا أن يقارن ما بين إجابة التلميذ ونموذج الإجابة المعد من قبل واضع الاختبار ، ويضع الدرجة على حسب كلية أو جزئية الإجابة .

عاشراً : تحليل أسئلة الاختبار :-

بعد الانتهاء من عملية تصحيح الاختبار وحساب الدرجات على المعلم القيام بعملية تحليل لأسئلة اختباره من أجل بيان مدى نجاح أو فشل هذه الأسئلة في تحقيق أهداف الاختبار بالإضافة إلى بيان مدى صدق و ثبات هذه الأسئلة في قياس ما وضعت من أجله ، وهذا ما سنتناوله بالتفصيل في الفقرة القادمة .

تحليل أسئلة الاختبار .

ما المقصود بتحليل أسئلة الاختبار ؟

بعد تصحيح الاختبار وتثبيت الـدرجات كثيراً مـا يعمد المعلمـون إلى إتـلاف الأوراق الامتحانينة أو وضعها على الرف وهذا الأمر يشكل من وجهة نظر التربيـة الحديثة والتقويم المعاصر خطأ كبيراً وذلك لأن الإتلاف أو الوضع على الرف يـؤدي إلى خسارة الجهد الذي بذله المعلم في عملية التخطيط للاختبار وبناءه ، كما يحـرم المعلم من فرصة تقـدير مـدى فاعليـة المفـردات التـي ضمها اختبـاره في تحقيق الهدف المطلوب منهـا مـن جهـة وتقـدير مـدى الاستفادة المستقبلية مـن هـذه التجربة من جهة ثانية.

لـذلك فأن المعلـم مـن الواجب عليـه بعد الانتهـاء مـن التصحيح وتثبيت الدرجات أن يعمد إلى تحليل أسئلة اختباره ، ونعني بتحليل الأسئلة هـو استخراج ما يسمى بمعاملات السهولة والصعوبة والتميز ، وتحدد المموهات والمشتتات ثم استعمال نتائج هذا التحليل لتقييم الأسئلة وذلك بقصد تحسينها إذا وجد بها ضعف في تركيبها أو صياغتها أو لتخلص منها إذا لم نستطيع عمل ذلك ، وبمعنى أخر تقويم أسئلة الاختبار وذلك للحكم علة مدى صلاحيتها من عدمه في تحقيق أهداف الاختبار .

فوائد تحليل أسئلة الاختبار :-

لتحليل أسئلة الاختبار مجموعة من الفوائد تتمثل أبرزها ما يلي[1] :-

١- أن تحليل أسئلة الاختبار ونتائجها تقدم معلومات تشخيصية في بيان مدى فهـم وتعلم التلاميذ للمادة موضع الاختبار مـن عدمه. ومثل هـذه المعلومـات مفيـدة للمعلم وللتلاميذ أنفسهم حيث أنها تسلط الضوء على نقاط الضعف العامـة كالضعف في تطبيق المهارات الحسابية أو معرفة المفـردات أو فهـم المبـادئ ...الخ مما يفسح

---

١) د. امطانيوس ميخائيل، المصدر السابق ، ص/ ٣٢٢ . ، وكذلك د. أحمد محمد بوني، المصدر السابق ، ص ٧١ - ٧٢ .

المجال أمام مراجعة هذه النقاط ومحاولة تصحيح الأخطاء وإزالة سوء الفهم .
٢- تساهم عملية تحليل أسئلة الاختبار في تقديم الأساس لتحسين التعليم ، حيث أنها تكشف عن مدى ملاءمة المحتوى الدراسي والأهداف التعليمية للدارسين ، فالمادة الدراسية إذا كانت سهلة جداً أم صعبة يمكن أن تؤخذ كدليل على ضرورة إعادة النظر في المنهج أو إجراء التحسينات اللازمة عليه .
٣- تعد عملية تحليل أسئلة الاختبار إحدى الوسائل الفعالة والمميزة في تحسين كفاية ونوعية الأسئلة . حيث يكشف لنا هذا التحليل عن الأسئلة الجيدة من أجل الإبقاء عليها ، وعن الأسئلة الرديئة من أجل تحسينها أو التخلص منها وكذلك الكشف عن الأسئلة الصعبة جداً والسهلة جداً والمتوسطة وأي أسئلة أخرى فيها عيوب لأي سبب.
٤- أن تحليل أسئلة الاختبار تزيد من درجة صدق وثبات هذا الاختبار مقارنة بالاختبارات الأخرى التي لم يجرى عليها مثل هذا التحليل .
٥- تؤدي عملية التحليل هذه إلى زيادة مهارة وكفاءة المعلم في إعداد وتصميم الاختبارات .

خطوات تحليل أسئلة الاختبار :-

توجد مجموعة من الطرق لتحليل أسئلة الاختبارات أكثرها استخداماً طريقة استخراج معاملات السهولة والصعوبة والتميز وطريقة حساب ثبات المفردات وصدقها، وفيما يلي توضيح مفصل لخطوات تحليل أسئلة الاختبار وفق هاتين الطريقتين.

أولاً : طريقة استخراج معاملات السهولة والصعوبة والتميز

قبل البدء في بيان مراحل أو خطوات تحليل أسئلة الاختبار وفق هذه الطريقة لابد من بيان ما المقصود بالمعمل الثلاثة التالية:-

- **معامل السهولة :-**

المقصود بمعمل السهولة هو مجموع نسبة التلاميذ في المجموعتين العليا والدنيا الذين أجابوا على السؤال إجابة صحيحة مقسوماً على ' ٢ ' ويمكن التعبير عنها بالمعدلة التالية :-

$$\text{معامل السهولة} = \frac{\text{ن ع ص} + \text{ن د ص}}{2}$$

م س

حيث أن :-

م س : معامل السهولة .

ن ع ص : نسبة المفحوصين في المجموعة العليا الذين أجابوا على السؤال إجابة صحيحة .

ن د ص : نسبة عدد المفحوصين في المجموعة الدنيا أجابوا على السؤال إجابة صحيحة .

- **معامل الصعوبة :-**

معامل الصعوبة هو مجموعة نسبة التلاميذ في المجموعتين العليا والدنيا الذين أجابوا على السؤال إجابة خاطئة مقسوماً على '٢ ' ويمكن التعبير عنها بالمعادلة التالية:-

$$\text{م ص} = \frac{\text{ن ع خ} + \text{ن د خ}}{2}$$

حيث أن :-

م ص : معامل الصعوبة .

ن ع خ : نسبة عدد المفحوصين في المجموعة العليا الذين أجابوا على السؤال إجابة خاطئة .

ن د خ : نسبة عدد المفحوصين في المجموعة الدنيا الذين أجابوا على السؤال إجابة خاطئة .

- معامل التميز:-

نعني بمعامل التميز قدرة السؤال على التميز ما بين الأفراد أي قدرته على التميز ما بين الطالب الممتاز والجيد والمقبول والضعيف . وهو دليل على أن السؤال صادقاً فيما يقيسه بدليل قدرته على التميز . ويمكن تعريفه على أنه النسبة المئوية لعدد الإجابات الصحيحة في المجموعة العليا مطروحاً منها النسبة المئوية لعدد الإجابات الصحيحة في المجموعة الدنيا ، ويمكن التعبير عنه في المعادلة الآتية :-

م ت = ن ع ص - ن د ص

حيث أن :-

مت : معامل التميز .

ن ع ص : النسبة المئوية لعدد الإجابات الصحيحة في المجموعة العليا .

ن د ص : النسبة المئوية لعدد الإجابات الصحيحة في المجموعة الدنيا .

وعلى ما تقدم تكون خطوات عملية تحليل الأسئلة وفق طريقة حساب معاملات السهولة والصعوبة والتميز على النحو التالي :-

١- بعد الانتهاء من تصحيح أوراق الإجابة نقوم بترتيب الوراق ترتيباً تنازلياً مبتدئين بالدرجة العليا ومنتهين بالدرجة المنخفضة.

٢- نقسم أوراق الإجابة إلى مجموعتين متساويتين، تتكون المجموعة الأولى من أوراق الإجابة ذات الدرجات العليا، وتتكون المجموعة الثانية من أوراق الإجابة ذات الدرجات المنخفضة ، فمثلاً : إذا كأن عدد التلاميذ ٣٠ تلميذاً، نقسم أوراق الإجابة إلى مجموعتين عدد كل منها ١٥ ورقة إجابة ، أما إذا كأن عدد الأوراق فردياً ففي هذه الحالة نبعد إحدى الأوراق ولتكن الوسيط حتى يتسنى لنا الحصول على مجموعتين متساويتين عددياً . وإذا حدث و وجدنا بعد ترتيب الأوراق تنازلياً عدد من الإجابات التي بها قيم متساوية في هذه الحالة يجب أن تحدد عددها أولاً ثم توزع على المجموعتين العليا والدنيا بالتساوي .

٣- نقوم بتعيين نسبة عدد التلاميذ في المجموعة العليا الذين أجابوا على كل سؤال إجابة صحيحة ونشير إلى ذلك بالرمز ' ن ع ص '

ويتم ذلك بقسمة عدد الإجابات الصحيحة للمجموعة العليا على عـدد الأفراد في هذه المجموعة :

$$ن \ ع \ ص \ = \ \frac{عدد \ الإجابات \ الصحيحة \ في \ المجموعة \ العليا}{عدد \ أفراد \ المجموعة \ العليا}$$

٤- نقوم كذلك بتعيين نسبة التلاميـذ في المجموعة الـدنيا الـذين أجـابوا عـلى كـل سؤال إجابة صحيحة ونشير إلى ذلك بـالرمز ' ن د ص ' ويـتم ذلك بقسـمة عـدد الإجابات الصحيحة للمجموعة الدنيا على عدد الأفراد في هذه المجموعة :

$$ن \ د \ ص \ = \ \frac{عدد \ الإجابات \ الصحيحة \ في \ المجموعة \ الدنيا}{عدد \ أفراد \ المجموعة \ الدنيا}$$

٥- نستخرج معامل السهولة بتطبيق المعادلة التالية :-

$$م \ س \ = \ \frac{ن \ ع \ ص \ + \ ن \ د \ ص}{٢}$$

٦- نستخرج معامل الصعوبة بتطبيق المعادلة التالية :-

$$م \ ص \ = \ \frac{ن \ ع \ خ \ + \ ن \ د \ خ}{٢}$$

٧- نستخرج معامل التميز بتطبيق المعادلة التالية :-

م ت = ن ع ص - ن د ص

مثال تطبيقي على ما تقدم ذكره :-

أحسب معامل السهولة ومعامل الصعوبة والقدرة على التميز لدرجات ٣٠ طالب أخذت من مادة العلوم للصف السادس من التعليم الأساسي قي الجماهيرية الليبية حيث كانت على النحو التالي :-

٤٠	٣٠	٢٣	١٨	١٤	٩
٣٨	٢٨	٢٢	١٨	١٣	٨
٣٦	٢٦	٢٠	١٧	١٢	٧
٣٤	٢٥	١٨	١٦	١١	٦
٣٢	٢٤	١٨	١٥	١٠	٥

الحل:-١- يتم ترتيب الدرجات تنازلياً على النحو الآتي :-

٤٠	١٤	٢٠	٣٠	٩	١٧
٢٤	٣٦	١٢	١٨	٢٦	٧
١٥	٢٢	٣٢	١٠	١٣	١٦
٣٣	١٣	١٣	٢٣	٨	٦
٢٣	٣٤	١١	١٣	٢٥	٥

٢- تقسم الدرجات إلى مجموعتين العليا والدنيا :

المجموعة العليا				المجموعة الدنيا			
الرتبة	الدرجة	الرتبة	الدرجة	الرتبة	الدرجة	الرتبة	الدرجة
١	٤٠	٩	٢٥	١٦	١٨	٢٤	١١
٢	٣٨	١٠	٢٤	١٧	١٨	٢٥	١٠
٣	٣٦	١١	٢٣	١٨	١٧	٢٦	٩
٤	٣٤	١٢	٢٢	١٩	١٦	٢٧	٨
٥	٣٢	١٣	٢٠	٢٠	١٥	٢٨	٧
٦	٣٠	١٤	١٨	٢١	١٤	٢٩	٦
٧	٢٨	١٥	١٨	٢٢	١٣	٣٠	٥
٨	٢٦	-		٢٣	١٢	-	

٣- نختار بعض الأسئلة لغرض تحليلها ، والتكن الأسئلة ١،٢ ، ٣، ٤، ٥ كتاب العلـوم والصحة للصف السادس من التعليم الأساسي في الجماهيرية الليبية الوحدة الأولى : الضوء : (ص / ٢٦).

نوع الأسئلة من نوع الصواب والخطأ .

ضع علامة (صح) أمام العبارة الصحيحة وعلامة (خطأ) أمام العبارة الخاطئة :

أ- النضيدة مصدرة من مصادر الكهرباء ( ).

ب- يستخدم المغناطيس الكهربائي في رفع القطع الحديد الكبيرة في مصانع الحديد والصلب ( ) .

جـ- تعمل الكهرباء على تشغيل الآلات في المصانع والورش( ).

د- يمر التيار الكهربائي في الدائرة الكهربائية عندما تكون الدائرة مغلقة ( ) .

هـ - يجذب المسمار برادة الحديد عند مرور تيار كهربائي في السلك الملفوف حوله ( ) .

بعد فرز إجابات التلاميـذ نقـوم بتفريـغ إجابـات المجمـوعتين العليـا والـدنيا عـلى الأسئلة الخمسة ونضعها في الجدول التالي :-

الإجابات الصحيحة		
الأسئلة	المجموعة العليا	المجموعة الدنيا
١	١٣	٦
٢	١٥	١١
٣	١٢	٣
٤	٨	٧
٥	٣	١٢

نقوم بتعيين نسبة عدد الطلاب في المجموعة العليا الذين أجابوا على كل سؤال من الأسئلة الخمسة إجابة صحيحة كالأتي : -

السؤال الأول :-

$$\text{ن ع ص} = \frac{١٣}{١٥} = ,٧٨$$

السؤال الثاني :-

$$\text{ن ع ص} = \frac{١٥}{١٥} = ١$$

السؤال الثالث :-

$$\text{ن ع ص} = \frac{١٢}{١٥} = ,٨٠$$

السؤال الرابع :-

$$\text{ن ع ص} = \frac{٨}{١٥} = ,٥٣$$

السؤال الخامس :-

$$\text{ن ع ص} = \frac{٣}{١٥} = ,٢٠$$

٥- نقوم كذلك بتعيين نسبة عدد الطلبة في المجموعة الدنيا الذين أجابوا على كل سؤال من الأسئلة الخمسة إجابة صحيحة كالآتي :-

السؤال الأول :-

$$\text{ن د ص} = \frac{٦}{١٥} = ,٤٠$$

السؤال الثاني :-

$$\text{ن د ص} = \frac{١١}{١٥} = ,٧٣$$

السؤال الثالث :-

ن د ص = ٣ / ١٥ = ٠,٢٠

السؤال الرابع :-

ن د ص = ٧ / ١٥ = ٠,٤٧

السؤال الرابع :-

ن د ص = ١٢ / ١٥ = ٠,٨٠

٦- نستخرج معامل السهولة والصعوبة والتميز لكل سؤال من الأسئلة الخمسة المختارة :-

السؤال الأول :-

س = (ن ع ص + ن د ص) / ٢ = (,٨٧ + ,٤٠) / ٢ = ,١٢٧ / ٢

ص = (ن ع خ + ن د خ) / ٢ = (,١٣ + ,٦٠) / ٢

= ٠،٧٣ / ٢ = ,٣٧

معامل التميز

م ت = ن ع ص - ن د ص

= ٠,٨٧ - ٠,٤٠ = ٠,٤٧

السؤال الثاني

م س = $\frac{١ + ٠,٧٣}{٢}$ = ٨٧,

م ص = $\frac{٠ + ٠,٢٧}{٢}$ = ١٣,

م ت = ١ - ٠,٧٣ = ٠,٢٧

وهكذا مع بقية الأسئلة ، ويمكن تفريغ الأسئلة الخمسة السابقة وطريقة تحليلها مجتمعة في الجدول التالي :-

الطريقة السابقة في تحليل الأسئلة مفيدة في حال كون عدد أوراق الإجابة قليل نسبياً ، أما إذا كانت كبيرة فأننا نستطيع في هذه الحالة استخدام طريقة أخرى تتمثل بأخذ ٢٧ % الأعلى و٢٧ % الأدنى من الدرجات ، ويمكن توضيح هذه الطريقة عن طريق نفس درجات المثال السابق وحسب الجدول التالي :-

٢٧ % الأعلى		٢٧ % الأدنى	
رتبة الدرجة	الدرجة	رتبة الدرجة	الدرجة
١	٣٠	٢٣	١٢
٢	٣٨	٢٤	١١
٣	٣٦	٢٥	١٠
٤	٣٤	٢٦	٩
٥	٣٢	٢٧	٨
٦	٣٠	٢٨	٧
٧	٢٨	٢٩	٦
٨	٢٦	٣٠	٥

ولنفترض أن إجابات المجموعتين العليا والدنيا عن الخمس أسئلة الأولى كانت على النحو الأتي :-

عدد الإجابات الصحيحة		
الأسئلة	٢٧ % الأعلى	٢٧ % الأدنى
١	٧	٣
٢	٨	٦
٣	٦	٢
٤	٤	٤
٥	٢	٦

السؤال الأول : -

معامل السهولة :

ن ع ص = $\frac{7}{8}$ = .88

ن د ص = $\frac{3}{8}$ = 38

م س = $\frac{\text{ن ع ص + ن د ص}}{٢}$

$$= \frac{.38+.88}{2} = .63$$

معامل الصعوبة :

ن ع خ = $\frac{1}{8}$ = . 12

ن ع خ = $\frac{5}{8}$ = . 62

م ص = $\frac{\text{ن ع خ + ن د خ}}{٢}$

$$= \frac{.62+.12}{2} = .37$$

معامل التميز :

م ت = ن ع ص - ن د ص

= . ٨٨ - . ٣٨ = . ٥٠

السؤال الثاني :-

معامل السهولة :

ن ع ص = $\frac{8}{8} = 1$

ن د ص = $\frac{6}{8} = 0.75$

م س = $\frac{0.75 + 1}{2} = 0.88$

معامل الصعوبة :

ن ع خ = $\frac{0}{8} = 0$

ن د خ = $\frac{2}{8} = 0.25$

م ص = $\frac{0.25 + 0}{2} = 0.13$

معامل التميز :

م ت = ١ - ٠ . ٧٥ = ٠ .٢٥

وإذا ما قارنا قيم معاملات السهولة والصعوبة والتميز بواسطة الطريقتين طريقة التحليل أوراق جميع المفحوصين وطريقة أخذ الـ ٢٧ % الأعلى مقابل ٢٧ % الأدنى من الأوراق فقط فنجد أن قيم هذه المعاملات قريبة جداً من بعضها .

والسؤال هنا هو بعد أن يستخرج المعلم معامل السهولة والصعوبة والتميز ماذا تعني له هذه المعاملات أو ماذا يستفاد منها في اختباراته ؟ فعلى سبيل المثال ماذا يعني له معامل السهولة في السؤال الأول في المثال السابق والذي قيمته ٠,٦٣ ومعامل السهولة في السؤال الثالث والذي قيمته ٠,٥٠ ؟

يعني معامل السهولة الذي قيمته ٠,٦٣ في السؤال الأول أن ٠,٦٣ من التلاميذ قد أجابوا على السؤال إجابة صحيحة في حين فشل ٠,٢٧ منهم في الإجابة على نفس السؤال . أما معامل السهولة الذي قيمته

٠,٥٠ كما هو الحال في السؤال الثالث من المثال السابق أن ٥٠ % من التلاميذ قد أجابوا على السؤال إجابة صحيحة ، في حين فشل ٥٠ % من التلاميذ في الإجابة على نفس السؤال . وهذا يعني أيضاً أن معامل الصعوبة في السؤال الأول يساوي ٢٧ % في حين أن معامل الصعوبة في السؤال الثالث يساوي ٥٠ % .
أما إذا حدث وأجاب على سؤالٍ ما جميع التلاميذ فهذا يعني أن معامل السهولة يكون مساوياً للواحد الصحيح . أما إذا لم يجيب أحد من التلاميذ أو أغلبهم على السؤال فهذا يعني أن معامل السهولة يساوي صفر [١] .

أما ما هي قيمة معامل السهولة المرغوب للسؤال الجيد ؟

السؤال الجيد في نظر أهل الاختصاص هو الذي يقترب فيه معامل السهولة أو الصعوبة من ٠,٥٠ كما هو الحال في الأسئلة ٣ ، ٤ , ٥ في المثال السابق ، فالسؤال الذي يكون فيه معامل السهولة أو الصعوبة يساوي ٠,٥٠ هو الذي يعطينا أكبر عدد ممكن من الفرق بين التلاميذ ٥٠ × ٥٠ = ٢٥٠٠ فرقاً ، أما السؤال الأول الذي معامل السهولة فيه يساوي ٦٣ % فأنه يزودنا بـ ٦٣ × ٣٧ = ٢٢٧٥ فرقاً ، وهكذا كلما زاد أو قل معامل السهولة أو الصعوبة عن ٥٠ % كلما أخذت مقادير الفروق بالتناقص حتى تنعدم في حالة إجابة جميع الطلبة على السؤال أي أن السؤال يكون سهلاً بحيث أجاب عليه جميع الطلبة بدون أن يكون هناك أي فرق بين الطالب الجيد والطالب الرديء ، أو في حالة عدم إجابة أي أحد من الطلبة على السؤال أي أن السؤال يكون صعباً بحيث لم يستطع أحد من الطلبة الإجابة عليه ولا يدل هو الآخر على وجود أي فرق ما بين الطالب الجيد والطالب الرديء ، والمفروض هنا أن يبادر المعلم بعد عملية التحليل هذه إلى أبعاد كل الأسئلة السهلة والصعبة من قائمة أسئلة الاختبار ، غير أن هناك مجموعة من الآراء ترى أنه لا يجب حذف جميع الأسئلة السهلة من أول وهلة بل يستطيع

١) د . أحمد محمدبوني، المصدر السابق ، ص / ٨٨ .

المعلم الإبقاء عليها وخصوصاً إذا كانت هناك ضرورة لإبقائها مثلاً أن هناك موضوعات لا يمكن تقييمها إلا بهذا النوع من الأسئلة كما يمكن استخدامه كتمهيد للاختبار أو كمحفز أو دافع للتلاميذ على الإجابة على بقية الأسئلة .

أما الأسئلة الصعبة أو التي لم يتمكن أحد من الطلبة من الإجابة عليها فمن الأفضل مراجعتها والبحث عن جوانب الخلل فيها ، وهل هذا الخلل في الصياغة اللغوية و عدم وضوح السؤال للتلاميذ أم يعود إلى وجود إجابتين للسؤال ...الخ . وإذا لم نتمكن من إصلاح السؤال فمن الأفضل إبعاده عن الاختبار وذلك لأن مضاره من الناحية النفسية على التلاميذ سوف تكون أكثر من فوائده بعكس السؤال السهل (١) .

أما فيما يتعلق بمعامل التميز المرغوب؟

فعلى المعلم ألا يكتفي بمعرفة معامل السهولة والصعوبة فحسب بل كذلك معرفة نوعية الطلاب الذين أجابوا عن سؤال معين إجابة صحيحة ، هل هم طلبة ممتازون أم جيدون أو مقبولين أم ضعفاء أم أنهم خليط من كل هذه الفئات الأربع ؟

فإذا كانت نتيجة معمل السهولة أو الصعوبة لسؤال معين تساوى ٥٢ % فأن السؤال يعتبر ممتازاً بسبب قرب هذه القيمة من ٥٠ % وهي القيمة التي تعطي أكبر قدر من التميزات الأمر الذي يتطلب فحص نوعية الطلبة الذين أجابوا على هذا السؤال قبل الحكم عليه بالجودة أو الرداءة ، فإذا وجدنا أن ١٣ % من التلاميذ أجابوا على هذا السؤال هم من الممتازين ، ١٣ % من الجيدين ، ١٣ % من المقبولين ، ١٣ % الباقي من الضعفاء فأن مثل هذا السؤال رغم تمتعه بمعاملي السهولة و الصعوبة المرغوبين ألا أنه من حيث دلالته التميزية يعتبر سؤلاً رديئاً وذلك لأنه لم يميز بين هذه الفئات الأربعة المتمايزة في درجات تحصيلهم . أما لو أجاب على نفس السؤال ٢٦ % من الممتازين ، ١٦ % من الجيدين ، ٧ % من المقبولين ، ٣ %

١) Anne Anastasi , psychological Testing , Third Edition , Macmillan Publishing co . In c. ١٩٦٨ , P . ٤٣ . - ٤٤ .

من الباقين ، فأن السؤال سوف يكون من حيث دلالته التميزية سؤالاً جيـداً لأنه ميز بين هذه الفئات الأربعة بشكل جيد وهكذا.

ويتضح لنا من خلال حسابنا معاملات التميز في مثالنا السـابق أن معامل التميـز قـد يتراوح قيمته ما بين –١ و ١+ ، فقد يجيـب عـلى سـؤال مـا جميـع التلاميـذ في المجموعة العليا في حين لا يجيب عليه أحد من المجموعة الدنيا وفي هـذه الحالـة تكون قيمته مساوية للواحد الصحيح .

م ت = ن ع ص – ن د ص

١ = ٠ – ١ =

وقد يحدث أن يجيب على السـؤال كـل التلاميـذ في المجموعـة الـدنيا و لا يجيـب عليه أحد من المجموعة العليا وفي هذه الحالة تكون قيمته التميزية مساوية لنا ناقص واحد .

م ت = ٠ – ١ = ١-

وقد يحدث أيضاً أن يتسـاوى عـدد التلاميـذ في المجموعتين العليـا والـدنيا في الإجابة عن سؤال معين وحينئذ تكون قيمته مساوية للصفر كما هو الحال بالنسبة للسؤال الرابع من مثالنا السابق حيث أن :-

م ت = ٠,٥٠ – ٠,٥٠ = ٠

وعلى ما تقدم يمكننا القول أن شروط قبولنا لمعامل التميـز المرغـوب يمكن أن تتمثل في الآتي [١]:-

١- أن يكون معامل التميز موجباً وهذا يعني أن يكون العـدد الأكـبر مـن التلاميـذ الذين أجابوا على السؤال إجابة صحيحة هم من أفراد المجموعة العليا لا العكس .

٢- ألا يكون صفراً وهـذا يعنـي ألا يتسـاوى أفـراد المجموعتين العليـا والـدنيا في إجاباتهم على سؤال معين . كما هو الحال بالنسبة للسؤال الرابع في مثالنا السـابق المستخرج بطريقة الـ ٢٧ % الأعلى مقابل الـ ٢٧ % الأدنى.

١) سبع أبو لبدة ، مبادئ القياس والتقويم التربوي للطالب الجامعي والمعلم العربي، عمان، جمعية عمان للمطابع التعاونية ، ١٩٧٩ ، ص / ٩٢.

٢٢٢

٣- أن يعطينا اكبر عـدد ممكـن مـن التميـزات بـين التلاميـذ أو اكبر قـدر مـن المعلومات عنهم ، ويحدث هذا حينما تكون القدرة التميزية للسؤال تسـاوي ٠,٥٠ أو قريبة منها.

وفي هذا الإطار يقترح لنا العالم " ايبيل " بعض القواعـد الفعليـة للحكـم عـلى القيمة التميزية للسؤال والتي بموجبها يتم قبول معامل التميز أو رفضـه ، وهذه القواعد هي [١] :-

معامل التميز	تقييم السؤال
فوق ٤٠ %	السؤال جيد جداً
٣٠ - ٣٩ %	السؤال مقبول ولكـن مـن الممكن تحسينه
٢٠ - ٢٩ %	السـؤال عـلى الحافـة ويحتـاج إلى تحسين
تحت ١٩ %	السؤال رديء ويحتـاج إلى تعـديل وتنقيح جديدين أو يجب حذفه

وبالاستناد إلى القواعد أعلاه فأن – السؤال الأول في مثالنا السابق يكون مقبولاً من حيث دلالة صعوبة وقدرته التميزية ويمكن الإبقاء عليه .

أما السؤال الثاني الذي يرتفـع فيـه معامـل السـهولة كثيراً وتقل فيـه القـدرة التميزية مقارنة بالسؤال الأول ، فهو يحتاج إلى مراجعة وتحسين .

أما السؤال الثالث فأنه يعتبر ممتـازاً مـن حيـث مسـتوى صعوبته وسـهولته وقدرته التميزية .

والسؤال الرابع رغم أنه ممتاز من حيث مسـتوى السـهولة والصعوبة إلا أنـه فاقد تماماً للقدرة التميزية بين الطلاب .حيث كانت م ت مساوية لـلصفر .

---

٢) د . أحمد محمد يوني ، المصدر السابق ، ص / ٩٢ .

أما السؤال الخامس فعلى الرُغم من تمتعه هو الآخر بمستوى صعوبة وسهولة ممتازين إلا أنه يتمتع بقدرة تميزية سالبة والتي تعني أن العدد الأكبر من الطلاب الذين أجابوا على السؤال كانوا من المجموعة الدنيا . وعليه يجب محاولة إصلاح هذين السؤالين (أي السؤال الرابع والخامس) أو حذفهما نهائياً من الاختبار [١] .

ثانياً : طريقة حساب ثبات المفردات وصدقها :-

تعتبر طريقة حساب ثبات المفردات وصدقها من الطرق الإحصائية التي يستطيع المعلم من خلالها تحليل اختباره للتعرف على مدى نجاحه أو فشله في تحقيق الأهداف الموضوعة له. وتوضيح ذلك فيما يلي :-

حساب ثبات المفردات :-

يعتمد ثبات الاختبار على ثبات مفرداته أي بمعنى أنه كلما كانت المفردات ثابتة كلما دل ذلك على ثبات الاختبار . ويوجد عدد من الطرق الإحصائية التي يمكن من خلالها حساب مدى ثبات مفردات الاختبار أهمها طريقة إعادة الاختبار وطريقة الاحتمال المنوالي :-

طريقة إعادة الاختبار :-

تتلخص هذه الطريقة في تطبيق الاختبار على مجموعة من الأفراد ويتم حساب درجات الأفراد ، وبعد فترة بعاد تطبيق نفس الاختبار على نفس المجموعة ثم تحسب الدرجات حيث يتم مقارنة نتائج المرة الأولى نتائج المرة الثانية .

وبما أن الخواص الإحصائية لدرجات الاختبار تختلف إلى حد كبير عن الخواص الإحصائية للمفردات لأن الدرجات الاختبارية متتابعة ودرجات المفردات ثنائية ، لذلك فأن أفضل طريقة لحساب ثبات الاختبار هي طريقة الارتباط الرباعي التي يمكن تلخيصها في الخطوات التالية:-

١) د . أحمد محمد بوني ، المصدر السابق ، ص ٩٢ – ٩٣ .

- تطبيق الاختبار على مجموعة من الأفراد .
- إعادة تطبيق الاختبار على نفس المجموعة .
- رصد إجابات المجموعة عن كل سؤال من أسئلة الاختبار في المرة الأولى والثانية وذلك في توزيع تكراري رباعي .
- حساب معاملات الارتباط الرباعية وهي التي تدل على معاملات ثبات المفردات.

ب - طريقة الاحتمال المنوالي:-

هذه الطريقة يمكن استخدامها لحساب ثبات المفردات التي تكون إجابات السؤال فيها إجابة واحدة من إجابتين أو من عدة إجابات محتملة كما هو الحال في اختبارات الصواب والخطأ أو في اختبارات الاختيار من متعدد . ويمكن تلخيص هذه الطريقة في المعادلة التالية :-

$$\text{معامل الثبات} = \frac{\text{ن}}{\text{ن - ١}} \qquad \frac{\text{ل - ١}}{\text{ن}}$$

حيث يشير :-

ن : إلى عدد الاحتمالات الاختيارية .

ل : إلى الاحتمال المنوالي أي أكبر تكرار نسبي لأي احتمال اختياري من الاحتمالات التي يحتوي عليها السؤال .

مثال :- إذا كأن لدينا أربع احتمالات للإجابة على سؤال معين كانت تكرارات الإجابة هي : ٤٠ ، ٩٠ ، ٤٤ ، ٢٦فأحسب معاملات ثبات الفقرات ؟

الحل :-

الاحتمالات الاختيارية للإجابة	تكرار الامتحانات	التكرار النسبي
أ	٤٠	٠,٢٠
ب	٩٠	٠,٤٥
جـ	٤٤	٠,٢٢
د	٢٦	٠,١٣
المجموع	٢٠٠	١

الاحتمال المنوالي = ٠,٥٠

عدد الاحتمالات ن = ٠,٤

$$\therefore \text{معامل الثبات} = \frac{\text{ن}}{\text{ن - ١}} \quad \frac{(\text{ل} - ١)}{\text{ن}}$$

$$= \frac{٤}{٤-١} \quad \left(\frac{١ - ٠,٤٥}{٣} \right)$$

$$= \frac{٤}{٣} \quad (٠,٣٣ - ٠,٤٥)$$

$$= \frac{٤}{٣} \times ٠,١٢ = ٠,١٦$$

٢ - حساب صدق المفردات :

يعتمد صدق أي اختبار على صدق مفرداته ، حيث أنه كلما زاد صدق المفردات زاد صدق الاختبار والعكس صحيح . ويمكن قياس صدق مفردات الاختبار عن طريق حساب معامل ارتباطها بالميزان الذي قد يكون داخلياً أو خارجياً ، فالميزان الداخلي هو الاختبار الذي يشمل على تلك المفردات ، أما الميزان الخارجي فهو الذي يقاس به صدق الاختبار نفسه ، أحياناً يسمى الصدق الداخلي بالتجانس الداخلي للاختبار ذلك لنه يقيس مدى تماسك المفردات باختبارها . وطريقة مقياس الصدق الداخلي لا تختلف في الحقيقة عن طريقة قياس الصدق

الخارجي حتى وأن اختلف مفهوم كل منهما اختلافاً كبيراً . ويوجد عدد من الطرق التي يمكن من خلالها قياس صدق المفردات أهمها ما يلي[١] :-

أ - طريقة الارتباط الثنائي البسيط :-

هذه الطريقة تقيس معامل الارتباط الثنائي الأصل للدرجات التتابعية للميزان الخارجي أو الداخلي ، والدرجات الثنائية للأسئلة أو المفردات ، وهي تقوم على المعادلة التالية :-

$$\text{رت} = \frac{\text{م أ} - \text{م ب}}{\text{ع}} \times \sqrt{\text{أ} \times \text{ب}}$$

حيث يشير :-

ر ت : إلى معدل الارتباط الثنائي الأصيل .

م أ : إلى متوسط الصواب .

م ب : إلى متوسط الخطأ .

أ : إلى نسبة الصواب .

ب : إلى نسبة الخطأ .

ع : إلى الانحراف المعياري لدرجات الميزان .

ويمكننا الاستعانة بالمثال الآتي لتوضيح كيف يمكن حساب المعادلة رقمياً :-

مثال:- أحسب معدل الارتباط الثنائي الأصيل لصدق مفردات الاختبار حيث م أ = ٢٨ ، م ب = ٢٤ ، ع = ٣ ، أ = ٠,٣٥ ، ب = ٠,٦٥ .

---

١) . أحمد محمد الطيب ، التقويم والقياس النفسي والتربوي ، الإسكندرية ، مكتب الجامعي الحديث ، ١٩٩٩ ، ص / ٢٥٥ - ٢٦١ .

الحل :-

$$\text{رب} = \frac{٢٨ - ٢٤}{٣} \times \sqrt{0.35 \times 0.65}$$

$$= \frac{٤}{٣} \times ٠,٤٨ = ٦٤$$

وإذا أصبحت درجات الميزان ثنائية في تدريجها فأن هذه الطريقة تتحول إلى حساب الارتباط الرباعي بين الميزان والسؤال .

وتعتبر هذه الطريقة من أدق الطرق لحساب صدق المفردات غير أنها تستغرق وقتاً طويلاً وجهداً كبير خصوصاً عندما يزداد عدد المفردات ، وعدد التلاميذ زيادة كبيرة .

ب - طريقة المقارنة الطرفية :-

تقوم هذه الطريقة على أساس تقسيم درجات الميزان إلى مستويين ، المستوى الممتاز والمستوى الضعيف ، ثم تجرى مقارنة درجات السؤال الواحد بين هاذين المستويين ، حيث أنه كلما زادت درجات السؤال في المستوى الممتاز عن درجاته في المستوى الضعيف كلما زاد تبعاً لذلك صدق السؤال ، وكلما انخفضت درجات السؤال في المستوى الممتاز عنه في المستوى الضعيف كلما أنخفض تبعاً لذلك صدق السؤال إلى الحد الذي يصبح فيه سالباً . أما في حالة تساوي درجات السؤال في المستويين الممتاز والضعيف ، فأن الصدق في هذه الحالة سوف يساوي صفراً ؛ لأن ارتباط السؤال بالميزان في هذه الحالة يساوي صفر أي لا يوجد صدق .

أما حساب الصدق وفق هذه الطريقة فأنه يتم من خلال ترتيب درجات السؤال ترتيباً تصاعدياً ، وفصل الجانب العلوي عن الجانب السفلي ثم بعد ذلك يتم إجراء مقارنة بين درجات السؤال في هذين الجانبين . ويتم استخدام الوسيط للفصل بين الجانبين العلوي والسفلي ، حيث يمثل الجانب العلوي ٥٠ % والجانب السفلي ٥٠ % ، وهناك من

يستخدم الرباعيات أي بنسبة ٢٥ % لكل جانب ، وهناك من يقسمه تقسيماً ثلاثياً أي بنسبة ٣٣ % لكل جانب .

غير أن العالم " كليلي " أثبت من خلال بحوثه الكثيرة التي أجراها في هذا المجال أن أفضل التقسيمات التي تقسم درجات الميزان إلى طرفين علوي وسفلي هي التي تكون نسبة ٢٧ % لكل جانب . ويتم حساب هذه الطريقة بمقارنة معامل سهولة السؤال في الجزء العلوي بمعامل سهولته في الجزء السفلي فإذا كأن عدد المجيبين إجابة صحيحة على السؤال ٣٠ في الجزء العلوي فأن معامل السهولة العلوي للسؤال يساوي

(٢٧/١٨ = ٠,٦٧) ، وإذا كأن عدد الذين أجابوا إجابة صحيحة على نفس السؤال في الجزء السفلي يساوي ١٤ فأن معامل السهولة السفلي للسؤال يساوي (٢٧/١٤ = ٠,٥٢) .

وقد استطاع العالم " فلانجان " بطريقة بسيطة من حساب معاملات ارتباط الاختبارات بأسئلتها وذلك باستخدام معاملات السهولة العلوية والسفلية للسؤال ، ووضع لذلك جداول تساعد الباحثين على معرفة هذه المعاملات بطريقة مباشرة وسريعة ، ومن خلال هذه الجداول إذ كأن :-

معامل السهولة العلوي = ٠,٦٦

ومعامل السهولة السفلي = ٠,٣٨

∴ معامل الارتباط = ٠,٣٩

وإذا كان معامل السهولة العلوي = ٠,٦٦ ، ومعامل السهولة السفلي = ٠,٤٠ ، فأن معامل الارتباط = ٠,٢٧ .

جـ - طريقة الفروق الطرفية :-

تقوم هذه الطريقة على نفس فكرة الطريقة السابقة وذلك باعتمادها على نسبة ٢٧ % العليا والسفلي . وقد دلت الأبحاث العديدة التي أجراها العالم " جونسون " على أن معادلة هذه الطريقة تعطي نتائج قريبة من نتائج الطريقة السابقة أي طريقة المقارنة الطرفية والتي أدت غليها جداول " فلانجان" ، ويمكننا تلخيص هذه الطريقة في المعادلة التالية :

معامل صدق السؤال = (ص ع – ص س) / (٠,٢٧ × ن)

حيث أن :

ص ع : إجابات السؤال الصحيحة في المستوى العلوي .

ص س : إجابات السؤال الصحيحة في المستوى السفلي .

ن: عدد الأفراد الذين أجابوا على الاختبار .

وهذه المعادلة التي تسمى بمعادلة جونسون تأخذ صورة أخرى هي :

معامل صدق السؤال = معامل السهولة العلوي – معامل السهولة السفلي

فإذا كأن معامل السهولة العلوي = ٠,٨٥ ، ومعامل السهولة السفلي = ٠,٣٦ ،

فأن معمل الصدق = ٠,٨٥ – ٠,٣٦ = ٠,٤٩ .

وقد تم احتساب معامل صدق هذا السؤال بطريقة فلانجان فتبين أنه يساوي ٠,٥٠ وهي نتيجة قريبة جداً من النتيجة السابقة . وقد أجرى جونسون تعديلات على معادلته السابقة وأصبحت على النحو التالي : -

معامل السهولة = (ص ع + ص س) / (٢ × ٠,٢٧ × ن)

ويمكن أن تأخذ هذه المعادلة صورة أخرى وهي :-

معامل السهولة = ١/٢ ((ص ع + ص س) / (٢٧, ن + ٠,٢٧ن))

= ١/٢ (معامل السهولة العلوي + معامل السهولة السفلي)

$$= \frac{\text{معامل السهولة العلوي + معامل السهولة السفلي}}{٢}$$

فإذا كأن معامل السهولة العلوي = ٠,٨٤ ،
معامل السهولة السفلي = ٠,٤٦

$$\text{فأن معامل سهولة السؤال} = \frac{٠,٨٤ + ٠,٤٦}{٢} = ٠,٦٥$$

ملاحظات حول عملية تحليل أسئلة الاختبار :-

بعد أن تحدثنا فيما تقدم من هذا الفصل عن تحليل أسئلة الاختبار يمكننا الخروج بمجموعة من الملاحظات حول هذه العملية يجب على المعلم الأخذ بها من أجل تحقيق الفوائد المرجوة من وراء عملية التحليل هذه ، وأبرز هذه الملاحظات هي [١]:-

١- القدرة التميزية للسؤال لا تشير بالضرورة إلى صدقه :

رأينا حلال عمليات التحليل السابقة أن الدرجة الكلية للاختبار هي التي تستخدم كأساس لاختبار الفئة العليا والفئة الدنيا ويتم تحليل كل سؤال في ضؤ علاقته بالدرجة الكلية للاختبار عليه فأن تحليل الأسئلة يقدم دليلاً على مدى الاتساق الداخلي للاختبار أكثر من كونه دليلاً على صدق الاختبار حيث نحدد عن طريق هذا التحليل ما إذا كأن كل سؤال يقيس بفاعلية ما يقيسه الاختبار ككل، أي يعمل ويسير بالاتجاه نفسه الذي يسير به الاختبار. وهذا يعني لنا في المحصلة النهائية أن تحليل

---

١) د . امطانيوس ميخائيل، المصدر السابق ، ص / ٣٢٧ - ٣٢٩ .

الأسئلة لا يمكن اعتباره وحده دليلاً قاطعاً على الصدق، وإنما يجب كذلك إثبات مدى صدق الاختبار ككل .

٢- أن انخفاض القدرة التميزية للسؤال ليس دليلاً بالضرورة على عن السؤال غير جيد.

بما أن الاختبار التحليلي يوضع لقياس نواتج تعليمية مختلفة مثل المعرفة ، الفهم ، التطبيق ، ......الخ ، عليه ، فأن أي سؤال أو مجموعة من الأسئلة التي تمثل مجالات أو أهدافاً لم تأخذ وزنها في الاختبار ستكون قدرتها التميزية ضعيفة . فمثلاً إذا كأن الاختبار يضم (٤٠) سؤالاً لقياس معرفة الحقائق الخاصة و(١٠) لقياس الفهم و (١٠) لقياس التطبيق فأن النوعين الآخرين من الأسئلة سوف تكون قدرتها التميزية ضعيفة بالمقارنة بأسئلة المعرفة ، أي أنها لن تعمل بالاتجاه نفسه الذي يعمل أو يسير به الاختبار وذلك لأن تمثيلها في الدرجة الكلية للاختبار أقل من غيرها أي بمعنى أخر أن هذه الأسئلة تقيس ما لا يقيسه الجزء الأكبر من الاختبار . وتؤدي محاولة جعل الأسئلة متساوية من حيث العدد في الاختبار إلى إيجاد نوع من التجانس إلا أنها تضر بصدق الاختبار.

٣- رأينا كذلك خلال عمليات التحليل أن القدرة التميزية للسؤال تـزداد كلما اقـترب معامـل السهولة من ٥٠ % وتنخفض كلما ابتعد صعوداً أو هبوطاً عـن هذا المستوى ، فالأسئلة السهلة جـداً التي يجـيب عليها جميع التلاميذ تضعف قدرتها التميزية وكذلك الأمر مع الأسئلة الصعبة التي لا يستطيع أحد من التلاميذ الإجابة عليها ، غير أن الإبقـاء على الأسئلة السهلة قد يكون لـه ما يـبرره وأن استبعادها بهدف تعزيز الصدق قد يكون لـه مفعول عكسي على صدق الاختبار نتيجة لضعف التمثيل .

٤- أن استقرار معاملات السهولة والتميز للسؤال يعتمد اعتماداً كبـيراً على حجـم وطبيعة المجموعة التي يطبق عليها السؤال ، ويرى " مارتوزا " في هـذا الشـأن أنه يجب ومن زاوية مثالية أن تتم عملية تحليل الأسئلة باستعمال عينة كبـيرة تتألف من عدة فئات من المفحوصـين وغير متجانسـة من حيث الخاصية التـي صمم السؤال من

أجل قياسها كمستوى المعرفة والفهم ...الخ ، وبما أن هذا المطلب يصعب تحقيقـه في كثير من الأحيان ،عليه لا بـد مـن الاعتماد عـلى الحيطـة والحـس السـليم عنـد القيـام بتحليـل الأسئلة ، وتبعـاً لـذلك فـأن مـؤشرات الصعوبة والتميـز لا يجـوز اعتبارها صفات ثابتة لا تتغير بل هي تتغير تبعـاً لحجم وطبيعـة المجموعـة التـي يطبق عليها السؤال.

٥- قد تحدث بعض المفارقات في كثير من الأحيان وذلك حين يسعى واضع الاختبار إلى تأمين صدق المحتوى الذي هو صدق منطقي قبلي يسبق تطبيق الاختبار وذلك بتضمين اختباره عدد من أسئلة معينة ، ثـم يعمـد بعد ذلك بهـدف تأكيد هـذا الصدق إلى تحليل هذه الأسئلة وهو إجراء تجريبي إحصائي بعدي يتم بعد تطبيـق الاختبار . وقد تفرض عملية التحليل هذه ضرورة استبعاد عدد مـن هـذه الأسـئلة كلياً أو جزئياً من الاختبار فماذا يفعل واضع الاختبار هنا ؟ نقول عـن الأولويـة يجب أن تعطى لصدق المحتوى لأن المبالغة في عمليـة التحليل الإحصائي لأسـئلة الاختبار قد لا تكون مجدية وفاعلة في أحياناً كثيرة.

٦- أنه من الخطأ اقتصار عملية تحليـل الأسـئلة عـلى الموضوعية فقط ، بـل لـكي تحقق هذه العمليـة الفوائـد المرجـوة منهـا لا بـد أن تمتـد لتشـمل كـذلك تحليـل الأسئلة المقالية رغم أن تحليل هذا النوع من الأسئلة تعتبر عملية صـعبة وتعتريها الكثير من المشاكل ترجع أغلبها إلى عدم ثبات درجات هذا النوع من الأسـئلة وإلى أن مستوى صعوبة كل جزء أو عنصر من عناصر الإجابة يـؤثر في مسـتوى صـعوبة الآخر نظراً لأن صحة أو عدم صحة إجابة التلميذ عن جزء يـؤثر في صـحة أو عـدم صحة إجابته عن الجزء الذي يليه . ويـرى كـل مـن " اهـمان وجلـوك " أن تحليـل إجابات عن الأسئلة المقالية يمكن أن يتم بنجـاح (إذا كانت الأسـئلة مـن نـوع الأسئلة القصيرة المحدودة ويتم تصحيحها بالطريقة التحليلية ، حيث يمكن النظر في كل جزء من الإجابة على حدة ، وحساب مستوى صعوبته وتميزه ، وحين يتعـذر تقسيم الإجابة إلى أجزاء لأسباب منطقية فلابد من التعامل مع السؤال ككل باتباع طريقة

الاتساق الداخلي المتبعة في حالة الأسئلة الموضوعية) [١] . وعلى ذلك فأن تحليل كل من الأسئلة الموضوعية والأسئلة المقالية يمكننا أولاً من وضعها معاً في اختبار واحد شامل ، وثانياً يزيد من صدق الاختبار وثباته .

١) Ahmann, j.s. and clock, m.d. evaluating pupil growth, oston:Allyn and Bacon, Inc, ١٩٧٥,p.p ١٦١

.

الفصل السادس
اختبارات ومقاييس الذكاء

معني الذكاء
وحدة قياس الذكاء.
طبقات الذكاء.
أهمية معرفة الذكاء.
ظهور مقاييس الذكاء وتطورها.
العلماء الذين مهدوا لقياس الذكاء.
أسس تصنيف اختبارات الذكاء.
العناصر المشتركة بين اختبارات الذكاء.
نتائج اختبارات الذكاء.
اتجاهات التقدم في اختبارات الذكاء.

الفصل السادس
اختبارات ومقاييس الذكاء

اهتم علماء النفس منذ فترة طويلة بموضوع الذكاء فدرسوه دراسة علمية دقيقة, وحاولوا ابتكار الوسائل الممكنة لقياسه وبيان نسبة امتلاك الأفراد له وذلك لارتباطه بأساليب السلوك ومظاهر النشاط العقلي كالتعليم والتفكير وبواعث السلوك ودوافعه المختلفة , وبالفعل ظهرت العديد من المقاييس و الاختبارات التي تحاول بشكل أو بآخر قياس الذكاء وبيان مقدار امتلاك الأفراد له وسوف نخصص هذا الفصل للبحث في أهم هذه المقاييس والاختبارات.

معنى الذكاء

كلمة الذكاء هي كلمة مجردة وهى مفهوم تصف ضروب السلوك التي تصدر عن الفرد وتدل على الفطنة والكياسة وحسن التصرف . وقد كأن عامة الناس في السابق يعتبرون الذكاء يتمثل في يقضه المرء وحسن انتباهه و معرفته بكل ما يدور حوله وكذلك قدرته على التصرف الملائم والسليم اتجاه أمور الحياة المختلفة . كما كانوا يعتقدون أن الذكاء هو قدرة عامة أي يبرز في أنشطة الفرد المختلفة وأن نجاح الفرد في نشاط معين يعني أنه لابد أن ينجح في أنشطه أخرى .كما كانوا يتخذون المستوى العلمي والقدرة على التعلم كدليل على ذكاء الفرد من عدمه ,فكأن الفرد الذكي لديهم هو القادر على التعلم والإلمام بكل أنواع المعرفة .

آما علماء النفس فكأن لهم رأي آخر في الذكاء لذلك فقد وضعوا له تعاريف عديدة محاولين من خلالها بيان مدلوله على الرغم من عدم معرفتهم بطبيعته ومن هذه التعريفات:-تعريف العالم الألماني (شترن) الذي عرف الذكاء " على أنه القدرة على التكيف العقلي للمشاكل والمواقف الجديدة " (١) .

---

١) د. أحمد عزت راجح , أصول علم النفس , القاهرة , دار المعارف , ١٩٩٤ , صـ٣٨٤ .

أما العالم (نايت) فقد عرف الذكاء بأنه " القدرة على التفكير البناء القائم على إيجاد العلاقات الموجه إلى تحقيق غاية " (١) .

وعرفه العالم الأمريكي (كلفن) بأنه " القدرة على التعلم " (٢) .

أما (وكلر) فقد عرف الذكاء بأنه " القدرة العامة للفرد على القيام بتصرفات هادفة والتفكير بطريقة منطقية والتعامل مع البيئة تعاملاً يتصف بالكفاءة ". (٣)

و قد عرف الدكتور أحمد عزت راجح الذكاء بأنه " القدرة على التعلم واستخدام الفرد ما تعلمه في التكيف للمواقف الجديدة أي لحل مشكلات جديدة ". (٤)

من خلال التعاريف أعلاه نلاحظ أن هناك عدم اتفاق ما بين علماء النفس حول مفهوم الذكاء فكل واحد منهم ينظر إليه من زاوية معينة ولكن جميعهم متفقون على إمكانية قياسه ، لذلك نجد العديد من الباحثين من قام بقياس الذكاء دون محاولة وضع تعريف له.

نخلص إلى القول أن الذكاء هو لفظة عامة مبهمة فهو لا يشير إلى شيء ملموس وأنما يشير إلى خصائص ملحوظة من الفكر والعمل، وهو صفة يمتلكها جميع الأفراد وأن كانت قدرة امتلاك فرد لها تختلف عن قدرة ما يمتلكه غيره من الأفراد ، كما أنه قدرة كامنة يعتمد على الوراثة أي الفطرة وتنميها البيئة من خلال عملية تفاعل الفرد مع هذه البيئة بظروفها المختلفة وما يكتسبه من معلومات وخبرات ومهارات نتيجة لهذا التفاعل, كلما نما الفرد وازدادت عملية التفاعل زاد حجم هذه المعلومات وارتفع بالمقابل مقدار ذكاءه.

---

١) - س ن مكفارلة, علم النفس والتعلم , القاهرة , الدار العربية للعلوم , ط١ , ١٩٩٤ , صـ٦١ .

٢) د. أحمد عزت راجح , المصدر السابق , صـ٣٨٥ .

٣) د. عباس محمود عوض , علم النفس العام , الإسكندرية , دار المعرفة الجامعية , ١٩٩٨ , صـ٣٦٢ .

٤) د. أحمد عزت راجح , المصدر السابق , صـ٣٨٥ .

وحدة قياس الذكاء :-

الفرق بين الشخص الذكي والشخص الغبي يبدو في القدرة على حل المشكلات وعلى التصرف السليم في المواقف الجديدة . و يظهر أثر الذكاء عادةً في سرعة الأداء والقدرة على الإبداع والابتكار وتركيز الطاقة والجهد لإنجاز عمل معين أو التغلب على الصعوبات والمشاكل نظراً لأهمية عامل الذكاء لدى الأفراد فقد تم الاهتمام به وجرت محاولات كثيرة لقياسه وبيان مدى النسبة التي يتمتع بها كل فرد من هذه القدرة وذلك لأهمية ذلك في كل جوانب الحياة سواء كانت الدراسية منها أو المهنية أو غيرها.

وعلى أساس ذلك فقد ظهرت العديد من المقاييس والاختبارات لقياس العمر العقلي للشخص وهو المستوى الذي يناظر متوسط العمر في مرحلة معينة بالقياس إلى غالبية الأفراد المتوسطين في ذلك العمر وبمقارنة العمر العقلي بالعمر الزمني للفرد ونستطيع أن نستنتج نسبة الذكاء . قد بين العالم الألماني "شترن " أهمية نسبة الذكاء في تحديد مدى تأخر أو تقدم مد ارج الذكاء ومستوياته ، لذا فقد اقترح كيفية الحصول عليه من خلال المعادلة الآتية :-

$$\text{نسبة الذكاء} = \frac{\text{العمر العقلي}}{\text{العمر الزمني}} \times ١٠٠$$

مثال :- إذا كأن لدينا تلميذ عمره العقلي ١٠ سنوات وعمره الزمني ٨ سنوات فأن نسبة

$$\text{ذكاءه} = \frac{١٠}{٨} \times ١٠٠ = ١٢٥$$

, وهي تدل على أن هذا التلميذ ذكي جداً .

طبقات الذكاء:-

لقد أكدت جميع البحوث والدراسات الإحصائية التي تم إجراءها على أن توزيع الذكاء ما بين الأفراد هو توزيعاً طبيعياً وفق المنحنى

الاعتدال, أي أن الغالبية العظمى منهم متوسطون الذكاء في حين أن العباقرة وضعاف العقول قلة قليلة وبين هاتين الطبقتين تتوزع بقية الطبقات الأخرى بشكل تدريجي كما يتضح من التوزيع الآتي:-

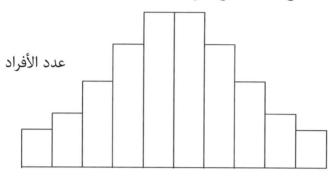

عدد الأفراد

العباقرة ١٥٠ ١٤٠ ١٣٠ ١٢٠ ١١٠ ١٠٠ ٨٠ ٦٠ ٤٠ ٢٠ ضعاف العقول

من التوزيع السابق يتبين لنا أن معظم الناس متوسطي الذكاء حيث نجد أن ٥٠% من الأفراد تقع نسبة ذكائهم بين ٩٠ , ١١٠ , أما الذين تزيد نسبة ذكائهم عن ١٤٠ وتقل عن ٦٠ لا يتجاوزون ١% والجدول الآتي يمكن أن يبين لنا كيفية توزيع طبقات الذكاء بالاعتماد على نسبة الذكاء :-

نسبة الذكاء	طبقات الذكاء
١٤٠ فأكثر	عبقري أو قريب من العبقرية
١٢٠ - ١٤٠	ذكي جداً
١١٠ - ١٢٠	فوق المتوسط أو ذكي
٩٠ - ١١٠	عادي أو متوسط الذكاء
٨٠ - ٩٠	أقل من متوسط أو غبي
٧٠ - ٨٠	غبي جداً
أقل من ٧٠	ضعيف العقل أو متخلف عقلياً
٥٠ - ٧٠	أهوك
٢٥ - ٥٠	أبله
أقل من ٢٥	معتوه

جدول يبين توزيع طبقات الذكاء بالاعتماد على نسبة الذكاء

أهمية معرفة الذكاء:-

من المعروف أن النجاح في الحياة يتطلب مستوى من التفكير والقدرة على التصرف السليم اتجاه الصعوبات والمشاكل وهذا الشيء لا يتوفر إلا عند الأذكياء الذين يمكنهم إذا توفرت لهم الظروف المناسبة أن يصلوا إلى مراتب النجاح والتفوق وتحقيق مزيداً من التقدم باستمرار أما الأغبياء فمن الصعب عليهم أن يحققوا النجاح بنفس الدرجة التي يستطيعها الأذكياء. وهذا الكلام ينطبق على التعليم الذي يحتاج هو الآخر إلى تمتع الأفراد بقدر معين من الذكاء لكي يستطيعون النجاح فيه . ولأجل هذا تهتم المؤسسات التعليمية بقياس الذكاء بفعل وجود تناسب طردي بين ما لدى الفرد من هذه الخاصية وقدرته على التعلم وهذا ما سبق أن ذكرناه من أن الذكاء هو " القدرة على التعلم " وهذه حقيقة لا تقبل الجدال لأن الدراسات التربوية و النفسية العديدة التي تم أجراءها أثبتت أن معامل الارتباط بين الذكاء والنجاح الدارسي يزيد عن ٧٤ و. مع الآخذ بنظر الاعتبار أن هذه العلاقة تختلف باختلاف المواد الدراسية وما تتطلبه كل مادة من قدرات واستعدادات بجانب الذكاء , كما تختلف حسب المرحلة الدراسية حيث أن لكل مرحلة من هذه المراحل تتطلب مستوى معين من الذكاء قد لا تتطلبه المرحلة الأخرى . كما أن هذه المقاييس والاختبارات تفيدنا في التنبؤ بمدى نجاح الفرد أو فشله في دراسته المستقبلية ولذلك يتم توجيه الأفراد و إرشادهم إلى نوع الدراسة والتخصص الملائم بالاعتماد على نتائج مثل هذه الاختبارات وإذا جئنا إلى ميادين العمل أو المهن المختلفة نرى أنها هي الأخرى تهتم كثيراً بمعرفة درجة ذكاء الأفراد وذلك لأن النجاح في مهنة أو عمل ما يتطلب هو الأخر إلى جانب عوامل أخرى قدراً من الذكاء ولهذا اهتمت الدول المتحضرة كثيراً بتصنيف الأعمال والمهن إلى مجموعات وذلك بحسب ما تتطلبه من ذكاء , وقد أنشأت لهذا العديد من مكاتب التوجيه المهني منها ما هو ملحق بالشركات والمؤسسات والمصانع, ومنها ما هو ملحق بمكاتب العمل الحكومية ويقوم بإدارة هذه المكاتب أخصائيون في التوجيه والقياس العقلي بتمثيل عملهم الأساسي في إجراء الاختبارات النفسية

التي تكشف عن مدى القدرات الذكائية التي يحملها الأفراد كما تكشف عن حجم الاستعدادات والقدرات والميول وعلى أساس النتائج يتم توجيه الأفراد نحو المهن والأعمال التي تناسبهم .

وأخيراً يعتبر الذكاء أمراً هاماً للنجاح في الحياة الاجتماعية في مختلف جوانبها سواءٍ أكان ذلك في محيط الأسرة أو المجتمع العام بسبب أن التكيف الاجتماعي السليم يتطلب من الفرد أن يكون على قدر من الذكاء لكي يستطيع أن يبني علاقاته مع الآخرين ويوجه سلوكه في الاتجاه الصحيح أما نقص الذكاء فأنه يؤدي إلى عدم قدرة الفرد على التكيف وبالتالي يقود إلى الانحراف والأجرام فقد بينت الدراسات أن الأذكياء أكثر نجاحاً في حياتهم العائلية والزوجية وأكثر قدرة على تربية أولادهم التربية السليمة ويستطيعون المساهمة الفاعلة في النشاطات الاجتماعية المختلفة بشكل افضل من الأغبياء الذين يكونون عنصراً معوقاً لمثل هذه النشاطات , وعلى ذلك فأن الذكاء عامل هام من العوامل التي تساعد الفرد على التوافق والنجاح اجتماعياً وهذا يفرض علينا ضرورة انتقاء الأذكياء والموهوبين من الأفراد لتولي المناصب الاجتماعية القيادية (١) .

ظهور مقاييس الذكاء وتطورها :-

مما لا شك فيه أن قياس الذكاء كأن من أهم الأمور التي شغلت العلماء في بداية حركة قياس الفروق الفردية لذا يمكننا القول أن ظهور مقاييس الذكاء ترجع تاريخياً إلى المحاولات الأولى لقياس هذه الفروق وبالتالي إلى حركة التجريب التي بدأت في أواخر القرن التاسع عشر .

وقد نظر علماء التجريب الأوائل للذكاء على أنه قوة طبيعية لأنسأن لذلك حاولوا قياسه عن طريق بعض الأماران والصفات الجسمية فبدءوا القياس العقلي بقياس الرأس وأبعاد الجمجمة وما بينها من نتوءات على اعتبار أن الرأس هو مستقر العقل وأن العقل يتأثر بوضعه داخل هذا الرأس . غير أن هذا الاعتقاد سرعان ما تبدد بداية

---

١) د. إبراهيم وجيه محمود " وآخرون " علم النفس التربوي والفروق الفردية للأطفال , الإسكندرية , دار المعرفة الجامعية , ٢٠٠٠ , صـ٣٤١-٣٤٥ .

القرن العشرين على يد العالم بيرسون الذي أثبت عن طريق التجارب العديدة التي قام بها بعدم وجود علاقة حقيقية يعتد بها بين القوة العقلية والمظاهر الجسمية .

وبعد ذلك حاول العلماء التوصل إلى قياس الذكاء عن طريق تقدير بعض القدرات والصفات الجسمية البسيطة كالقدرة على التمييز الحسي- ودرجة الحساسية للألم وسرعة الحركة والقدرة على تحمل الألم والتعب .... الخ ولقد كانت حجتهم في ذلك مبنية على اعتقادهم القائل بأن الحواس هي مفتاح العقل وهي التي تمد بالمعلومات وبالتالي فأن القدرة على التركيز الحسي- تتوقف على القدرة على تركيز الانتباه وهذه لها علاقة مباشرة بالذكاء كما أن حساسية الجلد دليل على يقظة العقل وحدته أي دليل على الذكاء. غير أن البحث العلمي أثبت كذلك بأن معامل الارتباط بين هذه العمليات والذكاء معامل ضعيف جداً لذا أتجه البحث أخيراً إلى محاولة قياس العمليات العقلية العليا كالتفكير والفهم والحكم والتحليل وكانت هذه الخطوة بداية القيام بقياس الذكاء في الاختبارات الحديثة (١) .

العلماء الذين مهدوا لقياس الذكاء :-

لقد أتجه علماء فرنسا خاصة في القرن الثامن عشر وبداية القرن التاسع عشر- نحو الطب العقلي وعلوم الحياة. وركزوا جل اهتمامهم على دراسة ضعاف العقول والمرضى بأمراض عقلية. ومن هؤلاء العلماء شاركوت وجانيت اللذان حاولا أن يوجها الأنظار إلى العناية بالفرد كفرد, كما حاولا معرفة عقلية الفرد السوي لدراسة المرضى أو غير الأسوياء وبذلك فقد نبها إلى قيمة الفروق الفردية منذ وقت مبكر .

أما العالم سيجان الذي يعتبره البعض رائد حركة الاهتمام بضعاف العقول في فرنسا فقد أنشأ أول مدرسة لضعاف العقول . وقد ركز جهوده في تعليم هذه الفئة عن طريق تدريب الحواس وابتدع لوحة

---

١) د. أحمد عزت راجح , المصدر السابق , ص٣٨٥ - ٣٨٦ .

الأشكال المعروفة باسمه " لوحة سيجان " التي تدخل ضمن كثير من الاختبارات الإدائية ويقاس فيها ضعاف العقول والصم والأميين . ومن العلماء الفرنسيين المهمين في هذا المجال بينيه الذي يعتبر أبا حركة قياس الذكاء المعاصر وقد كأن اهتمامه منصباً على إجراء التجارب على الذاكرة كما أهتم اهتماماً زائداً بالأفراد الذين يمتازون بذاكرة خارقة لا يشبههم فيها أحد , كما أعطى عناية خاصة لدراسة لاعبي الشطرنج وهم معصومون العينين مما مهن لإيمانه بمبدأ الفروق الفردية .

وقد أنتقد بينيه التجارب الأولى التي تحاول قياس الذكاء عن طريق العمليات الحسية , ونادى بأن السبيل إلى قياس الذكاء لا يتم إلا عن طريق العمليات العقلية العليا , وهذه العمليات هي التي يختلف فيها الأفراد فيما بينهم , وقام بتجارب عملية لمقارنة الأفراد في الانتباه والقدرة على الملائمة , كما ونادى بأن الذكاء قدرة تتميز بالنزعة نحو اتخاذ اتجاه جديد محدد والقدرة على النقد الذاتي . وفي عام ١٩٠٤ ابتدع بينيه أول مقياس للذكاء يتكون من ثلاثين سؤالاً متدرجة في الصعوبة ما بين ٣ - ١١ سنة, وبعد إجراء العديد من محاولات التقنين عليه أصبح هذا المقياس يتكون اليوم من ٥٧ سؤالاً, وقد تم ترجمته إلى العديد من اللغات ونال شهرة كبيرة كواحد من أهم مقاييس الذكاء المعتمدة.

كما كأن لعلماء الألمان دور مهم في تطور حركة قياس الذكاء فالعالم فونت هو من أنشأ أول معمل لعلم النفس التجريبي الذي دارت فيه البحوث الأولى حول الاحساسات والعمليات النفسجمية وقد تدرب فيه عدداً كبيراً من العلماء من مختلف دول العالم . أما العالم كرايبلن فقد جاء اهتمامه مركزاً على المرضى بأمراض عقلية , وكأن اهتمامه الأساسي هو بترابط العمليات العقلية لهؤلاء المرضى, وقد قام بتجارب عديدة حول عملية الترابط هذه , كما حاول تقسيم الأمراض العقلية تبعاً الاختبارات في الإدراك منها اختبارات لعد الحروف, وشطب الحروف واختبارات للذاكرة, تتضمن إعادة عد أرقام وحروف لا معنى لها واختبارات أخرى تقيس الترابط والعمليات الحركية .

ومن الأسماء الألمانية الأخرى المشهورة التي كأن لها دوراً في هـذا الإطار بوبرتاج , و ابنجهاوس , و منستربرج و شترن.

فقد ترجم بوبرتاج ١٩٠٩ اختبار بينيه إلى الألمانية وعدله حتى يناسب الأطفال الألمان .

أما واينجهاوس فقد كانت جهـوده مركزة عـلى الـذاكرة , وأهم إسهاماته في حركة قياس الذكاء هو محاولته وضع اختبار لقياس الـذكاء هـو " اختبار إكمال الجمل ", الذي تتضمنه كثيراً من الاختبارات الحالية .

وقد تقدم منستربورج باختبارات الذكاء خطوة نحو قياس العمليات العقلية العليا إذ نشرـ اختبارات للقراءة وتسمية الألوان والأشياء . كذلك استعمل اختبارات تذكر الأرقام وقد ضمنت هـذه الاختبارات في كثير مـن الاختبارات الحالية.

أما العالم شترن فأن اسمه يرتبط بمعامل الذكاء إذ بعد أن أخرج بينـه اختباره كأن العمر العقلي يقسم على العمر الزمني لبيان مستوى ذكاء الطفل وكانت هذه العملية تتضمن كسوراً, فأقترح ضرب الحاصل في مائة لاستخراج معامل الـذكاء أو نسبة الذكاء (١) .

وقد كأن لعلماء الإنجليز كذلك إسهاماتهم الواضحة في هذا المجال ويعتبر جالتون من أوائل العلماء الذين اثروا في حركة القياس حيث أنشأ هذا العالم معملاً صغيراً في متحف لندن بهدف قياس قدرات الإنسان معتقداً أن المعوقين عقلياً ينقصهم حدة الإحساس مقرراً أن القدرات العقلية و الادراكية قـد تكون مرتبطة معـاً بدرجة كبيرة , ولو كأن الأمر هكـذا, فـأن إحـدى القدرات تكون مـؤشراً للأخـرى. وعلى أساس ذلك بدء جالتون في تقدير بعض الصفات مثل حدة الأبصار والسمع , الإحساس اللوني, الحكم البصري, زمن الرجع, كما قاس الأنشطة الحركية متضمنة " قوة جذب أو شدة ما أو الضغط عليه" (٢).

١) د. سعد جلال , المصدر السابق , صـ٥٦٩- ٥٧٤ .

٢) ليندا دافيدوف , الذكاء , القاهرة , الدار الدولية للأستثمارات الثقافية , ط ١ , ٢٠٠٠ , صـ٧٥

والشكل التالي الذي هو عبارة عن إعلان يصف لنا أهم أهداف معمل جالتون -:

ANTHROPOMETRIC

LABORATORY

For the measurement in various ways of Human Form and Faculty

[illegible]

This laboratory is established by Mr. Francis Galton for the following purposes:—

1. For the use of those who desire to be accurately measured in many ways, either to obtain timely warning of remediable faults in development, or to learn their powers.

2. For keeping a methodical register of the principal measurements of each person, of which he may at any future time obtain a copy under reasonable restrictions. His initials and date of birth will be entered in the register, but not his name. The names are indexed in a separate book.

3. For supplying information on the methods, practice, and uses of human measurement.

4. For anthropometric experiment and research, and for obtaining data for statistical discussion.

Charges for making the principal measurements:
THREEPENCE each to those who are already on the Register.
FOURPENCE each to those who are not:— one page of the Register will thenceforward be assigned to them, and a few extra measurements will be made, chiefly for future identification.

The Superintendent is charged with the control of the laboratory and with determining in each case, which, if any, of the extra measurements may be made, and under what conditions.

[illegible]

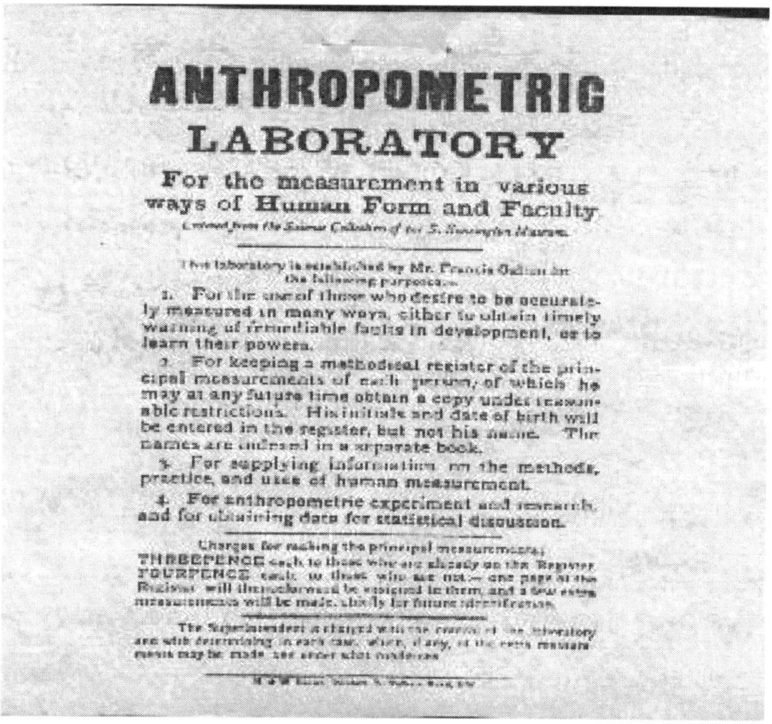

وقد أثر جالتون بجهود هذه في غيره من العلماء الإنجليز من أمثال بيرسون الذي يرجع إليه الفضل في تحسين طرق إيجاد معاملات الارتباط ، وسيبرمان وتومون وبيرت الذين اشتغلوا في معرفة طبيعة الذكاء مما أدى إلى ظهور النظريات السائدة اليوم عن طبيعة الذكاء .

وأخيراً لابد من الإشارة إلي جهود العلماء الأمريكان في هذا المجال والتي بدأت على يد كل من كاتل وثورندايك، ففي سنة ١٩٠٥ تكونت لجنة يرأسها كاتل للنظر في الاهتمام بالفروق الفردية وقياسها وجمع كل المقاييس التي تقيس العمليات العقلية والجسمية وقد كانت هذه النقطة هي بداية لتجريب لقياس الذكاء والقدرات العقلية عن طريق عمليات الحسية والحركية مما كأن يتبعها كاتل وغيره من تلاميذ فونت وكأن جودارد هو أول من نقل اختبار بينية الصادر عام ١٩٠٥ إلى الولايات المتحدة الأمريكية لتميز ضعاف العقول ، جاء بعده كهلمان الذي ترجم وعدل الصورة الصادرة في سنة ١٩٠٨، وتبعهما ترمان في نشر ـ التعديل الذي ظهر في سنة ١٩١٦ الذي شاع استعماله حتى ظهر تعديل ميرل في سنة ١٩٣٧ الذي يعتبر من اشهر اختبارات الذكاء الموجودة اليوم في العالم (١) :-

أسس تصنيف اختبارات الذكاء

إذا أردنا أن ننظر في الأسس التي تتبع في تصنيف الاختبارات العقلية لوجدنا أنه يوجد اكثر من أساس لتصنيفها من أهمها ما يلي : -

الأساس الأول : الزمن :-

بعض الاختبارات يتم تحديد زمن معين للإجابة على أسئلتها ولا يسمح للمجيب أن يتجاوز هذا الزمن وهذا النوع من الاختبارات هو الذي يقيس السرعة والدقة أما البعض الأخر فأنه لا يحدد مثل هذا الزمن للإجابة وهي للاختبارات التي تقيس قوة الفرد في أداء الاختبار في غير زمن محدود وهكذا يمكننا أن نميز بين اختبارات السرعة ذات الزمن المحدد. واختبارات القوة التي لا يشترط فيها زمن محدد ولكن على المفحوص أن ينتهي من الاختبار في جلسة واحدة دون حد أقصى ملزم لجميع الأفراد.

---

١) د . سعيد جلال ، المصدر السابق ، ص ٥٧٤- ٥٧٥ .

الأساس الثاني : طريقة أجراء الاختبارات :ـ

وتقسم الاختبارات حسب طريقة إجراءها إلى اختبارات فردية واختبارات جماعية، والاختبار الفردي هو الذي يتم تطبيقه بشكل فردى على المفحوصين في وقت واحد بواسطة فاحص واحد.

أما الاختبار الجماعي فهو الذي يتم تطبيقه على مجموعة من المفحوصين في وقت واحد بواسطة فاحص واحد .

الأساس الثالث :- المحتوى:-

وقد تقسم الاختبارات على أساس محتواها إلى اختبارات لفظية و اختبارات غير لفظية . والاختبارات اللفظية هي التي تعتمد على اللغة و الألفاظ في تكوينها . أما الاختبارات غير اللفظية هي التي لا تدخل اللغة فيها إلا لمجرد فهم تعليماتها أما ما تتطلبه من المفحوصين فهو القيام بأعمال معينة كوضع قطع خشبية بطريقة معينة أو تكملة لوحة ناقصة أو إدراك أشكال هندسية معينة .

الأساس الرابع : ما يقيسه الاختبار:-

و أخيراً قد تقسم الاختبارات إلى اختبارات تقيس القدرة العامة أي الذكاء واختبارات تقيس القدرات الفارقة .

ويمكننا إذا أردنا أن نزاوج بين هذه الأسس المختلفة لتصنيف الاختبارات واسهل هذه الطرق هو أن نزاوج بين الأساسين الثاني والثالث أي بين الاختيارات الفردية والجمعية من ناحية واختبارات اللفظية وغير اللفظية من ناحية أخرى ونفرق فيما بين الاختبارات الفردية اللفظية والاختبارات الفردية غير اللفظية . ومهما كانت طبيعة المزاوجة فأن أي تقسيم يتم اعتماده هنا يعادل الآخر طالما أنه يراعى هذا الأساس كإطار مرجعي في مناقشته وفى استخلاصه نتائجه(١) .

---

١) د. احمد زكى ، المصدر السابق ، ص ٥٧١-٥٧٢

أولاً : الاختبارات الفردية اللغوية .

وهى الاختبارات التـي يـتم إعـدادها وتطبيقهـا عـلى التلاميـذ بشـكل فـردي باستخدام اللغة ومن أمثلتها اختبار استانفورد بينيه، وتتميـز هـذه الاختبـارات بمـا يأتي ([٢]) .

١- أنها تشمل على مجموعة من الأسئلة التي تمتاز بالبسـاطة والتنـوع ولا تتوقـف الإجابة عليها على الدراسة المدرسية فقط وأنما تمتد لتشـمل كـذلك مختلـف أمـور الحياة.

٢- أنها مقننة على عينة ممثلة لمجموع الأفراد الذين سيطبق علـيهم الاختبـار كـما لوحظ في التقنين تحديد تعليمات إعطاء الاختبار وتحديد طرق تصحيح الإجابات.

٣- تستعمل هذه الاختبارات متوسطات للأعـمار المختلفـة حتـى يقـارن الأداء بهـا فالعمر العقلي هو المتوسط الذي يقارن به الأداء الحركي في كل سن.

٤- تحاول أسـئلة هـذه الاختبـارات التوصـل إلى العمليـات العقليـة العليـا التـي لا تعتمد على التوافق الحركي أو الاحساسات المختلفة كـما هـو الحـال في الاختبـارات القديمة.

٥- تحـاول هـذه الاختبـارات أن تحقـق شرط توزيـع الفـروق الفرديـة في المنحنـى المعتدل . فالذكاء يتوزع في الأفراد بدرجات متفاوتة من أقل درجة إلى أعلى درجـة بنسب تماثل النسب المفترض وجودها في منحنا معتدل .

٦- تنظر إلى الذكاء على أنه قدرة عامة موجودة عند كـل الأفـراد أي مـوزع بشـكل طبيعي على الأفراد ولكن درجة امتلاك الأفراد إلى هذه القدرة غير متساوي.

---

٢) د. إبراهيم وجيه "و آخرون " المصدر السابق ص ٣٥٢ - ٣٥٣

اختبار ستانفورد بينيه:-

ترتبط بداية اختبارات الذكاء كما ذكرنا سابقاً باسم الطبيب الفرنسي- بينية الذي وضع أول اختبار في هذا المجال شاع استخدامه في جميع أنحاء العالم وذلك عام ١٩٠٤ عندما قامت وزارة المعارف الفرنسية . بتكليف لجنة يرأسها بينيه نفسه وذلك من أجل وضع مقاييس يصلح استخدامه للتفريق أو التمييز بين الأطفال الذين يقدرون على التعليم في المدارس العامة وأولئك الذين لا يقدرون على ذلك وقد نقح بينيه هذا الاختبار عدة مرات وكان أخرها عام ١٩٣٧. ويتكون هذا الاختبار من مجموعة من الأسئلة المتنوعة التي تم ترتيبها تدريجياً بحيث يبدأ من السهل إلى الصعب وقد تضمنت المهام الموضوعة لمستوى عمر ثلاث سنوات الإشارة إلى الأنف والعينين والفم وإعادة ذكر رقمين والتعرف على الأشياء الموجودة في صورة ما بينما تضمنت المفردات الموضوعة لمستوى عمر سبع سنوات الإشارة إلى اليد اليمنى وصف صورة ما ، إجراء سلسلة من ثلاثة أوامر وعد بعض العملات .وقد صمم اختبار بينيه بحيث يستطيع الأطفال ذوو القدرة المتوسطة تقريباً أن يحلوا حوالي ٥٠% من المشكلات الموضوعة لمستوى عمرهم ومعظم المهام الموضوعة للمستويات العمرية الأصغر .

ويتم تطبق اختبار بينيه بطريقة فردية على الأطفال وتسجيل استجاباتهم ومن ثم تقديرها وعندئذ يحدد المخبر مستوى عقلياً أو عمراً عقلياً كما أطلق عليه في نهاية الأمر أي عندما يكون أداء طفل ما في العاشرة من عمره مساوياً لمستوى أداء الأطفال الذين مثل عمره يكون مستواه العقلي مساوياً عشر- سنوات بينما يكون المستوى العقلي لهذا الطفل مساوياً لست سنوات إذا كأن أداؤه مماثلاً لمستوى أداء أطفال في السادسة من عمرهم . ويعمل الفرق بين المستوى العقلي والعمر الزمني كمؤشر للذكاء ويعتبر الأطفال متخلفين عقلياً إذا كأن مستواهم العقلي منخفضاً بمقدار عامين عن عمرهم الزمني.

وأهم ما جاء في اختبار بينيه هو ما يعرف بنسبة الذكاء الذي يتم حسابه على النحو الأتي:-

يعطى المفحوص عدداً محدوداً من الشهور بالنسبة لكل إجابة صحيحة وتجمع النقاط المتجمعة ويسمى مجموعها العمر العقلي (mA) ثم يقسم العمر العقلي على العمر الزمني (CA) ويضرب الناتج في ١٠٠ أي أن :ـ

$$\text{نسبة الذكاء} = \frac{\text{العمر العقلي}}{\text{العمر الزمني}} \times ١٠٠$$

مثلاً نسبة ذكاء طفل في العاشرة من عمرة حصل على درجة متكافئة لـ ٨ سنوات فأن

$$\text{نسبة ذكاءه} = \frac{٨}{١٠} \times ١٠٠ = ٨٠ \quad \text{أي أن الطفل هنا مختلفاً}$$

عقلياً من الناحية الذكائية .

ولتوضيح محتويات هذا المقياس نورد فقرات منه لمستويات ثلاث (١) :ـ

أولاً :ـ سن ٢ـ ٦

١ ـ تمييز الأشياء باستعمالاتها(لوحة مثبت عليها نماذج لستة أشياء) ولكي ينجح الطفل يجب أن يميز تمييزاً صحيحاً ثلاثة أشياء على الأقل من الستة .

---

١)   د. جابر عبد الحميد ،المصدر السابق ، ص ٥٦٥ ـ ٥٦٨

٢ـ تمييز أجزاء الجسم (لعبة عبارة عن أنسأن) وعلى الطفـل أن يشـير بشـكل صحيح إلى الأجزاء الأربعة لهذه اللعبة لكي ينجح في الاختبار .

٣ـ تسمية الأشياء (نماذج لكتاب ، كرة ،حقيبة ،قدح) وعلى الطفـل أن يعـرف أسماء هذه النماذج .

٤ـ تسمية الصور (ثمانية عشر بطاقة ٥×١٠سم بها صور أشياء مألوفة) تعرض هذه البطاقات على الطفل وينجح إذا أعطى تسمية صحيحة لتسع من الصور .

٥ـ إعادة رقمين مثـل :(٣+ ٤، ٥+٢ ، ٦+٣) ويـنجح الطفـل إذا أعـاد سلسـة واحدة بالترتيب .

٦ـ لوحة الأشكال بعد تحريكها دائرياً (لوحة أشكال ١٢،٥×٢ سم قطعت فيها ثلاثة فراغات على هيئـة دائـرة ومربـع ومثلـث عـلى التـوالي)تخـرج القطـع مـن أماكنها باللوحة بينما يلاحظ الطفل ذلك. وتوضع كل قطعة أمـام الفـراغ المناسـب لها في الجانب القريب من الطفل .ثم تحـرك اللوحـة دائريـاً بيـنما يلاحـظ الطفـل ذلك وتأخذ وضعاً معيناً ثـم يقـال للطفـل " أضـع القطـع في أماكنهـا الصـحيحة " وينجح الطفل إذا استطاع أن يضع اثنان من هذه القطع .

ثانياً :ـ سـن ٦

١ـ المفردات (قائمة مكونة من ٤٥ كلمة متدرجة في الصعوبة)
وينجح الطفل إذا عرف خمسة كلمات تعريفاً صحيحاً .

٢ـ عمل عقد من الذاكرة (صندوق به ٤٨ حبة من لون واحـد مقسـمة إلى ١٦ كروية ،١٦ مكعبة ،١٦ أسـطوانية) ويطلـب مـن الطفـل عمـل سلسـلة مـن سـبع حبات ، مستعملاً على التبادل واحدة مربعة ثم واحـدة مسـتديرة ويـنجح الطفـل إذا استطاع أن يعمل ذلك.

٣ـ الصور الناقصة (بطاقة عليها خمس صور ناقصـة)، وعـلى الطفـل أن يشـير إلى ما ينقص كل صـورة مـن هـذه الصـور ويـنجح إذا كـأن هنـاك أربعـة إجابـات صحيحة من الخمسة.

٤ـ إدراك الأعداد (اثنا عشر ـ مكعب ـ ضلع كل منهما بوصة) ويطلب من الطفل تسليم ثلاثة مكعبات أو وضعها في مكان معين وينجح الطفل إذا استطاع أن يقوم بثلاثة محاولات من الأربعة المطلوبة منه في السؤال.

٥ـ التشابه و الاختلاف في الصور (٦ بطاقات تحمل صوراً). وتعرض أحد هذه البطاقات على الطفل ويقال له هل ترى هذه الصور الموجودة على هذه البطاقة هذه تشبه الصور التي على البطاقات الأخرى إلا أنه توجد فيها واحدة تختلف عن الباقيات أضع إصبعك على هذه الصورة المختلفة . ولكي ينجح الطفل في الاختبار يجب عليه أن يجيب إجابة صحيحة على البطاقات الخمسة أي لا تحسب البطاقة المعروضة.

٦ـ تتبع المتاهات (متاهات بها ممرات وعلامات في ثلاث مواضع) " رجل يريد أن يذهب إلى البقال لشراء التفاح من أقرب طريق دون أن يقفز سوراً " يطلب من الطفل أن يدل على أقرب طريق يجب أن يسلكه الرجل للوصول إلى البقال. وينجح الطفل إذا استطاع أن ينجح في أثنين من ثلاث محاولات.

ثالثاً :ـ سـن ١٢
١ـ المفردات (كما هو الحال في السؤال الأول لسن ٦ سنوات) ينجح المفحوص إذا عرف ١٤ كلمة تعريفاً صحيحاً.

٢ـ اكتشاف السخافات اللفظية (خمسة عبارات)
مثل: الثعبان يمشي على أربعة أرجل ، الحصان يطير في الهواء ، الفحم يؤكل . ويسأل المفحوص ما الذي هو سخيف في هذا الكلام. وينجح في الاختبار إذا أكتشف أربع سخافات من أصل الخمسة .

٣ـ الاستجابة للصور(صورة الساعي)
و يسأل المفحوص (أنظر للصورة وقول لنا ما الذي تفهمه منها ؟) وينجح إذا أشار إلى ثلاث نقط أساسية .

٤ـ إعادة خمسة أرقام بالعكس . وينجح المفحوص إذا أعـاد بـالعكس سلسـلة واحدة من السلاسل المعطاة

٥ـ المعاني المجـردة (مـا معنـى الكـرم ؟) ويـنجح المفحـوص إذا عـرف كلمتـين تعريفاً كاملاً من أربع كلمات هي :(الشجاعة ،المروءة، الكرم، الإحسان) .

٦ـ اختبار تكميل الجمل (أربع جمل فيها كلمات ناقصة)

إقراء الجمل الآتية وأكتب الكلمة الناقصة في الفراغ الموجود:ـ

١ـ نذافع .... الوطن . ٢ـ محمد .... الـلـه .

٣ـ القاهرة ...... مصر. ٤ـ اليوم .... ساعة .

وينجح المفحوص إذا استطاع أن يكمل جملتين من الأربعة المعطاة

تبين الأمثلة السابقة تنوع المواد التي يشتمل عليها الاختبار كـما أنهـا تختلـف من مستوى إلى أخـر فكثـير مـن أسـئلة الاختبـارات في السـنوات الأولى محسوسـة تتصـل بالصـور والـنماذج وفي المسـتوى الأعـلى تميـل إلى التجريـب وتكـون مثقلـة بالألفاظ .

درجة ثبات وصدق الاختبار:-

لقد ثم إجراء العديد من الدراسـات لغـرض الوقـوف عـلى مـدى ثبـات نسـبة الذكاء التي تم استخلاصها من تطبيق اختبار بينيه على المستويات عمرية مختلفـة .وحسبت معاملات الارتباط بين الدرجات التي يحصل عليها في كل مـن الــصيغتين ل و م عند تطبيقها على الأفراد أنفسـهم خـلال أسـبوع واحـد وقـد خرجـت تلـك الدراسات بنتائج تبين أن معاملات ثبات الاختبـار تصـل قيمتهـا إلى ٠،٩٠ أو أكـثر . وهذه الـدرجات تكـون أكـثر وضـوحاً بزيـادة عـدد الأفـراد اللـذين يطبـق علـيهم الاختبار .

ولقد أثبتت هذه الدراسات كذلك أن هـذه الاختبـار يمكـن اسـتخدامه للتنبـؤ بدرجة جديدة بالمحاكات المختلفة وبخاصة درجات المدرسـة ، فوجـد أن الارتبـاط بين نسب الذكاء كما يبينها المقياس وبين الدرجات في المدرسة الابتدائية يساوي مـا يقارب من ٠،٧٠ . وبينهـا وبـين الـدرجات في المدرسـة الثانويـة ٠،٦٠. وبينهـا وبـين الدرجات في الجامعة ما يقارب ٠،٥٠ . ولقد وجدت معاملات الارتباط التالية بين

نسب الذكاء التي استخدمت الصيغة ل في تعيينها وبين درجات التحصيل الدراسي في المدرسة الثانوية لعدد من الطلاب يتراوح عددهم بين ٧٨ - ٢٠٠ طالب:-

الموضوع	الدرجة
القراءة والفهم	٠،٧٣
سرعة القراءة	٠،٤٣
استخدام اللغة	٠،٥٩
التاريخ	٠،٥٩
الهندسة	٠،٤٨
الاحياء	٠،٤٤

ثانياً : الاختبارات الأدائية الفردية :-

الاختبارات الأدائية هي مقاييس لا تكون الإجابة على أسئلتها باللغة بل بأداء نشاط معين كالرسم أو القيام بنشاط حركي, كأن يطلب من المفحوص أن يبني عمارة من المكعبات أو يؤلف صورة لمنضر من أجزاءها المبعثرة أو أن يرسم صورة لأنسأن أو حيوان أو أي شيء آخر.

وتستخدم مثل هذه الاختبارات لقياس ذكاء الأميين والصم والبكم وصغار الأطفال وضعاف العقول وممن لديهم عيوب في النطق ومن أشهر هذه الاختبارات التي تطبق بشكل فردي على المفحوصين اختبار آثر الذي يتكون من صورتين , الأولى منهما تضم عشرة اختبارات والثانية تضم خمسة اختبارات وسوف نتطرق إلى محتويات الصورة الثانية التي تتكون من الاختبارات التالية:-

١- مكعبات نوكس knox:-

يتكون هذا الجزء من الاختبار من أربعة مكعبات مثبتة على قاعدة ويمسك الأخصائي بقلم والطفل بقلم آخر ويدق الأخصائي على هذه المكعبات بترتيب معين , كأن يدق مثلاً على المكعب الأول والثالث

ويطلب من الطفل أن يقلده فيدق على المكعبات بـنفس الشكل الـذي يـدق به ثم تتدرج الدقات في الصعوبة بزيادة عدد الدقات واختلاف ترتيب الـدق عـلى المكعبات الأربعة, ويعطي هذا الاختبار في الأول وفي الأخر وتحسب درجـة الطفـل بحساب متوسط درجته في المرتين.

٢- لوحة سيجان seguin -:

هذا الاختبار هو عبارة عن لوحة خشبية تشمل على عشر أشكال مفرغة فيها , وهذه الأشكال هي : الدائرة والمربع والمستطيل ونصف الـدائرة ونجمة وصـليب ومثلث وشكل سداسي وشكل بيضاوي. وعند تطبيق الاختبار يجب وضع اللوحـة في وضع معين , وأن ترتب الأشكال الخشبية خارج اللوحة بنظام خاص ويطلب من الطفل أن يضع هـذه الأشـكال في أماكنها بسرعة وتعطي لـه ثـلاث محـاولات. ويحسب الزمن المستغرق في كـل محاولـة ويسجل ويرصد أقصر زمـن في هـذه المحاولات الثلاثة كما يسجل الزمن الكلي بالمحاولات الثلاثة معاً ثـم تـترجم هـذه الفترات الزمنية عـن طريـق جـداول لتحديـد العمـر العقلي للفرد. ويصلح هذا الاختبار لقياس الذكاء في سن الثالثة والنصف إلى سن العشرين.

٣- متاهات بورتيوس porteus -:

يتألف هذا الاختبار من مجموعة من المتاهات المتدرجة في صـعوبتها بحيـث تناسب ذكاء الأطفال مـن سـن ٣ – ١٤ . ويطلب مـن المفحـوص أن يحـدد بقلم الرصاص أقصر طريق يصل بين مدخل المتاهة ونهايتها . ويسمح للطفل بمحاولتين في كل متاهـة والشكل الآتي يمثل أحـد هـذه المتاهات التـي تناسب عمـر عشر- سنوات:-

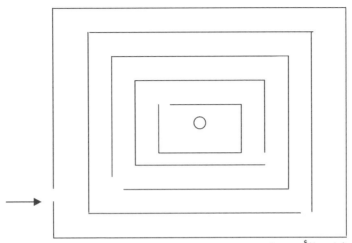

٤- اختبارات الأستنسل :-

تتكون هذه الاختبارات من ٢٠ نموذجاً هذه النماذج تضم أشكالاً هندسية ملونة متدرجة من حيث الصعوبة ويتم إعطائها للطفل واحداً واحدا والمطلوب منه هو أن يكون شكلاً يماثل النموذج في بطاقات مربعة من ورقات من ورق الأستنسل الملون الذي يعطي له. ويتم عمل الشكل بوضع الأوراق ذات القطوع المناسبة وذات اللون المناسب فوق بعضها. فمن الأشكال مربع أخضر- على ورقة صفراء ويتمكن الطفل من عمل مثل هذا الشكل بأخذ بطاقة كلها خضراء ويضع عليهما بطاقة صفراء مقصوصة المربع في وسطها. ويستمر الطفل في إجراء هذا الاختبار حتى يفشل في القيام بعمل ثلاثة نماذج متتالية.

٥- اختبار إكمال الصورة رقم ١١ لهيلي:-

يتكون هذا الاختبار من صورة تبين سلسلة من الأحداث اليومية في حياة التلميذ العادية مثل تناول الفطور, ارتداء الملابس, الذهاب إلى المدرسة, اللعب مع الأطفال, ... الخ . ويوجد في كل منظر من مناظر هذه الصورة فراغ, ويعطى الطفل ستين قطعة ويطلب منه اختيار القطعة المناسبة لوضعها في الفراغ المناسب.

ويتم إعطاء هذا الاختبار عمراً عقلياً, وهو للأطفال ما بين سن ٤ ١/٥ و ١٨ سنة غير أن المتوسطات الموجودة في هذا الاختبار هي للأعمار ما بين ٥-١٥ سنة. ولهذا الاختبار أهمية كبيرة ليس فقط لقياس الذكاء وأنما كذلك للتشخيص الإكلينيكي حيث يمكن أن يظهر خلال الأداء بعض حالات الصرع كما يمكن أن يفرق لنا ما بين الأفراد العاديين والمنحرفين.

درجة الصدق والثبات في هذا الاختبار:-

بالنسبة لصدق هذا الاختبار فقد اتخذت قيمة مقارنة هذا الاختبار بغيره من اختبارات الأداء التي تطبق على الأفراد من أعمار مختلفة كدليل على صدق هذا الاختبار. كما وتتفق نتائج هذا الاختبار مع اختبار بينه إذ تبين أن معامل الارتباط بينهما هو ٠،٧٨. أما من ناحية ثبات الاختبار فأن أرثر لم تعطينا درجات لهذا الثبات غير أن باترسون قد وجد معامل الارتباط قيمته ٠،٨٥. يبين درجات ٦١ طفلاً من ضعاف العقول بعد إعطائه لهم مرتين في فترة ثلاثة سنوات.

ثالثاً :- الاختبارات شبه الأدائية:-

توجد عدد من الاختبارات شبه الأدائية من أهمها اختبار وكسلر الذي ظهر عام ١٩٣٩ على يد السيكولوجي الأمريكي وكسلر بمستشفى Bellevue للطب النفسي في مدينة نيويورك, لذا يعرف هذا المقياس باسم مقياس وكسلر- بلفيو. وهو مقياس فردي لقياس ذكاء الراشدين المتعلمين والأميين من عمر ١٦ - ٦٠ سنة.*

وقد تم اقتباس هذا الاختبار وإعداده للبيئة العربية من قبل الأستاذان لويس كامل وعماد الدين إسماعيل.

---

* لقد صاغ وكسلر مقياساً آخر خاصاً بالأطفال دون سن ١٥. وهو يشبه مقياس الراشدين من حيث احتوائه على قسمين لفظي وعملي.

تطبيق الاختبار:-

يتم تطبيق اختبار وكسلر على فرد واحد وتعالج المهام المكونة لكل اختبار فرعي تبعاً لترتيب صعوبتها أي من السهل إلى الصعب ويتم تسجيل استجابات المفحوصين الصحيحة بحيث يمكن تقويمها في وقت لاحق في ضوء مجموعة من المحكات التي تصاحب الاختبار وتظهر درجات الاختبارات الفرعية الإحدى عشر- مستوى أداء الفرد بالمقارنة بأداء غيره من نفس فئته العمرية (وهذا الأمر يختلف عما هو عليه في اختبار بينيه الذي يتم حساب أداء الفرد بقسمة العمر العقلي على العمر الزمني مضروباً في مائة) وتمكن هذه المعلومات في رسم تخطيط نفسي لعناصر القوة والضعف في القدرات العقلية للمفحوص ، وأخيراً يقارن الأداء الكلي لكل مفحوص طبق عليه المقياس بالأداء الكلي لعينة ممثلة من أفراد ينتمون إلى نفس الفئة العمرية ، مثلاً أداء المفحوص الذي يماثل أداء المجموعة المرجعية بنسبة ٥٠% تشير إلى أن نسبة ذكاءه في المتوسط تساوي ١٠٠ ، ويحصل الفرد الذي يؤدي أفضل أو أسوء من ٥٠% من أداء المجموعة المرجعية على نسبة ذكاء مناظرة مرتفعة أو منخفضة والجدول الأتي يبين لنا تصنيفات نسب الذكاء في مقياس وكسلر:-

نسبة الذكاء	التصنيفات	النسبة المئوية المتضمنة
أقل من ٦٥	ضعيف العقل	٢,٢
٦٦- ٧٩	غبي جداً	٦,٧
٨٠-٩٠	غبي عادي	١٦,١
٩١-١١٠	متوسط	٥٠,٠
١١٠-١١٩	عادي لامع الذكاء	١٦,١
١٢٠-١٢٧	ممتاز	٦,٧
أكثر من ١٢٨	ممتاز جداً	٢,٢

المصدر: ليندا دافيدوف ،المصدر السابق ، صـ٨٢

مزايا الاختبار:

اختبار وكسلر تم تصميمه لإعطاء ثلاثة نسب للذكاء وهي نسبة الذكاء اللفظي ، ونسبة الذكاء العملي، ونسبة الذكاء الكلي، غير أن هذه النسب تحسب بطريقة غير الطريقة التي تحسب بها مقياس بينيه، إذ تحسب من الدرجة التي يحصل عليها الفرد في المقياس مباشرة دون استخدام العمر العقلي، وعليه يمكننا القول أن اختبار وكسلر يتميز عن سائر الاختبارات الأخرى بما يلي(١):ـ

١- الجمع بين اختبارات لفظية وأخرى عملية في مقياس واحد شامل ، وهذا يعني " حسب رأي مؤلفه " أن هناك طرقاً مختلفة يعبر فيها الذكاء عن نفسه ولا يعني أن هناك أنواع مختلفة منه.

٢- لا يستخدم هذا الاختبار فكرة العمر العقلي لقياس ذكاء الراشدين لأنها لا تناسب هذه الفئة وقد تكون مؤشراً غير صادق على درجة الذكاء الذي يتمتعون بها.

٣- بسط هذا الاختبار مفهوم الذكاء الذي تقيسه المقاييس المختلفة وجعله يشمل مقومات أخرى غير عقلية كالاهتمام والرغبة في النجاح والمثابرة والحماس في الأداء فقد اعتبرت هذه الأمور مهمة تدفع بالفرد إلى حل مسائل أكثر صعوبة وتعقيداً.

محتويات الاختبار:-

يتألف اختبار وكسلر من قسمين ، أحدهما لفظي يحتوي على ست اختبارات ،والأخر عملي " أدائي " يحتوي على خمس اختبارات وفيما يلي توضيح لمشتملات هذين القسمين:ـ

أولاً : القسم اللفظي :

يتكون القسم اللفظي من الاختبارات الآتية :ـ

---

١) د. أحمد عزت راجح ، المصدر السابق ، ص٣٩٩- ٤٠٠ .

١- المعلومات العامة :ـ

يتكون هذا الاختبار من ٢٥ سؤالاً متدرجة في الصعوبة غرضها الأساسي ليس الناحية الدراسية أو تقدير آي فرع خاص من فروع المعرفة وأنما معرفة حجم المعلومات العامة التي يمتلكها الفرد ومن أمثلة هذه الأسئلة ، ما هو التلسكوب ؟ كم عدد أيام السنة؟ ما هي عاصمة الجزائر؟. ودرجة الفرد على هذا الاختبار هي عدد إجاباته الصحيحة.

٢- الفهم العام :-

يحتوي هذا الاختبار على ١٠ مفردات لا تتطلب الإجابة عليها تحصيلاً دراسياً خاصاً وأنما هي مفردات تتعلق بضرورة مراعاة بعض التقاليد والأصول الاجتماعية وكيفية مواجهة مشكلات الحياة اليومية . ومن أمثلتها ، لماذا يتم الزواج بعقد ؟ لماذا يدفن الميت ؟ ودرجة الفرد على كل سؤال أما صفر أو ١ أو ٢ تبعاً لما هو مقرر لكل سؤال .

٣- الأستدال الحسابي:-

يتكون هذا الاختبار من ١٠ أسئلة متدرجة من حيث الصعوبة ، يتم إعطاء الثمانية الأولى منها شفوياً أما الاثنان الأخيران فيعطى كل منهما على بطاقة ، من هذه الأسئلة كم قلماً يمكن شراءه بـ٣٥ قرشاً إذا كأن سعر القلم الواحد خمسة قروش ؟ إذا كانت السيارة تسير ١٠٠ كم في الساعة فكم كيلو متر تقطع في ثلاثة ساعات ونصف؟. وتعطى الدرجة هنا على أساس سرعة الإجابة.

٤- إعادة الأرقام:-

في هذا الاختبار يعد الفرد من ثلاثة إلى تسعة أرقام تقرأ عليه من قبل الممتحن ، في الجزء الأول من الاختبار يعيدها كما هي بنفس الترتيب أما في الجزء الثاني فأنه يعيدها بشكل عكس أي يبدأ بأخر رقم حتى ينتهي بالأول منها . ودرجة الفرد هي عدد الأرقام التي يعيدها بالشكل الصحيح + عدد الأرقام التي يعيدها بالعكس.

٥- المتشابهات:-

في هذا الاختبار يطلب من الفرد بيان أوجه الشبه بين شيئين مختلفين مثل ، ما أوجه الشبه بين الإقناع والاقتناع؟ ما أوجه الشبه بين التلفاز والراديو؟.

٦- المفردات:-

يطلب من الفرد في هذا الاختبار بيان معنى ٤٢ كلمة مختلفة متدرجة في الصعوبة مثل : ما معنى أس؟. ودرجته في هذا الاختبار هي عدد الكلمات التي يعطى لها معاني صحيحة.

ثانياً : القسم العلمي : وهذا القسم يتكون من الاختبارات التالية :ـ

١- ترتيب الصور.

يعطى الفرد في هذا الاختبار مجموعات من الصور غير مرتبة تمثل كل مجموعة منها قصة غير مفهومة ويطلب منه ترتيبها بالشكل الصحيح . وتعطى له الدرجة على أساس صحة الأداء والسرعة التي يتم فيها هذا الأداء.

٢- تكميل الصور.

وفي هذا الاختبار يعطى الفرد ١٥ بطاقة على كل منها صورة ينقصها جزءٍ معين ويطلب من المفحوص تعيين هذا الجزء الناقص . مثل صورة لوجه رجل لا يوجد فيه إلا عين واحدة . أو صورة لشجرة ناقصة الأوراق . ويتم حساب درجة الفرد بالاعتماد على عدد الإجابات الصحيحة على كل صورة .

٣- تجميع الأشياء.

نماذج من الخشب لثلاثة أشياء " وجه امرأة ويد إنسان وشكل صبي " وقد قطعت كل واحدة منها إلى قطع مختلفة ويطلب من المفحوص جمع هذه القطع بحيث تكون الشكل الكامل. وتقدر الدرجة على أساس سرعة الأداء ودقته .

٤- اختبار المكعبات.

يعرض على الفرد مجموعة من المكعبات جوانبها ملونة بألوان مختلفة كالأحمر والأزرق والأخضر والأبيض ، كما تعرض عليه بطاقات عليها رسوم ملونة ويطلب منه أن يستخدم المكعبات ويكون أشكالاً كالتي على البطاقات، وتعطى له الدرجة على أساس الصحة والسرعة.

٥- رموز الأرقام.

في هذا الاختبار يعطى الفرد ورقة عليها تسعة رموز يمثل كل رقم من الأرقام التسعة الموجودة في مربعات، ويطلب منه أن يحدد الرمز الصحيح الذي يقابل كل رقم ويضع الرموز في الأماكن الخالية من المربعات المقابلة للأرقام، والدرجة تحسب في هذا الاختبار على أساس سرعة الأداء ودقته.

درجة صدق وثبات الاختبار .

اختبار وكسلر مر بتجارب عديدة أكدت صدقه فيما يقيسه من قدرات ذكائية ، ومن خلال مقارنة نتائجه بنتائج اختبار بينيه يتبين أن معاملات الارتباط بين نتائج هاذين الاختبارين عالية خاصة بين الجزء اللغوي واختبار بينيه ،وكأن الاثنان يقيسان الشيء ذاته.

أما بالنسبة لدرجة ثبات الاختبار فأن وكسلر يذكر لنا أن معامل الثبات نتيجة لإعطاء الاختبار مرتين متتاليتين هو ٠,٩٤.

وقد تم استخدام الطرق المعروفة ببيان مدى ثبات الاختبار وذلك بإجرائه على فئات مختلفة من الأفراد العاديين والشواذ وتبين أن درجة ثبات الاختبار عالية .

رابعاً : الاختبارات الجمعية

تنقسم الاختبارات الجمعية إلى اختبارات جمعية لفظية واختبارات جمعية غير لفظية وتوضيح ذلك فيما يلي:ـ

١- الاختبارات الجمعية اللفظية:

ينقسم هذا النوع من الاختبارات الجمعية إلى :-

أ- اختبار الذكاء الابتدائي : -

هذا الاختبار هو من وضع إسماعيل القباني ومؤسس على اختبار بالأرد Ballard للذكاء الذي يتكون من مائة سؤال ، ولكن بعد الترجمة وحذف وإضافة عدد من الأسئلة أصبح يتكون من ٦٤ سؤالاً فقط ، كما تميز عن الاختبار الأصلي بأن أسئلته أصبحت متدرجة الصعوبة الأمر الذي لم يكن موجوداً في الأصل. كما أن هذا التدرج ثابت بمعنى أن الفرق ما بين سؤال ٥ و ٦ هو نفس الفرق ما بين سؤال ٧ و ٨.

وقد تم تقسيم الاختبار في صورته العربية إلى قسمين:-

الأول يتكون من ٣١ سؤالاً

والثاني يتكون من ٣٣ سؤالاً.

ويمكن على أساس ذلك تطبيق هذا الاختبار في داخل أي حصة دراسية عادية من حصص المدرسة وذلك بتطبيق أي قسم من قسمي هذا الاختبار . وهذا الاختبار يقوم على أساس تذكر أعداد وتكملة سلاسل أعداد متضادات ، وعلاقات تشابه ، وترتيب جمل ، وتصور لفظي وسخافات .

ب - اختبار الذكاء الثانوي

هذا الاختبار هو الأخر من وضع الأستاذ إسماعيل القباني، وهو يتكون من ٥٨ سؤالاً هي عبارة عن اختبارات تكملة سلاسل أعداد ، وتكوين جمل ، وسخافات ، و استدلال ، وأدراك علاقات لفظية ، وهي تبدأ بأربعة أمثلة مثل وضع خط تحت كلمتين من الكلمات الآتية تكون العلاقة بين معانيها مثل العلاقة بين (قاطرة وقطار) : حصان، عفش، عربة، محطة

أما معايير هذا الاختبار فهي مقسمة إلى خمس طبقات أ ، ب ، جـ ، ء ، هـ تقابل على التوالي الممتاز ، والذكي جداً ، ومتوسط الذكاء ، ودون المتوسط ، والغبي . ويمكن تطبيق الاختبار على طلبة

المدارس الإعدادية والثانوية أي على الأفراد الذين يتراوح أعمارهم ما بين ١٢ و ١٨ سنة.

جـ - اختبار الاستعداد العقلي للمرحلة الثانوية والجامعات:-

هذا الاختبار تم أعداده من قبل الدكتورة رمزية الغريب وهو يقيس خمس قدرات هي اليقظة العقلية، الإدراك المكاني، التفكير المنطقي ، التفكير الرياضي، القدرة على فهم الرموز. وهو يعطي درجة في كل قدرة كما يعطي درجة كلية عن الحصيلة العقلية للفرد، ويتكون من عدد من الأجزاء إذ يوجد اختبار واحد لقياس اليقظة العقلية ،واختبارات للإدراك المكاني هما اختبار الثقوب واختبار أعضاء جسم الإنسان، واختبارات للتفكير المنطقي هما اختبار التشابه واختبار الاستدلال اللغوي كما يوجد أربعة اختبارات للتفكير الرياضي هي اختبار المتسلسلات الرياضية واختبار العمليات الجبرية واختبار العمليات الحسابية واختبار الأرقام المحذوفة وللاختبار ورقة أسئلة وأخرى للإجابة وكراسة التعليمات توضح كيفية الإجابة وهو لا يعتمد على زمن محدد للإجابة.

د- اختبار الذكاء العالي

هذا الاختبار هو من إعداد د- السيد محمد خيري، ويتكون من ٤٢ سؤال متدرجة في الصعوبة تقيس الوظائف الدهنية التالية:-

١- القدرة على تركيز الانتباه.

٢- القدرة على أدراك العلاقات بين الأشكال.

٣- القدرة على الاستدلال اللفظي.

٤- القدرة على الاستدلال العددي والاستعداد اللفظي.

وعل أساس هذه القدرات التي يقيسها هذا الاختبار فأنه يقيس ما يسمى بالذكاء العام. وقد ثم تقنيين هذا الاختبار على عينة شملت طلاب التعليم الثانوي وطلبة المعاهد العلية وطلبة الجامعات في مصر وقد بلغت العينة الكلية ما يقارب من ستة آلاف وعند استخراج المعايير الميئنية لكل أفراد العينة دون فصل الفئات المختلفة وتم حساب معمل الثبات وجد أنه يساوي حوالي ٨٥ ,٠ أما معمل صدق الاختبار فتم

حسابه على أساس استخراج العلاقة بينه وبين اختبار الذكاء الثانوي فوجد أنه يساوي ٠,٧ .

هـ - اختبار الذكاء الإعدادي

تم إعداده من قبل د. السيد محمد خيري وهو يتكون من ٥٠ سؤالاً بعضها لقياس الأداء اللفظي والأخر لقياس الأداء العددي والثالث لإدراك العلاقة بين الأشكال. وقد تم تقنين هذا الاختبار على عينة من التلاميذ بلغ مجموعها ست آلاف تلميذاً ، وتم استخراج معاملات الثبات للاختبار فوجد أنها تساوي ما يقارب من ٠,٩٢ . كما أستخرج معامل الارتباط بين هذا الاختبار واختبار الذكاء الابتدائي (للقباني) فوجد أنه يبلغ ٠,٦٥. وقد أعتبر ذلك هو معامل صدق الاختبار.

و – اختبارات القدرات العقلية الأولية :

هذا الاختبار من إعداد الدكتور أحمد زكي صالح، وقد تم إعداده استناداً على اختبار ثرستون للقدرات الأولية، وهو في صورته العربية يتكون من أربعة اختبارات هي:-

أولاً : اختبار معاني الكلمات:-

في هذا الاختبار على المفحوص أن يعين الكلمة المرادفة للفظ معين من بين أربعة كلمات أخرى مثل ما هي أقرب الكلمات معنى لكلمة رأى (فكر، شاهد، تأمل، أبصر)

ثانياً: اختبار الإدراك المكاني:

وفي هذا الاختبار يتم إعطاء المفحوص شكلاً نموذجياً ويطلب منه انتقاء الأشكال المشابهة له. ويلاحظ أن جميع الأشكال غير الشكل النموذجي إما منحرفة أو معكوسة وعليه أن يختار الأشكال المنحرفة وليست المعكوسة.

ثالثاً : اختبار التفكير:

يتكون هذا الاختبار من سلاسل حروف والمطلوب من المفحوص أن يدرس النظام الذي تسير به كل سلسلة ويكملها بحرف واحد.

رابعاً : اختبار العدد:

في هذا الاختبار يتم إعطاء المفحوص عدداً من العمليات الحسابية في الجمع ، وتحت كل منها حاصل جمعها، وعليه أن يؤشر بعلامة "

صح " إذا كأن حاصل الجمع صحيحاً أو " خطأ" إذا كأن حاصل الجمع خطأ .

وقد أستغرق تقنيين هذا الاختبار عشرة سنوات، وتم تطبيقه على مجموعات زمنية مختلفة ولم يقل عدد أفراد أي فئة زمنية في العينة عن خمسمائة فرد من الجنسين. ومع الاختبار كراسة فيها تعليمات عن كيفية إجراء كل قسم من أقسام الاختبار وطريقة التصحيح وطريقة استخراج المقابلات المئوية لمختلف الأعمار كما تشرح طريقة استخلاص درجة النتاج العقلي العام (القدرة العامة أو الذكاء).

وقد تبين من خلال الدراسات المتعددة التي أجريت على هذا الاختبار أن درجة ثبات اختبار الفهم اللغوي هي ٠،٨٧ ، والإدراك المكاني هو ٠،٩١ ، والتفكير ٠،٨١ و ٠،٨٥ والعددي ٠،٩٢ و ٠،٩٠ أما فيما يتعلق بصدق الاختبار فقد تم استخراج معاملات الارتباط بين مختلف الأقسام والاختبارات الأخرى وتبين أن كلها دالة(١).

٥- الاختبارات الجمعية غير اللفظية:-

الاختبارات الجمعية غير اللفظية هي تلك الاختبارات التي يمكن إجراءها بواسطة أخصائي واحد على عدد من الأفراد في وقت واحد وهي لا تحتاج إلى أي نوع من التعليم لأجرائها، أي يمكن تطبيقها على الأفراد المتعلمين والأميين على حد سواء. ومن أهم أنواعها هي التالية:-

أ- اختبار الذكاء المصور للأطفال:-

هذا الاختبار من إعداد إسماعيل القباني وهو يتألف من تسع اختبارات وهي:-

١- اختبار التعليمات، وفي هذا النوع من الاختبار يطلب من الطفل القيام ببعض الأمور مثل وضع خطاً تحت أمر معين له صفة ما أو تكميل جزءٍ من رسم معين بالاستناد إلى رسم أخر كامل أو تعريف اليد اليسرى من اليد اليمنى .

---

١) د. أحمد زكي صالح ، المصدر السابق ، صـ ٥٨٠- ٥٨١ .

٢- اختبار الملاحظة العادية ، يقوم هذا الاختبار على أساس التمييز بين الأشياء التي تشترك في صفة واحدة ، كأن تشترك في الشكل أو الحجم أو التكوين .... إلى غير ذلك.

٣- اختبار تمييز الجميل من غيره ، ويقوم على أساس تمييز الطفل للأشكال كأن يعرض على الطفل ثلاث أشكال لشيء معين أحدهما هو الشكل الحقيقي والشكلان الآخران بهما بعض النقص ويطلب منه أن يختار أجمل الأشكال الثلاث .

٤- اختبار الأشياء المقترنة معاً. هذا الاختبار يقوم على فكرة اختيار شيئين يلبسان معاً أو يستعملان معاً من مجموعة أشياء.

٥- اختبار تمييز الحجوم، ويطلب من الطفل فيه اختيار الأشياء التي تناسب أمر معين كالعروس مثلاً .

٦- اختبار القدرة. يقوم هذا الاختبار على معرفة قدرة الطفل على انتقاء أجزاء الصورة داخل إطار من أشياء مبعثرة في الخارج.

٧- اختبار تكميل الصور . أي يعرض على الطفل صورة ينقصها شيء معين مع مجموعة مختلفة من هذا الشيء وغيره. وعليه أن يختار الجزء الناقص بدقة.

٨- اختبار القصص المصورة، أي اختبار بتمثل في قيام الطفل بترتيب مجموعة صور معروضة أمام الطفل بطريقة عشوائية كي يخرج منها قصة منسجمة.

٩- اختبار الرسم عن طريق توصيل نقط. في هذا الاختبار يطلب من الطفل توصيل النقط ببعضها حتى يحصل على شكل يماثل الشكل الموجود أمامه.

هذا الاختبار " اختبار ذكاء الأطفال المصور" يعتبر صالحاً جداً لأطفال ابتداءً من سن الرابعة وقد أعطى لدى تطبيقه نتائج جيدة.

ب ـ اختبارات سيبرمان الحسية للذكاء.

هذه الاختبارات هي من إعداد مجموعة من الأساتذة منهم إسماعيل القباني وعبد السلام ورأفت، وغيرهم وهي مؤسسة على اختبارات سيبرمان في الذكاء التي تعتمد على القوانين المعروفة باسمه في التفكير.

وهذه الاختبارات تتكون مـن قسـمين، يضم الاختبـار الأول ثلاثـة اختبـارات مسبوقة باختبار تمهيـدي ، ويضـم القسـم الثاني ثلاثـة اختبـارات مسبوقة كـذلك باختبار تمهيدي .

والفكـرة العامـة للاختبـار في القسـم الأول هـي إدراك صفـة تميـز مجموعـة مـن الأشكال عن غيرها . أما في القسم الثاني فهي إضافة بعض الخطوط على أشكال معينة كي تشابه أشكالاً أخرى.

جـ ـ اختبار الذكاء غير اللفظي " الصورة ١ ".

تم إعداد هذا الاختبار من قبل الدكتور عطية محمـود هنا وهو مبنـي علـى أساس انتقاء الشكل المخالف من بين مجموعة أشكال، وهو يتكون من ستين سؤالاً . وله تعليمات توضح طريقة إجراء الاختبـار والـزمن المحـدد ، وطريقـة التصـحيح واستخراج العمر العقلي وبالتالي حساب نسب الذكاء.

وقد تم استخراج معامل ثبات هذا الاختبار لمختلف الأعمار ووجد أنه يـتراوح بين ٠،٧٢ و ٠،٨٣ . كما حسب معامل الارتباط بين درجات هـذا الاختبار واختبار الذكاء الثانوي ووجد أنه يساوي ٠،٦٥ .

د ـ اختبار الذكاء المصور

هذا الاختبار هو من إعداد الدكتور أحمد زكي صالح والفكـرة الأساسية التـي يقوم عليها هذا الاختبار هو الكشف عن الشكل المخالف بين مجموعة معينة مـن الأشكال. وقد مر هذا الاختبار بمراحـل عديـدة تجريبيـة وعـدل ونقح بناءً علـى تحصيل عناصره. والميزة الأساسية لهذا الاختبار أنه يستغرق مـدى زمنيـاً كبيراً إذ يصلح للتطبيق من سن الثامنة إلى سن السابعة عشرة، كمـا أن مـدة تطبيقه هـي عشرة دقائق بالإضافة إلى أنه غير لفظي. ومع الاختبار كراسة تعليمات تشرـح طريقة إجراءه وتصحيحه.

العناصر المشتركة بين اختبارات الذكاء :-

لو أمعنا النظر في اختبارات الذكاء التي استعرضناها لوجدنا أنها تشترك في النواحي الآتية (١): -

١- أنها اختبارات منوعة مختلفة إلى حد كبير، فهي تقيس أشكال مختلفة من القدرات اللفظية والعددية والمكانية. و نقصد بالقدرة المكانية هي قدرة الفرد على تقدير المسافات والأبعاد ما بين الأشياء بدقة وعلى ملاحظة ما بين الأشكال من تشابه أو اختلاف وعلى تكوين شكل من أجزاء مبعثرة أو إكمال صورة أو منظر ناقص .... الخ .

٢- أن كثيراً من أسئلة هذه الاختبارات تتطلب من الفرد استخدام المعلومات والخبرات التي سبق وأن تعلمها ، ويتضح هذا حين نسأل المفحوص أن يعرف كلمة معينة أو نسأله عن فهمه معاني بعض الكلمات . وكذلك الحال في اختبار رسم شخص أو إكمال الصور فهذه الأمور يتوقف معرفة الفرد فيها على خبراته السابقة.

٣- أنها اختبارات متدرجة في الصعوبة والتعقيد وتحديد أزمنة معينة للإجابة عليها. مما يجعل للأمور الآتية " الاهتمام بالموضوع ، التحمس في الأداء، المثابرة إذا كأن المقياس طويلاً واستعداد المفحوص لبذل الجهد، وسرعته في قراءة الأسئلة وفي كتابة الأجوبة " والتي هي عوامل غير عقلية وزناً في النجاح . وهذا يدل على أن الذكاء الذي تقيسه المقاييس ليس وظيفة بسيطة أو ملكة مستقلة بل هو وظيفة مركبة تتكامل فيها عدة مقومات عقلية وغير عقلية. وهذا يجعل عملية القياس فيها نوع من الصعوبة والتعقيد وخصوصاً إذا ما علمنا أن الذكاء هو قدرة عقلية فطرية الأمر الذي يفرض علينا ضرورة التمييز بين الذكاء الفطري وبين الذكاء الذي تقيسه المقاييس إي بمعنى أخر أن الدرجة التي يحصل عليها الفرد في المقاييس لا تعبر بأي حال عن قدرته الفطرية

---

١) د. أحمد عزت راجح ، المصدر السابق ، ص٤٠٠ ـ ٤٠٢ .

وحدها بل عن هذه القدرة بعد أن أثرت فيها عوامل البيئة المختلفة وما تعلمه الفرد من هذا التفاعل وما اكتسبه من خبرات ومهارات ومعلومات.

٤-أن أغلب هذه الاختبارات تضع المفحوص في موقف جديد إلى حد ما . فهو يعرف جيداً كلاً من التفاحة والبرتقالة ولكنه لم يسبق له في أغلب الظن أن فكر فيما يتشابهان وفيما يختلفان وقد سبق له أن رأى صوراً كثيرة ولكننا في اختبار الذكاء نطلب منه أن يرتب عدداً من الصور ليكون منها قصة معروفة، وهذا موقف جديد لم يسبق له أن مر به، كذلك الحال حين نطلب منه إكمال سلسلة من الأعداد أو ذكر أوجه الشبه بين شيئين يبدو أنهما مختلفين كالثوب والعقاب عليه فأن اختبارات الذكاء لا تقيس المعرفة من حيث هي بذاتها بل تقيس القدرة. على التحصيل، وتطبيقها و الانتفاع بها. إي بعبارة أخرى هـي تقيس القدرة عـلى استخدام المعرفة في المواقف المختلفة لا مجرد تذكرها أو امتلاكها .

نتائج اختبارات الذكاء:

لقد أسفر تطبيق اختبارات الذكاء بأنواعها المختلفة عن نتائج نظرية وعملية على درجة كبيرة من الأهمية. فقد بينت لنا هذه المقاييس والاختبارات أن الفوارق بين الأفراد في الذكاء ترجع بالدرجة الأساس إلى عامل الوراثة أي إلى قدرة فطرية ثم أثر البيئة بمكوناتها المختلفة على هذه القدرة من خلال عملية تفاعل الفرد معها وما أكتسبه نتيجة لذلك من خبرات ومعلومات ومهارات . أي أن الدرجة التي يحصل عليها الفرد في الاختبار ل لا تعبر عن قدرته الفطرية وحدها بل عن هذه القدرة مضافاً إليها تأثيرات عوامل البيئة.

كما بينت لنا هذه الاختبارات أنه لا توجد فوارق تستحق الذكر بين الذكور والإناث في الذكاء ، أي أن الذكاء يتوزع بشكل طبيعي بين الأفراد بغض النظر عن نوع الجنس. وأن الفروق الفردية في الذكاء في السلالة الواحدة أو الشعب الواحد أهم بكثير من الفروق بين السلالات والشعوب بعضها ببعض.

كما بينت أن نسبة الذكاء صفة ثابتة في الفرد لا تتغير إلا في حدود بسيطة ، وأن العمر العقلي للفرد ينمو باستمرار مع نمو الفرد حتى يبلغ حداً يقف عنده وهو حد يتوقف على نسبة ذكائه ولذلك جاءت هذه المقاييس متدرجة في الصعوبة والتعقيد كدليل على هذا النمو .

ومن النتائج المهمة أيضاً لهذه الاختبارات أن الذكاء عامل رئيسي- من عوامل النجاح في الحياة بجوانبها المختلفة. فهو عامل أساسي للنجاح في الدراسة التي تتطلب تمتع الفرد بقدر منه لكي يستطيع أن يتعلم بالشكل الصحيح. كما أنا هذه الاختبارات تستطيع أن تتنبأ بالمستقبل الدراسي والأكاديمي للأفراد بدرجة كبيرة من الصدق. والذكاء عامل ضروري كذلك للنجاح في مجال المهن والأعمال المختلفة حيث تتطلب الكثير منها امتلاك الأفراد لدرجة معينة من الذكاء إلى جانب عوامل أخرى لكي يستطيعون النجاح في هذه المهن أو الأعمال. هذا بالإضافة إلى أن الذكاء عامل مهم للنجاح في الحياة الاجتماعية فالتكيف الاجتماعي للفرد سواءٍ في إطار أسرته أو في إطار المجتمع العام لا يمكن أن يتحقق بالشكل الصحيح ما لم يمتلك الفرد درجة معينة من الذكاء يمكنه من ممارسة حياته الاجتماعية بصورة سليمة.

اتجاهات التقدم في اختبارات الذكاء :

اختبارات الذكاء شأنها شأن بقية أنواع الاختبارات الأخرى شهدت محاولات مستمرة لتحسين ممارستها ، هذه المحاولات أخذت اتجاهات مختلفة بدأها علماء النفس باهتمامهم بتجزئة المفهوم الكلي عن الذكاء العام إلى مفاهيم أضيق عن أنواع خاصة من القدرات العقلية، فاكتشفوا كلما تقدموا في دراستهم للقدرات العقلية الأولية أن هناك عدداً أكبر منها يمكن تمييزه ويزيد ما كانوا يتوقعون. فالعالم لويس ل. ثرستون على سبيل المثال استطاع في الثلاثينات من القرن الماضي من ابتكار اختبارات تستخدم لقياس القدرة اللغوية، القدرة الفراغية، السرعة الإدراكية، الذاكرة، التفكير العقلاني، إضافة إلى أنواع عديدة أخرى من قدرات الذكاء. ثم جاء ج ب جيلفورد ليكمل هذه المسيرة ويثبت أنه

توجد أكثر من ١٢٠ من هذه الأنواع من القدرات العقلية التي يمكن تمييزها بوضوح، وعلى أساس ذلك تم أعداد اختبارات منفصلة لكثير من هذه القدرات أصبحت في متناول الباحثين والدارسين.

كما قام علماء السلوك لسنوات عديدة بمحاولة بناء اختبارات وفقاً لاتجاه بينيه، وقد صممت هذه الاختبارات بحيث تقلل إلى أقصى- حد ممكن من التعصب ضد جماعات معينة في المجتمع أو من الأقليات، وسميت هذه الأدوات الجديدة بالاختبارات المتحررة من أثر الثقافة ، تتضمن مهام مثل الموجودة، وهي تتطلب قدرات عقلية معينة ولكنها تعتمد بدرجة ضعيفة جداً على اللغة والتحصيل المدرسي، أما المهام الغير لفضية فأنها تتطلب مفاهيم اكتسبت في ثقافة معينة.

وإذا كان بينيه قد ركز اهتمامه بالدرجة الأساس على الذكاء باعتباره ناتجاً نهائياًً بدلاً من الاهتمام بالعمليات المنتضمة في إصدار الأحكام الذكية ومن ثم أهملت الفروق النوعية بين الأفراد بالنسبة للوظائف العقلية أي اختلاف الطرق التي يحصل بها الأفراد على نفس الدرجات فأن علماء السلوك اليوم قد تحولوا من محاولة الإجابة على السؤال الذي كأن مطروحاً في السابق " من هو الفرد الذكي ؟ " إلى أسئلة أخرى جديدة " ما هو الذكاء ؟"

" وما هي العمليات المعرفية التوافقية التي تشكل السلوك الذكي؟ "

وبدلاً من التركيز على الطراز الأكاديمية للقدرات يحاول كثيراً من علماء النفس وصف وقياس مهارات عقلية أساسية.

وقد حضي قياس الابتكار هو الأخر بنصيب من اهتمام علماء النفس، وقياس الابتكار كما هو معروف يتطلب نوع من الاختبارات ليس فيها خاصية " إجابات صحيحة " محدودة كما هو الحال مع بقية الاختبارات وأنما أسئلتها تدعو المفحوص إلى التفكير في الكثير من الإجابات الممكنة أو إنتاج استجابات جديدة ومبتكرة أي غير تقليدية ،وفي هذا الإطار يستخدم علماء النفس اليوم إستراتيجيات والإستراتيجية الأكثر شيوعاً هي ما تتضمن تقديم علماء النفس لمهام تتطلب تفكيراً تباعدياً لا تقاربياً " تقليدياً " أي تتطلب من الفرد نشاطاً عقلياً إبداعياً وأصيل الذي ينحرف عن الأنماط المعتادة المألوفة والذي

يؤدي إلى أكثر من حل واحد مقبول للمشكلة ، وعندئذ يتم حساب الإجابات الماهرة الذكية أو النادرة أو كلاهما للوصول إلى الدرجة الكلية .

فأحد الاختبارات على سبيل المثال يسأل فيها الفرد أن يكتب أكثر ما يمكن من الاستخدامات التي يستطيع التفكير فيها لشيء مألوف مثل القطن أو التمـر ، ويطلب منه في اختبار أخر أن يفكر في حل جديد لمشكلة معينة.

كما يبرز اليوم اتجاه أخـر في قياس الـذكاء يمثل بأعـداد اختبارات يتمكن المعلمون من استخدامها من أجل حث الارتقاء العقلي في الأطفال الصغار . وتبدو جهود عالم النفس السويسري جان بياجيه واضحة بهذا الصدد فقد نشر هذا العالم العديد من الكتب والمقالات التي جاءت بأفكار ذات أهمية تتعلق بالطفولـة والمراحل التي تمر بها الأطفال وأنواع الخبرات التي تمكنهم من الانتقال من مرحلـة إلى أخرى . وقد جرت عدة محاولات في الولايات المتحـدة الأمريكيـة ودول أخرى لبناء اختبارات عقلية للأطفال معتمدة على أفكار بياجيه التي تفترض أن تفكير الأطفال ينمو في مراحل بحيث يزداد صقله أكثر فأكثر مع تقدمهم في العمر حتى مراحل الرشد ، منها ما أعدته إدارة خدمات التربية لمدارس مدينة نيويورك مثل " دعنا نتطلع إلى تلاميذ الصف الأول الابتدائي " و " الـتمارين المكتوبة لصف الأول الابتدائي "وأول هذه المطبوعات دليل للمعلمين يحدثهم عـن أنواع النمو التـي يحاولون المساعدة على تسهيلهما . أما المطبوعان الآخران فهما يمدان مع المواد المصاحبة بتمارين تدريبية وتكتيكات تقويمية ولا يوجد متوسطات ولا درجات ولا نسب ذكاء على الرغم من أن كثيراً من هذه الاختبارات تشبه تلك المستخدمة في اختبارات الذكاء العادية إلا أن مصممو هـذه الاختبارات يعيبون على المقاييس العادية أنها تقارن طفلاً بآخرين من نفس عمره بناءً على مهارات بسيطة ومقادير صغيرة من المعلومات ويؤكد هؤلاء على أنه من الأفضل تحديد القدرات العقليـة المستخدمة والمراحل التي يمر بها تفكير الفرد الحالي ، ولتقدير القدرات العقليـة والمراحل يطلب من الأطفال التفكير والتأمل في

مشكلات مختلفة . مثل قد يعرض المخبر على الطفل قطعة صغيرة من المعدن ويسأله : لو وضعنا هذه القطعة في الماء هل تطفو أم تنزل إلى القاع ؟ وبعد ذلك يعطي المجرب القطعة إلى الطفل ويطلب منه أن يضعها في حوض فيه ماء . وبعد أن تستقر القطعة في القاع . يسأله لماذا استقرت في القاع ؟ وهكذا .

وبأعداد مواقف تجريبية مماثلة لهذا الموقف وملاحظة تفكير الأطفال بطريقة مباشرة، يعتقد بعض مصممو هذه الاختبارات أنهم يستطيعون التوصل إلى فهم صحيح لكل من قدرات الطفل كفرد والعمليات العامة المتضمنة في الوظائف العقلية (١) .

هذه الجهود وغيرها ساهمت بشكل كبير في تطور اختبارات الذكاء حتى وصلت إلى ما هي عليه ، وباستمرار البحث فأن هذه الاختبارات قد تستطيع أن تقدم مزيداً من المعلومات الجديدة عن قدرات الفرد تساعد المدرسين بصورة فعلية على التدريس بطريقة أكثر نجاحاً وتتيح للطلاب القيام باختبارات مهنية وتعليمية أكثر دقة، ولكنها كغيرها من الأدوات تتطلب دائماً مهارة وخبرة بكيفية استخدامها بالشكل الصحيح.

---

١)   د . إبراهيم وجيه محمود " وأخرون " ، المصدر السابق ، ص٣٧٧ ـ ٣٧٨ .

وكذلك : ليندا دافيدوف ، المصدر السابق ، ص١١٣ ـ ١١٤ .

الفصل السابع
القياس والتقويم الوجداني والاجتماعي

أولاً: القياس والتقويم الوجداني.

ثانياً: القياس الاجتماعي.

الفصل السابع
القياس والتقويم الوجداني والاجتماعي

من المعروف أن الاهتمام ظل مركزاً لفترات طويلة على دراسة التحصيل الدراسي للتلميذ متأثراً بجوانب عقلية في الشخصية، وذلك عن اعتقاد قوي بأن الجوانب العقلية تعتبر اكثر تأثيرا على تحصيل التلميذ دراسيا بالزيادة أو النقصان.

إلا أن الاهتمام قد بدأ يتزايد اليوم بأهمية الجوانب النفسية (الوجدانية والاجتماعية) على أداء الفرد عامة وعلى مستوى كفايته في العمل ، وامتد ذلك الاتجاه بدوره إلى مجال العمل المدرسي، بحيث اصبح ثمة ما يشبه الإجماع في الاطر النظرية للمشتغلين في مجال علم النفس على أهمية الجوانب النفسية وتأثيرها على مستوى أداء الأفراد.

ونحن سوف نحاول في هذا الفصل أن نتعرض بالدراسة والتحليل إلى كيفية قياس وتقويم الجانبين الوجداني والاجتماعي في شخصية المتعلم ، وسنقوم بذلك من خلال تقسيم الموضوع إلى :-

أولاً / القياس والتقويم الوجداني .
ثانياً/ القياس الاجتماعي .

أولاً/ القياس والتقويم الوجداني:-

ذكرنا فيما تقدم أن الذكاء ضروري للنجاح في كثير من الدراسات والمهن غير أنه لا يكفي وحده للنجاح فيما إذا كأن أداؤها يتطلب وجود نوع من الميل أو الاستعداد أو القدرة أو الاتجاه نحوها بل قد تكون هذه الجوانب في كثير من الأحيان اكثر أهمية من عامل الذكاء ذاته.

عليه تفرض هذه الأهمية ضرورة التعرف على مقدار ما يحمله الأفراد عن كل جانب من هذه الجوانب الوجدانية وذلك لغرض الاستفادة منها في توجيه الأفراد نحو الدراسات أو المهن التي تتلائم مع ميوله أو استعداداتهم أو قدراتهم أو اتجاهاتهم النفسية.

وسوف نقوم بذلك من خلال توضيح كيفية قياس كل جانب من هذه الجوانب الوجدانية :

١- قياس الميول:-

نحتاج في التوجيه المهني إلى أن نتعرف على ميول الأفراد كما نحتاج أن نتعرف على مستوى ذكائهم وقدراتهم واستعداداتهم، فقد يمتلك الفرد الذكاء أو القدرات التي تؤهله للنجاح في دراسة أو مهنه معينه غير أنه لا يميل إليها ولا يحبها وهذا ما قد يؤدي إلى فشله في هذه الدراسة أو المهنة بسبب عدم الميل هذا.

واختبارات الميول تمدنا بنوع معين من المعرفة عن الفرد لا تمدنا به اختبارات التحصيل والذكاء والقدرات، إذ تبين لنا هذه الاختبارات ما يرغب الفرد فيه مما يؤدي إلى شعوره بالرضا والارتياح ، فنحن نعرف أن كثيرا طلبتنا الموجودين حاليا في الكليات والمعاهد قد نسبوا إلى هذه الكليات والمعاهد التي لا يميلون إليها ولا يرغبون فيها ولا العمل في ميادينها الأمر الذي سبب في عدم تكيفهم في داخل مؤسساتهم هذه مما يؤثر بالتالي في تحصيلهم الدراسي.

كما نلاحظ أن كثيرا من الأفراد قد حصلوا على شهادات معينة ثم حولتهم ميولهم إلى مجالات أخرى، ومن هنا وجب علينا التعرف على الميل وكيفية قياسه.

ماهية الميول :-

يرى سوبر " super " أن هناك أربعة تفسيرات لكلمة الميل ويتصل كل تفسير بطريقة معينة من الطرق التي نتعرف بها على الميول ، فخناك الميول المعبر عنها لغويا وهذه ميول نوعية خاصة إذ يعبر الفرد عن ميله أو عدم ميله لشيْء معين بمجرد القول أنه يحب هذا أو لا يحب ذلك.

وتقاس هذه الميول بطريقة الاستفتاءات وقد أثبتت الدراسات والأبحاث أن هذه الميول غير مستقرة أنما متغيرة عند المراهقين ، وهناك الميول الظاهرة وهذه الميول تظهر وتتضح خلال النشاط أو العمل الذي يقوم به الفرد في حياته اليومية كميل بعض التلاميذ إلى

لعب الكرة أو السباحة ، وهذا النوع من الميول قد لا يكون المعبر الحقيقي عن ميول الفرد وأنما نتيجة لحكم الظروف كوجوده مع أصدقائه أو عدم وجود الجانب المادي الذي يتطلبه ممارسة ميوله الحقيقية .

وهناك كذلك الميول التي تتضح من خلال الاختبارات الموضوعية والتي غالبا ما تظهر في الإجابة على المواقف أو المواد التي يميل إليها الفرد ويتضح ذلك من خلال إسهابه والتمرن عليها وإلمامه الواسع بها فالفرد الذي يميل نحو جهاز الحاسوب مثلاً فأنه دائم العمل عليه والبحث فيه ومحاولة التعرف على كل ما يتصل به ... الخ ، ويوجد أيضا نوع أخر هي الميول الحصرية التي يمكن التعرف عليها بطريقة مشابهة لطريقة الاستفتاءات غير أن الطريقة تختلف هنا في أن كل سؤال في القائمة التي تختبر الميول يكون لنوع الإجابة عليه درجة معينة ولا تكون درجة الفرد في الاختبار هي مجموع درجاته على المفردات ، كما هو الحال في الاستفتاءات لأن الاختبارات الحصرية تعطي نمطاً من الميول المتعددة للفرد ولا تعطي درجة واحد أو تبين الميل في ناحية واحدة (١).

وقد عرّف الميل في قاموس وبستر " Webster " (أنه استعداد لدى الفرد يدعو إلى الانتباه إلى أشياء معينة تثير وجدانه) .

أما المربي الأمريكي " جون ديوي " فقد عرفه بأنه : يعني ببساطة أن الشخص قد حقق ذاته أو وجد نفسه في قيامه بعمل معين (٢).

وهناك من عرف الميل على أنه عبارة عن استعداد من جانب الفرد لأن يستغرق في نشاط ما ويستمر فيه وهذا الاستعداد ديناميكي بمعنى

---

١) د. سعد جلال ، المصدر السابق ، ص.٧٥٤-٧٥٦

٢)Dewey, john, interest and effort in Education, New yourk, Houghton co, ١٩١٣,pp.٤٣-٥٢.

أنه يؤثر في سلوك الفرد ويؤكد أهمية اتجاه الميل وقوته في ميدان التربية والعمل(١).

والميول تتكون بالتدريج وتنمو مع الزمن وتتأثر بالعوامل الخارجية التي تقويها أو تضعفها ، كما أن الميول تختلف بحسب الجنس حيث نجد بصفة عامة أن الأولاد و الرجال اكثر ميلا نحو الأمور العملية الخارجية ونحو الأمور الثقافية ونواحي النشاط العنيف كالفروسية والسباحة وركوب الدرجات النارية ، بينما تتجه ميول البنات والنساء نحو الهوايات المنزلية كالخياطة والتطريز وتربية الأطفال والتزين وما يتصل بحسن أحوالهم ، والميول كذلك تختلف بحسب العمر والتطور في مراحل النمو المختلفة حيث نجد أن الأطفال في المراحل الأولى نتيجة ميولهم عادة نحو أنفسهم ونحو الطعام واللعب ثم تتحول عندما يكبرون قليلاً نحو كسب المهارات والتعلم. أما في دور المراهقة فأن ميول الأفراد تتجه صوب الأمور الدينية والاجتماعية والخلقية والجمالية ،وفي دور الرجولة يتجه الميل والاهتمام نحو تكوين العائلة والعمل على الكسب والإنتاج ، أما في الكبر تتجه الميول نحو الأعمال التي تتصف بالهدوء والبعد عن المنافسة كارتياد دور العبادة وتنسيق الحدائق والمساعدة في الخدمة الاجتماعية .

أهمية معرفة الميول :

من العلامات التي تبشر بنجاح الفرد في مهنة معينة تشابه ميوله مع ميول أشخاص ناجحين في هذه المهنة ، غير أنه من الممكن أن يميل الفرد إلى عمل دون أن يملك الاستعداد الكافي للنجاح فيه ، وقد وجد علماء النفس أن هذا المعيار صادق إلى حد كبير إذ اتضح أن الأشخاص الذين ينجحون في دراسة معينة أو مهنة معينة كدراسة

---

١) عاصم محمود ندا، الإرشاد التربوي والنفسي، الموصل، دار الكتب، ١٩٨٩،ص ٢١٣.

الهندسة أو مهنة البيع تتشابه ميولهم بينما تختلف عـن ميول النـاجحين في مهـن أو دراسـات أخـرى ، فالشـخص الـذي تتفـق ميولـه اتفاقـا كبيراً مـع ميـول المهندسين يشرع إلى أن يكون مهندساً جيداً ، غـير أن ميله إلى الهندسة لا يضمـن بطبيعة الحال أنه سينجح في هذه المهنة لكنه يوحي بأنه سيحب هـذه المهنة وينجح فيها بدرجة اكبر مـن نجاحـه في مهنة أخرى لا يميل إليهـا ، وهكذا فأن معرفة ميول الأفراد يمكننا من توجيههم نحو الدراسـة أو المهنة التي تتوافق مـع ميولهم هذه .

طرق قياس الميول :

توجد عدة طرق لقياس الميول ، فهي أما تقاس عن طريق الاستفتاءات، أو عن طريق الاختبارات الموضوعية التي يتم فيها سؤال الفرد عـن معلومـات في ميادين معينة، أو عن طريق الملاحظة ، أي ملاحظة نشاط الفرد في حياتـه اليوميـة أو عـن طريق الاختبارات الحصرية التي من أهمها اختبار كودور واختبار سـترونج، كذلك قد تستخدم اختبارات إكمال الجمل وموازين التقدير في معرفة ميول الأفراد.

ومع ذلك فأن معظم المقاييس التي تقيس الميول تعتمد على اللغة في صياغة أسئلتها وقد أكد ستلفر من خلال البحوث التي أجراها أن مقاييس الميول المختلفـة تختلف فيما بينها من حيث درجة صعوبتها اللغويـة حيـث تتطلب بعض هـذه الاختبارات بلوغ السـنة الأولى الإعدادي حتى يتمكن التلاميذ مـن فهمها بينما يتطلب البعض الأخر منها كاختبار سـترونج مستوى في اللغة يعادل مستوى السنة الأولى الثانوي.

وللتغلب على هذه الصعوبات اللغوية جرت عدة محاولات كأن أولها ابتـداع سوبر super وتلاميذه في جامعـة كـلارك الأمريكيـة طريقـة تتمثل بعـرض صـور بالفانوس السحري وتعطي هذه الصور معلومات عن نواحي النشـاط المختلفـة في مهنة من المهن .

وتقاس الميول المهنية للأفراد بمدى احتفاظهم بالمعلومات عن بعض الصور وتعتبر هذه الطريقة من الطرق الموضوعية في قياس الميول .

كما اعد لامونز اختباراً يتكون من عشر لوحات من الصور لقياس ميول النساء وثمانية لقياس ميول الرجال وكل صورة في هذا الاختبار تمثل حرفة أو مهنة معينة للتعرف على معلومات الأفراد واتجاهاتهم عن المهن المختلفة وهو شبيه بالاختيار السابق .

كما قام الدكتور احمد زكي بتقنين اختباراً لقياس الميول عن طريق الصور ، وهذا الاختبار يتكون من ١٣٥ صورة كل ١٥ صورة منها تمثل أوجه النشاط المختلفة في حرفة من الحرف أو مهنة من المهن ، ويتم تطبيقه على التلاميذ من خلال عرض الصور على التلاميذ في مجموعات كل مجموعة تتكون من ثلاثة صور تمثل نشاطا في ثلاثة ميادين مختلفة وعلى التلميذ أن يختار من بين هذه الصور الثلاث أقربها إلى نفسه ، ويستعمل هذا الاختبار حالياً في أمريكا تحت اسم :
Geiest picture Inventory [1] .

مقاييس الميول :

توجد مجموعة من المقاييس التي تستعمل في التعرف على ميول الأفراد من أهمها ما يلي [2] :-

١- مقياس كودر:

هذا الاختبار وضع لقياس ميول التلاميذ من سن " ٩ " إلى " ١٩ " سنة , وهو يصف ميول التلاميذ في ميادين مختلفة . فقد قام كودر بمحاولة حصر ـ عدد كبير من أوجه النشاط في الميادين المختلفة ، وعن

---

١) د. سعد جلال ، المصدر السابق ، ص.٧٥٦-٧٥٧ .

٢) المصدر نفسه. ص٧٥٧,-٧٦٥ .

طريق إجراء تحليل المفردات وإيجاد معاملات الارتباط بينهما وجد أن هـذه المفردات تتجمع في سبعة ميادين مستقلة ، ثم أضاف إلى هـذه الميادين مفـردات تمثل أوجـه النشـاط في ميدانين آخرين فأصبحت تسـع ميادين، هـي الميدان الميكانيكي ، الحساب ، العلوم ، الأدب، الإقناع ، الخدمات الاجتماعيـة ، الموسيقى ، الوظائف الكتابية، الفن ، ثم أضاف لها بعد ذلك ميدان عاشر هـو ميدان النشاط الخارجي .

وقد تم تقنين هذا الاختبار على ١٨٥٨ تلميذاً مـن تلاميـذ المـدارس الثانويـة و ٢٠٠٥ تلميذا وقد قنن بعد ذلك على طلبة الجامعات ، كما قنن على ما يقرب مـن ٤٠٠٠ من البالغين، وقد جمعت مفردات هذا الاختبار في مجموعـات تتكـون كـل واحدة منها من ثلاث مفردات تمثل ثلاث نواح مختلفة من النشاط وعلى الطالب أن يختار من بين الثلاث مفردات الواحدة التي تتفق مع ميولـه والواحـدة التي لا تتفق معها مثل : -

بين أي النواحي التالية اكثر اتفاقا مع ميولك وأيهما اقل اتفاقا:-

أ-   زراعة أنواع جديدة من الزهور.

ب- القيام بالدعاية لأصحاب محلات الزهور.

ت- أخذ الطلبات التلفونية في احذي محلات الزهور.

فـإذا اختار الطالب المفردة الأولي أعطيـت لـه درجة في الميدان العلمـي والفني، وإذا اختار المفردة الثانية يعطي درجة في ميدان الإقناع ، أما إذا اختار المفردة الأخيرة فإنه يعطي درجة في الميدان الكتابي. ثم تلخص درجات الطالب في الميادين المختلفة في شكل رسم بياني يوضح ميوله المختلفة (١).

٢- مقياس سترونج :

هذا المقياس يعتبر من احسن المقاييس المستعملة في قياس الميول وهو يقـوم على أساس أن الأفراد في المهنـة الواحـدة تكـون لهـم نفـس الميـول ، وبـذلك فهـم يختلفون في ميولهم هذه عن عامة الناس ، إذ

---

١) د. أحمد محمد الطيب، المصدر السابق، ص٨٨.

يمثلون فئة من المجتمع تتمتع بميول خاصة كما يقوم على أساس أن الميول ثابتة لا تتغير ، ويتكون هذا الاختبار من ٤٠٠ سؤال تمثل أوجه النشاط في الميادين المختلفة وعلى الطالب أن يجيب على كل سؤال بما إذا كأن يحب هذا النوع من العمل الذي يمثله السؤال أو يهتم به أو لا يحبه .

وقد تم تقنين الاختبار بإعطائه للأفراد الناجحين في (٣٩) مهنه كما تم إعطائه لأفراد غير مختارين من نفس المهنة وكأن عدد الأفراد في كل مهنه يتراوح ما بين " ١٥٠ " ، "١٣٠" وبلغ في الدراسات التالية ما بين "٤٠٩ ، ٥٠٠" فرد ، على أن يكون الفرد قد قضى على الأقل ثلاث سنوات في مهنه اثبت نجاحه فيها .

وقد تم إجراء مقارنة أداء أصحاب المهن المختلفة بأداء الأفراد غير المختارين لبيان الفروق الفردية بينهم ، فالأطباء مثلا كمجموعة لابد أنهم يتشابهون في ميولهم وبالتالي فهم يختلفون في ميولهم هذه عن باقي الأفراد عموما .

على أنه إذا قمنا بحساب النسبة المئوية لعدد من يجيبون على كل مفردة من المفردات منهم وقارنا هذه الإجابة بالنسبة المئوية بعدد من يجيبون عليها من مجموعة مختارة من الرجال من نفس مهنهم ثم أعطينا تقديرات أو أوزان للفروق فأن هذه التقديرات تصبح درجات تعطى لمن يجيب على الأسئلة ، إجابات الأطباء .

وهكذا فأن توجه الفرد نحو مهنه أو حرفة معينة يجب علينا أن نحسب درجاته بمقارنتها بدرجات الأفراد في كل المهن المختلفة لا مجرد المهن التي يتشابه في ميوله مع أصحابها .

وقد بلغ معامل ثبات الاختبار ٠,٨٧ ، بعد أن أعطي لـ ٣٨٥ طالب من طلبة السنة النهائية في جامعة ستانفورد .

أما معامل صدق الاختبار فأن سترونج اكد في دراساته على أن الرجال الذين يتميزون في مهنهم يمتازون عادة بدرجات ميول أعلى من تلك التي يتميز بها سواهم غير الناجحين في مهنهم.

٣-اختبار القيم لا ولبورت وفرنون .

هذا الاختبار يقيس الميول في ست ميادين وهي النظري ، الاقتصادي ، الجمال ، الاجتماعي ، السياسي ، الديني ، هذه الميادين تتفق مع أنماط الشخصيات الست التي وضعها سبرانجر ، فحسب رأيه أنه يمكن معرفة الأفراد بالتعرف على القيم الذاتية التي يؤمنون بها ويندمجون في النشاط الذي يتصل بها .

ويتكون هذا الاختبار من جزئين، في الجزء الأول يختار الفرد إجابة من إجابتين على كل سؤال تبعا لميوله ، أما في الجزء الثاني فتوجد مجموعة من الإجابات كل مجموعة منها تتكون من أربع مفردات يقوم الفرد بترتيبها تنازليا تبعا لأهميتها بالنسبة له .

يبلغ عدد إجابات الاختبار ١٢٠ إجابة يتبين كل ٣٠ منها محتويات كل ميدان من الميادين الستة وقد تم استخراج ثبات الاختبار عن طريق إيجاد معامل الارتباط مرتين ، حيث تراوحت ما بين " ٠,٦٩ " و" ٠,٩٥" كما تم استخراج معامل صدق هذا الاختبار بإيجاد الارتباط بين النتائج وتقدير الأفراد لأنفسهم حيث وصلت إلى ٠,٨٢ كما تم تقنين الاختبار على٨٠٠ فرد من البالغين وطلبة الجامعات .

ويرى أصحاب هذا الاختبار أنه يبين الفروق بين الجنسين في الميول ، إذ يبين ميل الرجال نحو الميادين النظرية والاقتصادية والسياسية ، وميل النساء نحو الميادين الجمالية والاجتماعية والدينية.

تقييم مقاييس الميول :-

لاختبارات الميول مزايا منها أنها وسيلة لاكتشاف ميول الأفراد والمقارنة بين ميول الفرد المختلفة من حيث قوتها وضعفها، كما تساعد على معرفة قابلية الفرد للإقبال على نوع من النشاط الذي لا يعرف عنخ شيئاً وذلك من مضمون ما يظهره من الميول في أنواع النشاط التي يعرفها ويمارسها غير أنه مقابل هذه المزايا هناك مجموعة من العيوب التي تؤخذ على هذه المقاييس من أهمها أن هذه الاختبارات تدور عادة حول الميول المهنية ، كما أنها تفترض أن الشخص على دراية ومعرفة بعدد كبير من أنواع النشاط وهذا هو السبب في أن هذه

الاختبارات لا تفيد كثيرا عند استخدامها في قياس ميول التلاميذ في المدارس الثانوية وغيرهم ، لأن كل ما تدلنا عليه هذه الاختبارات هو ما يظن الفرد أنه يميل ويفضله ولكنها لا تدلنا على قدرته العقلية واستعداده الحقيقي للقيام بذلك النشاط .

ونستخلص من هذا أنه لا يمكننا بأي شكل الاعتماد على طريقة واحدة أو اختيار بمفرده للوقوف على ميول الأفراد ، وأنما يجب الاعتماد على اكثر من طريقة واستخدام اكثر من اختبار لأن ذلك يمكننا من الحصول على نتائج اكثر صدقا وموضوعية حول الميول الحقيقة للفرد .

الاتجاهات الحالية في عمل اختبارات الميول :

يتجه الباحثون حالياً إلى مراعاة مجموعة من الأمور في عمل اختبارات الميول من أهمها ما يلي [1] :-

١- استعمال الاختبارات الموضوعية التي تقيس المعلومات .

٢- استعمال مفردات سهلة وملائمة لمن يطبق عليهم الاختبار إذ يجب أن تصف هذه المفردات أوجه النشاط المختلفة للأفراد.

٣- محاولة قياس عوامل محددة على أساس التحليل العاملي بدلاً من قياس ميول عامة لا تمت بصلة إلى المهن المختلفة .

دور المعلم اتجاه الميول :

تعتبر الميول من أقوى دوافع السلوك الإنساني فالفرد يمارس النشاط الذي يميل إليه برغبة واندفاع أكبر من النشاط الذي لا يميل إليه ، كما لها أهمية في مجال التعليم وفي توجيه خطة العمل المدرسي وفي الاختبار المهني ، فهي التي تحدد إلى درجة كبيرة مدى نجاح الفرد على إشباع حاجاته النفسية الأساسية ، وعلى اختبار النشاط الملائم لأوقات فراغه . عليه تستدعي هذه الأهمية من المعلم بشكل خاص ضرورة الاهتمام بميول التلاميذ وذلك من خلال ما يلي (٢) :-

---

١) د. سعد جلال ، المصدر السابق ، ص/ ٧٦٥ .

٢) غانم سعيد العبيدي وحنان عيسى الجبوري ، المصدر السابق ، ص / ٢٧٦ – ٢٧٨ .

١- تنمية الميول المرغوبة :

يمتلك التلاميذ على مختلف مستوياتهم العمرية ميول مرغوبة مثل (قراءة الكتب ، العزف على الموسيقى، ممارسة النشاطات الرياضية ، الرسم ، ...الخ) ومن واجب المعلم الاهتمام بهذه الميول ومحاولة تثبيتها لدى التلاميذ عن طريق إتاحة الفرصة لهم وتشجيعهم على ممارستها ، والمعلم الذي يهمل هذه الميول يفشل في القيام بالوظيفة الشاملة للتدريس التي بالاهتمام بكل جوانب المتعلم ولا سيما الوجدانية منها ، لذا ينبغي أن يكون من بين أوجه النشاط التدريسي تشجيع الميول الموجودة عند التلاميذ سلفاً.

٢- غرس ميول جديدة :-

إذا كانت الميول التي عند التلاميذ ضعيفة فأن من واجب المدرسة العمل على غرس ميول جديدة لديهم . فقد يحدث أن يأتي تلميذ إلى المدرسة من بيئة فقيرة أو متدينة من حيث النشاطات وبالتالي فأن ميوله تكون محدودة وبما أن المدرسة مؤسسة تربوية شاملة علية فأنه من واجبها القيام بإتاحة الفرصة أمام التلميذ لتنمية ميول جديدة لديه مثل الميول المتعلقة بالصحافة أو التمثيل أو ممارسة اللعاب رياضية أو القراءة أو المطالعة أو التردد على المكتبات وغيرها .

٣- تثبيط الميول غير المرغوبة :-

نقصد تثبيط الميول غير المرغوبة هو محاولة إلغاء الميول غير المرغوبة اجتماعياً ، فقد يحدث أن يأتي تلميذ إلى المدرسة وهو يحمل ميل أو مجموعة ميول غير مرغوب تعلمها من البيئة التي كأن يعيش فيها والتي هي بيئة تعتبر غير مثالية قياساً بالمدرسة ، لذا وجب على المدرسة أن تأخذ التلميذ ذا الميول الرديئة وتحاول بالطرق التربوية الممكنة لتثبيط هذه الميول واستبدالها بميول مرغوبة .

٤- تنمية العلاقة بين المعلم والتلميذ:-

من أولى واجبات المعلم اتجاه تلاميذه تتمثل في تكوين علاقة ودية وتعاونية معهم ، وأفضل الطرق لتكوين هذه العلاقة هي معرفة المعلم بميول واهتمامات تلاميذه ، وهذا يتم عن طريق أساليب متعددة يمكن أن يستخدمها المعلم لكي يكون أكبر قدر ممكن من المعرفة بميول

التلاميذ واهتماماتهم ، من بينها المقابلات الشخصية معهم كأفراد أو مجموعات ، والاستفتاءات ومقاييس التقدير ، واختبارات الميول ، والتسجيلات القصصية وغيرها .

٥- إشاعة الحياة في المنهج :-

يستطيع المعلم إشاعة الحياة في المنهج الدراسي وذلك من خلال ربط المداد الدراسية والخبرات المدرسية بحياة الطفل الخاصة . فالأطفال كما هو معروف يعيشون عالمهم الخاص بهم، وكلما تتقدم سنوات حياتهم كلما تتقدم معهم اهتماماتهم بالأشياء المحيطة بهم، فالخبرات النظرية التي يتعلمها الأطفال الصغار لا تمثل لهم قيمة ما لم ترتبط بأمور حياتية واقعية ومن الممكن تحقيق هذا الرابط في كثير من الأحيان كأن نوضح للتلاميذ مثالاً.

٦- تقديم التوجيه التربوي والمهني:-

الوظيفة الأساسية للمعلم ليس تلقين المعرفة للتلاميذ فقط ، وأنما كذلك توجيههم تربوياً ومساعدتهم على اختيار نوع المهنة أو الحرفة التي يميلون إليها .لذلك فأن معرفة المعلم بميول تلاميذه له أهمية في هذا الإطار ، فيستطيع المعلم معرفة ميول تلاميذه عن طريق الاختبارات والاستفتاءات المقننة أو التي يقوم بإعدادها بنفسه للكشف عن ميول طلابه . فإذا تبين من نتائج اختبارات الميول أن تلميذٍ ما لديه ميلاً قوياً للتمثيل أو الرسم فمن الممكن أن ننصحه بالإتحاف بكلية الفنون الجميلة وهكذا الأمر مع بقية الميول .

٢- قياس الاستعدادات والقدرات:-

تعتبر الاستعدادات والقدرات من أهم جوانب الشخصية التي يقوم عليها التوجيه التربوي والمهني ؛ ذلك لأن النجاح في الدراسة أو العمل أنما يقوم أولاً على أساس من توفر نوع من القدرة أو الاستعداد لدى الفرد لمتابعة دراسةٍ ما أو القيام بعملٍ من الأعمال ، عليه فأن قياس الاستعدادات والقدرات يصبح أمراً ضرورياً في التربيةِ والتعليم وذلك لما يقدمه من معلومات تساعد عملية التوجيه والاختيار سواء في الكليات المتخصصة كالهندسة والطب والعلوم والفنون الجميلة والتربية الرياضية أو غيرها من الكليات والمعاهد العليا منها والمتوسطة .

معنى الاستعداد والقدرة :

يعرف الاستعداد بأنه " مقدرة فطرية ظاهرة أو قدرة على القيام بعمل معين مثل فن من الفنون أو مادة دراسية أو مهنية "[١] . ويرى آخرون أن الاستعداد هو " مدى ما يستطيع الفرد أن يصل إليه من الكفاية في مجال معين كالرياضيات أو الموسيقى أو الدراسات الجامعية أن توفر له التدريب اللازم "[٢].

وعرفت المقدرة ability بأنها " إمكانية الشخص على أداء وظيفة معينة كما يحددها نمط كل المسببات ، وهذه الإمكانية فطرية في البعض (الذكاء) ، وبيئية في البعض الآخر أي مكتسبة كالسباحة أو القدرة الميكانيكية أو اللغوية "[٣] ، وتعرف كذلك على أنها " القوة الفعلية لدى الكائن الحي على أن يقوم بعمل معين أو القدرة على التكيف بنجاح " [٤] أما الدكتور (أحمد عزت راجح) فأنه يعرف الاستعداد بأنه " قدرة الفرد الكامنة على أن يتعلم بسرعة وسهولة وعلى أن يصل إلى مستوى عالٍ من المهارة في مجال معين كالرياضيات والطيران والموسيقى والزعامة والدراسات الجامعية أن توفر له التدريب اللازم " [٥] ، كما ويعرف القدرة على أنها " كل ما يستطيع الفرد أداءه في اللحظة الحاضرة من أعمال عقلية أو حركية سواء أكان ذلك نتيجة تدريب أو من دون تدريب ، كالقدرة على ركوب الدراجة أو على تذكر قصيدة من الشعر أو الكلام بلغة أجنبية أو إجراء

---

١) Good , Charter U . Dictionary of Education, Mc . Graw Hill Book Inc , Ny . ١٩٥٩ .P. ٧٣ .

٢) د . عطية محمود هنا ، المصدر السابق ، ص / ٦٣ .

٣) غانم سعيد العبيدي وحنان عيسى الجبوري ، المصدر السابق ، ص /٢٨٠.

٤) المصدر نفسه .

٥) د . أحمد عزت راجح ، المصدر السابق ، ص / ٤٣٥ .

الحساب العقلي وقد تكون القدرة بسيطة أو مركبة فطرية أو مكتسبة "[1].

من خلال التعاريف نستطيع أن نستنتج أن الاستعداد هو سابق على القدرة فهو قدرة كامنة يحيلها النضج الطبيعي والتعلم إلى قدرة فعلية ، ونحن نستدل على وجود الاستعداد عند الفرد في مجال معين من قدرته على التعلم السهل السريع وعلى التفوق في هذا المجال .

- **طبيعة الاستعدادات وتكوينها :**

يتخذ الاستعداد لدى الفرد صوراً مختلفة ، فهو قد يكون خاصاً ، كاستعداد الفرد لأن يكون ربأن سفينة ، أو فناناً تشكيلياً ، أو قد يكون الاستعداد عاماً كالاستعداد الطبي الذي يؤهل صاحبه للنجاح في مهنة الطب على اختلاف فروعها وتخصصاتها وكالاستعداد الرياضي للتفوق في النشاطات الرياضية بوجه عام . وقد يكون الاستعداد بسيطاً من الناحية السيكولوجية كالاستعداد الذي يبدو في قدرة الفرد على التمييز بين الألوان أو سماع الأصوات الخافتة ، أو قد يكون الاستعداد مركباً من عدة قدرات أولية بسيطة كالاستعداد الموسيقى والرياضي واللغوي والاستعدادات المهنية المختلفة الخاصة والعامة ، وهذه الاستعدادات المركبة لكي تنمو وتظهر تتطلب تعليم خاص وتدريب ومران قد يكون شاقاً وطويلاً فالاستعداد الموسيقي على سبيل المثال يتألف من القدرة على حفظ القوانين ، والقدرة على الأداء الموسيقي وهذا المر لا يحدث بسهولة بل يحتاج إلى مران وتدريب قد يستغرق فترة طويلة من الزمن .

أما كيف تتوزع الاستعدادات بين الأفراد كالاستعداد اللغوي أو الاستعداد الحسابي ، أو الموسيقي وغيرها ، من حيث قوتها أو ضعفها وفق المنحنى الاعتدالي ، فاغلب الناس أوساط من حيث مستوى الاستعداد لديهم وقلة منهم تكون استعداداتهم عالية أو ضعيفة جداً ، كما توجد فروقاً بين الأفراد في مستوى الاستعداد كما توجد فروقاً لدى

---

1) المصدر نفسه ص ٤٣٦ .

الفرد ذاته من حيث استعداداته ، فقد يكون لدى الفرد استعداداً كبيراً لدراسة الحاسوب واستعداد منخفض للعب الكرة ، وربما استطعنا أن نجعل منه لاعباً ما هراً ولكن هذا يتطلب منا جهداً ووقتاً غير عاديين ، ولكن هذا لا ينبغي أن يمتلك بعض الأفراد استعدادات واسعة إذ يستطيعون التفوق في أكثر من مجال .

ويرى علماء النفس أن الفروق ما بين الأفراد من حيث الاستعدادات ترجع إلى عاملي الورثة والبيئة معاً إلا أن الوراثة يكون لها دوراً أكبر في كثير من الاستعدادات ، فالأفراد الذين لديهم استعداد عبقري في الفيزياء أو الموسيقى يعدون على الأصابع في كل جيل ، إلا أن الوراثة وحدها لا يمكن أن تفسر لنا هذه الاستعدادات فقد يمتلك بعض الأفراد استعداداً في جانب أو أ كثر إلا أن البيئة المحيطة بهم لا تساعدهم على التعبير عنها مما تعطلها . كما الملاحظ أن كثير من الاستعدادات تكون غير واضحة في مرحلة الطفولة كالاستعداد اللغوي أو الموسيقي بل تبدأ في الوضوح والتمايز في مرحلة المراهقة وبعدها وذلك نتيجة للنضج الطبيعي للفرد من ناحية وزيادة فرص المران والتدريب من جهة أخرى لذلك لابد من الانتباه إلى استعدادات الأطفال منذ وقت مبكر ومحاولة توجيههم نحو الدراسة أو المهنة التي تلائم استعداداتهم[١] .

أهمية معرفة الاستعدادات :

تتمثل أهمية معرفتنا باستعدادات الأفراد هو أنه لو استطعنا معرفة استعدادات فردٍ ما لكي نختار له دراسة أو مهنة معينة مناسبة ، فأننا نوفر عله كثيراً من الوقت والجهد ونجنبه فشل محقق كأن سيصحبه لو ألتحق بمهنة أو دارسة هو غير مؤهل لها ، ولو استطعنا قياس استعداد فرد قبل أنه يبدأ التدريب على مهنة أو حرفة معينة لاجتنابه أيضاً والمجتمع من خسارة مؤكد لا داعي لها ، فكثير من الأفراد مثلاً

١)د . أحمد عزت راجح، المصدر السابق، ص ٨٣٧ ٨٣ ٨ .

يرغبون في أن يكونوا أطباء ، ولكننا عندما نتعرف على استعداداتهم قبل قبولهم في كليات الطب فأننا نجنب الدولة خسارة كانت ستقع لو أننا قبلنا أفراداً ليس لديهم الاستعداد الكافي للعمل في هذا المجال الحيوي لأن مصيرهم سوف يكون بلا شك الفشل . وهكذا الأمر مع بقية التخصصات الأخرى ، عليه فأن معرفة الاستعدادات أمر له أهمية في عملية التوجيه والاختيار المهني والتعليمي.

مقاييس الاستعدادات :

لقياس الاستعدادات توجد مجموعة من الاختبارات الخاصة التي تستهدف التنبؤ بصلاحية الفرد ومدى نجاحه في عمل لم يسبق له أن تدرب عليه ، ومن أهم هذه الاختبارات ما يلي [١] :-

١- الاختبارات السمعية والبصرية :-

من المعروف أن سلامة حاستي السمع والبصر تعد من أهم عوامل تكيف الفرد مع البيئة المحيطة به ، وأن فقدان أو تعطل أحد هاتين الحاستين أو كلاهما يؤدي على سوء التكيف هذا وتوجد هناك مهن ودراسات تتطلب قدرة خاصة في هاتين الحاستين ، فالطبيب مثلاً يحتاج إلى سلامة السمع لسماع نبضات قلب المريض ، والمحاسب يحتاج إلى سلامة البصر لرؤية الأرقام ...الخ . لذا توجد اختبارات لقياس هاتين الناحيتين .

فلقياس درجة السمع يوجد نوعان من الاختبارات وهما :-

النوع الأول : يتم فيه استغلال كلمات تهمس للفرد من مسافة محدودة لقياس درجة سمعه للحروف الساكنة والحروف المتحركة ، ودرجة الفرد في هذا الاختبار هي نسبة ما يسمعه من الكلمات مقسومة على نسبة ما يسمعه من الأفراد العادين .

---

٢) راجع بهذا الشان :-

- د . سعد جلال ، المصدر السابق ، ص / ٦٢٤ - ٦٣٢ .

- د. أحمد عزت راجح ، المصدر السابق ، ص / ٤٤١ - ٤٥١ .

النوع الثاني : أما في هـذا النـوع فيتم استغلال جهاز يتكون مـن حـاكي " فوتوغراف " ، واسطوانة ويتصل الحـاكي بسماعة توضع عـلى أذن الفـرد ليسـمع صوتاً مسجلاً على أسطوانة يتلو سلسلة من الأرقام أو الكلمات أو الجمل فيكتب الفرد ما يسمعه عند سماعه ويتلي ما هو مسجل على الأسـطوانة بصوت رجل أو بصوت امرأة ، ويتلي مـا عليها بصـوت مـنخفض تـدريجياً حتـى يصـل إلى درجـة يصعب على الأذن العادية سماعه .

أما قياس درجـة البصر ـ فيتم باستخدام اللوحـة التي توجـد عليهـا علامـات مستديرة مفتوحة أما من الأعلى أو الأسفل أو اليمين أو اليسار . وتكون العلامـات في قمة اللوحة كبيرة ويصغر حجمها بالتدريج .

كما يقاس سلامة البصر باكتشاف عمى الألوان الـذي يعـاني منـه اليـوم عـدداً كبيراً من الأفراد وخلو البصر ـ من عمى الألوان أمـر مهم في كثـير مـن الأعمـال كالطيران وصناعة المنسوجات والرسم والتصوير وتوجد عدد من الألواح المخصصـة لقياس عمى الألوان بعضها توجد فيها دوائر ملونة في داخلها أرقام مرسومة بألوان متداخلة مع لون الدائرة والمطلوب من الفرد التمييز بين هذه الألوان .

٢- اختبارات القدرة الميكانيكية :-

تحتاج الآلات إلى استعدادات خاصة للتعامل معهـا سـواء لإدارتها أو صيانتها وإصلاحها ، وتوجد عدد من الاختبارات التي تستطيع أن تكشف لنا عن مدى تمتع الأفراد بمثل هذه الاستعدادات ، وهذه الاختبارات أمـا أدائية أو مطبوعة ، فمـن الاختبارات الأدائية اختبارات تقيس قدرة الفرد على جمع أجزاء قطع ميكانيكيـة مفككة مثل سـاعة منضدية ، قفل بـاب ، مصيدة للفئران، وغيرهـا مـن الآلات البسيطة. ومنها اختيار يتكون مـن أربـع لوحات في كـل لوحـة ثمانيـة وخمسـون تجويفاً لقطع ذات أشكال مختلفة والمطلـوب مـن الفـرد هـو وضع القطع في التجاويف المختلفة.

ومن الاختبارات المطبوعة اختبار فيه أشكال هندسية تماثل الأشكال الموجودة في اللوحات ، ويوجد أمام كل شكل رسوم مقطعة إذا ضم بعضها إلى بعض كونت شكلاً هندسياً مماثلاً للنموذج ، وعلى الفرد أن يبين أي الرسوم يمكن ضمها حتى يتكون لدينا الشكل الهندسي المطلوب . وقد تتضمن هذه الاختبارات بالإضافة إلى ما تقدم الآلات و الأدوات المختلفة التي يستعملها أصحاب ورش الميكانيكية مثل أدوات تصليح السيارات والكائن الثقيلة منها والخفيفة وأدوات تصليح التلفزيون الحاسوب ...الخ وذلك لبيان مدى معرفة الفرد بها .

ويبدو مما تقدم أن القدرة الميكانيكية هي ليست قدرة مفردة بل تتكون من عدد كبير من القدرات فيه تقيس القدرة على التصور البصري للماحات وسرعة الإدراك بالإضافة إلى المعلومات الميكانيكية التي حصل عليها الفرد عن طريق الخبرة ، وهذه القدرات تبين لنا مدى استعداد الفرد للنجاح في الحرف الميكانيكية المختلفة.

٣- اختبارات الاستعداد الأكاديمي:

تستخدم كثير من الجامعات في الدول المتقدمة اختبارات استعداد لمن يريدون الالتحاق بالكليات على مختلف تخصصاتها، وهذه الاختبارات هي شبيهة إلى حد كبير بمقاييس الذكاء إلا أنها تختلف عنها في توكيد النواحي اللازمة للنجاح في كل كلية فهي تتألف من أسئلة عبارة عن مشكلات أو تمارين يطلب حلها أو أعمالاً تؤدى ، فكلية الطب على سبيل المثال تخضع المتقدمين لها إلى اختبارات استعداد تقيس القدرة اللغوية والقدرة العددية والقدرة على التفكير المنطقي والقدرة على التذكر البصري والقدرة على فهم المطبوعات الصعبة ، هذا بالإضافة إلى اختبارات تتصل بالمبادئ الأساسية للعلوم الطبيعة كالفيزياء والكيمياء والأحياء.

وتوجد اختبارات استعداد لاختبار الطلبة في كلية الفنون الجميلة وكلية التربية الرياضة ، كما توجد اختبارات استعداد لاختبار طلبة كليات الحقوق والمعلمين ومن أهم هذه الاختبارات وأكثرها شمولاً اختبار **زيف** Zyve المسمى باختبار ستانفورو للاستعداد العلمي الذي يتألف من ١١ قسم يستهدف كل قسم منها قياس واحد من القدرات

الأساسية اللازمة للنجاح في البحث العلمي والهندسة وهي الاتجاه التجريبي ، وضوح التعريفات ، الأحكام المتعلقة بالاستدلال ، تعرف التناقضات ، تعرف الأغاليط، الاستقراء والتعميم ، الحرص والحذر والدقة ، التمييز بين القيم في اختبار وترتيب المعطيات التجريبية ، دقة الملاحظة .

٤- اختبارات الاستعداد اللغوي :

تتطلب بعض المهن والأعمال كالتأليف والتحرير والخطابة والصحافة والتدريس والمحاماة استعداداً خاصاً للنجاح فيها يعرف بالاستعداد اللغوي ، فالمحامي يحتاج لكي ينجح في مهنته إلى قدرة على إقناع الآخرين عن طريق الحجج والأدلة والشواهد باستخدام الأسلوب اللفظي ، ويحتاج الخطيب إلى هذه المقدرة لكي يستطيع أن يؤثر في الناس ويقنعهم بما يريد ، كما يحتاج المدرس هو الأخر إلى هذه المقدرة لكي يستطيع إيصال المعلومة بشكل صحيح إلى التلميذ وهكذا مع بقية المهن والأعمال التي تتطلب توفر استعداداً لغوياً لدى الفرد .

والاستعداد القوي يبدو في القدرة على معالجة الأفكار عن طريق استخدام الألفاظ وذلك لأن الألفاظ ما هي إلا عبارة عن رموز مجسمة وقوالب تصب فيها الأفكار أي بمعنى أخر أن الألفاظ ما هي إلا تعبيراً حقيقياً عن تفكير الفرد . ويبدو الاستعداد اللغوي في عدة مظاهر منها :-

١- سهولة التعبير الشفوي والتحريري .

٢- سهولة فهم الألفاظ والجمل والأفكار المتصلة بها .

٣- أدراك ما بين الألفاظ أو ما بين الجمل من علاقات مختلفة، علاقات تشابه أو تضاد مثلاً .

٤- سرعة استرجاع أكبر عدد ممكن من الألفاظ .

ويقاس الاستعداد اللغوي باختبارات مثل التالية :-

١- ما أقرب كلمة من الكلمات الآتية تفيد معنى كلمة " شجاع "
[كسول ، خائف ، قوي ، كريم] .

٢- أكتب خمسة كلمات تبدأ بالحرف " ع " وتنتهي بالحرف " ب " لأشياء مختلفة .

٣- أذكر ثلاثة مرادفات لكل من الكلمات الآتية :- [جرئ ، مروءة ، سهل] .

٤- ضع خطاً تحت كلمتين من الكلمات الآتية تكون العلاقة بينها مثل العلاقة بين (العين والبصر): [الأذن ، الشعر ، السمع ، الشم ، البحر ، الأنف ، الصحراء] .

٥- القدرة الكتابية :-

تتطلب الأعمال الكتابية استعمال الأوراق والأقلام والآلة الكاتبة وغيرها من الأدوات ، وهذه تتطلب المهارة اليدوية الآلية في التعامل مع هذه الأشياء كما تتطلب إجادة اللغة وإجادة قواعد الحساب ، أي بمعنى أخر ضرورة توفر استعدادات خاصة لدى الأفراد المنشغلين في هذه الأعمال للنجاح فيها وتوجد مجموعة من الاختبارات التي تقيس الاستعدادات النوعية والسمات المختلفة اللازمة للنجاح في هذه الأعمال على اختلافها وهي تستخدم عند اختيار أصلح المتقدمين للوظائف الكتابية ، وتقوم هذه الاختبارات على قياس مجموعة من القدرات مثل جودة الخط، السرعة في الكتابة ، القدرة على الكتابة على الآلة الطابعة، واستخدام آلة الحاسوب ، والدقة والسرعة في النقل من الجداول، وسرعة ملاحظة الأسماء والأرقام ...الخ كما تتضمن هذه الاختبارات مسائل حسابية بسيطة واختبارات في الإملاء، واختبارات في القدرة على فهم مقطوعة نثرية، وإعطاء معاني لمجموعة من الكلمات وغيرها .

٦- اختبارات القدرة الفنية :

يذكر سوبر أن هذه القدرة لم يتم تحليلها بطريقة التحليل العاملي كما هو الحال في القدرات السابقة بل عن طريق دراسة سير الفنانين وأعمالهم دراسة موضوعية ، وهي الدراسة التي قام بها العالم " مابير " وتلاميذه في جامعة ايوا والتي تم من خلالها تحديد ستة عوامل تتكون منها القدرة الفنية وهذه العوامل هي (المهارة اليدوية ، القدرة على بذل الجهد والنشاط والاستمرار في الأداء ، الذكاء الجمالي

والمقصود به القدرة على أدراك المساحات كما تقيسها اختبارات ثرستون ، الخيال الابتكاري الحكم الجمالي) .

وعلى الرغم من كل الدراسات والأبحاث التي تمت في هذا المجال إلا أنه لا يوجد حد الآن اختبار واحد شامل يجمع كل هذه العوامل لقياس القدرة الفنية لدى الفرد ، لذا يرى كلاً من سوبر وماير أن قياس هذه القدرة يتطلب الأمور التالية :-

١- قياس القدرة العقلية أو الذكائية للفرد عن طريق اختبارات الذكاء وخصوصاً الاختبارات التي تقيس القدرة على أدراك المساحات .

٢- قياس المهارة اليدوية عن طريق اختبار القدرات اليدوية .

٣- قياس الحكم الجمالي باستعمال اختبارات خاصة لذلك .

أما فيما عدا ذلك فتجمع المعلومات عن الفرد بطريق غير الاختبارات مثل أراء الخبراء في الإنتاج الفني للفرد ، ومعرفة ميوله وهواياته في أوقات الفراغ ، مدى قدره على المثابرة في الأعمال الفنية عن طريق مناقشة في الفنون وفي مستويات طموحه .

وبما أن ميجر يعتبر الحكم الجمالي هو أهم العوامل في القدرة الفنية لذا فقد وضع اختبار لقياس هذا العامل ، ويتكون هذا الاختبار من مائة زوج من الصور غير الملونة ، واحد من الصور في كل زوج عبارة عن رسم لتحفة فنية أو لمنظر طبيعي أو منظر لأشياء معينة أو لتحفة خشبية وغيرها ، والصورة الأخرى لنفس التحفة بعد أن أدخلت عليها بعض التعديلات التي تقلل من جمالها وقيمتها ، والمطلوب من الفرد في هذا الاختبار تحديد الصورة التي يفضلها من كل زوج من الصور وهذا الاختبار يلائم تلاميذ المرحلة الإعدادية والثانوية.

٧- اختبارات القدرة الموسيقية :

يعتبر سيشور رائد حركة قياس القدرة الموسيقية ، وقد وضع لهذا الغرض اختباراً عرف باسمه " اختبار سيشور للقدرة الموسيقية " ويتكون هذا الاختبار من ستة أجزاء مسجلة على أسطوانات لقياس العوامل الآتية :-

١- تمييز الأنغام من حيث ذبذباتها .

٢- تمييز شدة الصوت من حيث الارتفاع والانخفاض .
٣- تمييز الإيقاع ، هل الإيقاع واحد في نغمتين أم مختلف ؟
٤- تذكر الأنغام ، هل هاتان النغمتان متطابقتان أم مختلفتان؟
٥- الحكم الجمالي على الأنغام أو اللحن أو الإيقاع ، أيهما أكثر انسجاماً .

وتوجد من هذه الاختبارات مجموعتان من الأسطوانات ، المجموعة الأولى للأفراد عموماً و المجموعة الثانية للموسيقيين وطلبة الموسيقى ودرجة الفرد على هذه الأجزاء الستة لا تمثل درجاته في القدر الموسيقية أنما تمثل فقط درجاته في قدراته السمعية الست التي تتخذ أساساً للتقويم ؛ ذلك لأنه هنالك عناصر في القدرة الموسيقية لا يمكن قياسها ، لذلك فأن الدرجات على هذا الاختبار ليست إلا درجات للإدراك السمعي الذي يعتبر عاملاً في القدرة الموسيقية .

٨- اختبارات القدرات الآلية واليدوية:

يقصد بالاستعداد اليدوي الآلي هو قدرة الفرد على النجاح في أنواع من النشاطات التي تتطلب السرعة والدقة عن طريق استغلال حركات الذراعين واليدين والتنسيق بينهما أو عن طريق استغلال حركات اليدين والأصابع .

وتوجد في المجتمع العديد من الأعمال والحرف التي تتطلب استعمال الذراعين واليدين ، كما توجد أعمال وحرف تتطلب استغلال حركات اليدين والأصابع وهذه الأعمال والحرف يطلق عليها في التقسيم المهني بالعمال شبه المهارية مثل الضرب على الآلة الكاتبة ، الخياطة باستخدام المكائن، وأعمال الغزل والنسيج وغيرها.

وقد تم وضع العديد من الاختبارات والمقاييس التي تبين مدى تمتع الأفراد بالاستعدادات للقيام بمثل هذه الأعمال ومن هذه الاختبارات مثلاً لوحة توجد فيها ثقوب ويقوم الفرد بوضع أسطوانات في هذه الثقوب بسرعة ، أما الاستعدادات التي تستغل فيها حركة اليدين والأصابع فيمكن قياسها عن طريق لوحة فيها ثقوب دقيقة يقوم الفرد بوضع قطع معدنية تشبه المسامير مختلفة الأحجام في الثقوب المناسبة مستعملاً في ذلك ملقاطاً يمسك به القطع المعدنية ويحسب له الوقت

الذي تتم فيه هذه العملية لحساب سرعته ، كما تقاس الدقة في الأداء وذلك عـن طريق جهاز كهربائي يسجل الخطأ في وضع القطع المعدنية في مكانها .

كما توجد طرق أخرى لقياس مثل هـذه الاستعدادات مثل قياس السرعة والدقة في تتبع خط متعرج بالقلم أو وضع عدد معين من النقاط ففـي دائرة مـن الدوائر أو إفراز أوراق اللعب وإسقاطها في صندوق خـلال ثقب بيد واحدة أو باليدين...الخ من الطرق.

٣- قياس الاتجاهات :-

معنى الاتجاه:

يتكون لدى الفرد وهو ينمو اتجاهـات نحو الجماعـات والأفراد والمواقف والموضوعات الاجتماعيـة ، وكـل مـا هـو موجـود في البيئـة المحيطـة بـه ، فهنـاك اتجاهات نحو الأفراد والمبادئ والأشياء والدين والقيم والتقاليد الاجتماعية مثل الزواج ، والطلاق وتنظيم النسل وما إلى ذلك ، وقد تكون هـذه الاتجاهـات سلبية أو إيجابية وهي تتكون نتيجة الخبرة السابقة التي مر بها الفرد ، الثواب والجزاء والمكافئة أو خبرات الألم والفشل والإحباط أي خلاصة التنشئة الاجتماعية التي مـر بها الفرد .

والاتجاه كما يرى البورت هو " حالة مـن الاستعداد العقلي والعصبي التي تنتظم أو تتكون خلال التجربة أو الخبرة التي تسبب تـأثيراً موجباً أو قياسياً عـلى استجابات الفرد لكل الموضوعات والمواقف التي ترتبط بهذا الاتجاه " [١] .

أما بوجاردس فيعرف الاتجاه بأنه " نزعة نحو أو ضد بعض العوامل البيئية تصبح هذه النزعة قيمة إيجابية أو سلبية " [٢] .

١) د . عبد الرحمن عييسوي ، علم النفس والإنتاج ، بيروت ، دار النهضة العربية ، ١٩٨٢ ، ص / ١٠٦ .

٢) المصدر نفسه .

ويعر الدكتور: سعد جلال الاتجاهات بأنها " عبارة عن استعداد للاستجابة للمواقف أو الأفراد أو الأشياء أو الأفكار بطريقة معينة وهي في العادة مكتسبة وتتحكم في الفرد عند الاستجابة " [١] .

كما عرف الاتجاه بأنه استعداد وجداني مكتسب ثابت نسبياً يميل بالفرد إلى موضوعات معينة فيجعله يقبل عليها أو يحبذها أو يرحب بها ويحبها أو يميل عنها ويكرهها ، ومن أمثلة الاتجاهات النفسية حب العرب للحرية وكراهيتهم للاستعمار ، وحب الأطفال لأفلام الكارتون وغيرها .

أهمية قياس الاتجاهات :-

تتمثل أهمية قياس الاتجاهات في الأمور التالية [٢]:-

١- أن قياس الاتجاهات يسهل علينا التنبؤ بالسلوك الإنساني وإلقاء الضوء على صحة أو خطأ الدراسات القادمة .

٢- يزود الباحث بميادين تجريبية مختلفة كزيادة الخبرة والمعرفة بالعوامل المؤثرة في تكوين الاتجاه .

٣- يمكننا من معرفة الاتجاه وكيفية تغييره نحو وضع معين .

٤- له فوائده في ميادين الصحة النفسية والتربية والتعليم والخدمة الاجتماعية والصناعية والإنتاج والعلاقات العامة باعتبار أن الاتجاهات من أهم عوامل التنشئة الاجتماعية ولأنها تعتبر محددات موجهة ضابطة منظمة للسلوك الاجتماعي والتي عن طريقها يمكن توزيع المجتمع ورعاية مصالحه .

أسس ومبادئ مقاييس الاتجاهات :-

أن مقاييس الاتجاهات لها مجموعة من الأسس والمبادئ من أهمها ما يلي[٣] :-

---

١) د . سعد جلال ، المصدر السابق ، ص / ٧٧٠ .

٢) د . سعد جلال ، المصدر السابق ، ص / ٧٧١ .

٣) د . سعد جلال ، المصدر السابق ، ص / ٧٧١ .

١- أنها يجب أن تتناول مشكل من مشاكل الساعة تختلف عليها الآراء .

٢- أن استجابة الفرد للأسئلة التي تتناول المشكلة تتقرر بشعوره أو وجدانـه نحو المشكلة .

٣- أن توضع الأسئلة بشكل يبين درجة شعور الفرد الإيجابية أو السلبية نحو المشكلة موضوع البحث حتى نتمكن من التمييز بين الأفراد في درجة شعورهم أو اتجاههم.

طرق قياس الاتجاهات :

توجد عدة طرق لقياس الاتجاهات ولكن قبل الحديث عنها لا بـد مـن القـول أنه عند قياس الاتجاه يجب ملاحظة الفرق مـا بـين الاتجـاه اللفظـي والسـلوك العملي ، فالاتجاه اللفظي هو الذي نستطيع معرفته وتحديده عن طريق مقاييس الاتجاهات ، أما السلوك العملي فهو ما يصدقه عمل الشخص الـذي يـراد معرفة اتجاهه ، ويرى البعض في هذا الجانب أن الاتجاهات اللفظية ربما تكون أقـرب إلى السلوك الظاهري منها إلى المشاعر الحقيقية [١]، أما أهـم طـرق قيـاس الاتجاهـات فهي التالية :-

١- طريقة بوجاردس :-

تسمى هذه الطريقة في قياس الاتجاهـات بطريقـة قيـاس البعـد الاجتماعـي وهي تستخدم في قياس الاتجاهات الفردية نحو الجماعات والقوميـات والأجنـاس أي درجة تقبله لها أو نفوره منها حيث يعبر الفرد عـن اتجاهـه نحو الجماعـات القومية المختلفة مثل اليهود أو الزنوج أو الهنود أو الأتراك ، وقد وضع بوجـادرس هذا المقياس كالآتي :-

استبعدهم عن وطني	أقـبلهم كزائرين لوطني	أقـبلهم كموظفين في بلدي	أزاملهم في العمل	أزاملهم في السكن	أصادقهم	أتـزوج منهم
٧	٦	٥	٤	٣	٢	١

---

١) حامد زهران، علم النفس الاجتماعي، القاهرة، عالم الكتب، ١٧٧ ، ص / ١٤٩ .

والمطلوب من الفرد في هذا المقياس هـو أن يضـع علامـة أمـام العبـارة التـي تمثـل اتجاهه وهذه الاتجاهات التي يحولها المقياس هي عبارة عـن مسـتويات متدرجـة أكبرها وأقربها الأولى وأقلها وأبعدها السابعة ، غـير أن هـذا المقيـاس رغـم سـهولة تطبيقه ألا أنه لا يقيس الاتجاهات المتطرفة ، وقد طبـق بوجـادرس هـذا المقيـاس سنة ١٩٢٦ على عينة من الأمريكيين قدرها حوالي ٢٠٠٠ فرد ليقيس اتجاههم نحـو ٢٩ جماعة قومية وعنصرية ، وأعاد تطبيقه سـنة ١٩٣٦ ليعـرف التغـير الـذي طـرأ على هذه الاتجاهات خلال عشر سنوات (١) .

٢- طريقة ليكرت :-

طريقة ليكرت تستخدم لقيـاس مختلـف الاتجاهـات وهـي تعتـبر مـن أسـهل طرق قياس الاتجاهات تطبيقاً ، وقـد اسـتخدمها ليكـرت لقيـاس الاتجاهـات نحـو المحافظة – التقدمية – المرآة ، ويحوي هذا المقياس على ٥ مستويات أولهـا درجـة في الموافقة وأخرها أعلى درجة في المعارضة وهو على النحو التالي (٢):-

أوافـق بقوة	أوافق	ليس لي رأي	لا أوفق	أعـارض بقوة

وتعطى درجات الإجابة حسب الترتيـب ١،٢،٣،٤،٥ في حالـة العبـارات الوجبـة أما عنـدما تكـون العبـارة سـالبة فـأن الإجابـات تعطـى درجـة عكسـية ٥،٤،٣،٢،١ وتجمع درجات الفرد في الاتجاه الواحد حيث تدل الدرجة التي يحصل عليها الفرد على اتجاهه ، فإذا كأن عدد الأسئلة (١٠) فأن أعلى درجة يمكن أن يحصـل عليهـا الفرد هي (٥٠) والتي تمثل الموافقة الكلية بدرجة كبيرة جداً ، واقل درجة يمكن أن يحصل عليها الفرد هي (١٠) وهي تمثل المعارضة الكاملة التامة ،

١)مصطفى سويف، مقدمة في علم النفس الاجتماعي ، القاهرة ، الأنجلو المصرية ، ١٩٨٨ ، ص / ٣٣٩ .

٢) د . أحمد محمد الطيب، المصدر السابق ، ص/ ٩٩ .

وتكون درجة الفرد محصورة ما بين ١٠ - ٥٠ والتي تمثل اتجاهه بين الموافقة والمعارضة' أما الخطوات التي تتبع في عمل مقياس من هذا النوع فهي كما يلي [١] :-

يجمع الباحث عدد كبيراً من الجمل التي تمس الاتجاه موضوع البحث .

تعطى هذه الجمل لعينة من الأفراد تمثل من سيعطي الاستفتاء لهم وعلى أفراد هذه العينة أن يضعوا علامة أمام الفئة التي تبين درجة موافقتهم أو عدم موافقتهم عليها ، وتحسب درجة كل فرد بجمع درجات استجاباته على كل الجمل على أن تكون أعلى الدرجات للاتجاهات الإيجابية وأقلها للاتجاهات السلبية أو العكس كما هو مبين أعلاه .

تحذف بعد ذلك الجمل التي يكون معامل الارتباط بين الدرجات عليها والدرجة الكلية معامل ارتباط منخفض.

٣- طريقة جثمان :

تسمى هذه الطريقة بالطريقة التحليلية للميزان أو طريقة الميزان البياني إذ تهدف أساساً إلى بيان ما إذا كأن الاتجاه أو السمة المراد قياسها من الممكن قياسها بميزان متدرج أم لا ، وقد وضع جثمان مقياسه هذا على غرار مقياس قوة الإبصار ، فالفقرة التي يوافق عليها الفرد تدل على أنه موافق على ما سيقيها من فقرات كمقياس قوة البصر ، فإذا أردنا مثلاً قياس اتجاه الأفراد نحو جريمة السرقة ، فيجب أن نتأكد أولاً أنه يوجد اتجاه نفسي يكون وحده يمكن قياسها نحو جريمة السرقة بين جماعة من الناس ؛ لأنه يخشى أن يكون مثل هذا الاتجاه في الواقع عبارة عن عدد من الاتجاهات المختلفة المتباينة ، وبذلك يكون من الصعب قياس مثل هذا الاتجاه بمقياس واحد فإذا ثبت أنه وحدة فأنه من الممكن عمل ميزان متدرج لقياسه .

١) د. سعد جلال ، المصدر السابق ، ص / ٧٧٣ .

وقد قاس جثمان اتجاه الأفراد نحو القسط الذي ينبغي أن يحصل عليه الفرد من الثقافة أي المستويات الآتية تعتبر كافية لتثقيف الفرد :-

أن يكون المستوى جامعياً .
أن يكون المستوى ثانوياً .
أن يكون المستوى إعدادياً.
أن يكون المستوى ابتدائياً .
أن يكون المستوى يقرأ ويكتب .

نعم					لا
نعم					لا
نعم					لا
نعم					لا
نعم					لا

إلا أن ما يؤخذ على مقياس جثمان هذا أنه محدود لأنه لا يقيس إلا الاتجاهات المتدرجة [١] .

٤- طريقة الانتخاب Voting :

تعتبر هذه الطريقة من الطرق السهلة في قياس الاتجاهات ، ويمكن من خلالها قياس الاتجاهات الجماعية نحو عدة موضوعات وهي تقوم على أساس إعداد استبيان يشمل مجموعة من الموضوعات على هيئة مواقف اجتماعية يطلب من الفرد اختيار أحب هذه المجموعات إلى نفسه أو أبغضها إليه وهكذا ، وبعد ذلك يبدأ الباحث بحساب عدد الأصوات أو الاختبارات أو الفرص التي حصل عليه كل موضوع من موضوعات الاستبيان ثم يحول عدد الاختبارات إلى نسب مئوية حتى يمكن المقارنة بين هذه الموضوعات [٢] .

مثال لهذه الطريقة :-

ضع علامة " صح " حول رقم أحب الموضوعات التالية إليك وضع علامة " خطأ " أمام أبغضها إليك :-

١- لعب كرة القدم .
٢- مطالعة الصحف .
٣- زيارة المتاحف .

---

١) د . أحمد محمد الطيب ، المصدر السابق ، ص / ١٠٠ .

٢) غانم سعيد العبيدي وحنان عيسى الجيوري ، المصدر السابق ، ص / ٣٠٠ - ٣٠١ .

٤- السباحة في البحر .
٥- عزف الموسيقى .
٦- زراعة الورد .
٧- لعب الشطرنج .
٨- الذهاب إلى السينما .
٩- تصليح الآلات و المكائن .
١٠- الاشتغال في النجارة .
١١- مشاهدة التلفزيون .
١٢- ركوب الخيل .

٥- مقاييس ريمرز للاتجاهات :-

تهدف هذه المقاييس إلى قياس الاتجاهات نحو بعض الأمور العامة في المدرسة مثل مادة دراسية أو مهنة أو مدرسة أو لعبة أو منهج دراسي ....الخ حيث يطلب من التلميذ أن يعبر عن موافقته ببعض عبارات أو جمل ، والتقدير الكلي الذي نحصل عليه مبني على أساس مجموع الأهميات أو التقديرات المتخصصة لكل بند من البنود التي أشار إليها التلميذ [١] ، وفيما يلي نعرض جزءاً من هذا المقياس وهو مقياس " الاتجاهات نحو أي مدرس " .أسم المدرس المراد تقديره .

توجيهات : -

إليك مجموعة من العبارات عن المدرسين ضع علامة "صح" أمام كل عبارة توافق عليها بالنسبة للمدرس الذي ورد اسمه بأعلى الصفحة ، علم فقط على العبارات التي تعتقد أنها صحيحة بالنسبة للمدرس وأن درجتك في هذا الاختبار سوف لن تؤثر بأي شكل من الأشكال في تقديرك لأي مادة من موادك الدراسية .

١- متكامل من جميع الجوانب .
٢- يجعل المادة العملية مشوقة .

١) غانم سعيد العبيدي وحنان عيسى الجبوري، المصدر السابق ، ص / ٢٩٤ - ٢٩٦ .

٣- يصحح أوراق الإجابة بنزاهة .

٤- يساعد على تكوين المثل العليا .

٥- مؤدب جداً .

٦- مبتسم باستمرار .

٧- واحد من أحسن الموطنين في المجتمع .

٨- ذكي .

٩- يستطيع التحدث في موضوعات كثيرة .

١٠- حسن المظهر .

١١- مغرم بالنشاط المدرسي .

١٢- يؤثر في التلاميذ باحترامه .

١٣- طبيعي وغير متصنع .

١٤- نشيط .

١٥- يتعرف بخطئه لو اقتنع .

١٦- يلقى تأييداً أدبياً من المجتمع .

١٧- أنسأن تقدمي .

١٨- يهدف إلى الحكمة من وراء كل أوامره أو طلباته .

٦- طريقة استعمال الورقة والقلم في تقويم الاتجاهات :

تعتبر هذه الطريقة من أكثر الطرق انتشاراً اليوم في المدارس على اختلاف
مراحلها الدراسية للكشف عن اتجاهات التلاميذ وهي تقوم على أساس موافقة
التلميذ أو عدم موافقته على مجموعة من العبارات تتعلق بموضوعات مدرسية
مختلفة ، ويمكننا الحصول على تقدير كمي للاتجاهات عن طريق تحديد عدد
العبارات الموجبة التي قبلها التلميذ وعدد العبارات السالبة التي رفضها [١] .

بالإضافة على هذه الطريق التي ذكرناها توجد طرق أخرى عديدة لقياس
الاتجاهات مثل اختبارات المعتقدات في المسائل الاجتماعية ،

---

١) سعيد العبيدي وحنان عيسى الجيوري ، المصدر السابق ، ص ٢٩٨

وطريقــة الملاحظــة ، والاختبــارات التحريريــة ، وطريقــة المقارنــة المزدوجــة ، وطريقــة التصنيــف ، وقائمــة الصفــات للأستاذ، وطريقــة الـدراما الاجتماعيــة (السيسودراما) وغيرها.

٤- قياس القيم :

تحظى القيم في الوقت الحاضر باهتمام كبير مـن قبـل كـل البحـوث النفسية وذلك لارتباطها بعدة نواحٍ نظرية وتطبيقية في ميدان علم النفس التربـوي ، وعلـم النفس الاجتماعي وعلم النفس الإكلينيكي .

والقيم " هي أحكام مكتسبة من الظروف الاجتماعية يتشربها الفرد ويحكم بها وتحـدد مجـالات تفكيره وسـلوكه وتـؤثر في تعلمه وتخلـف القيـم بـاختلاف المجتمعـات والقيمة قـد تكون إيجابيـة أو سـلبية " (١) أو هـي " عبـارة عـن تنظيمات معقدة لأحكام عقلية انفعالية معممة نحو الأشخاص أو الأشياء أو المعاني سواء كأن التفضيل الناشئ عن هذه التقديرات المتفاوتة صريحاً أو ضمنياً ، وأنه من الممكن أن نتصور هذه التقديرات على أسـاس أنها امتداد يبدأ بالتقبل ويمر بالتوقف وينتهي بالرفض "(٢) .

وعلى ذلك فأن القيم ما هي إلا عبارة عـن أحكام يصدرها الفرد على العالم الإنساني والاجتماعي والمـادي الـذي يحيط به ، وهـي في حقيقتها مجموعـة مـن الاتجاهـات العقليـة نشـأت عـن مواقـف اجتماعيـة تميـزت في حـدة الاختبار أو المفاضلة بحيث يستخدمها الفرد في إصدار أحكامه عند ما يمارس التفاعل المسـتمر مع عناصر بيئته الخارجية .

طرق قياس القيم :-

يمكننا قياس القيم الاجتماعية عن طريق مجموعة من الوسائل ، من أهمها ما يلي :-

---

١) د. عبد الهادي الجوهري، قاموس علم الاجتماع ، الإسكندرية ، المكتب الجامعي الحديث ، ١٩٩٨ ، ص / ١٩٣ .

٢) غانم سعيد العبيدي وحنان عيسى الجيوري ، المصدر السابق ، ص / ٣٠٧ .

١- عن طريق الملاحظة العلمية الدقيقة لسلوك الفرد في المواقف الحقيقة التي يمر في حياته اليومية ثم تسجيل وتحليل ما تم ملاحظته واستنتاج القيم التي واجهت الفرد في هذه المواقف .

٢- عن طريق تسجيل الحوار أو التفاعل اللفظي الذي يحدث بين فرد وآخر وذلك في مواضيع اجتماعية مختلفة ، ثم تحليل محتوى هذا التسجيل لمعرفة القيم التي تكمن وراء أراء وأحاديث الفرد .

٣- عن طريق إجابة الفرد على اختبار أو استفتاء مباشر لتحديد نوع القيم التي يستخدمها في حكمه على الأشياء أو في سلوكه العام .

ثانياً : القياس الاجتماعي :-

· **مفهوم القياس الاجتماعي :-**

يعتبر علم القياس الاجتماعي هو المدخل العلمي لقياس العلاقات الإنسانية والاتجاهات نحو الظواهر والآراء والأحداث وتقديمها في صياغات كمية محددة بل أن بعض العلماء بوسع استخدامات القياس للوقوف على كافة أنواع العلاقات المتداخلة بين الإنسان والشبكة الاجتماعية التي يرتبط بموجبها بالمؤسسات والتنظيمات النائية .

ويرجع الفضل في ظهور مصطلح القياس الاجتماعي إلى العالم **جاكوب مورينو*** الذي وضع أول مقياس للعلاقات الاجتماعية (السوسيوجرام) الذي استخدمه كطريقة للتعرف على درجة الانجذاب أو التنافر يظهرها الأفراد اتجاه بعضهم البعض ، ثم تبعه في هذا المجال كل من هيلين جننجز وليندس وبورجانا . والقياس الاجتماعي هو مصطلح شديد الغموض ثم وضعه على غرار مصطلحي (القياس الحيوي) و (القياس الاقتصادي) على الرغم من

---

* لقد ولد مورينو في رومانيا ، ثم بدأ حياته المهنية في النمسا ن حيث نشر بالألمانية مؤلفة " دعوة إلى الاجتماع " عام ١٩١٤ . وقد شارك بعد ذلك في إعادة تنظيم مجتمع محلي قريب في فيينا . وفي سنة ١٩٢٥ هاجر مورينو إلى الولايات المتحدة حيث أجرى بحوثاً سوسيومترية عديدة في المدارس العامة والإصلاحية يتم نشر بعد ذلك مؤلفة الشهير " عن سيكتب البقاء ؟ " في سنة ١٩٣٤ وفي سنة ١٩٤٢ أسس مورينو وزملاءه معهد القياس الاجتماعي في نيويورك

أن مضمون مصطلح القياس الاجتماعي يختلف عنهما تمام الاختلاف ، ويهدف القياس الاجتماعي كما يذهب مورينو إلى تقديم معنى دقيق وديناميٍ لقوانين التطور الاجتماعي والعلاقات الاجتماعية ، فهو يتناول البناء الداخلي للجماعات الاجتماعية ، كما يدرس الأشكال المعقدة التي تنشأ عن قوى الجذب والنفور بين أعضاء الجماعات ويدرس الجماعة الإنسانية ككل بحيث ينظر إلى كل جزء منها في ضوء علاقته بالكل في الوقت الذي ينظر فيه إلى الكل في ضوء علاقته بكل جزء ويهتم أيضاً بدراسة العلاقات التي تنشأ بين الأفراد(١) .

أهمية القياس الاجتماعي في التربية والتعليم :-

لقد تزايد اليوم استخدام الاختبارات السوسيومترية في المجتمع المدرس باعتبار أن هذه الظاهرة تعد من الظواهر الملازمة للتربية الحديثة وعلى أساس الفلسفة التربوية المعاصرة التي تقوم على ضرورة توفر الجو المدرسي والمناخ الدراسي الملائم لتحقيق التكيف الاجتماعي للتلاميذ الأمر الذي يحتم على المربين أن يكونوا على وعي بأسس التوافق والنحو الاجتماعي . ويستطيع المعلم من خلال الاختبار السوسيومتري أن يحلل طبيعة العلاقات الاجتماعية الموجودة بين تلاميذ الفصل الدراسي. كما يستطيع الأخصائي تنظيم الجماعات الدراسية التي لها أثر فعال على علاقات التلاميذ الاجتماعية ، كما يمكنه بفضل الدراسة السوسيومترية تقييم مدى اندماج التلاميذ في النشاطات المدرسية المختلفة وأخيراً يمكننا عن طريق الاختبارات السوسيومترية الكشف عن مشاعر التقارب أو التباعد بين تلاميذ الفصل الدراسي الواحد حتى يمكن الاستفادة منها في التعرف على تكوين جماعات اللعب والنشاط المدرسي بل وفي اختبار مقاعد الجلوس والتجاور بين التلاميذ داخل الفصل الدراسي وفي ضوء نتيجة الاختبار يمكن إعادة تنظيم أماكن جلوس التلاميذ مما يساهم في حُسن

---

١) د . محمود عوده ، نظرية علم الاجتماع ، الإسكندرية ، دار المعرفة الجامعية ، ١٩٩٩ ، ص / ٣٩١ - ٣٩٢ .

تكيفهم داخل الفصل الدراسي وبالتالي يترك أثره الإيجابي في تحصيلهم الدراسي .

أنواع المقاييس الاجتماعية :-

لقد شمل اهتمام الباحثين الاجتماعيين مظاهر الحياة الاجتماعية على اختلافها ، وأعدوا مقاييس عديدة لقياس الظواهر الاجتماعية والمفاهيم النفسية ذات المضمون الاجتماعي كالذكاء الاجتماعي والصفات النفسية التي تتعلق بالحياة الاجتماعية وتفاعل الفرد مع الآخرين ، ومن أهم هذه المقاييس ما يلي :-

مقياس العلاقات الاجتماعية (السوسيو جرام) .

يستخدم مقياس العلاقات الاجتماعية (السوسيوجرام) في التعرف على مقدار المفضلة ومقدار الموافقة أو القبول بين أفراد الجماعة الواحدة وفي تحديد القيادات وأنماط التجاذب والتباعد وذلك بتحديد مستوى علاقتهم ببعض أو بمستوى الرغبة في التفاعل أو العمل مع بعضهم ، ويمكن تطبيق هذا المقياس في المجتمع المدرسي لتحديد مدى تكيف الطلاب في الحياة المدرسية والناهج المدرسية ، وهو مقياس سهل التطبيق والأعداد ويستطيع أن يقوم به المدرس أو الأخصائي الاجتماعي ، ويتم قياس العلاقات الاجتماعية بين التلاميذ وفق هذا المقياس كما يأتي :

قبل البدء بقياس العلاقات الاجتماعية بين الطلبة لابد أن يعرفوا بأن بينك وبينهم علاقة ودية طيبة لكي يثقوا بك (وعلى هذا الأساس لا يمكن دراسة الطلبة الجدد لأنهم مازالوا غير متعارفين على بعضهم) ، وإذا استطعنا أن نهيئ الجو السليم من خلال الرحلات واللقاءات يكون ذلك افضل .

وفي البداية لابد لنا أن نعرف أحداث الدراسة حتى يمكننا صياغة السؤال الملائم لذلك ، وإذا أردنا مثلاً دراسة العلاقة الاجتماعية داخل الصف فمن الواجب كتابة أسماء جميع الطلبة على السبورة لكي يتذكروا الغائبين ، ويجب عدم إطلاع الآخرين على استجابات الطلبة : مثال على ذلك :

السؤال : اذكري ثلاث من الطالبات اللاتي تحبينهم ، أعطي للاختبار الأول الأكثر حياً والثاني ثم الثالث .

بعد ذلك تجمع الوراق من الطالبات وتفرغ في جدول تكراري على النحو الآتي:-

مختار يختار	فاطمة	سعاد	سمر	أسماء
فاطمة		٢	٣	١
سعاد			٣	١
سمر	١	٣		٢
أسماء	٢	١	٣	
الاختيار الأول	١	١	-	
الاختيار الثاني	٢	١	-	٢
الاختبار الثالث	-	١	٣	١

يضرب قيمة الاختبار الأول × ٣

الاختبار الثاني × ٢

الاختبار الثالث × ٣

فتكون النتيجة كالآتي :-

فاطمة = ١ خ ٣ + ٢ × ٢ = ٧

سعاد = ١ × ٣ + ١ × ٢ + ١ × ١ = ٦

سمر = ٣ × ١ = ٣

أسماء = ٢ × ٣ + ١ × ٢ = ٨

إذاً أسماء هي النجمة في الصف

سمر هي المنبوذة في الصف

وكلما كبر العدد تتضح العلاقة بشكل أكثر .

أما إذا أردنا قياس الرغبة في التفاعل الاجتماعي لتحديد مدى قبول بعض الأفراد أو عدم قبولهم من قبل الأفراد الآخرين فيمكننا ذلك من خلال ما يأتي :-

السؤال :- في المقياس التالي نجد بعض مظاهر السلوك الاجتماعي ، أكتب اسم الشخص الذي نرغب أن تشاركه في النشاط على أن يكون الشخص من ضمن مجموعتك .

النشـــــــاط والسلوك	الاسم
ادرس معه	....
ألعب معه	....
أعمل معه	....
أسافر معه	....
أجلس معه	....
أتحدث معه	....
يكون قائد مجموعتي	....

ولتقدير درجة قبول الجماعة للفرد يتم حساب عدد المرات التي ذكر فيها كل أكثر من غيره هو شخص مرغوب فيه أما الشخص الذي لا يذكره أحد أو يذكره عدد قليل فهو شخص غير مرغوب فيه في التفاعل الاجتماعي .

٢- مقياس التكيف الاجتماعي :

يتمثل التكيف الاجتماعي في رضا الفرد عن تفاعله وعلاقته بالآخرين كما يتمثل في قبوله لقيم المجتمع وعاداته وتقاليده . ويمكن أعداد مقاييس لمعرفة درجة التكيف الاجتماعي العام للفرد الذي يقاس بتكيف الفرد في المحيط الاجتماعي الذي يعيش فيه أي مع أفراد الأسرة ومع الزملاء والجيران ومع الرؤساء وبقبول الفرد للعادات

والتقاليد والقيم السائدة في المجتمع كما يمكن إعداد مقاييس خاصة لقياس درجة تكيف الفرد في كل ناحية من هذه النواحي .

مثال : لكيفية قياس تكيف الفرد في عمله :-

أنا سعيد في عملي	نعم ☐	لا ☐
علاقتي بزملائي جيدة	نعم ☐	لا ☐
علاقتي بمديري غير جيدة	نعم ☐	لا ☐
لا أرغب الاستمرار في عملي	نعم ☐	لا ☐

فإذا أجاب الفرد بنعم على الفقرتين الأولى والثانية وأجاب بلا على الفقرتين الثالثة والرابعة فغن ذلك يدل على أن الفرد متكيفاً في عمله سعيداً فيه ، أما إذا أجاب بلا على الفقرتين الأولى والثانية وبنعم على الفقرتين الثالثة والرابعة فأن ذلك يدل على أن الفرد متكيفاً في عمله سعيداً فيه ، أما إذا أجاب بلا على الفقرتين الأولى والثانية وبنعم على الفقرتين الثالثة والرابعة دل ذلك على عدم تكيفه في عمله .

٣- مقياس الذكاء الاجتماعي :-

ستخدم مقياس الذكاء الاجتماعي في قياس قدرة الفرد على التصرف المناسب في المواقف الاجتماعية المختلفة، فالفرد الذي يتمتع بذكاء اجتماعي عالٍ يعرف كيف يتصرف في المواقف المحرجة التي يمكن أن يتعرض لها من قبل الآخرين فلا يقوم بتصرفات يمكن أن تحرجه أو تحج الآخرين أو تسئ إليهم . ولقياس الذكاء الاجتماعي

يطلب من الفرد موضع الاختبار اختيار التصرف الصحيح في عدد من المواقف الاجتماعية الافتراضية [1] .

مثال على ما تقدم :-

إذا طلب منك صديق مرافقته إلى دار السينما لمشاهدة فلم ما ، وأنت لا ترغب في الذهاب ، فأفضل تصرف في هذه الحالة هو:-

أ – تحاول إقناعه بالذهاب إلى مكان آخر .

ب- تذهب معه دون رغبتك .

جـ - تعتذر له قائلاً له أن لديك عمل .

د- تخبره صراحة بعدم رغبتك في الذهاب .

٤- مقاييس الاتجاهات الاجتماعية :-

يتخذ الأفراد مواقف إيجابية أو سلبية نحو القضايا الاجتماعية مثل عمل المرآة أو تعليمها أو توليها المناصب القيادية ، كما يتخذون مواقف سلبية أو إيجابية نحو الاقليات العرقية أو الدينية أو الأجانب ، ولما كأن للاتجاهات تأثير بالغ على سلوك الأفراد ، فأن الباحثين الاجتماعيين قد اهتموا بدراساتها وقياسها .

وتتكون مقاييس الاتجاه من مجموعة من العبارات التي يطلب من الفرد موضع الاختبار قرأتها والإجابة عليها بالموافقة أو عدم الموافقة أو بيان مدى موافقته أو معارضته لكل عبارة ، والمثال التالي يمكن أن يوضح لنا كيفية حصول ذلك :-

مثال :- فيما يلي مجموعة من العبارات تتعلق بعمل المرآة بين رأيك نحوها بوضع علامة "صح" أمام نعم أو لا.

---

1) د . الصغير عبد القادر ود. جمعة حسين، أسس البحث العلمي ، طرابلس ، مطابع الثورة العربية ، ٢٠٠٣ ، ص ١٤٤ .

عمـــل المـــرآة يضرـــ بمصالح أبنائها	نعم ☐	لا ☐
عمـــل المـــرآة ضروري لتطوير المجتمع	نعم ☐	لا ☐
الرجل يحتاج إلى عمل المرآة لمساعدته	نعم ☐	لا ☐
تســـتطيع المـــرآة أن توفـــق بـــين عملهـــا وبيتها	نعم ☐	لا ☐

ومن خلال إجابة الفـرد على العبارات أعلاه يمكن أن نقدر درجة اتجاهه نحـو عمل المـــرآة ، فـإذا أجاب بـــ (نعـم) عـلى العبـارة الأولى وأجلـب ب، (لا) عـلى باقي العبارات فأن ذلك يدل على اتجاه سالب نحو عمل المرآة ، أما إذا اختار (لا) في العبارة الأولى و (نعم) في باقي العبارات فأن ذلك يدل على اتجـاه إيجـابي نحـو عمل المرآة .

وإذا أردنا أن نعطي الفرد فرصة لبيان مدى موافقته أو معارضـته عـلى عمـل المرآة فأننا نقوم بوضع مقياس أمام العبارات بـدلاً مـن (نعـم) و (لا) ، وكـما هـو موضح في الشكل التالي :-

العبارات	المقيـــــاس				
	أوافق بشدة	أوافق	لا أدري	لا أوافق	لا أوافق أعارض بشدة
عمل المرآة يضر بمصالح أبنائها	٢-	١-	٠	١	٢
عمل المرآة ضروري لتطور المجتمع	٢	١	٠	١-	٢-
الرجل يحتاج إلى عمل المرآة لمساعدته	٢	١	٠	١-	٢-
تستطيع المرآة أن توفق في عملها وبيتها	٢	١	٠	١-	٢-

وأيضاً من خلال الإجابة على العبارات أعلاه يمكننا أن نقدر درجة اتجـاه الفـرد نحو عمل المرآة . فإذا أجاب الفرد ب (لا أدري) فهدا يعني أنه لم يكون اتجاه نحو القضية فيعطي درجة الصفر على كل إجابات ولا ادري . ويعطي(١) إذا وافق على عبارة تدل على اتجاه إيجابي و(١-) إذا وافق على عبـارة تـدل عـلى اتجـاه سـلبي. ويعطي (٢) إذا وافق على بشدة على عبارة تدل على اتجاه إيجابي و(٢-) إذا وافق على عبارة تدل على اتجاه سلبي.[(١)]

١)د . الصغير عبد القادر ود. جمعة حسين ،المصدر السابق , ص١٤٥-١٤٦

الفصل الثامن
بعض التطورات الحديثة في مجال القياس والتقويم التربوي.

أولاً : تقويم الأهداف التعليمية.

ثانياً : التقويم البنائي.

ثالثاً : التقويم التشخيصي.

رابعاً : الاختبارات المعيارية.

خامساً : تقويم المعلم.

سادساً : متطلبات ممارسة عملية القياس والتقويم التربوي.

الفصل الثامن
بعض التطورات الحديثة في مجال القياس والتقويم التربوي.

بما أن التقويم التربوي يعتبر من أهم الأركان الأساسية في العملية التربوية، وهو حجز الزوايا لإجراء أي تطوير أو تحديد تربوي يهدف إلى تحسين عملية والتعلم في أي مجتمع ، كما وينظر إليه من قبل جميع متخذي القرارات التربوية على أنه الدافع الأساسي الـذي يقود العاملين في المؤسسات على اختلاف مواقعهم في السلم الإداري على العمل المستمر لتحسين أدائهم وممارساتهم وبالتالي مخرجاتهم.

وبما أن العالم يشهد اليوم مجموعـة مـن التغـيرات والتطورات الاجتماعيـة والاقتصادية والعلمية والتكنولوجية المتسارعة لـذا فـأن هـذا الأمر يفرض عـلى التقـويم التربوي ضرورة تحديث أدواته وممارساته من أجل مواكبة هذه التغيرات والتطورات بما يعـود بالمنفعـة عـلى العملية التربوية والتعليمية وبالتالي على الأفراد والمجتمع ككل.

وعليه فقد شهد مجال القيـاس والتقويم التربوي في السـنوات الأخيرة بعض التطورات تركز معظمها في الموضوعات التالية:-

أولاً : تقويم الأهداف التعليمية .

ثانياً : التقويم البنائي .

ثالثاً : التقويم التشخيصي .

رابعاً : الاختبارات المعيارية.

خامساً : تقويم المعلم .

سادساً : متطلبات ممارسة عملية القياس والتقويم التربوي.

أولا: تقويم الأهداف التعليمية :-

أن عبارة تقويم (الأهداف التعليمية) أصبحت اليوم مـن العبارات المألوفـة في مجال التربية غير أن تلك العبارة تعني شيئين، أحـدهما أخـذ نصيباً وافراً مـن المناقشة والدراسة وهو الخاص بالتحقق مـن مـدى ارتباط الأهـداف الموضوعة بالنتائج الفعلية للتعليم وهو ما سبق أن تحدثنا عنه في الفصل الأول مـن هـذا الكتاب أما المعنى الآخر وهو

الذي يمثل تطوراً جديداً يرتبط بجمع وتحليل المعلومات عن مدى القيمة التي تراها مجموعات مختلفة من الأفراد التربويين فقد كأن من الطبيعي في الماضي أن يقوم واضع المنهج أو معلم المادة بصياغة الأهداف المرغوبة رغم وجود بعض القيود المفروضة على عمله هذا والتي يمكن أن تتمثل أبرزها بوجود رقابة عن النظام التعليمي مما يضع صعوبات أمام عملية تنفيذ الأهداف التعليمية التي لا تتناسب بشكل أو بآخر مع حاجات المجتمع ومطالبه ، مضافاً إليها أن عملية اختبار ووضع الأهداف التعليمية ليست بالعملية السهلة مطلقاً لأنها لا تتم إلا بعد بذل مجهود ووفت طويلين.

لدا فقد أصبحت مهمة صياغة الأهداف المرغوبة من اختصاص للجأن يتم تشكيلها لهذا الفرض علي مستوى في الدولة أو القطر يتمثل عملها في اقتراح أو بيان إحدى المظاهر المهمة في التقويم التربوي وهو الوصف المنظم للأهداف والحكم عليها بواسطة جماعات ملائمة وعديدة يكون لها معرفة والاطلاع بالعمل التربوي.

والطرق التي يتم بواسطتها جمع البيانات وتحميلها لتحديد أهمية القيمة التي يراها الأفراد للأهداف المختلفة ليست بجديدة، لكنها لم تستخدم كجزء من تقويم المنهج .أما اليوم فقد أصبح من الضروري لنا عند بيان أهمية منهج ما أو مقرر ما أو وحدة تعليمية أن نعرف مدى اتفاق خبراء المادة والمدرسين والتلاميذ على فئة معينة من الأهداف فإذا أختلف التلاميذ عن المدرسين ففي القيمة التي يحكمون بها على تلك الأهداف فينبغي إعادة النضر فيها وفي المنهج كله . كما أنه من الأهمية معرفة وجهات نظر قطاعات من الرأي العام في الأهداف التعليمية الموضوعة.

وضمن هذا الإطار فقد وضع العالم **تايلور** وزميله **ماجواير** نموذجا نظرياً للتقويم يتضمن جزء هاماً منه ترتيب الأهداف من حيث قيمتها . كما قام تايلور بدراسة أخرى عن مقدرة جماعات معينة في الحكم على أهمية أهداف منهج علوم الأحياء في دراسة الثانوية في ضوء تطور مناهج العلوم البايلوجية. ثم أعقبه ماجوير بدراسة مشكلة تحديد قيمة حكم المدرسين على الأهداف التربوية حيث يقول في هذا الصدد:

" لقد ذكرنا من قبل أن تقويم الأهداف على كل المستويات المجردة لا يقل أهمية عن تقويم تحصيل الطلاب والطريقة المثمرة في تقويم الأهداف ،بأن نضعهم في أطر مرجعية تسهل الحكم القيمي عليهم ثم اقتراح مجموعات من المتخصصين في أماكنهم للحكم على تلك الأهداف . وهكذا وتبعاً لذلك الاقتراح إذا أردنا تحديد أهمية بعض الأهداف على ضوء المصلحة العامة علينا أن نضعها أمام الفلاسفة الاجتماعيين للحكم عليه ، أمام إذا أردنا تقويم مجموعة متتابعة من الهداف في ضوء ملاءمتها لمجموعة من الطلاب في عمر زمني واحد يصبح خبراء علم النفس أقدر للحكم في هذا الشأن ".

وقد استخدم **تايلور** هذا الأسلوب في جزء من دراسة كبيرة حيث طلب من مجموعات من العلماء البيولوجيين ومؤلفي المناهج والمدرسين الحكم على العديد من لأهداف مقرر علم الأحياء في الدراسة الثانوية على ضوء أهميتها في تطوير منهج العلوم البايلوجية ، وتشير نتائج هذا الجزء من دراسة تايلور إلى إمكانية تقويم هدف معين في إطار حكم قيمي محدد إذا ما وجد الباحث الأسئلة المناسبة للمجموعات المناسبة.

وقد وضع نموذج **تايلور - ماجواير** أنه بالإمكان التعبير عن الهداف على أكثر من مستوى واحد من التجريد . كما اقترحا أن الأهداف العامة جداً لابد أن تصبح في نطاق الأفراد المهتمين بالعلاقة بين التربية وبين الاتجاهات العامة في المجتمع . أما الأهداف الخاصة فيمكن لخبراء التربية وخبراء المواد التعليمية الحكم عليها وتقويمها.

وتوفر دراسة ماجواير طريقة مفيدة في تحديد القيمة التي تحكم بها قطاعات مختلفة من المجتمع على الأهداف. وملخص هذه الطريقة هو ما يلي:-

طلب **ماجواير** في دراسته على عينتين من مدرسي الثانوي للحكم على فئتين من الأهداف التعليمية ، تتألف كل فئة من خمسة عشر هدفاً وتطلب ذلك الحكم على كل هدف مستخدماً مقياس ذو سبع نقاط ، كل نقطة عبارة عن صفة تتسم بها القيمة التي يمكن بها وصف تلك

الأهداف التعليمية. فقد طلب من كل فرد من أفراد العينتين إصدار أربعة أحكام افتراضية على كل هدف وتتعلق تلك الأحكام بـ :-

- تقدير الوقت اللازم لتحقيق الهدف .
- مدى التزام المدرسة بتحقيق الهدف .
- تقدير إلى أي مدى يمكن أن يلتزم كل فرد من أفراد العينتين بتحقيق الهدف.
- ترتيب الأهداف تبعاً لأهميتها .

وعند تحليل المكونات الأساسية في استجابات كل عينة تبعاً للترابط الداخلي بين المقاييس، فقد تم استخلاص ست قيم منها لكل عينة ، وجد من بينها أربعة قيم مستقرة بين الفئات المختلفة للمدرسين وللأهداف، وقد أطلق على هذه القيم الأربعة ما يلي:-

- قيمة المادة التعليمية.
- الصفات المرتبطة بالدافعية.
- سهولة التنفيذ.
- خواص الصياغة.

وقد تم إعطاء درجات لكل مدرس عن مدى حكمه على كل هدف ثم وضع نموذج خطي لسلوك اتخاذ القرار يربط الدرجات المعطاة للنواحي القيمية للمهام الأربعة لاتخاذ القرار. وقد وجد أنه يمكن وصف القرارات بدقة بواسطة التجمع الطولي أو الخطي للدرجات المعطاة للنواحي القيمية، وتم حساب معامل الصدق لكل فرد فيما يتعلق بكل قيمة وكل قرار، وقد نتج عن ذلك تأليفه تشمل معاملات الصدق لكل مدرس وكل قرار ووجد أن عضوية الجماعة متسقة تماماً مع المهام الأربعة لاتخاذ القرار.

وخلاصة القول أنه يوجد طريقتان على الأقل للنظر إلى تقويم الأهداف التعليمية ، تتعلق الأولى منها بربط أداء التلاميذ بالأهداف المرغوب فيها ، بينما تتعلق الأخرى بالحصول على بيانات وصفية تتعلق بالقيمة التي تحكم بها جماعات معينة بالتربية على الأهداف ، ونحن نرى أن المعنى الثاني له أهمية كبرى خاصة في الوقت الحاضر الذي تكثر فيه برامج الإصلاح التعليمية الاجتماعية مثل:

مشـاريع (Follow Thorugh, Head start and triplet) مـما يسـتدعي موضـوعية تقويم الهداف التعليمية (١) .

ثانياً : التقويم البنائي " التكويني " :-

مفهومه :

ذكرنا فيما تقدم أن من أهـم أساليب تقـويم الطالـب هـما أسـلوب التقـويم الختامي (التجميعي) وأسلوب التقـويم البنـائي (التكـويني) والتقـويم الختـامي (التجميعي) هو الذي يتم عادة بعد الانتهاء من عملية التعلم والتعلم أي في نهاية كل وحد دراسية أو فصل دراسي أو سنة دراسية أو برنـامج دراسي معـين ، ويجـرى هذا النوع من التقويم بهدف إعطاء درجات أو إصدار أحكام تقييميـة عـلى مـدى تحصيل الطالب، كما يمكـن الاسـتفادة منـه في تقيـيم مـدى كفـاءة المعلـم في أداء واجبه ومدى ملائمـة المنـاهج الدراسـية لحاجـات ومتطلبـات الدارسـين ، والحكـم كذلك على مدى فاعلية العملية التعليمية ككل.

أمـا التقـويم البنـائي (التكـويني) فأنـه يـتم أجـراءه أثنـاء العمليـة التعليميـة ويستمر معها وهو يعد شرطاً ضرورياً لازماً لها وجزء لا يتجزأ منها ، وهو لا يهدف إلى إصدار حكم نهائي على الطالب (أو إعطاءه رتبة أو درجـة معينـة) ولا عـلى أي عنصر من عناصر العملية التربوية ، بل هدفه الأساسي هو تحسـين عمليـة التعلـيم والتعلم وزيادة فاعليتها من خلال تحديده لمواطن القـوة ومـواطن الضـعف فيهـا بحيث يتم التأكيد على مواطن القوة ومحاولة معالجة مواطن الضعف، أي بمعنـى أخر أن التقويم البنائي يستخدم بواصفه الوسـيلة الأساسـية لجعـل عمليـة التعلـيم والتعلم أكثر كفاءة وفاعلية قبل حدوث التقييم النهائي أو الختامي أي قبـل فـوات الأوان .

أهميته :-

تظهر أهمية التقويم البنائي بصورة خاصـة في عمليـة بنـاء المنـاهج الدراسـية، وذلك بإمداد القائمين عليها بمعلومات وبيانات عن نتائج

---

١) جورج ف . مادوس " وآخرون"، تقييم تتعلم الطالب التجميعي والتكويني ، الرياض، دار ماكجروهيل للنشر ، ١٩٨٣ ، ص / ٣٩٤ - ٣٩٧ .

تجريبها وتطبيقها وكل ما يتعلق بسير تنفيذها ومدى فاعليتها وملاءمتها للدارسين ، بما يمكنهم من إجراء التعديلات أو التغييرات اللامة على هذه المناهج ، أي بمعنى أخر يبين لمخططي وواضعي المناهج جوانب الإيجاب والقصور الموجودة في المناهج بعد متابعة تطبيقها على أرض الواقع.

أما أهمية التقويم البنائي للطالب فأنها تظهر من خلال تدخله المباشر في عملية تعلم الطالب وتقديمه كل ما يلزم لتصحيح مساره قبل أن يقطع شوطاً بعيداً في اتجاه معين ويشجعه على الاستناد على خطواته السابقة مادامت سليمة.

ويتم ذلك من خلال متابعة التقويم البنائي عملية تعليم الطالب التي تتكون من مجموعة من المهارات المتسلسلة والمتدرجة في صعوبتها، أي اعتماد تعلم أي مهمة حالية على أداء المهمة السابقة لها بنجاح كما يعتمد تعلم المهمة اللاحقة أو التالية على تعلم المهمة الحالية بالإضافة إلى المهمة أو المهمات السابقة وهكذا . أي وجود نوع من الترابط الاعتمادي فيما بين مهمات عملية التعليم، فإذا لم يأخذ التقويم دوره ويتم إجراء التصحيحات اللازمة على أي خلل مهما كأن صغيراً يحدث خلال سير عملية التعليم وقبل الانتقال إلى الوحدة التعليمية التالية فأن الأخطاء سوف تتراكم ويتفاقم الضعف بصورة تدريجية حتى يصبح من الصعب معه الانتقال إلى الوحدات التعليمية اللاحقة ، بل وقد يصل المتعلم إلى مرحلة العجز والإحباط والشعور باليأس ، وهذا هو ما يفسر لنا كثير من حالات الفشل والرسوب الدراسي، وكذلك حالات التسرب والهروب من المدرسة بل وحتى الترك الهائي لعملية التعليم من قبل الطالب.

بالإضافة إلى ما سبق فأن هذا النوع من التقويم ينسجم مع الأهداف التربوية الحديثة ويلبي طموحاتها في تأمين فرص التعلم للجميع حيث يؤكد دعاته أن استخدامه على النحو الملائم يجعل الأكثرية الساحقة من الطلاب قادرين على تحقيق الهداف التعليمية المرسومة وتحقيق

نجاحات ملموسة في التعليم على عكس ما كأن عليه الحال في الماضي [1].

فوائده :-

للتقويم البنائي فوائد كبيرة وبالغة الأهمية بالنسبة لكل من الدارسين والمدرسين ويمكن بيان أهم فوائده فيما يلي [2]:-

أولاً : فوائد التقويم البنائي للدارسين:-

تتمثل أهم فوائد التقويم البنائي للدارسين فيما يلي : -

١- تنظيم عملية التعلم:-

للتقويم البنائي فائدة كبيرة في جال تنظيم عملية التعلم ، وذلك من خلال قيامه بتقسيم المادة الدراسية إلى وحدات تعليمية صغيرة متتابعة ومرتبة صعوداً أي بشكل هرمي تكون القمة هي أصعب هذه الوحدات وأعقدها، ويعتمد تعلم كل وحدة منه على تعلم الوحدات السابقة لها، كما هو الحال في مواد الرياضيات والعلوم ، بحيث يؤدي عدم تعلم واثقان التلميذ للوحدات الأولى إلى الفشل في تعلم واثقان الوحدات التي تليها بعد ذلك، كما له فائدة مع المواد التي تمتاز بالطول النسبي بحيث إذا لم يذاكر التلميذ كل يوم يصبح من الصعب عليه النجاح في النهاية .

٢- توفير تغذيه راجعة مستمرة للدارسين :-

بما أن التقويم البنائي يحدث أثناء العملية التعليمية ، لذا فهو يوفر تغذية راجعة مستمرة للدارسين وذلك بإمدادهم بمعلومات عن كيفية سير تعلمهم بصورة منتظمة وعند الانتهاء من كل وحدة دراسية صغيرة، وهذه المعلومات تمكن المتعلم الفرد من معرفة فيما إذا كأن قد وصل إلي مستوى التمكن أو الإتقان للوحدة التعليمية أم لا. وهذا الأمر له أهمية كبيرة لأنه يكون بمثابة تعزيز كبير للدارسين وبخاصة إذا كانت التغذية الراجعة إيجابية ومستمرة مع المتعلم.

٣- تشخيص الصعوبات الدراسية :-

---

١) د. امطانيوس ميخائيل ، المصدر السابق ، ص ٢١٩ – ٢٢٠ .

٢) المصدر نفسه ، ص ٢٢٣ – ٢٢٥ .

أن التقويم البنائي بتوفيره تغذية راجعة مستمرة للمتعلم يمكنه من معرفة إجاباته الصحيحة وإجاباته الخاطئة ،وهذا يفيده في تحديد الأسئلة التي أخفق فيها والتي يتحتم عليه مراجعتها ثانية أو يبذل فيها مزيداً من الجهد ليتمكن من تعلمها وإتقانها قبل أن يمضي صعوداً في الهرم التعليمي.

ثالثاً: فوائد التقويم البنائي للمدرسين:-

أما الفوائد التي يقدمها التقويم البنائي للمدرسين فأن أبرزها يتمثل بالآتي:-

١- ضبط جودة التعلم:-

يتم ضبط جودة من قبل المدرسين عن طريق إجراء مقارنو بين طلاب الفصل الحالي، وطلاب الفصول السابقة ومعرفة نسبة الطلاب الذين استطاعوا الوصول إلى مستوى التمكن في الاختبار البنائي من فصل لآخر ومن عام إلى آخر، وتفيد هذه المقارنة في معرفة الصعوبات النوعية التي قد تواجهها كل مجموعة جديدة من الطلاب واتخاذ ما يلزم من الإجراءات للتغلب عليها.

٢- توفير تغذية راجعة للمدرسين:-

التقويم البنائي يزود المدرسين بمعلومات هامة عن أدائهم التعليمي ودرجة فاعليته من خلال تعريفهم بأداء تلاميذهم كمجموعات أو كأفراد خلال سيرهم في العملية التعليمية.

ويمكن استخدام نتائج الاختبارات البنائية لتعديل وتغيير طريقة التدريس نفسها أو إجراء عليها بعض التعديلات أو التغييرات بما يؤدي إلى تحسين عملية تعليم التلاميذ، وعلى ذلك فأنه من المفيد المدرس أن يقوم بإحصاء عدد الإجابات الصحيحة والخاطئة على كل سؤال من أسئلة الاختبار فإذا لاحظ بأن هنالك سؤالاً لم يجيب عليه معظم الطلاب فهذا يعني أنه توجد صعوبات معينة إما في المادة التعليمية أو في الطريقة التعليمية، وتبعاً لذلك تتخذ الإجراءات اللازمة لمعالجة مثل هكذا صعوبات.

٣- التنبؤ بنتائج التقويم النهائي :-

أن التقويم البنائي بتوفيره معلومات عن كيفية سير العملية التعليمية يجعل كل من المدرسين والدارسين قادرين على التنبؤ بدرجة كبيرة من الصحة بالنتائج التي سوف تكون عليها الاختبارات النهائية، فقد أكدت الدراسات التي أجريت بهذا الشأن على وجود ترابط كبير بين نتائج التقويم البنائي ونتائج الاختبارات النهائية.

أن هذه الفوائد التي يقدمها التقويم البنائي لكل من الدارسين والمدرسين تظهر أفضلية هذا النوع من التقويم على غيره من الأنواع الأخرى والمكانة التي يحتلها في عملية التعليم والتعلم.

التعلم بالاستعانة بالحاسب الآلي والتقويم البنائي

لقد بدأ الاستخدام الفعلي للحاسب الآلي في التعليم كما هو معروف في بداية الستينيات من القرن الماضي، وبالتحديد في عام ١٩٥٩ عندما اقترح كل من راث واندرسون وبرنيد تطبيق استخدام الحاسب الآلي في تنفيذ المهمات التعليمية وقاموا بالفعل ببرمجة عدد من المواد التعليمية .

ثم أخذت بعد ذلك عدد من الجامعات الكبيرة في الولايات المتحدة الأمريكية وكليات الطب والصناعة والمؤسسات العسكرية البحث في إمكانية استخدام الحاسب الآلي في التعليم .

وفي عام ١٩٦٦ تم إنشاء أول معمل للتعليم بمساعدة الحاسب الآلي في ولاية بنسلفانيا، وبعدها بما يقارب خمس سنوات فقط كأن هناك ما يقارب من ٣٥ - ٤٠ منشأة في العالم يتم فيها التعليم باستخدام الحاسب الآلي وبما يقارب من مائة منهج مدة تقديم كل منهم فصل دراسي واحد يتم بالفعل تقديمها عن طريق الحاسب الآلي ، ولكن ما كأن يؤخذ على طبيعة هذه المناهج أنها لا تختلف كثيراً عن طبيعة كتاب مبرمج.

ثم بدأت نوعية البرامج بعد ذلك تتغير بشكل سريع حتى وصلت إلى مستويات متقدمة من حيث قدرتها على تحقيق الحاجات الفردية لكل تلميذ، والمقصود هنا بتحقيق الحاجات الفردية لكل تلميذ هو أنه يمكن للتلميذ أن يتلقى المعلومات في المنهج الذي يدرسه في الصورة المناسبة له من حيث المستوى، وفي حالة عدم قدرته على استيعاب ما

يقدم لـه فأنه وبناءً على عملية تقويم سريعة لما ينقصه مـن معلومات مـن خلال استجاباته لأسئلة تقدم لـه يعدل مسار عملية التعلم ويقدم لـه مـن المعلومات ما يحتاجه لعلاج جوانب الضعف لديه ثم يعاد تقديم المادة الأصلية لـه التي لم يستطع استيعابها في البداية بعد إتمام عملية العلاج وبالتالي فأن كل تلميذ في تعلمه بناء على سرعته وقدراته الخاصة.

وفي بداية استخدام الحاسب الآلي في المجال التعليمي كأن يتم إدخال المعلومات في صورة بطاقة مثقبة وتخرج النتائج في صورة مطبوعة ، ولكن استخدام الحاسب الآلي في التعليم يستلزم تفاعل المتعلم معه ، أي بمعنى آخر يقوم الحاسب الآلي بعرض المحتوى ويتلقى استجابة المتعلم عليه ويعطيه تغذية راجعة عن صحة الاستجابة من عدمها ثم بناءاً على ذلك يتم تغيير مسار الأحداث التعليمية وهو ما يحدث الآن بالفعل [1].

وتشير الدلائل الحالية على أن التعليم بمساعدة الحاسب الآلي لـه انتشار واسع في المدارس والجامعات في مختلف بلدان العالم فقد تطور التعليم بمساعدة الحاسب تطوراً هائلاً وخصوصاً في السنوات القلية الماضي في مجالات المواد المختلفة وللأعمار المختلفة وفي مدى صعوبة المهام التعليمية المستخدمة وفي مدى كفاءة الحاسب في الحكم على استجابات التلاميذ المختلفة أو استخدام وملائمة الأجهزة التي يستخدمها التلميذ في الحصول على المعلومات أو في الاستجابة ، بالإضافة إلى ذلك أصبح من الممكن بواسطة التكنولوجيا الجديدة الحد من ارتفاع تكلفة استخدام التلميذ للأجهزة في الساعة الواحدة وذلك بزيادة إعداد المحكات الفردية التي يمكن للحاسب أن يتحكم فيها ، يقابله زيادة في عدد الأفراد الذين يمكنهم تلقي مثل هذا التعلم ، وأخيراً فقد طرأ على اللغة المستخدمة في الحاسب تغيرات جذرية بحيث

1) د . نادية عبد العظيم محمد ، الاحتياجات الفردية للتلاميذ وإتقان التعلم ، الرياض ، دار المريخ ، ١٩٩١ ، ص / ٢١٠ - ٢١١ .

أصبحت سهلة لدرجة أصبحت معها برامج التدريب الخاصة بوضع برنامج جديد ليس ذات أهمية تذكر.

وبالرغم من وجود نظم عديدة للتعلم بمساعدة الحاسوب إلا أنه يمكننا وصف المكونات الرئيسية لأي برنامج تعليمي كما يلي:-

يتم في التعليم المبرمج تحليل الدرس إلى النقاط الأساسية فيه وقد يتم ذلك عن طريق الكلمات، والصور،أو الرسوم البيانية أو استخدام اثنين من تلك أو أكثر من تلك الطرق . وتكون استجابة الطالب تلك المواد المقدمة بالإجابة على أسئلة أو حل بعض المشكلات أو التعرف على بعض النقط على الرسم البياني أو أشياء في صور أو بإعطاء أمثلة أو يطلب معومات إضافية أو مراجعة ما سبق تعليمه ... الخ

ويقدم الحاسوب النقطة التالية من الدرس تبعاً لاستجابة الطالب فقد يحتاج الأمر أن يقدم الحاسوب للطالب معلومات إضافية أو أفكار قد سبق تقديمها أو مراجعة ما سبق أو أسئلة إضافية ." ويمكن أن تكون تلك العمليات جزءٌ لأي برنامج تعلم أما في حالة التعلم بمساعدة الحاسب الآلي تصبح العمليات محكومة بآلة الحاسوب نفسها وهنا يمكن التطبيق الخاص للتعلم بمساعدة الحاسوب في مجال التقويم البنائي ". كما يمكن استخدام نفس الحاسوب في جمع معلومات تتعلق بالتغيرات في استجابات المتعلمين مثل الآتي :-

- الإجابات المحددة للأسئلة .

- طلبات المتعلم المتعلقة بالمراجعة وبالمواد التي تم مراجعتها.

- الطلبات الخاصة بمعلومات وأمثلة إضافية.

- عدد المرات التي يراجع فيها المتعلم فقرة من الفقرات وعدد المرات التي يخطئ فيها الاستجابة بعد المراجعة .

هذا بالإضافة إلى ما تقدم يمكن للحاسوب تخزين أي استجابة يقوم بها الطالب في ذاكرته ، كما أنه في مقدوره تلخيص تلك المتغيرات لمجموعة من الطلاب ، وكمثال بسيط لما تقدم ، نفترض أن جزء من الدرس يتعلق بالمفهوم الخاص بالتلوث ومضاره على الصحة ، فبعد تقديم الأمثلة والتعريفات يطلب من المتعلم الإجابة على بعض الأسئلة

أو تطبيق هذا المفهوم على مشكلة معينـة ، وعـلى الـرغم مـن أن الطـلاب لا يتقـدمون بـنفس الدرجـة في قـراءة الكلـمات والبيانـات والصـور أو فـيما يتعلـق باستجاباتهم، ويمكن للحاسوب تسجيل كل المعلومات الخاصة بـالمتغيرات السـابقة لكل طالب على انفـراد ثـم بعـد ذلـك يمكـن للحاسـوب تلخـيص كـل الاسـتجابات الصحية والخاطئة كما يمكنه تقديم معلومات كافيـة إذا مـا قـام المـدرس بتقسـيم طلابه إلى مجموعات صغيرة - تبعـاً لمسـتوى المفـردات لـديهم أو تبعـاً لـدرجاتهم السابقة في مـادة العلـوم - ويمكـن للحاسـوب في هـذه الحالـة أن يقـوم بتلخـيص البيانات الخاصة بكل مجموعة فرعية على حدة، وبهذا يتكـون لـدينا وصـفياً لكـل خطوة يقوم بها الطالب بالإضافة إلى ملخص عن كل مجموعة فرعية صـغيرة وهنـا يمكننا أن نطلب من الحاسوب إيجـاد العلاقـة بـين كـل الخطـوات التـي قـام بهـا طالب ما في كل بند من البنود - مثلاً - هل طلب مراجعـة المعلومـات في السـؤال الأول أو السؤال الثاني؟ هذا بالإضافة إلى إمكانية الحاسـوب إعطـاء تلـك العلاقـات بـين المجموعـات الفرعيـة، ويمكـن إنجـاز تلـك البيانـات والتحلـيلات أثنـاء تعلـم الطالب فبالإضافة إلى السرعة الكبيرة في إنجاز تلك المهام ، يمكن للحاسـوب - عنـد الطلب - عرض النتائج في محطة منفصلة.

وتوجد اليوم بعض أنظمة التعليم بمساعدة الحاسوب يمكن للملف من خلالها تغيير محتوى الدرس - من أسـئلة ومـا إلى ذلـك .... عـن طريـق اسـتخدام إحـدى المحطات الخاصـة بـالطلاب التـي تكـون مـزودة بـأجهزة تحكـم خاصـة [١] ، هـذا الاستخدام الذي يوفره التعلم بمسـاعدة الحاسـوب والتقـويم الـذي يحـدث خلالـه أصبح اليوم إحدى التطورات المهمة الحادثة في مجال القياس والتقويم التربوي .

ثالثاً : التقويم التشخيصي :-

التربية التقليدية كانت تركز في عملية تقويم الطالب على التقـويم الختـامي (التجميعي) أي على التقويم الذي يجري في نهاية عملية

١) جورج ف. مادوس " وآخرون " ، المصدر السابق ، ص / ٣٩٨ - ٤٠٠ .

التعليم والتعلم فقط ويتم إعطاء الطالب بناء على ذلك درجة أو رتبة تمثل مقدار تحصيلية أو إنجازه في المادة موضع التقييم، أما الآن فأن هذا الوضع قد تغير كثيراً وذلك باتجاه التربية الحديثة نحو اعتماد أساليب جديدة للمساعدة في عملية تقويم الطالب ولتحسين عملية التعليم والتعلم في نفس الوقت ومنها أسلوب التقويم التشخيصي.

مفهوم التقويم التشخيصي:-

يقوم التقويم التشخيصي بوجه عام على تقصي نواحي الضعف وكذلك نواحي القوة في تعلم الطلاب، ومن ثم تقديمه المساعدة لكل طالب بناء على احتياجاته الفردية. وبعبارة أخرى فأن أسلوب التقويم التشخيصي هو أسلوب تعلم وتعليم يتم على فقرات منتظمة خلال عملية تطبيق البرنامج التعليمي، وذلك بتطبيق اختبارات تقيس مدى اكتساب الطالب لكل هدف من الأهداف المرسومة وتحليل إجاباته في هذه الاختبارات بهدف جمع معلومات مفصلة عما تعلمه وما حققه من أهداف وما فشل في تحقيقه من الأهداف والوصول إلى توصيف دقيق لأسباب الضعف التي يعاني منها ومن ثم استخدام هذه المعلومات كتغذية راجعة في التخطيط لتعلمه المستقبلي [١].

والتقويم التشخيصي في جوهره يعمل على جعل عمليات التقويم جزء أساسياً من عمليات التعلم بممارسة المعلم قبل هذه العمليات وبعدها وخلالها ، ويلجأ غليه متى ما وجهته صعوبات أو حالات تقتضي عناية خاصة وترجع أهمية هذا النوع من التقويم بالدرجة الأساس إلى جعل عملية التدريس مناسبة لحاجات التلاميذ ومتطلباتهم.

أنواع التقويم التشخيصي:-

يتمثل الغرض الرئيسي للتقويم التشخيصي- كما قلنا في تعيين مواطن القوة والضعف في أداء المتعلم قبل التعلم وفي أثنائه، واستجابة لهذا الغرض يسعى التقويم التشخيصي إلى تحديد نقطة البداية المناسبة للمتعلم الفرد والكشف بعد ذلك عن الصعوبات الدراسية التي يواجهها

---

١) د. نادية عبد العظيم محمد ، المصدر السابق ، ص/ ١٤٥ .

خلال سير عملية التعلم لمحاولة علاجها. وعلى ذلك فأن التقويم التشخيصي يقسم إلى نوعين هما تقويم تشخيصي قبلي وتقويم تشخيصي يجرى خلال عملية التعليم والتعلم .

أولاً : التقويم التشخيصي القبلي :-

هو التقويم الذي يجري قبل البدء في عملية التعلم ويهدف إلى التعرف على مقدار امتلاك الفرد للخبرات أو المهارات الأساسية اللازمة للبدء ببرنامج دراسي معين واستناداً إلى نتائج هذا التقويم يمكن تحديد النقطة التي ينطلق منها الفرد في نشاطه التعليمي أو تعيين الخطوة المناسبة لـه ، وقد يعتمد هذا النوع من التقويم على نتائج التقويم النهائي الذي سبقه مباشرة ، ولكن يتطلب في الغالب إضافة إلى ذلك الاعتماد على اختبارات تشخيصية مفصلة وفرعية في مجالات دراسية أو مهارية محددة ومعدة خصيصاً لهذا الغرض .

ثانياً : التقويم التشخيصي الذي يجرى أثناء عملية التعليم والتعلم :-

أما هذا النوع من التقويم التشخيصي فأنه يسعى إلى الكشف عن الصعوبات الفعلية التي يواجهها المتعلم أثناء عملية التعلم ومدى قدرته على تحدي العراقيل التي تقف كموانع أمام تقدمه في برنامجه الدراسي والبحث عن الأسباب التي تقف وراءها .

ومن الواضح أن التحليل المعمق والدقيق لمصادر الصعوبة أو الصعوبات قد يكشف عن العديد من العوامل والأسباب التي قد تتصل مباشرة بالتدريس أو المادة أو المهارة المراد تعلمها أو عادات دراسية أو تتصل بالظروف البيئية أو الصحية أو الحالة الوجدانية لكل من المعلم والمتعلم .

وفي كل الأحوال يسعى التقويم التشخيصي بنوعيه إلى تحديد جوانب القصور أو الصعوبات التي يعاني منها المتعلم الفرد أو فئة معينة من المتعلمين واكتشاف مصادرها وأسبابها بغرض تخطي تلك الصعوبات وعلاجها لتحسين عملية التعليم والتعلم.

أوجه الحاجة للتقويم التشخيصي :-

يحتاج المعلمون للقيام بعمليات التقويم التشخيصي في الحالات التالية :-

١- عندما يرغبون في التحقق من سوية الطلبة مثل البدء بتعلمهم مفاهيم وأفكار ومهارات جديدة ، يعتمد تعلمها على ما سبق لهم أن تعلموه وذلك للوقوف على نواحي القصور فيها للعمل على تلافيها.

٢- عندما يرغبون في التأكد من أن الأفراد والمجموعات في الصف الدراسي الواحد قد استوعبوا مفهوماً معيناً في الوحدة التي درست لهم .

٣- عندما يشعرون أن أفراد أو مجموعات منهم في الصف الواحد يحتاجون لمساعدة خاصة لتلافي ضعفهم أو أن بعضهم قد حقق تحصيلاً متميزاً وأصبح بحاجة لأنشطة إثرائي.

مصادر الحصول على معلومات التقويم التشخيصي:-

في عمليات التقويم التشخيصي ـ يحصل المعلمون على المعلومات التي يحتاجونها من مصادر ثلاث وهي :-

١- ملاحظة أداء الطلبة على الأنشطة التي يقومون بها خلال تعلمهم دال غرفة الصف الدراسي مثل الوجبات المنزلية ، النقاش الأنشطة الصفية .

٢- نتائج أداء التلاميذ على الاختبارات والمهام الصفية التي يطلب إليهم القيام بها .

٣- مشاهدة المعلم لتصرفات طلبته داخل الحصة الدراسية ، والمقابلات الرسمية وغير الرسمية التي يعقدها معهم بقصد استقصاء حالاتهم والتعرف على مشكلاتهم واحتياجاتهم .

مكونات التقويم التشخيصي :-

أن ممارسة أسلوب التقويم التشخيصي ليس بالعملية السهلة ، فالمعلم الذي يريد الأخذ بهذا الأسلوب في تقويم التلاميذ لابد أن يتلقى تدريباً كافياً حتى يستطيع القيام به وبالتالي توظيفه في تحسين سوية العمليات التدريسية التي يتولى القيام بها ، فمن المعروف أن للتقويم

التشخيصي خمسة مكونات يحتاج المعلم لأن يتدرب على كل مكون منها حتى يتمكن من استخدام هذا الأسلوب بالشكل السليم محققاً النتائج التي يطمح لها ويسعى في سبيلها ، وهذه المكونات هي التالية :-

١- التخطيط :يشير التخطيط إلى معرفة المعلمون لما يجب أن يعملوه للتلاميذ في هذه المعرفة وبمعنى أكثر تحديداً فأن عمليات التخطيط هذه تشمل على :-

- تحديد الأهداف التدريسية للواحدة الدراسية .
- تقسيم الأهداف الرئيسية إلى أهداف فرعية إذا لزم المر .
- تحديد نواتج التعلم التي يتوقع تحقيقها عند الانتهاء من عملية التدريس .
- تحديد نواتج التعلم التي يجب تقويمها .
- تحديد المتطلبات السابقة للتعلم الجديد المراد إعطاءه .
- تحديد أنشطة التقويم التشخيصي المناسب لقياس التلاميذ .
- وضع المعايير المناسبة لنجاح التلاميذ أو فشلهم في أدائهم لعناصرالمهمات التعليمية .
- وضع طريقة لرصد نتائج التقويم .

٢- التعليم أو التدريس :

التعليم أو التدريس هو ضمن سياق أسلوب التقويم التشخيصي ويتضمن ما يلي :-

- ملاحظة أداء الطلبة في أثناء قيامهم بالأعمال الصفية والأنشطة التعليمية التي تم إعدادها .
- تقديم المساعدة التي تقتضي لكل طالب وهو يقوم بالأنشطة التعليمية المخصصة له .
- رصد الخطاء التي يقع فيها كل طالب في الصف أثناء الحصة الدراسية .
- تقديم المساعدة التي يحتاج إليها كل طالب للتغلب على الصعوبات التي تواجهه .
- تقديم أنشطة علاجية للطلبة الذين يواجهون مشكلات أو صعوبات .
- تقديم أنشطة إثرائية للطلبة .

٣- رصد النتائج :

يقصد برصد النتائج هو تلخيص الأخطاء التي يقع فيها التلاميذ والصعوبات التي يواجهونها ، وتتضمن هذه الخطوة القيام بالأمور التالية من جانب المعلم :-

- رصد الأخطاء التي قام بها تلاميذ الصف إما على شكل أفراد أو مجموعات .
- رصد الإنجازات التي قام بها تلاميذ الصف سواء كانوا أفراد أو مجموعات .
- رصد مدى التحسن الذي أظهره بشكل فردي أو جماعي .
- تحديد مواطن الضعف والقوة في حالة كل تلميذ في الصف .
- تقويم الأسلوب المستخدم في عملية التعليم والتعلم الصفي ز

٤- لإيصال نتائج التقويم إلى المعنيين :

أي إيصال نتائج التقويم إلى كـل مـن أوليـاء الأمـور والمعلمـين الآخـرين في المدرسة وتشمل هذه الخطوة المهارات والممارسات التالية:-

- تعريف كل طالب بمواطن ضعفه وكذلك بمواطن قوته.
- مساعدة الطلبة على إدراك صعوبات التعلم التي يواجهونها.
- خلق الدافعية لدى الطلبة للتغلب على مواطن ضعفهم.
- إطلاع أولياء الأمور على مواطن الضعف وكذلك مواطن القوة عند أبنائهم .
- مساعدة التلاميذ على تحديد حاجاتهم التعليمية .

٥- تقويم عمليتي التعليم والتعلم :

من الفروض أن يقوم المعلم بتقويم الأسلوب التدريسيـ الـذي اسـتخدمه في عرض مادته على الطلبة من أجل أن يتعرف عـلى مـواطن ضـعف هـذا الأسـلوب فيعمد إلى إزالتها أو التخلص منها وكذلك مواطن القوة لهذا الأسلوب للعمل عـلى تعزيزه وإثرائه، ومما لاشك فيه أن التقويم الجيد هو الـذي يبنـى عـلى معلومـات صحيحة وموثوقة، وبالعادة فأن عملية التقويم هذه تمثل الجوانب الهامة التالية:-

- الأهداف التدريسية.

- أسلوب التعليم المستخدم.
- أسلوب التقويم المستخدم.
- نتائج التلاميذ.
- أنواع التلاميذ.
- الأنشطة التعليمية التي يتم استخدامها.
- طريقة رصد نتائج الطلبة.

وفي ضوء الشروط السابقة يعتبر العمل التدريسي- عند المعلم ناجحاً إذا استطاع أن يحقق الأمور التالية:-

١- تنويع أساليب تدريسية بشكل يتوافق مع الأنشطة التعليمية المستخدمة وكذلك مع الخبرات السابقة للتلاميذ.

٢- بذل عناية خاصة لضمان مشاركة جميع التلاميذ في الأنشطة التعليمية التي تعرض عليهم.

٣- تحديد أخطاء التلاميذ عند ظهورها وتزويدهم بالإجراءات العلاجية لتصحيحها.

٤- تقديم شروحات وتعليمات واضحة وموجهة نحو أهداف محددة .

٥- إظهار الطلبة تقدماً ملموساً في تحقيق الأهداف الموضوعة لهم دون الاعتماد على مساعدة المعلمين إلا في حدها الأدنى.

٦- حفز التلاميذ على الإكثار من استخدام أسلوب حل المشكلات وكذلك أسلوب التفكير الناقد.

رابعاً : الاختبارات المعيارية (الاختبارات المحكية) :-
مفهوم الاختبار المعياري :

في الستينيات من القرن الماضي دخل قاموس المصطلحات في مجال القياس والتقويم التربوي مصطلح جديد هو الاختبارات المعيارية أو ما تسمى بالاختبارات المحكية " Criterion-Reeferncedd tests" وذلك للإشارة إلى نوع جديد من الاختبارات واتجاه جديد في حركة القياس لم يكن معرفاً من قبل ، وأول من استعمل هذا المصطلح هو **جلازر** وذلك للإشارة إلى نوع الاختبار المصمم لقياس تحصيل الفرد استناداً لمحك أو معيار سلوكي نوعي للكفاءة أو القدرة بدلاً من

تعيين الموضوع النسبي للفرد بين مجموعة من الأفراد [1] ، أي بمعنى آخر أن الاختبار المعياري هو الذي يكون فيه كل عنصر ـ أو سؤال يحتوي على معيار أو محك أو مستوى يقيس على أساسه المعلم كفاية معلومات التلميذ أو قدرته أو مهارته ، وبهذا لا تقارن هذه الاختبارات سلوك التلميذ أو قدرته بغيره من زملاءه كما هو الحال في الاختبارات الموضوعية أو المقالية بل تقارنها على أساس مسبق في الأهداف السلوكية للمنهج ومرتبط بشكل مباشر بمتطلبات الحياة الواقعية وبشروط النجاح فيها [2] ، ويمكن تلخيص أهم الصفات الأساسية لهذه الاختبارات الجديدة وهي كالآتي [3] :-

أنها تستند على مجموعة من الأهداف السلوكية أو الإجرائية الأكثر تفصيلاً وتحديداً من تلك التي تتطلبها الاختبارات الموضوعية والمقالية . وتدور أسئلتها عادة حول عدد محدود من الأهداف وقد تعطي درجة أو علامة معينة لكل هدف على انفراد.

يتم تصميمها بحيث تكون على درجة عالية من صدق المحتوى وذلك بفضل استنادها مباشرة على الأهداف.

يتم تفسير أداؤها استناداً إلى محك معين يحدد مسبقاً ويمثل الحد الأدنى المقبول للأداء والذي كثيراً ما يشير إلى الإتقان أو أقرب مستوى له ، وهي بالتالي تقيس أداء الفرد استناداً إلى مستويات من التحصيل ولا تعتمد معايير نسبية تمثل الأداء المتوسط عادة ، فبدلاً من أن نقول أن تلميذاً ما تفوق على ٨٠ % من زملاءه في اختبار تسمية عواصم الدول العربية ، نقول أنه أجاب على ٨٠ % أو ٧٠ % من بنود الاختبار وبشكل صحيح في اختبار تسمية عواصم الدول العربية ، ووصل إلى مستوى الأداء المطلوب (أو مستوى المحك أو المعيار) كما رسمه مسبقاً واضع الاختبار .

---

١) د. امطانيوس ميخائيل ، المصدر السابق ، ص / ٢٢٦ .

٢) د. محمد زياد حمدان، المصدر السابق ، ص / ٣١١ .

٣) د. امطانيوس ميخائيل، المصدر السابق ، ص / ٢٢٧ .

العوامل التي ساهمت في نمو وتطور الاختبارات المعيارية:-

لقد أخذت الاختبارات المقالية والموضوعية في بداية الستينيات من القرن الماضي تواجه انتقادات شديدة من قبل عدد كبير من الباحثين من أمثال هوفمان وهولت وسيبرمان وذلك نتيجة عجز هذه الاختبارات عن تلبية العديد من الأغراض التي تسعى إليه التربية الحديثة ، ويمكن إجمال بغض العوامل الأساسية التي ساهمت بشكل أو بآخر في نمو حركة الاختبارات المعيارية وهي كما يلي [١] :-

١- بروز الحاجة في ميدان المهن والأعمال كالجراحة والطباعة والترجمة والصناعات الدقيقة ، وغيرها إلى الوصول بالدارسين أو المتدربين إلى أعلى مستوى من مستويات الكفاءة ، بعد أن وجد أن كثيراً من المدارس والمؤسسات التربوية تقوم بتخريج أفراد غير مؤهلين أو كفاء في تخصصاتهم أو قدراتهم لإنجاز المسؤوليات المتوقعة منهم في الحياة اليومية ، وللكشف عن هذا المستوى والتأكد من بلوغه كأن لابد من استخدام الاختبارات المعيارية لأنها الوحيدة القادرة على ذلك .

٢- بروز مشكلة العلامات والتقديرات التي أدت إلى تعزيز الميول التنافسية بين التلاميذ على حساب الأهداف الرئيسية للتربية . الأمر الذي فرض ضرورة التفكير بوضع محكات أو معايير مطلقة لتكون مستقلة عن المنافسة بحيث يتحدد تقدير التلاميذ بمستوى أدائهم وليس بترتيبهم في الفصل مما يؤدي إلى إحلال مبدأ المساعدة والتعاون فيما بين التلاميذ بدلاً من مبدأ المنافسة السابق .

٣- نمو وتزايد حركة تكنولوجيا التعليم التي حجر زاويتها الأساسي هو إعداد بيانات واضحة بالأهداف التعليمية حيث تمثل الأهداف التعليمية محكاً الأداء تطور من أجله استراتيجياً تعليمية مختلفة ويسعى الدارسون إلى التقدم نحوها والوصول إلى مستوى لأداء المطلوب

---

١) د. امطانيوس ميخائيل ، المصدر السابق ، ص / ٢٢٨ - ٢٣٠

وكذلك : د. محمد زياد حمدان ، المصدر السابق ، ص / ٣١٣ .

ويستتبع ذلك بذل الجهود المناسبة من قبل المدرسين والدارسين للوصول بأكبر عدد ممكن من أولئك الدارسين إلى هذا المستوى .

٤- ظهور ما يسمى باستراتيجية التعليم المتقن على يد كارول عام ١٩٦٣ والتي وجدت لها أذان صاغية ودعماً وتأييداً من قبل بلوم وزملاءه مما ساهم بدرجة كبيرة في تطور حركة الاختبارات المعيارية، ويقوم نموذج كارول المقترح على أساس أنه إذا كأن التلاميذ موزعين توزيعاً طبيعياً من حيث الاستعدادات والقدرات ولكن كمية ونوع التدريس والوقت المتاح للتعلم تتناسب مع صفات واحتياجات كل تلميذ فيمكن توقع أن غالبية التلاميذ يمكنهم الوصول إلى مستوى التمكن، وفي هذه الحالة يصبح الترابط بين الاستعداد والتحصيل صفر، وقد كانت نظرة كارول هذه قائمة على أساس أن الوقت هو العنصر الأساسي في التمكن وأن الغالبية العظمى من التلاميذ بإمكانهم الوصول إلى هذا المستوى إذا منحوا الوقت الكافي لذلك .

٥- تزداد الاهتمام بالأهداف السلوكية وخصوصاً في الولايات المتحدة الأمريكية نتيجة لما اعترى التربية من تخبط وتشويش وعدم قناعة واسعة بها من قبل العامة والخاصة على حد سواء، وذلك نتيجة لقيام المؤسسات التربوية بتخريج أفراد غير أكفاء ولا يتمتعون بالقدر الكافي من المعلومات أو المهارات لممارسة الأدوار المتوقعة منهم في الحياة اليومية ، ولضبط العملية التعليمية في هذه المؤسسات وتحديد المسؤوليات المتنوعة للقائمين عليها من معلمين ومدربين وغيرهم ، اقترح المسؤولين استعمال الأهداف السلوكية واختباراتها المعيارية أو المحكية في العملية التربوية وميادين التعليم الأخرى ، حيث أصبحنا في السبعينيات من القرن الماضي الطراز الجديد الذي يسود حقولاً كثيرة ، كالتربية وعلم النفس وعلم المناهج وغيرها .

علاقة الاختبارات المعيارية بالأهداف السلوكية :-

ذكرنا في الفصل الأول أن الأهداف السلوكية أو تسمى بالأهداف التعليمية هي التي تهتم بتطور المهارات الجزئية المتنوعة التي تهدف

إليها المادة بشكل خاص ، أي تقوم بترجمة أهداف المادة العامة ومحتواها وأنشطتها إلى سلوك ملموس – فكري أو حركي أو قيمي أو عاطفي يمكن ملاحظته وعده وقياسه .

والاختبارات المعيارية ترتبط بشكل وثيق بالأهداف السلوكية مجسدة بشكل دقيق في الواقع محتواها ومتطلباتها وشروط تنفيذها ولتوضيح هذا الارتباط يمكن أن نقدم بعض الأمثلة التوضيحية لذلك يمثل الهدف الأول منها قدرة معرفية والثاني قدرة العد الرياضية ويتعلق الهدف الثالث منها بالمهارات المهنية [1] .

المثال الأول : قدرة التلميذ الشفوية على ذكر أسماء المدن الليبية الساحلية بصحة ٩٠ % خلال ٥ دقائق .

الاختبار المعياري : أذكر شفوياً أسماء المدن الليبية الساحلية بصحة ٩٠ % وخلال ٥ دقائق .

المثال الثاني : قدرة التلميذ الكتابية على حزب أعداد مكونة من منزلتين بصحة ٨٥ % وخلال ١٠ دقائق .

الاختبار المعياري : أمامك على الورقة عشر مسائل حسابية تتكون كل واحدة منها من أعداد ذات منزلتين عشريتين اضربها كتابياً بصحة ٨٥ % وخلال عشر دقائق .

المثال الثالث : قدرة التلميذ على طباعة عدد من الكلمات على جهاز الحاسوب بحصة ٩٠ % وخلال خمس دقائق .

الاختبار المعياري : أطبع ١٠٠ كلمة على جهاز الحاسوب بصحة ٩٠ % وخلال خمس دقائق .

خطوات بناء الاختبارات المعيارية :-

يتطلب بناء الاختبار المعياري أتباع مجموعة من الخطوات والتقيد بمجموعة من الشروط يمكن تلخيصها بما يلي [2] :-

---

١) د. محمد زياد حمدان ، المصدر السابق ، ص / ٣١١ – ٣١٢ .

٢) د. امطانيوس ميخائيل ، المصدر السابق ، ص / ٢٣٥ – ٢٣٨ .

١- إعداد قائمة مفصلة بالأهداف التعليمية المراد تحقيقها قبل البدء بعملية التعليم والتعلم، ويجب أن تصاغ هذه الأهداف بشكل محدد ومخصص بأكبر قدر ممكن ، ويفترض بهذه القائمة أن تحدد الأدوات والمهارات والنواتج التعليمية التي يصمم التعليم لمساعدة التلاميذ على اكتسابها وتمثيل هذه القائمة معياراً للحكم على نجاح التعليم أو أنها المحك الذي يقارن به أداء التلميذ للحكم على إتقانه أو عدم إتقانه وعموماً فأن الصياغة الواضحة والمحددة للهداف التعليمية تمثل الخطوة الأولى والأساسية في إعداد وتصميم الاختبارات المعيارية .

٢- تحديد المعيار أو محك الأداء الذي يدل على تحقيق الأهداف التعليمية ، ووصول التلميذ إلى المستوى المرغوب فيه ، وقد نكون بحاجة إلى معيار لكل هدف أو لكل مجموعة صغيرة من الأهداف .

٣- تحديد الشكل الذي ستأخذه البنود الاختبارية وتطوير عدد من البنود لكل هدف بحيث تكون هذه البنود عينة صادقة وممثلة للهدف وتعطي دليلاً كافياً على تحقيقه .

٤- القيام بالتحليل المنطقي للبنود الاختبارية من قبل واضع الاختبار نفسه أو مجموعة من المعلمين والمختصين بهدف الكشف عن العيوب المحتملة فيها أو الحكم على درجة اتساقها أو الهدف أو الأهداف التي وضعت لقياسها وقد لا يكتفي واضع الاختبار بالتحليل وأنما يذهب إلى أبعد من ذلك إلى إجراء تطبيق تجريبي للبنود لمعرفة مدى نجاحها في الكشف عما أعدت في سبيله وكذلك للبيان ما إذا كأن التعليم مجدياً أم لا، وإذا عجز عن ذلك فقد يشير هذا إلى وجود خلل ما في البنود أو في التعليم أو الاثنين معاً مما يؤدي إلى محاولة علاجها.

٥- إخراج الاختبار المعياري في صيغته النهائية بعد أن تمت تصفيته كما تم التأكد من تمثيل كل طائفة من البنود التي يضمها للهدف أعدت له، ويمكن عند ذلك وضعه موضع التطبيق النهائي أي استخدامها في تقويم التلاميذ .

كيفية التقييم بالاختبارات المعيارية :

على الرغم من اختلاف الاختبارات المعيارية عن الاختبارات الموضوعية والمقالية في كثير من الجوانب والخصائص البنائية إلا أنها تكاد تشترك معها في نفس الوقت في كثير من مبادئ التطوير وتنظيم الأسئلة وتحضير الإشارات لكيفية الإجابة عليها وإجراء التصحيح وهي التي سبق أن ذكرناها في الفصل الثاني. وبالإضافة إلى ذلك فأن على المعلم في الاختبارات المعيارية ضرورة مراعاة أمور أخرى منها [١]:-

١- مراعاة ارتباط الأسئلة المعيارية بالهداف السلوكية للمنهج من حيث القدرة ومحتواها ومستوى تنفيذها وكيفيته .

٢- مراعاة وضوح السؤال اللغوي بأكبر قدر ممكن والفهم الواحد المباشر للمطلوب فيه من قبل كل من يقرأه .

٣- ترتيب الأسئلة حسب اختصاصاتها من حيث المحتوى والعمليات الإدراكية والحركية والشعورية القيمية .

٤- ترتيب الأسئلة حسب صعوبة متطلباتها بدايةً بالأسئلة السهلة وانتهاء بالصعبة .

٥- التأكد من أن السؤال الواحد يطلب من التلميذ إنجاز عملية فكرية أو مهمة واحدة فقط ، وذلك لاعتبارات كثيرة تتعلق بموثوقية وصلاحية النتائج النهائية .

ثالثاً : تقويم المعلم :-

ذكرنا فيما تقدم أنه توجد مجموعة من الوسائل المتعارف عليها تعتمد في عملية تقويم المعلم، تقوم على أساس أخذ أراء كل من له علاقة بالعملية التربوية، إلا أن هذه الوسائل ومن خلال التجربة أثبتت أنها غير كافية لإعطاء صورة صحيحة وصادقة عن المعلم وكفاءته في التدريس. المر الذي استدعى ضرورة البحث عن وسائل جديدة تساهم في تقييم المعلم بشكل فعال ومؤثر، وقد تم التوصل حديثاً إلى

---

١) د. محمد زياد حمدان ، المصدر السابق ، ص / ٣٢٢ - ٣٢٣ .

وسيلتين جديـدتين يمكـن اعـتمادهما في هـذا الشـأن وهـما خطـط التعاقـد ، واختبارات الأداء، وفيما يلي توضيح لهاتين الوسيلتين [1] :

١- خطط التعاقد :

تقوم هـذه الوسـيلة في تقـويم المعلـم عـلى أسـاس أن غايـات التـدريس وأهـداف التربية هي خطط يجب الاتفـاق عليهـا مقـدماً قبـل الحكـم عـلى كفـاءة المعلـم ، وجوهر هذه الوسيلة يتضمن إعـداد مجموعـة مـن الأهـداف التعليميـة المختـارة بعناية بالنسبة للتلاميذ ثم يتفق الموجهون والمعلمون مقـدماً عـلى مـا يـتم قبولـه كدليل على نجاح المعلم في تعديل سلوك التلاميذ وتحقيـق الأهـداف سـواء كانـت معرفية أو وجدانية أو حركية وتجمع الأدلـة والشـواهد للحكـم عـلى مـدى إحـراز المتعلمين لهذه الأهداف المحددة سـلفاً وعلى مـدى حدوث نواتج للـتعلم لم تكـن في الحسبان.

وفي هذه الوسيلة لا يستبعد أن يتم استخدام الطرق التحليلية في الملاحظـة إلا أنها لا تتعدى حدود أن تكـون معينـات في توجيـه المقـومين عنـد التسـجيل وعـلى أساس خطة التعاقد التـي يـتم الاتفـاق عليهـا ، يحكـم عـلى مـدى كفـاءة المعلـم وقدرته على التدريس بصورة صحيحة، ووفي ضوء النتائج التي يحصل عليها المعلـم من تلاميذه ، وليس في ضوء الإجراءات التي يستخدمها في الفصـل ، والطـرق التـي ترتبط ارتباطاً مباشراً بإحراز النواتج المرغوبة هي وحدها التـي يحكـم عليهـا بأنهـا فعالـة ، وعـلى المعلـم بالتأكيـد أن يهـتم بالنتـائج المؤكـدة مـن البحـوث النفسـية والتربوية عند إعداد إستراتيجياته وأساليبه التدريسية البديلة.

أما الفترات الزمنية لهذه العقود فهي تختلف وفق ما يتم الاتفاق عليه، وهـي تمتد من درس واحد إلى فصل دراسي إلى عام دراسي كامل ، إلا أنه في ميع الحـالات تتطلب هذه الوسيلة توفر بيانات التي يمكن الحكم مـن خلالهـا بوضـوح عـلى مـا أحدثه التدريس من أثار ونواتج ، في التلاميـذ الـذين تعرضـوا لــه كـما يحسـن أن يصاحب هذه

---

١) د- أمال صادق و د- فؤاد أبو الخطيب, علم النفس التربوي , القاهرة ، مكتبة الانجلو مصرية , ١٩٩٦ , ص ٧٩٣ - ٧٩٥ .

البيانات تحليلات تعليمية مما يمكن المعلم من تعديل أو تحسين أساليبه وإجراءاته التي استخدامها من قبل في هذا الشأن.

ومن مزايا هذه الوسيلة الجديدة في تقويم المعلم ، أنها تسمح للمعلم الفرد أن يحدد النواتج والمستويات التي تعد أكثر ملائمة لموقف تدريسي معين. ومن هنا يتم وضع بعض العوامل في الحسبان مثل المستوى التعليمي السابق للتلاميذ، ومستوى ذكاءهم، وديناميات الفصل الدراسي وغيرها. وخاصةً حين تستخدم نتائج التلاميذ في أغراض محاسبة المعلم وليس في تحسين عملية التدريس فقط فبدلاً من إجراء مقارنة للمعلمين على أساس محكات معيارية ذات طابع عام قد يصل إلى المستوى القومي مثل الاختيارات المقننة، فأن خطط التعاقد تسمح للمعلم أن يعدل في سلوك المتعلمين في حدود ما يستطيع التحكم فيه . فقد يزيد تحصيل تلاميذه أو ينتج كسباً في عدد التلاميذ الذين يصلون إلى درجة الإتقان في ضوء أهداف تعليمية تتعدى مثلاً مستوى الحفظ الأصم أو التفكير المحدود .

٢- اختبارات الأداء :

ظهر في الآونة الأخيرة اتجاه نحو بناء اختبارات التي تقيس القدرة على التدريس تتاح فيها للمعلمين فرص متكافئة للنجاح أو الفشل ، وأول من بدأ هذا الاتجاه هو العالم (بوبام) وذلك عام ١٩٦٧ من خلال نشره عدد من البحوث التي تتضمن اختبارات لقياس أداء المعلمين تقوم على أساس إعطاء مجموعة من المعلمين هدفاً أو عدة أهداف متطابقة ، وعينة من المقاييس المعتمدة على هذه الأهداف وذلك لتطبيقها على التلاميذ بعد التدريس ، وهذه الأهداف قد تكون معرفية أو حركية وقد يتم إعطاء المعلمين بعض المواد المرجعية لتحقيق هذه الأهداف الهداف ويترك للمعلم الحرية التامة في اختبار وسائل وطرق التدريس التي يستطيع من خلالها إيصال المعلومات إلى التلاميذ . أي بمعنى آخر لا تقدم إلى المعلم إلا الغايات ، أما الوسائل والطرق فيترك له اختيارها بشكل كامل.

ويتم تحديد للمعلم فترة زمنية محدودة من الوقت للتخطيط للدرس وكذلك التدريس الفعلي ، ويتم اختبار عينة المتعلمين لكل معلم عشوائياً

من اصل إحصائي عام التلاميذ. وبعد الانتهاء من التدريس يطبق على التلاميـذ اختبار يقيس مدى إحراز الأهداف، وعلى الرغم من أن طبيعة هذا الاختبـار يمكـن استنتاجها من الأهداف إلا أن هـذا الاختبـار لا يكـون متاحـاً للمعلـم ، بـل يقـوم بتطبيقه على التلاميذ شخص آخر، وتصبح دلالة الفـروق بـين متوسـطات الاختبـار البعدي هذا هي محك مدى فعالية المعلم وكفاءته في التدريس. وفي بعض الأحيان تعدل درجة الاختبار في ضوء القدرات الأولية للتلاميذ غير أنه في حالة المجموعات الكبيرة نوعاً ما من التلاميذ يفضل الاختبار العشوائي من بينهم أو استخدام طريقـة لمجموعات الضابطة.

رابعاً : متطلبات ممارسة عملية القياس والتقويم التربوي:-

كما هو معروف تتطلـب عمليـة القيـاس والتقـويم التربـوي مـن العـاملين في المجال التربوي امتلاك بعض المهارات والكفايات والمعارف من أجل ممارسة الأدوار المتوقعة منهم على أفضل شكل ممكن. ومن بين هؤلاء العاملين في المجال التربوي بشكل خاص المعلمون الذين تقع على عاتقهم مسؤولية القيـام بتنفيـذ عـدد مـن الأنشطة الخاصة بالتقويم التربوي من خلال تنفيذهم لأدوارهم المهنية.

وعليه فقد عملت الجمعيات التربويـة المهنيـة في الولايـات المتحدة الأمريكيـة منذ عام ١٩٩٠ على تطوير قوائم من المعايير الخاصة بالقياس والتقـويم التربـوي التي يجب على المعلمين الاتصاف بها ليتسنى لهم إما تنفيذ أو مشاركة في التنفيـذ الأنشطة التعليمية المناطة بهم والتي تتطلب شكلاً من أشكال التقـويم التربـوي . وهذه المعايير هي التالية [١]:-

١) Herman , J; Klein , D ; and Wakai , S., American Stugents Perspective on Aternative Assessment : Do They Know it's Differents ? National Center For Research and Evaluation Standards and student Testing , Los Angeles C A . ١٩٩٧ .

المعيار الأول : أن يظهر المعلم مهارة في اختيـار أو انتقاء أدوات وإجراءات التقويم التي تلائم القرارات التربوية المختلفة:-

تعتبر عملية مراعاة المعايير الخاصة باختيار أو انتقاء طـرق التقويم المختلفـة بحيث تكون ملائمة ومفيدة وقابلة للتطبيق وسـليمة مـن الناحيـة الفنيـة مطلبـاً مسبقاً للتوظف الجيد للمعلومـات التـي مـن شـأنها أن تـدعم القرارات الخاصـة بعملية التعليم والتعلم، فالمعلم بحاجة إلى المعرفة الكاملة بطبيعـة المعلومـات المختلفة ، ومعرفة نواحي الضعف ونواحي القوة فيها ، فهذا المعيار بشكل خاص يرى أنه على المعلمين أن يكونوا علـى إطلاع ومعرفـة بالمحكـات التـي تستخدم لتقويم واختيار طرق وإجراءات التقويم الملائمة لاتخاذ القرارات المختلفـة في ضوء الخطط الخاصة بعملية التدريس ، وهذا يعني أن انطباق هذا المعيار علـى المعلـم يقتضي منه أن يمتلك مجموعة من الكفايات والمهارات والمعـارف في جـال القـويم التربوي والتي يمكن إجمال أهمها في النقاط التالية:-

- المعرفة بأنماط التقويم التـي مـن المتوقع أن يسـتخدمها ، ومـدى ملاءمتها لاتخاذ قرارات حول الطلبة.

- المعرفة من أين يمكن الحصول على معلومات عن الطرق والأشكال المختلفة للتقويم.

- المهارة في التعامل مع أشكال التقويم المختلفة ، أي مـع الاختبـارات وأدوات القياس والتقويم المختلفة .

- المهارة في التعامل مع الواجبات التي يكلف بها التلاميذ سواء أكانت الصفية منها أم البيتية وكذلك تلك التي تأخذ شكل الأوراق البحثية .

- المهارة في استخدام الوسائل المختلفة لجمع المعلومـات لأغـراض تقويم التلاميذ والتي تتمثل بالملاحظات الصفية والمقابلات والاستبيانات وغيرها .

المعيار الثاني : على المعلم أن يبدي مهـارة في تطوير أدوات التقـويم الملائمة لاتخاذ القرارات التدريسية:-

على الرغم من وجود عدد كبير من أدوات التقويم المعيارية المنشورة التي يستطيع المعلم أن يستعملها في المواقف المختلفة إلا أنه قد يتعرض لبعض المواقف التي لا يستطيع أن يطبق فيها هذه الأدوات المتوفرة ، فيكون هنا بحاجة لأن يطور أدوات جديدة تلائم هذه المواقف الأمر الذي يفرض عليه ضرورة امتلاك المهارات الخاصة بتطوير مثل هذه الأدوات للقيام بعملية التقويم بشكل صحيح .

ولكي ينطبق هذا المعيار على المعلم عليه أن يمتلك الكفايات والمهارات والمعارف التالية:-

- المهارات الخاصة بالتخطيط لجمع المعلومات التي من شأنها أن تسهل عملية الوصول إلى القرارات التي يود اتخاذها .

- المعرفة والأمام بالمبادئ الملائمة لتطوير واستخدام أدوات التقويم في أنشطة التدريس التي ينفذها.

- المهارة في تجنب الأخطاء التي يقع بها البعض في تقويم التلاميذ بالإضافة إلى مهارة اختيار الإجراءات التقيمية الملائمة لطرق وأساليب التدريس التي يستخدمها.

- المهارة في استخدام البيانات التي تنتج عن عملية التقويم للحكم على فاعلية وملائمة إجراءات التقويم التي قام باستخدامها .

المعيار الثالث : أن يبدي المعلم مهارة في تطبيق وتصحيح وتفسير النتائج التي تتمخض عن أدوات وإجراءات التقويم :-

المعلم عليه أن يمتلك إلى جانب مهاراته في اختيار وانتقاء أدوات ووسائل التقويم القدرة على تطبيقها بالشكل الصحيح. وحتى ينطبق هذا المعيار على المعلم عليه امتلاك المهارات والكفايات والمعارف التالية:

- المهارة في تفسير نتائج إجراءات أدوات التقويم المختلفة.

- المهارة في استخدام أدلة لتصحيح وإعطاء الدرجات الخاصة بالاختبارات والنشاطات المختلفة للتلاميذ .

- المهارة والكفاءة في تطبيق الاختبارات التحصيلية المعيارية وتفسير الدرجات عليها التي قد تأخذ شكل الرتب المئينية أو الدرجات المعيارية أو المكافئات العمرية أو المكافئات الصفية.

- المهارة في فهم واستخدام المؤشرات والمصطلحات الإحصائية التي تستخدم في تقرير نتائج التقويم مثل مقياس التشتت ومقاييس النزعة المركزية ومعاملات الارتباط ومعامل الثبات والصدق.

- المهارة والكفاءة في تحليل نتائج التقويم من أجل تحديد نواحي القوة والضعف فيها.

- المهارة في تفسير النتائج في حالة وجود وتعارض أو تباين أو عدم اتساق فيها.

- المهارة في استخدام إجراءات التقويم بطرق تشجع على التطور التربوي للطلبة وليس على زيادة مستوى القلق لديهم.

المعيار الرابع : يجب على المعلم أن يبدي مهارة في استخدام نتائج التقويم عند اتخاذه فرار يتعلق بالطلبة أو التخطيط للتدريس أو يتعلق بتطوير المناهج أو تحسين الأداء العام للمدرسة، أو حتى تلك التي تتعلق بالجوانب الأخرى ذات العلاقة بالعملية التربوية وحتى ينطبق هذا المعيار على المعلم يجب عليه أن يمتلك المعارف والمهارات والكفايات التالية:-

- القدرة على استخدام المعلومات المتراكمة التي تم التواصل لها من خلال التقويم وتوظيفها في خططه التدريسية لتسهيل النمو التربوي للطلاب.

- القدرة على تفسير نتائج عملية التقويم بشكل صحيح وتجنب التفسيرات الخاطئة عند استخدام هذه النتائج في عملية التخطيط أو تقييم عملية التدريس أو المناهج الدراسية .

- المعرفة بنتائج عمليات التقويم التربوي سواء تلك التي تمت على مستوى المدرسة أم المنطقة التعليمية أم القطر بأكمله، ومعرفة الاستخدامات الملائمة لها عند كل مستوى من هذه المستويات بما يعزز التطور التربوي.

المعيار الخامس: أن يبدي المعلم مهارة وكفاءة في تطوير إجراءات صادقة ودقيقة إعطاء درجات حقيقية لأفراد الطلبة :-

عملية إعطاء درجات حقيقية أي بمعنى دقيقة للطلبة تعد جزء هاماً في الممارسة المهنية التي يقوم بها المعلم ، لأن هذه الدرجات تعد المؤشر على مستوى أداء الطالب لذا فأن الدرجات التي يعطيها المعلم يجب أن تعكس المستوى الحقيقي لأراء الطالب ، وخصوصاً أن المبادئ التي على أساسها يقوم المعلم بإعطاء الدرجات للطالب بناء على نتائج امتحانات معروفة ولا نحتاج إلا إلى الكفاءة والمهارة من قبل المعلم لتطبيقها بالشكل الصحيح ، وحتى ينطبق هذا المعيار على المعلم عليه أن يمتلك المعارف والمهارات والكفايات التالية:-

- القدرة على التوجية بالإجراء الملائم إعطاء الدرجات وتطبيقه وتفسيره والذي قد يمثل تجمع العلامات المأخوذة من المصادر المختلفة كالواجبات ، والمشاريع والنشطة، والاختبارات أو غيرها من إجراءات التقويم التي يمكن أن يستخدمها.

- المهارة في توضيح أسس ومعنى الدرجات التي يعطيها والدفاع عن منطقيتها وعدالتها ، والوعي بأن هذه الدرجات تعتمد على دقة الإجراءات التي استخدمت في الحصول عليها وتجنب الإجراءات الغير صحيحة في إعطاء الدرجات كاستخدام أسلوب خصم الدرجات كوسيلة لعقاب الطلبة.

- القدرة على تقييم وتعديل الإجراءات في إعطاء الدرجات من أجل تحسين صدق التفسيرات التي يتم التوصل إليها حول المعارف التي اكتسبها الطلبة.

المعيار السادس: يجب على المعلم أن يظهر مهارة وكفاءة في نقل نتائج عمليات التقويم إلى الطلبة وأولياء الأمور والإدارة وغيرهم من المهنتين بنتائج التقويم:-

أن نقل نتائج التقويم هذه تكون من خلال قيام المعلم بإعداد التقارير للطلاب وأولياء أمورهم وإدارة المدرسة والمرشدين التربويين ، يعلمهم من خلالها بنتائج تقوية الطلبة. على أن نقل هذه النتائج يجب أنن يكون بفاعلية وبعيداً عن التعقيد والغموض لتجنب استخدامها بشكل

خاطئ أو مسيء، ولكي يستطيع المعلم نقل هذه النتائج بفاعلية عليه أن يتصف بما يلي:-

١- امتلاك مهارة في استعمال مفاهيم ومصطلحات التقويم التربوي بشكل ملائم، والقدرة على توضيح معاني نتائج التقويم ومحدداتها والتطبيقات التي تترتب عليها.

٢- أن يظهر مهارة في الدفاع عن نتائج التقويم وإجراءاته في المواقف التي يطلب منه القيام بذلك ، وأن يوضح التفسيرات التي توصل لها من خلال هذه الإجراءات.

وحتى ينطبق هذا المعيار على المعلم عليه أن يمتلك المعارف والمهارات والكفايات التالية:-

- أن يبدي فهماً ويظهر قدرة على إعطاء التفسيرات الملائمة عن الكيفية التي يجب أن تستخدم في تفسير تقويم الطالب بحيث يأخذ بعين الاعتبار المحددات الاقتصادية والاجتماعية والثقافية للطالب وقدراته اللغوية وغيرها من العوامل الأخرى ذات العلاقة.

- أن يبدي تفهماً للنتائج المترتبة على استخدام نتائج عملية التقويم دون الأخذ بعين الاعتبار محدداتها وانعكاسات ذلك على النمو التربوي للطالب.

- أن يبدي قدرة على التواصل مع الطلاب والوالدين أو أولياء الأمور لمساعدتهم على فهم كيفية تقويم التقدم الأكاديمي للطالب.

- أن يبدي فهماً وقدرة على توضيح أهمية الأخذ بالاعتبار خطأ القياس استخدام نتائج عملية التقويم لاتخاذ قرارات عن أي طالب بمفرده.

- أن يبدي قدرة على تفسير المحددات لطرق وإجراءات التقويم المختلفة سواء أكانت الرسمية أم غير الرسمية.

- أن يبدي قدرة على تفسير وشرح النتائج التي تحتويها التقارير المطبوعة حول تقويم الطلبة في غرفة الصف أو المدرسة أو المنطقة التعليمية أو القطر ككل.

المعيار السابع:

يتعلق هذا المعيار بضرورة إبداء المعلم مهارة وكفاءة في معرفة إجراءات التقويم والابتعاد عن الاستخدام غير الصحيح أو غير الأخلاقي لها.

فالمطلوب في هذا المعيار هو أن يراعي المعلم عند قيامه بعملية التقويم مبدأ العدالة وحقوق الآخرين والسلوك المهني والأخلاقي في جميع الأنشطة التي يستخدمها عند تقويم طلابه بدءً من المرحلة الأولى التي تبدأ بالتخطيط أو جمع المعلومات وحتى أخر مرحلة التي هي القيام بتفسير نتائج التقويم ونقلها بعد ذلك إلى المعنيين بهذا الأمر. هذه المراعاة هي التي تحفظ المعلم من الوقوع في الخطأ وتعطي كل طالب ما يستحقه من درجة أو رتبة بناءاً على نتائج التقويم، وحتى ينطبق هذا المعيار على المعلم فعليه أن يمتلك المعارف والكفايات والمهارات التالية:-

- المعرفة بالقوانين والأعراف التي تتعلق بالمهارات الخاصة بمجال التقويم التربوي للطلاب في غرفة الصف أو في المدرسة أو المنطقة التعليمية التي تنتمي المدرسة لها.

- الوعي بالمخاطر التي تترتب على سوء استخدام إجراءات التقويم أو المبالغة في استخدامها وما يترتب عليها من تعرض الطالب للإساءة أو التعدي على حقوقه المتعلقة بالسرية أو الاستخدام غير الملائم للدرجات.

هذه أهم المعايير التي وضعت من قبل الجمعيات التربوية المهنية في دولة تعتبر من أكثر دول العالم تقدماً في مجال القياس والتقويم التربوي، توجب على المعلم الممثل الأول للعمل التربوي الأخذ بها واعتمادها عند قيامه بممارسة أنشطة القياس والتقويم التربوي ، وهي تشكل بالفعل تطور جديد وهام في هذا المجال أي مجال القياس والتقويم وخصوصاً إذا ما علمنا مدى صعوبة هذه المهمة وما تتركه من أثار مباشرة على الفرد والمجتمع وذلك باعتبارها المعيار الأساسي لوضع الفرد في مكان ما أو توجيهه نحو أشغال أو مهنة أو وظيفة

معينة أو اختيار لـه نـوع مـن الدراسـة التـي تـتلائم واسـتعداداته وقدراتـه وإمكانياته وميوله ، وأي سوء استخدام لإجراءات هـذه العمليـة أو المبالغـة فيهـا سوف ينتج عنها مخاطر كبيرة تتمثل في أبرزها بتعـرض التلميـذ للإسـاءة والتعـدي على حقوقه الشخصية، وبالتالي سوء استخدام لنتائج التقويم صورة عامة .

وعليه إذا أردنا تقدماً حقيقياً لمجتمعنا، وجب علينا هذا الأمر وأن نضع هذه المعايير كمقياس حقيقي لأتصاف معلمينا بالقدرة عـلى القيـام بممارسـة أنشـطة القياس والتقويم التربوي من عدمه لأننا على علـم تـام بـأن معظـم معلمينـا لحـد اليوم لا يتصفون حتى بالحـد الأدنى مـن هـذه المعـايير لـذا فـأن نتـائج مؤسسـاتنا التعليمية لا تزال دون المستوى المطلوب منها في الوقت الذي بلغ فيه العالم درجـة كبيرة مـن التقـدم والازدهـار بفعـل نـواتج مؤسسـاته التعليميـة؛ لاعتمادهـا عـلى أساليب وطرق متقدمة في القياس والتقويم .

المصادر

اولاً: المصادر باللغة االعربية:-

أ- الكتب

١- إبراهيم أبو الغدولويس كامل ملكية، البحث العلمي: مناهجه وأدواته، سرسن الليان، مركز التربية الأساسية في العالم العربي، ١٩٥٩.

٢- إبراهيم وجيه محمود (وآخرون)، علم النفس التربوي والفروق الفردية للأطفال، الإسكندرية، دار المعرفة الجامعية،٢٠٠٠.

٣- د. أحمد عزت راجح، أصول علم النفس، القاهرة، دار المعارف، ١٩٩٤.

٤- أحمد محمد الطيب، التقويم والقياس النفسي والتربوي، الإسكندرية، مكتب الجامعي الحديث، ١٩٩٩.

٥- أحمد محمد الطيب، أصول التربية، الإسكندرية، المكتب الجامعي الحديث، ١٩٩٩.

٦- أحمد محمد بوني، القياس والتقييم التربوي، طرابلس"، دار الحكمة.

٧- د. السيد محمد خيري، الإحصاء في البحوث النفسية، القاهرة، دار الفكر العربي،ن ١٩٩٧.

٨- د. الصغير عبد القادر و د. جمعة حسين، أسس البحث العلمي، طرابلس، مطابع الثورة العربية،٢٠٠٣.

٩- د. أمطانيوس ميخائيل، التقويم التربوي الحديث، سبها، منشورات جامعة سبها.١٩٩٥.

١٠- د. توفيق أحمد مرعي و د. محمد محمود الحيلة، المناهج التربوية الحديثة، عمان، دار المسيرة للنشر والتوزيع، ٢٠٠٠.

١١- د. جابر عبد الحميد، علم النفس التربوي، القاهرة، دار المعرفة الجامعية، ١٩٩٨.

١٢- د. جلال سعد، المرجع في علم النفس، بغداد، دار المعارف، ١٩٨٠.

١٣- جورج.ف. مادوس (أخرون)، تقييم تعلم الطالب التجميعي والتكويني، الرياض، دار ماكجر وهيل للنشر، ١٩٨٣.

١٤- جمال زكي والسيد ياسين، أسس البحث الاجتماعي، القاهرة، عالم الكتب، دار الفكر العربي،١٩٦٢.

١٥- حامد زهران، التوجيه والإرشاد النفسي، القاهرة، عالم الكتب، ١٩٧٧.

١٦- حامد زهران، علم النفس الاجتماعي، القاهرة ، عالم الكتب، ١٩٧٧.

١٧- حكمت عبد الله البزاز، تقييم التفتيش الابتدائي في العراق، بغداد، مطبعة الإرشاد، ١٩٧٠.

١٨- د.مزية الغريب، القياس والتقويم التربوي في المدرسة الحديثة، القاهرة، المطبعة العالمية، ١٩٦٢.

١٩- سبع أبو ليدة، مبادئ القياس والتقويم التربوي للطالب الجامعي والمعلم العربي، عمان، جمعية عمان للمطابع التعاونية ،١٩٧٩.

٢٠- د.سعد جلال، المرجع في علم النفس، القاهرة، دار الفكر العربي،١٩٨٥.

٢١- س.س.ن مكفارلين، علم النفس والتعلم، القاهرة، دار العربية للعلوم.مطبعة دار القادسية، ط١، ١٩٩٤.

٢٢- صبحي عبد اللطيف، أساليب الإرشاد النفسي والتوجيه التربوي، بغداد، مطبعة دار القادسية،ط١، ١٩٨٦.

٢٣- عاصم محمود بذا، الإرشاد التربوي والنفسي، الموصل، دار الكتب، ١٩٨٩.

٢٤- عايش محمود زيتون، اساليب العلوم، عمان ، دار المسيرة للنشرـ والتوزيع، ١٩٩٤.

٢٥- د. عباس محمود عوض، علم النفس العام، الإسكندرية، دار المعرفة، الجامعية،١٩٩٨.

٢٦- د. عبد الرحمن عيسوي، علم النفس والتربية والاجتماع، بيروت، دار الراتب الجامعية، ١٩٨٨.

٢٧- د.عبد الرحمن عيسوي، علم النفس والإنتاج، بيروت، دار النهضة الرعبية،١٩٨٢.

٢٨- د. عبد الهادي الجوهري، قاموس علم الاجتماع، الإسكندرية، المكتب الجامعي الحديث، ١٩٩٨.

٢٩- د. عبد المؤمن فرج الفقي، الإدارة المدرسية المعاصرة، بنغازي، منشورات جامعة قار يونس، ط١، ١٩٩٤.

٣٠- عطية محمود هنا، التوجيه التربوي والمهني، القاهرة، دار القاهرة، دار النهضة المصرية، ١٩٥٩.

٣١- عمر محمد التومي الشيباني، مناهج البحث الاجتماعي، طرابلس، مجمع الفاتح للجامعات، ١٩٨٩.

٣٢- غانم سعيد العبيدي، وحنان عيسي الجبوري، التقويم والقياس في التربية والتعليم، بغداد، مطبعة شقيق، ١٩٧٠.

٣٣- فرج طه(وأخرون) معجم علم النفس والتحليل، بيروت، دار النهضة العربية، ١٩٨٧.

٣٤- فؤاد أبوحطب وسعيد عثمان، التقويم النفسي، القاهرة، الأنجلو المصرية، ١٩٧٣.

٣٥- د. قحطان أحمد الظاهر، طرق التدريس العامة، الزاوية، المكتبة الجامعية، ط١، ١٩٩٩.

٣٦- كمال زاخر لطيف وبرلنته إبراهيم على، التربية، القاهرة، الجهاز المركزي للكتب الجامعية والمدرسية والوسائل التعليمية، ١٩٨٣.

٣٧- لينـدا دافيـدوف، الـذكاء، القـاهرة، دار الدوليـة الاسـتثمارات الثقافية، ط١، ٢٠٠٠.

٣٨- ليونا. أ. تايلر. الاختبارات والمقاييس، بيروت، دار الشروق،١٩٨٣.

٣٩- محمـد الشـافي وريـاض عـوض، التربيـة وتطبيقاتهـا في المدرسـة الابتدائية، القاهرة، دار

٤٠- د. محمد رمضان محمد، الاختيارات التحصيلية والقيـاس النفسي ـ والتربوي، بيروت دار النفائس، ١٩٨٦.

٤١- محمد عبد السلام أحمد، القياس النفسي والتربـوي، القـاهرة، دار النهضة المصرية.

٤٢- محمـد محمـود أبـو الحيلـة، تكنولوجيـا التعلـيم بـين النظريـة والتطبيق، عمان، دار المسيرة للنشر والتوزيع، ٢٠٠٠.

٤٣- مشيل كامل عطا لله، طرق وأساليب تـدريس العلـوم، عـمان، دار المسيرة للنشر والتوزيع والطباعة، ٢٠٠٠.

٤٤- محمود عـودة، نظريـة علـم الاجـتماع، الإسـكندرية، دار المعرفـة الجامعية، ١٩٩٩.

٤٥- مصطفى سـويف، مقدمـة في علـم النفس الاجتماعـي، القـاهرة، الأنجلو المصرية،١٩٨٨.

٤٦- د. نادية عبد العظيم محمد، الاحتياجات الفردية للتلاميذ واثقـان التعلم، الرياض، دار المريخ،١٩٩١.

٤٧- نعيم عطية، التقييم التربوي الهادف، بيروت، دار الكتاب اللبنـاني، ١٩٧٠.

٤٨- هادي مشعان ربيع، الإرشاد التربوي مبادوءه وأدواره الأساسـية، عمان، دار الثقافة للنشر والتوزيع، ٢٠٠٣.

٤٩- وهيب سمعان و د. رشيد لبيب، دراسـات في المنـاهج، القـاهرة، مكتبة الأنجلو المصرية،١٩٨٢.

٥٠- د. يسري مصطفي السيد، ورشة عمل حول بناء الاختيارات التحصيلية واثقنياتها، ج١ ، مركز الانتساب الموجة بأبو ظبي، كلية التربية، جامعة الأمارات،٢٠٠٣.
٥١- د. يوسف القاضي(وأخرون) الإرشاد النفسي- والتوجية التربوي ، الرياض، دار المريخ، ١٩٨١.

ثانياً : المصادر باللغة الأجنبية

References:

١- Anne Anastasi, psyclolgical testing, thied edition, Macmillan publishing co. inc. ١٩٦٨.
٢- Ahmann, j.s. and clock, m.d. evaluating pubil growth, oston: Allyn and Bacon, inc, ١٩٧٥.
٣- Bloom, B.S, taxonomy of educational objectives, Hand book: conggntive domain, New York, david meckaym, ١٩٥٦.
٤- Burtonw, the guidance of learning activating " n.y.u.s.a", ١٩٨٥.
٥- Davies,I . K . The management of Learning, London:MCGRAW-hill publishing Go , ١٩٧١ .
٦- Dewey, john, interest and effort in education, New York, Houghton co, ١٩١٣.
٧- Emary stops, russelle. Johnson, elementary school administration, New York, Hill Book, compony, ١٩٦٧.

٨- Good, charteru. Dictonary of Education, M.C. Craw Hill book inc,ny. ١٩٠٩.

٩- Garteru. Cood and Douglas E. Scates, methods of Reserch, New York; Appleton. Gintury

G Rofts, inc; ١٩٠٤.

١٠- Mehrrens. W.A. and lehmann. I. J. measurement and evaluation in education and psyclology, Holt, Riehart and Winston, inc. New York, ١٩٧٣.

١١- Noll, u. h, introdcation Educational measurment, ٢nded, Boston: Houghton Mifflin, ١٩٨٥.

Shertzerston, fundamentals of guidance, Houg- Nton Mifflin company bsto, ١٩٨١.

فهرســـت المحتويـــات

Printed in the United States
By Bookmasters